MADAME DE LONGUEVILLE

PENDANT LA FRONDE

SAINT-QUENTIN. — IMP. JULES MOUREAU.

MADAME DE LONGUEVILLE

PENDANT LA FRONDE

PAR

M. VICTOR COUSIN

SIXIÈME ÉDITION

PARIS
LIBRAIRIE ACADÉMIQUE
DIDIER ET Cie, LIBRAIRES-ÉDITEURS
35, QUAI DES GRANDS-AUGUSTINS, 35

1881

Réserve de tous droits

AVERTISSEMENT DE L'ÉDITEUR

Dans la pensée de M. Cousin, la vie de Mme de Longueville, s'il lui eût été donné de la compléter, devait former quatre volumes au moins. Deux seulement ont paru : l'un intitulé, la *Jeunesse de Madame de Longueville*, parvenu à la cinquième édition (1864) ; l'autre intitulé, *Madame de Longueville pendant la Fronde*, 1651-1653.

Ce dernier volume est celui que nous réimprimons, et qui avait paru pour la première fois en 1859.

Ainsi que le fait voir la seule inspection des dates, et comme le dit M. Cousin dans l'Avant-propos qu'on va lire, l'histoire de Mme de Longueville durant la Fronde ne commence pas avec l'année 1651, après la délivrance des Princes ; elle commence avec la Fronde même, au début de l'année 1648. Ces trois années de 1648 à 1651 auraient fourni matière à un ouvrage distinct, qui eût peut-être compris plus d'un volume ; l'auteur aurait eu à y raconter les origines de la Fronde, ses succès contre la Cour, qui est vaincue à la journée des Barricades (26 août 1648) et est forcée, malgré la protection de Condé, de quitter Paris avec le Roi pendant plus de sept mois (6 janvier, 18 août 1649), la brouille du Cardinal et du grand Condé, l'arrestation du vainqueur de Rocroy avec son frère, le prince de Conti, et son beau-frère, le duc de Longueville, leur long emprisonnement de plus d'une année (18 janvier 1650, 16 février 1651), et enfin les nouveaux dissentiments de Condé et de la Cour, qui ont rallumé la guerre civile et amené la défaite définitive des Frondeurs.

Dès les premiers troubles, Mme de Longueville, dominée par Larochefoucauld, prend parti contre Mazarin, suivant en cela l'exemple de toute sa famille, moins son illustre frère, qui alors défendait la Royauté contre Turenne. Durant ces agitations stériles, une femme a donc cette supériorité sur tout ce qui l'entoure d'être restée d'accord avec elle-même et de n'avoir jamais changé d'opinion. Elle a été, depuis le début jusqu'à la fin de la Fronde, la constante ennemie du Cardinal, tandis que les plus grands personnages de l'État l'ont tour à tour flatté ou combattu, selon leur intérêt, leur vanité, et leur ambition. Cette persévérance ne rachète pas la faute ; mais certainement elle grandit le caractère, parce qu'elle nous permet de supposer une conviction qui n'avait rien d'égoïste ni même de léger, quelque coupable que fût la conduite.

A ces deux parties de la vie de Mme de Longueville, sa jeunesse et son rôle durant toute la Fronde, devait s'en ajouter une troisième, qui aurait eu sans doute pour titre : *Pénitence et dernières années de Madame de Longueville* [1]. M. Cousin avait recueilli beaucoup de matériaux pour cet ouvrage, ainsi qu'il paraît l'avoir fait pour la première période de la Fronde. Il s'était préparé à des compositions nouvelles ; mais nous croyons qu'il n'a rien écrit qui puisse être mis sous les yeux du public. Nous serions heureux de nous tromper dans cette conjecture ; et, si nous trouvions un jour quelques fragments assez achevés pour être imprimés, nous nous ferions un devoir de les ajouter aux deux seuls volumes que M. Cousin a pu imprimer lui-même.

Août 1867.

B. S. H.

[1]. Voir M. V. Cousin, *La Jeunesse de Madame de Longueville*, p. 56, en note, édition de 1864.

AVANT-PROPOS

DE L'ÉDITION DE 1859

Madame de Longueville pendant la Fronde comprendra deux volumes dont voici le dernier.

On s'étonnera peut-être que nous ayons l'air de commencer en quelque sorte par la fin cette nouvelle période de la vie de notre héroïne. Nous répondons que notre ouvrage étant à peu près terminé dans toute son étendue, et chacune des deux parties dont il se compose formant par elle-même un tout distinct et presque indépendant, nous avons pensé que nous pouvions, sans aucun inconvénient, offrir au public celle de ces deux parties qui se trouvait achevée, et qui était de beaucoup la plus importante à nos yeux, par la multitude et la gravité des problèmes qu'elle embrasse, et que nous avons essayé de résoudre à l'aide de documents restés jusqu'à ce jour inconnus aux historiens.

Avouons-le aussi : c'est dans cette dernière époque de la Fronde que sont rassemblées en tout genre les fautes de Mme de Longueville les plus pénibles à raconter ; et plus d'une fois, nous avons reculé devant cette tâche ingrate et nécessaire. Nous avons enfin voulu l'aborder résolûment, et traverser le plus tôt possible ces trois années 1651, 1652, 1653, pendant lesquelles la sœur de Condé, plus coupable encore que son frère, comme aussi plus conséquente, plus politique et plus hardie, l'entraînant bien plus qu'elle n'est entraînée par lui, se précipite, et précipite avec elle sa maison, la monarchie et la France, dans les aventures les plus périlleuses, où la grandeur de son caractère et la délicatesse de son cœur ne paraissent plus que par de rares éclairs dans la nuit sanglante de la guerre civile.

Nous sommes loin de la *Jeunesse de madame de Longueville*, des Carmélites de la rue Saint-Jacques, de l'hôtel de Rambouillet, des fêtes de Chantilly, de Ruel, de Liancour, des chastes amours du duc d'Enghien et de Mlle du Vigean, des premières et merveilleuses campagnes de ce capitaine de vingt-deux ans, qui, à son aurore, éclipsait Wallenstein et Gustave-Adolphe, de la triomphante ambassade de Munster, des brillants et trompeurs débuts de la Fronde. C'étaient là les beaux jours de Mme de Longueville, de Condé, de la France; et quelque chose du souffle heureux qui les animait a pu passer jusque dans nos fidèles peintures. Maintenant les temps sont changés, et le sujet même que nous avons à traiter résiste à tout agrément. Nous avons affaire à la pire époque du xviie siècle. Nous avons à montrer les derniers égarements de Mme de Longueville, une femme poussant à la guerre presque malgré lui, contre son bon sens et sa loyauté, le guerrier le plus audacieux, pour satisfaire des passions assez médiocres ; la royauté, cette âme de la France, menacée en la personne d'un enfant qui sera un jour Louis XIV ; les stériles agitations et les convulsions suprêmes d'une aristocratie ambitieuse, forçant l'habile Mazarin à la corrompre pour la ramener à son devoir ; les parlements, institués pour rendre la justice, se révoltant dans l'intérêt de leurs priviléges, usurpant la place des États-Généraux de la nation, et entreprenant de gouverner l'État ; la bourgeoisie abusée faisant un moment cause commune avec ses éternels ennemis contre son alliée naturelle, la monarchie ; et, ce qu'il y a de plus déplorable, dans ce désordre universel, le premier prince du sang, le vainqueur de Rocroy et de Lens, descendant au rôle de chef de parti, conspirant avec l'étranger, consumant son courage et son génie en d'obscurs combats avec d'Harcourt et Turenne, tandis que l'Espagne nous chasse de la Catalogne, envahit le Roussillon, reprend Dunkerque, et que l'Angleterre met la main en pleine paix sur notre flotte de l'Océan, et tente de soulever les protestants du Midi, en faisant luire à leurs yeux la chimère de la République.

Voilà les tristes spectacles que nous avons à retracer. Il fallait bien leur laisser la couleur austère qui leur appartient, et nous garder de jeter des fleurs sur les misères de la guerre civile. Toute notre ambition a donc été de présenter au lecteur attentif de sérieux récits, animés par la seule passion de l'exactitude, et par un patriotisme à l'épreuve des mensonges ou des illusions de l'esprit de parti.

On le verra en effet : si nous demeurons fidèle, malgré tous ses torts, à l'aimable et brillante héroïne qui inspira nos premiers travaux et dont le nom sert de parure à cet ouvrage ; si nous professons une admiration sans borne pour l'homme de guerre en Condé, rendons-nous cette justice qu'aucun sentiment particulier n'a fait fléchir entre nos mains la balance de l'histoire, et que nous n'avons pas hésité à blâmer hautement et la sœur et le frère dès qu'ils séparent leurs intérêts de ceux de la France. Car, il est un sentiment qui domine aisément en nous tous les autres, tous les intérêts, toutes les opinions, l'amour de cette noble patrie, qui nous est aussi chère dans le passé que dans le présent, qui, depuis Charlemagne jusqu'à nos jours, a fait sa route à travers les tempêtes, qui sort plus grande de toutes ses épreuves, et dont les malheurs et les fautes même, toujours relevés par l'héroïsme et la gloire, ne sont qu'un attrait de plus à notre inviolable dévouement.

25 octobre 1850.

V. COUSIN.

MADAME DE LONGUEVILLE

PENDANT

LA DERNIÈRE ÉPOQUE DE LA FRONDE

DE 1651 A 1653

CHAPITRE PREMIER

RENOUVELLEMENT DE LA GUERRE CIVILE

1651

Puissance de Condé, de Mme de Longueville et de la Fronde dans les premiers mois de 1651. — Faute première et irréparable : Rupture du projet de mariage entre le prince de Conti et Mlle de Chevreuse. Profond ressentiment de Mme de Chevreuse. La Fronde se sépare de Condé et se rapproche en secret de la cour. — Caractère et desseins de Retz. — Politique de la reine et de Mazarin. — Projet d'assassiner ou d'emprisonner de nouveau Condé. — Irritation de Condé. Il se retire à Saint-Maur. — Conduite incertaine de La Rochefoucauld. — Conduite passionnée de Mme de Longueville. — Aversion de Condé pour la guerre civile. Ses irrésolutions et en même temps ses préparatifs. — Influence de Mme de Longueville sur sa dernière détermination.

On connaît assez le rôle brillant de Mme de Longueville dans les deux premières époques de la Fronde, la guerre de Paris et celle qu'alluma la prison de Condé. Nous allons la suivre dans la troisième et dernière époque, qui commence à la délivrance des Princes, en février 1651, et ne finit qu'avec la guerre de Guienne, en août 1653. C'est l'époque la plus longue, la plus désastreuse, et en même temps la plus obscure de la Fronde. Nous tâcherons de l'éclaircir. Pour cela, il nous faudra ôter le masque à plus d'un acteur illustre, montrer le revers des plus belles médailles, et les ombres qui partout se mêlent à la gloire, au génie, à la vertu même. Le XVIIe siècle est assurément le plus grand siècle de notre histoire; mais il est dans l'humanité, et l'humanité est pleine de misères. Mme de Longueville a des côtés charmants et sublimes; mais elle est loin d'être irréprochable. D'ailleurs, nous nous hâtons de le reconnaître : c'est ici la moins bonne partie de sa vie. En la racontant avec une fidélité scrupuleuse, nous aurons souvent besoin de nous souvenir que les fautes des grandes âmes servent quelquefois à leur perfection par la vertu bienfaisante des remords qu'elles soulèvent, et que la sœur de Condé devait peut-être ressentir toute la vanité de l'ambition et de la fausse grandeur, toute l'amertume des passions coupables, pour leur dire adieu d'aussi bonne heure, reprendre le chemin austère du devoir, revenir au Carmel et monter à Port-Royal.

Sorti de la citadelle du Havre le 13 février 1651, avec son frère le prince de Conti et son beau-frère le duc de Longueville, Condé était entré, le 16, à Paris, en triomphateur. Le duc d'Orléans, lieutenant général du royaume pendant la minorité de Louis XIV, était allé au-devant de lui jusque dans la plaine Saint-Denis, accompagné des deux plus célèbres représentants de la Fronde, le duc de Beaufort et Retz, coadjuteur de Paris; il l'avait pris dans son carrosse, l'avait mené en grande pompe au Palais-Royal saluer la reine régente et le jeune roi, et de là au palais d'Orléans, où il l'avait magnifiquement traité[1]. Quelques jours après, le 25 février, une ordonnance royale reconnaissait l'innocence des princes de Condé et de Conti et du duc de Longueville, et les rétablissait dans toutes leurs charges et dans leurs gouvernements. Le 27 du même mois, cette ordonnance était vérifiée en parlement, toutes les chambres assemblées, avec un grand applaudissement[2]. Condé se trouvait alors au plus haut degré de puissance où un sujet fût encore parvenu. Le malheur avait rehaussé sa gloire; une longue captivité, endurée avec une sérénité inaltérable et une gaieté altière, avait porté sa popularité au comble; il était le vainqueur et comme l'héritier désigné de Mazarin, qui s'était enfui devant lui et trou-

---

1. *Gazette* pour l'année 1651, p. 196.
2. *Journal des Assemblées du Parlement*, depuis la Saint-Martin 1650 jusques à Pasques 1651, p. 47-51.

vait à peine un asile hors du royaume, sur les bords du Rhin.

Mme de Longueville était restée quelque temps à Stenay avec Turenne, occupée à dénouer l'engagement qu'ils avaient contracté avec l'Espagne pour la délivrance des Princes, et à négocier une trêve qui devait frayer la route à la paix générale tant désirée. Rappelée par les vœux pressants de sa famille, elle avait quitté Stenay, le 7 mars, avant d'avoir achevé son ouvrage; son jeune frère, le prince de Conti, était venu la chercher à Châlons-sur-Marne, et elle était arrivée le 13 à Paris, où « chacun avait applaudi à ses héroïques actions[1] ». Monsieur s'était empressé d'aller la visiter avec Mademoiselle et un cortége de dames de la plus haute distinction. Elle était allée ensuite le même jour présenter ses hommages à Leurs Majestés, qui lui avaient fait le plus gracieux accueil. Ce moment est, sans contredit, le plus brillant de toute sa carrière. En 1647, après l'ambassade de Münster, son retour en France et à la cour avait été aussi un véritable triomphe, que nous avons essayé de peindre[2]; mais la puissance de sa maison et la gloire de son frère en faisaient presque tous les frais; elle n'y était guère que pour son esprit et sa beauté. Après Stenay, l'éclat qui l'environnait lui était plus personnel en quelque sorte. Elle venait de déployer des qua-

---

1. *Gazette*, p. 296.
2. *La Jeunesse de Madame de Longueville*, chap. IV.

lités éminentes, qui la relevaient presque à l'égal de
Condé. En Normandie, elle s'était montrée aventu-
rière intrépide, et politique habile dans les Pays-Bas.
Pendant l'emprisonnement de ses deux frères et de
son mari, quand, à Bordeaux, sa belle-sœur, Mme la
Princesse, avait été forcée de reconnaître l'autorité
royale, elle s'était trouvée chargée des destinées de sa
maison; elle avait été le chef d'un grand parti; elle
avait traité de puissance à puissance avec l'Espagne;
sa parole avait paru une suffisante garantie à l'archiduc Léopold et au comte de Fuensaldagne; elle avait
eu dans sa main des guerriers tels que Turenne, La
Moussaye, Bouteville; et, lorsque après la bataille de
Rethel elle avait semblé à deux doigts de sa perte,
elle était parvenue à ressaisir l'avantage, et à contribuer plus que personne à la délivrance des Princes,
grâce aux profondes négociations poursuivies en son
nom par la princesse Palatine. Les hommes d'État
estimaient sa capacité, et la foule admirait son courage et sa constance. Elle était enfin en possession de
ce rôle politique que La Rochefoucauld avait fait briller à ses yeux, pour cacher ses propres desseins : orgueilleuse chimère, qui, se mêlant à celle de l'amour,
avait séduit cette âme ardente et superbe. Elle était
alors l'idole de l'Espagne, la terreur de la cour, une
des grandeurs de sa famille. Nous verrons bientôt si
elle sut mieux résister à cette nouvelle épreuve, qu'elle
n'avait fait à la première, à la fin de l'année 1647.

La Fronde recueillait le fruit de son habile conduite du mois de janvier 1651. C'est elle qui, faisant taire ses anciennes inimitiés, et donnant à propos la main aux partisans de M. le Prince, l'avait tiré de prison, afin d'acquérir et d'avoir ainsi à sa tête, avec Monsieur, l'oncle du Roi, lieutenant général du royaume, le premier prince du sang, le vainqueur de Rocroi et de Lens, le héros du siècle. Elle l'emportait partout, à la cour, dans le parlement, sur la place publique; elle avait proscrit et mis en fuite Mazarin; elle tenait Anne d'Autriche captive dans son palais; déjà même elle était entrée dans le cabinet par le vieux Châteauneuf[1], en qui l'ambition entretenait sous les glaces de l'âge la vigueur de la jeunesse, et dont la capacité n'était guère inférieure à l'ambition. Le moment était venu d'accomplir l'œuvre commencée, et de mettre à exécution le plan arrêté entre la princesse Palatine et Mme de Chevreuse.

Ces deux fermes esprits avaient conçu l'idée d'une grande ligue aristocratique, qui devait asseoir la Fronde sur l'union de tous les intérêts qui la composaient, fermer les avenues de la France et de la cour à Mazarin, et, sous les auspices du duc d'Orléans et de M. le Prince, fonder un gouvernement où entreraient des amis de l'un et de l'autre, les représentants les plus accrédités de toutes les fractions du

---

1. Sur Charles de L'Aubépine, marquis de Châteauneuf, voyez *Madame de Chevreuse*, chap III, p. 93, etc.

parti. Or, la base de ce plan était un double mariage :
l'un entre le jeune duc d'Enghien et une des filles
du duc d'Orléans, l'autre entre le prince de Conti et
la fille de Mme de Chevreuse. Ce dernier mariage se
pouvait accomplir sur-le-champ. Condé l'avait accepté
sans difficulté. Mme de Longueville, loin de s'y opposer
à Stenay, en avait embrassé l'idée avec tant d'ardeur
que, dans une lettre à la Palatine, du 26 novembre
1650[1], après avoir pesé les différentes résolutions à
prendre, elle s'arrête à celle-là, et conclut ainsi : *C'est
donc à quoi il se faut attacher.* Ce mariage, en effet, était
d'une suprême importance : il donnait à jamais la maison de Condé à la Fronde, et la Fronde à la maison de
Condé ; car la Fronde c'était Mme de Chevreuse ; elle
disposait, par sa fille, du coadjuteur[2], lequel à son tour
disposait du duc d'Orléans et par lui du parlement. C'est
Mme de Chevreuse qui, en 1650, avait enhardi Mazarin à
mettre la main sur Condé, en lui faisant voir qu'il pouvait frapper impunément ce grand coup, puisqu'elle
lui répondait de la secrète connivence du duc d'Orléans
et du parlement, qui seuls auraient pu s'y opposer.

Ici, Mazarin avait commis une faute immense : se

---

1. *Mélanges de Clérambault*, t. CCXXVII, fol. 171, Bibliothèque Impériale.
2. Retz lui-même a pris soin de nous instruire de sa triste liaison avec Mlle de Chevreuse. *Mémoires* de Retz, édit. d'Amsterdam, 1731, t. Ier, p. 382, tout le second volume et le commencement du troisième. Mlle de Chevreuse mourut, sans avoir été mariée, en 1652 ; elle était née en 1627.

voyant délivré de Condé, à l'aide de la Fronde, n'ayant plus devant lui que celle-ci, il avait cru pouvoir se retourner contre elle, et avait traité fort légèrement Mme de Chevreuse, qui, se refroidissant pour le cardinal et ne trouvant plus son compte à le servir, avait prêté l'oreille aux propositions des amis de Condé, et l'avait fait sortir de prison en lui donnant le duc d'Orléans et le parlement, qu'elle avait d'abord animés contre lui. Elle apportait dans la maison de Condé l'esprit le plus politique de la Fronde, une audace à la hauteur de ses desseins, une expérience consommée, avec l'appui de ses trois puissantes familles, la maison de Rohan, la maison de Luynes et la maison de Lorraine. Elle assurait l'alliance du duc d'Orléans et de M. le Prince. Elle achevait la ruine de Mazarin en constituant un grand gouvernement qui peut-être eût fini par triompher de l'affection de la Reine. Elle avait dans sa main un homme d'État formé à l'école de Richelieu, et qu'elle jugeait capable de remplacer Mazarin, l'ancien garde des sceaux Châteauneuf, déjà rentré dans le cabinet. Elle se croyait sûre d'acquérir Retz au moyen du chapeau de cardinal. Elle n'avait pas la moindre objection à faire à l'élévation des amis de Condé, et elle était prête à favoriser l'ambition de La Rochefoucauld, pour lequel autrefois, en 1643, elle avait tant importuné la Reine et Mazarin.[1]

---

1. *Madame de Chevreuse*, chap. III.

Ajoutez qu'en sortant de la citadelle du Havre, le jeune prince de Conti n'avait pas vu la belle Charlotte de Lorraine sans être touché de ses charmes [1], et lui-même souhaitait fort ce mariage. Qui donc l'a empêché? Qui a rompu l'engagement contracté? Qui a blessé à la fois la Palatine et Mme de Chevreuse? Qui les a rendues toutes deux et pour toujours à la Reine et à Mazarin? Qui a perdu la Fronde en la divisant? Nous le rechercherons tout à l'heure; mais disons tout de suite que c'est la rupture de ce mariage qui a de nouveau brouillé toutes les cartes et changé la face de la situation. En mettant contre lui ceux qui l'avaient si puissamment secouru dans son malheur, Condé devait au moins se rapprocher de la cour et s'entendre sérieusement avec la Reine; mais il tergiversa; et au bout de quelques mois de cette politique incertaine, il se trouva à découvert entre la cour et la Fronde également mécontentes, renouvelant et exagérant la faute que venait de commettre Mazarin. La plus grande erreur, en temps de révolution, est de croire qu'on se puisse passer de l'appui de l'un des partis qui sont aux prises; à la fin d'une révolution, on peut entreprendre de les dominer; dans la crise il faut choisir. Mazarin était tombé pour avoir essayé de dominer à la fois la Fronde et Condé; Condé se perdit en croyant dominer la Fronde et la cour.

[1] Voyez le portrait de Mlle de Chevreuse, par Daret, in-4°.

C'est un problème historique très-difficile à résoudre avec certitude, qui est l'auteur de la rupture du mariage projeté entre le prince de Conti et Mlle de Chevreuse. Nous sommes bien tenté de croire que celui-là est au moins l'auteur principal de cette rupture à qui elle pouvait le plus profiter. La Reine, et Mazarin qui la dirigeait du fond de son exil comme s'il eût été auprès d'elle, virent tout d'abord de quel danger les menaçait une pareille alliance, à laquelle ils étaient loin de s'attendre. Les négociations entre Mme de Chevreuse, Condé prisonnier, et Mme de Longueville à Stenay, avaient été conduites par la Palatine avec un tel art et un tel secret que la Reine et Mazarin n'en avaient pas eu le moindre soupçon. Lorsque le bruit en arriva au cardinal dans sa retraite de Brühl près Cologne, il s'emporta contre Mme de Chevreuse avec une violence dont la grossièreté même[1] est un hommage involontaire rendu à la profonde habileté de Marie de Rohan. La Reine s'en émut, et les ministres eurent l'ordre de tout faire pour entraver l'alliance projetée. Ils se mirent donc à négocier avec Condé[2]. C'est à la suite de ces négociations qu'il obtint

---

1. *Mémoires* de la duchesse de Nemours, édit. d'Amsterdam, 1737, p. 102 : « Ce ministre n'en avoit aucun soupçon et ne pouvoit se résoudre à le croire ; mais, lorsqu'il s'en vit tout à fait convaincu, il jura qu'il ne se fieroit jamais à une femme de la sorte. Il fit ce serment en se servant d'un nom tout à fait injurieux, qu'il lui donna, etc. »

2. *Ibid.* « La cour avoit si bien connu de quoi seroit capable

l'échange de son gouvernement de Bourgogne pour celui de Guienne bien autrement important[1]; on lui fit même espérer la Provence pour le prince de Conti au lieu de la Champagne et de la Brie, et le port et la forteresse de Blaye pour La Rochefoucauld en augmentation de son gouvernement du Poitou, quoiqu'on n'eût pas la moindre envie de remplir cette espérance.

Ainsi parle la duchesse de Nemours, ennemie de la Fronde et des Condé, et qui, s'étant donnée à la cour, devait en bien connaître les intentions. Retz aussi ne doute pas que la Reine n'ait combattu une alliance aussi évidemment opposée à ses intérêts[2]. Mme de Motteville, amie de la Reine, l'avoue[3]. Enfin il est certain, et nous avons ici le témoignage irrécusable de Mme de Motteville[4], que, lorsque la Reine eut réussi à gagner Condé, elle fit savoir « à Mme de Chevreuse qu'elle ne désiroit pas que ce mariage se fît, parce qu'il avoit été concerté pour des fins contraires au service du Roi. Ce commandement fut cause que toutes ces propositions s'évanouirent et qu'on n'en parla plus. »

---

cette princesse (Mme de Chevreuse) dans la maison de Condé, que les ministres n'oublièrent rien pour l'empêcher d'y entrer... de sorte que pour y parvenir on commença à négocier. »

1. Condé fut pourvu du gouvernement de Guienne le 20 mai. *Gazette*, p. 526.
2. *Mémoires*, t. II, p. 223.
3. *Mémoires*. édit. d'Amsterdam. 1750, t. IV, p. 350
4. *Ibid.*, p. 351.

Mais comment la Reine gagna-t-elle Condé, et quelle a été dans toute cette affaire la part de Mme de Longueville ? Voilà ce que ne peuvent savoir certainement ni Retz, qui ne connaît bien que ce qui s'est passé dans le parlement, au palais d'Orléans et à l'hôtel de Chevreuse, ni la duchesse de Nemours et Mme de Motteville, qui n'étaient pas dans la confidence de l'hôtel de Condé ; elles ne peuvent ici que répéter ce qu'elles ont entendu dire dans le cercle de la cour, et il faut les considérer seulement comme les échos des bruits qu'il convenait à la Reine de répandre. Cela est si vrai que l'une et l'autre, d'ailleurs si différentes d'intentions et de sentiments, font exactement le même récit. Mme de Motteville dit positivement que Mme de Longueville, dès qu'elle fut revenue de Stenay, conseilla à Condé de rompre avec les Chevreuse, et que La Rochefoucauld la fortifia dans ce dessein ; et voici les motifs qu'elle lui attribue : « Mme de Longueville ne trouva pas à propos de mettre dans sa famille une personne qui, étant femme de son frère, l'auroit précédée partout, et qui, plus jeune et aussi belle, l'auroit pu effacer, ou du moins partager avec elle le plaisir de plaire et d'être louée. Elle ne voulut pas non plus qu'elle lui pût ôter le crédit qu'elle vouloit avoir sur l'esprit du prince de Conti, par où jusqu'alors elle s'étoit rendue considérable à sa famille. » La duchesse de Nemours dit les mêmes choses presque dans les mêmes termes.

Confident et conseiller de Mme de Longueville et de Condé, La Rochefoucauld seul a su toute la vérité, et pouvait nous la dire ; mais ce n'est pas pour dire la vérité qu'on écrit ses mémoires, c'est pour la cacher, pour mettre en relief ce qu'on peut avoir fait de bien, dissimuler ce qu'on a fait de mal ou le rejeter sur les autres. Attentif à composer son personnage et à ne se jamais donner le mauvais rôle, La Rochefoucauld dit bien que les frondeurs, pressant le mariage du prince de Conti et de Mlle de Chevreuse, et le voyant retardé, « soupçonnoient[1] Mme de Longueville et le duc de La Rochefoucauld d'avoir dessein de le rompre, de peur que le prince de Conti ne sortît de leurs mains pour entrer dans celles de Mme de Chevreuse et du coadjuteur » ; mais il se garde bien de s'expliquer sur ces soupçons et de nous apprendre s'ils étaient bien ou mal fondés. Au lieu de se défendre, lui et Mme de Longueville, il accuse Condé d'avoir « adroitement augmenté les soupçons des frondeurs contre sa sœur et La Rochefoucauld, croyant bien que tant qu'ils auroient cette pensée, ils ne découvriroient jamais la véritable cause du retardement du mariage. » Et quelle était cette véritable cause ? La voici, selon La Rochefoucauld : c'est que M. le Prince « n'ayant encore ni conclu ni rompu son traité avec la Reine, et ayant eu avis que le garde des sceaux Châteauneuf devoit être

---

1. *Mémoires* de La Rochefoucauld, collect. Petitot, t. LII, p. 66.

chassé, vouloit attendre l'événement pour faire le mariage si le cardinal Mazarin étoit ruiné par M. de Châteauneuf, ou le rompre et faire par là sa cour à la Reine si M. de Châteauneuf étoit chassé par le cardinal. »

Cette interprétation de la conduite de Condé ne lui fait pas grand honneur ; mais elle est très-vraisemblable. D'abord, si La Rochefoucauld sait glisser à merveille sur tous les points délicats où il ne paraîtrait pas à son avantage, il ne ment pas à proprement parler ; il se dérobe plutôt qu'il n'attaque, à moins que la passion ne l'emporte, et il n'a pas de passion contre Condé. Et puis, la conduite qu'il lui prête sort tout naturellement de la fausse situation où Condé s'était laissé peu à peu engager.

L'art de Mazarin et de la Reine qu'il gouvernait avait été de l'attirer sur un terrain où Mazarin était passé maître, et où Condé vit toujours ses meilleures qualités tourner contre lui. Condé avait accepté, avec les intentions les plus loyales, les négociations que les ministres de la Reine lui avaient demandées. Il n'y entra que sur les pressantes sollicitations de la princesse Palatine, à laquelle il devait tant, de l'aveu du prince de Conti et de Mme de Longueville ; et il avait voulu que La Rochefoucauld s'y trouvât. Dans la première conférence, quand les ministres de la Reine, Servien et Lionne, témoignèrent la répugnance que la Reine avait au mariage du prince de Conti et de

Mlle de Chevreuse, « on ne leur donna pas lieu d'entrer plus avant en matière sur ce sujet, et l'on fit connaître que l'engagement que l'on avoit pris avec Mme de Chevreuse étoit trop grand pour chercher des expédients de le rompre[1]. » Cependant ces premières négociations, que la Reine ne tint pas fort secrètes, éveillèrent les soupçons de l'hôtel de Chevreuse. Retz y régnait. Contre l'opinion du véritable ami et du meilleur conseiller de Mme de Chevreuse, le marquis de Laigues, Retz fit passer l'avis imprudent ou perfide, de le prendre de haut, de ne pas avoir l'air de courir après ce mariage, d'aller même offrir aux Condé de leur rendre leur parole, et il se fit charger de ce message. Il ne manqua pas de mêler ses propres affaires à celles qui lui avaient été confiées. « Je fis, dit-il[2], mon ambassade à M. le Prince. Je mis entre ses mains la prétention de mon chapeau. Je lui remis le mariage de Mlle de Chevreuse. Il s'emporta contre moi, il jura, il me demanda pour qui je le prenois. Je sortis persuadé, et je le suis encore, qu'il avoit toute l'intention de l'exécuter. »

Et nous aussi, nous sommes persuadé que Condé alors était sincère. Son unique tort, et c'est celui de toute sa conduite pendant la Fronde, est de n'avoir pas eu, dans cette occasion ni en toute autre, un objet fixe et invariablement arrêté. Il se laissa entraîner

---

1. La Rochefoucauld, collection Petitot, p. 62.
2. Retz, t. II, p. 214.

dans ces négociations sans avoir même l'idée de manquer à Mme de Chevreuse. Retz et La Rochefoucauld sont unanimes sur ce point; mais les négociations continuant, Servien et Lionne promettant tout au nom de la Reine et du cardinal, peu à peu Condé fléchit; les soupçons des frondeurs s'accrurent, et il n'est pas impossible que Condé les ait laissés s'égarer sur sa sœur et sur La Rochefoucauld pour les détourner de lui-même, jusqu'à ce que son traité avec la cour fût conclu ou rompu. Il parut assuré par deux actes en apparence décisifs. Le 13 avril[1] la Reine ôta les sceaux à Châteauneuf, l'ami de Mme de Chevreuse, le représentant de la Fronde dans le cabinet, pour les donner au personnage le plus grave du temps, le premier président Mathieu Molé, le L'Hôpital du XVIIe siècle, grand serviteur de l'État, fort peu ami de la Fronde, et qui alors était assez favorable à M. le Prince. Le même jour, elle rappela dans le conseil comme secrétaire d'État le comte de Chavigny, fils de M. Le Bouthilier, ancien surintendant des finances, et lui-même quelque temps ministre des affaires étrangères sous Richelieu. Formé à l'école du grand cardinal, ainsi que Mazarin, rompu aux affaires, délié et résolu, se sentant capable de porter le poids d'un ministère, Chavigny avait vu d'assez mauvais œil, après la mort de leur commun maître, la subite élévation d'un collègue qui même

---

1. *Gazette*, p. 379-380.

avait commencé par être un peu son protégé[1]. Dès
1643, la vanité l'avait détourné des grandes voies de
l'ambition, et il s'était jeté dans des intrigues très-compliquées. En 1651, il passait pour l'homme de M. le
Prince.

C'est alors seulement, si l'on en croit La Rochefoucauld, que Condé se prononça contre le mariage de
son jeune frère avec Mlle de Chevreuse; et il était
temps qu'il s'y opposât, car ce mariage était près de
se conclure. Conti témoignait à Mlle de Chevreuse une
vive passion; il lui rendait mille soins qu'il cachait à
ses amis, et particulièrement à sa sœur, pour laquelle
il professait toujours une adoration sans partage. Il
avait de longues conférences avec le marquis de Laigues
et d'autres amis intimes de Mlle de Chevreuse; on
craignait même qu'il ne voulût l'épouser sans les dispenses nécessaires et sans la participation du chef de
sa famille. M. le Prince prit donc son parti, et, « sans
concerter sa pensée avec personne, dit La Rochefoucauld [2], il alla chez le prince de Conti; il commença
la conversation par des railleries sur la grandeur de
son amour, et la finit en disant de Mlle de Chevreuse,
du coadjuteur, de Noirmoutier et de Caumartin, tout
ce qu'il crut le plus capable de dégoûter un amant ou
un mari. Il n'eut pas grand'peine à réussir dans son

---

1. *Mémoires* du jeune Brienne, gendre de Chavigny, publiés par
M. Barrière, t. I, p. 288, etc.
2. La Rochefoucauld, p. 69.

dessein; car, soit que M. le prince de Conti crût qu'il disoit vrai, ou qu'il ne voulût pas lui témoigner qu'il en doutoit, il le remercia d'un avis si salutaire, et résolut de ne point épouser Mlle de Chevreuse. Il se plaignit même de Mme de Longueville et du duc de La Rochefoucauld de ne l'avoir pas averti plus tôt de ce qui se disoit d'elle dans le monde. On chercha dès lors les moyens de rompre cette affaire sans aigreur; mais les intérêts en étoient trop grands et les circonstances trop piquantes, pour ne pas renouveler et accroître encore l'ancienne haine de Mme de Chevreuse et des frondeurs contre M. le Prince et contre ceux qu'ils soupçonnoient d'avoir part à ce qu'il venoit de faire. »

Ce témoignage justifierait Mme de Longueville et La Rochefoucauld lui-même d'avoir poussé Condé à cette rupture déloyale et impolitique, si on le pouvait croire entièrement sincère; mais il est bien difficile d'admettre que Mme de Longueville et son tout-puissant conseiller soient demeurés étrangers à une détermination aussi importante, et il reste bien des doutes et des ombres sur ce point délicat. Retz, dont le coup d'œil est si pénétrant, et qui ne se pique pas d'une grande réserve dans ses jugements, ne sait à quel avis s'arrêter, Condé, Mme de Longueville et La Rochefoucauld l'ayant depuis assuré qu'ils n'avaient été pour rien dans la rupture de ce mariage. « Ce qui est encore de plus étonnant, dit-il, est que Mme de Longueville m'a dit vingt fois, depuis sa dévotion, qu'elle n'avoit point rompu ce mariage, que M. de La Rochefoucauld me l'a confirmé, et que M. le Prince, qui est l'homme du monde le moins menteur, m'a juré d'autre part qu'il n'y avoit contribué ni directement ni indirectement. Comme je disois un jour à Guitaut[1] que cette variété m'étonnoit, il me répondit qu'il n'en étoit point surpris, parce qu'il avoit remarqué sur beaucoup d'articles que M. le Prince et madame sa sœur avoient oublié la plupart des circonstances de ce qui s'étoit passé dans ce temps-là. Faites réflexion, je vous prie, sur l'inutilité des recherches qui se font tous les jours par les gens d'étude, à l'égard des siècles qui sont plus éloignés[2]. »

Mais quelle que soit la main qui ait brisé l'alliance projetée des Condé avec Mme de Chevreuse, il est hors de doute que cette main a perdu Condé et sauvé Mazarin. Toutes les fautes qui suivirent dérivèrent de celle-là; il y faut voir le premier anneau de cette chaîne d'événements malheureux qui finirent par entraîner Condé à la guerre civile.

On se peut imaginer le ressentiment de Mme de Chevreuse, lorsqu'elle reconnut qu'on l'avait jouée, qu'elle s'était séparée de Mazarin et de la Reine et avait tiré Condé de prison pour en recevoir un pareil outrage! Déjà même, un peu auparavant, lorsque la Reine révoqua Châteauneuf, la colère des frondeurs avait été

---

1. Le comte de Guitaut, ami particulier de Condé, dont il sera question plus tard, chap. II.
2. Retz, t. II, p. 223.

telle qu'au palais d'Orléans, dans un conseil de tout
le parti [1], il fut proposé d'aller redemander les sceaux
au premier président Mathieu Molé, de la part de
Monsieur, en qualité de lieutenant général du royaume.
Il y eut même des emportés qui parlèrent de reprendre les armes et de descendre dans la rue. Condé, qui
n'avait pas encore tout à fait rompu avec les frondeurs,
et assistait à ce conseil avec quelques-uns de ses amis
s'éleva avec force contre une telle résolution, déclarant
qu'il n'entendait rien à la *guerre des pavés et des pots de
chambre*, et qu'il se sentait trop poltron pour cette
guerre-là. Quand M. le Prince et ses amis eurent
quitté le conseil, Retz, poussé par Mme et Mlle de Chevreuse, demanda à Monsieur deux heures seulement
pour faire prendre les armes aux colonels des quartiers et faire voir qu'il était absolument maître du peuple. Mme la duchesse d'Orléans appuya l'avis de Retz,
et Mlle de Chevreuse alla jusqu'à proposer d'arrêter
M. le Prince, qui n'était pas encore sorti du palais.
En même temps, au parlement, on renouvelait toutes
les violentes mesures déjà prises contre Mazarin; on
le bannissait et on le rebannissait, avec confiscation de ses biens, vente de ses livres et de ses tableaux, etc. On avait déjà rendu un arrêt déclarant
tous les cardinaux étrangers incapables de servir en
France et d'entrer dans le ministère. On ne s'arrêta

[1] Retz, t. II, p. 219.

pas dans cette route, et des conseillers, qui n'étaient pas dans les secrets du parti et n'obéissaient qu'à la passion, proposèrent d'exclure du ministère jusqu'aux cardinaux français, comme étant encore trop dépendants de Rome. Cette belle motion [1] passa avec de grands applaudissements, qui retentirent dans toutes les parties de la salle. Condé dit alors en riant : « Voilà un bel écho [2]. » Cet écho-là était la ruine des espérances de Retz, qui ne désirait si passionnément devenir cardinal que pour succéder à Mazarin. Bientôt la division de Condé et de la vieille Fronde se déclara, et Condé s'appliqua à former un parti intermédiaire, une Fronde nouvelle, qui devînt assez puissante pour inquiéter Mme de Chevreuse et le coadjuteur [3]. « Jugez, dit celui-ci, ce qu'eût été l'autorité royale purgée du mazarinisme, et le parti de M. le Prince purgé de la faction ! Sur le tout, quelle sûreté en M. le duc d'Orléans ! »

Mais Retz n'était pas seul à s'effrayer d'un pareil avenir : Mazarin le redoutait autant que lui. Caché derrière la Reine, il suivait d'un œil vigilant les querelles de M. le Prince et des frondeurs, les fomentant et les aigrissant par tous les moyens dont il pouvait disposer, prodiguant à Condé les promesses qui devaient le plus alarmer la Fronde, et l'enlaçant de jour en jour davantage dans les replis de négociations tor-

1. *Journal du Parlement*, séance du 2 mars, p. 52-54.
2. Retz, t. II, p. 205.
3. *Ibid.*, p. 214.

tueuses, jusqu'à ce qu'il eût vu la séparation qu'il souhaitait irrémédiablement consommée. Alors il s'arrêta, et commença même à reculer insensiblement. On différa de mettre la Provence entre les mains du prince de Conti ; et en effet on la tenait en réserve pour le duc de Mercœur, le fils aîné du duc de Vendôme, qui recherchait une nièce de Mazarin ; on trouva aussi bien malaisé d'enlever Blaye au duc de Saint-Simon pour le donner à La Rochefoucauld ; on fit mille autres difficultés de ce genre, qui étonnèrent et blessèrent Condé. Puisqu'il rompait avec la Fronde, c'était apparemment pour s'unir à la Reine ; et plus son ambition était haute, plus il devait la couvrir de respects et de déférences, afin de hâter et d'assurer le traité commencé et d'enchaîner la monarchie à son sort. Mais le fougueux Condé était incapable d'une telle conduite ; trouvant des obstacles inattendus où auparavant il ne rencontrait que facilités et prévenances, il s'irrita et reprit ce ton impérieux qui déjà, en 1649, l'avait brouillé avec la Reine et Mazarin.

Il paraît bien que Mme de Longueville partagea les orgueilleuses illusions de son frère, et qu'elle porta assez mal sa prospérité nouvelle. Mme de Motteville le donne à entendre avec sa modération accoutumée, et la duchesse de Nemours se complaît à le dire avec l'aigreur et sans doute aussi avec l'exagération de la haine[1].

---

1. Mme de Motteville, t. IV, p. 346 ; Mme de Nemours, p. 106.

Il faut bien l'avouer en effet : avec les instincts héroïques de Condé, Mme de Longueville en avait la hauteur. Tous les contemporains lui donnent une majesté naturelle qui ne paraissait pas dans les occasions ordinaires ; loin de là, elle était simple et bonne, y ajoutant, lorsqu'elle voulait plaire, une douceur caressante et irrésistible ; mais avec les gens qu'elle n'aimait pas, elle se retranchait dans une dignité froide. Anne d'Autriche et elle ne s'étaient jamais aimées. On lui prête envers la Reine une fierté déplacée. Un jour, dit Mme de Nemours, elle la fit attendre deux ou trois heures. Nous doutons que Mme de Longueville ait pu s'oublier à ce point ; mais il n'est pas impossible qu'elle se soit imaginé, ainsi que son frère, que la fortune de leur maison, étant sortie plus brillante que jamais d'une si rude tempête, n'avait plus à craindre de fâcheux retours.

Ils se trompaient : un péril immense était suspendu sur leurs têtes.

Aussitôt que Mme de Chevreuse avait vu que la Reine se refroidissait pour M. le Prince, et ne paraissait pas disposée à tenir les promesses qu'on lui avait faites, sa haine clairvoyante saisit à l'instant ce qu'il y avait à faire, et, s'étant à jamais séparée de Condé, elle se rapprocha de la Reine et lui offrit ses services et ceux de tout son parti contre l'ennemi commun. Mazarin, reconnaissant la faute qu'il avait commise de se donner deux ennemis à la fois, et qu'en ce moment l'homme redoutable, l'homme qu'à tout prix il fallait détruire, était Condé, oublia bien vite ses griefs contre Mme de Chevreuse, et fut d'avis d'accepter ses propositions. La Reine, dit-on [1], eut bien de la peine à recevoir Retz et à s'en servir ; elle le détestait presque autant que Condé, sachant bien que c'étaient là les deux plus dangereux adversaires de celui sans lequel elle ne croyait pas véritablement régner. Mazarin l'exhorta lui-même à flatter l'ambition de Retz ; et s'entendant à merveille, de loin comme de près, ils composèrent et jouèrent on ne peut pas mieux une comédie dont Retz lui-même paraît avoir été la dupe, et dont Condé faillit être la victime.

Ailleurs[2], nous avons peint Mme de Chevreuse en bien et en mal, son génie politique, son indomptable audace, et tout ce qu'elle était capable d'entreprendre pour arriver à ses fins. Il faut maintenant faire bien connaître Retz, pour montrer tout le péril que courait Condé.

Né plus remuant encore qu'ambitieux, mauvais prêtre, impatient de son état et s'étant longtemps agité pour en sortir, Paul de Gondi s'était formé aux cabales en composant ou traduisant la vie d'un conspirateur célèbre ; puis, passant vite de la théorie à la pratique, il était entré dans un des plus sinistres

---

1. Mme de Motteville, t. IV, p. 353.
2. *Madame de Chevreuse*, etc.

complots ourdis contre Richelieu; et, pour son coup d'essai, il avait fait la partie, lui jeune abbé, d'assassiner le cardinal à l'autel pendant les cérémonies du baptême de Mademoiselle[1]. En 1643, il n'eût pas manqué de se jeter parmi les Importants[2]; mais le titre de coadjuteur de Paris, qu'on venait de lui accorder en récompense des services et des vertus de son père, l'arrêta. La Fronde semblait faite tout exprès pour lui. Il en fut un des pères avec La Rochefoucauld. En vain, dans ses Mémoires, il met en avant des considérations générales; il ne travaillait que pour lui-même, ainsi que La Rochefoucauld, lequel, du moins, a la bonne foi d'en convenir. Forcé de rester dans l'Église, Retz voulait y monter le plus haut possible. Il aspirait au chapeau de cardinal, et il l'obtint bientôt, grâce à d'incroyables manœuvres; mais son objet suprême était le poste de premier ministre; et, pour y parvenir, voici le double jeu qu'il imagina et qu'il joua jusqu'au bout. Voyant que Mazarin et Condé n'étaient pas des chefs de gouvernement qui pussent laisser à d'autres une grande importance à côté d'eux, il entreprit de les renverser l'un par l'autre, de faire sa route entre eux deux, et d'élever, sur leur ruine, le duc d'Orléans, sous le nom duquel il eût gouverné. C'est pourquoi il poussait incessamment et le duc

---

1. C'est ce que nous apprend Retz, t. Ier, liv. Ier, p. 23.
2. Sur les Importants, voyez la *Jeunesse de Madame de Longueville*, chap. III, et *Madame de Chevreuse*, chap. III et IV.

d'Orléans et le parlement et le peuple à exiger, comme la première condition de tout accommodement avec la cour, le renvoi de Mazarin, et en même temps il se portait dans l'ombre comme un bienveillant conciliateur entre la royauté et la Fronde, promettant à la Reine, le sacrifice indispensable accompli, d'aplanir toutes les difficultés et de lui donner Monsieur en le séparant de Condé.

Tel est le vrai ressort de tous les mouvements de Retz en apparence les plus contraires : d'abord le cardinalat, puis le ministère sous les auspices du duc d'Orléans associé en quelque sorte à la royauté, sans Mazarin ni Condé. Il a beau envelopper son secret sous un voile de bien public; ce secret éclate par les efforts mêmes qu'il fait pour le cacher, et il n'a pas échappé à la pénétration de La Rochefoucauld, son complice au début de la Fronde, puis son adversaire, qui l'a parfaitement connu et l'a peint de main de maître[1], comme aussi Retz a très-bien connu et peint admirablement La Rochefoucauld. Retz a été le mauvais génie de la Fronde; il l'a toujours empêchée d'aboutir soit avec Mazarin, soit avec Condé, parce qu'il ne voulait qu'un gouvernement faible où il pût

1. Le portrait que Retz a fait de La Rochefoucauld se rencontre dans ses Mémoires, t. 1er, p. 217 ; le portrait de Retz, par La Rochefoucauld, est dans la plupart des éditions des Maximes. Ces deux portraits sont de la plus parfaite exactitude; ils disent le bien et le mal avec une entière liberté, mais sans la moindre exagération ; ils méritent de guider la postérité.

dominer. Pour arriver à son but, il était capable de tout : intrigues souterraines, pamphlets anonymes, sermons hypocrites dans la chaire sacrée, discours étudiés au parlement, émeutes populaires et coups de main désespérés. Voilà l'homme qui, vers la fin de mai 1651, entra dans les conseils secrets d'Anne d'Autriche.

Ainsi que nous venons de le dire, l'objet qu'alors poursuivait Retz, était le cardinalat pour marcher l'égal de Richelieu et de Mazarin, et leur succéder un jour. La Reine et Mazarin le savaient fort bien. C'est par là qu'ils le prirent, lui montrant immédiatement le chapeau de cardinal, et en perspective la place de premier ministre.

Ils feignirent de jeter les hauts cris sur les prétentions exorbitantes de M. le Prince, tandis qu'auparavant ils les avaient provoquées, lorsqu'ils avaient voulu le rendre suspect à la Fronde et le séparer de ses amis. Mazarin écrivit à la Reine une lettre qu'elle devait montrer à Retz, et que Retz, tout fin qu'il était, eut la bonhomie d'admirer, son ambition et son amour-propre ne lui laissant pas apercevoir le piège qu'on lui tendait. Cette lettre finissait ainsi : « Vous savez, Madame[1], que le plus capital ennemi que j'aie au monde est le coadjuteur; servez-vous-en, Madame, plutôt que de traiter avec M. le Prince aux conditions

---

1. Retz, t. II, p. 230.

qu'il demande; faites-le cardinal, donnez-lui ma place, mettez-le dans mon appartement. Il sera peut-être plus à Monsieur qu'à Votre Majesté; mais Monsieur ne veut point la perte de l'État; ses intentions dans le fond ne sont point mauvaises. Enfin tout, Madame, plutôt que d'accorder à M. le Prince ce qu'il demande. S'il l'obtenoit, il n'y auroit plus qu'à le mener à Rheims. » « Je ne me souviens pas, dit Retz, d'avoir vu en ma vie une aussi belle lettre. » Et sur cela, il se donne pour le plus modéré des hommes de n'avoir pas pris le ministère et de s'être contenté du cardinalat. Anne d'Autriche reçut Retz à minuit dans son oratoire, le caressa fort et tâcha, chemin faisant, de le brouiller avec Châteauneuf, en lui apprenant que c'était cet ami de Mme de Chevreuse qui s'était le plus opposé à son cardinalat, parce qu'il voulait le chapeau pour lui-même. Il faut savoir qu'en ce moment la France avait une place de cardinal à sa disposition; elle était depuis longtemps promise à M. le prince de Conti; Anne d'Autriche l'offrit à Retz en lui disant : « Que ferez-vous pour moi? » — « Madame, répondit-il, j'obligerai M. le Prince à sortir de Paris avant qu'il soit huit jours. » La Reine, transportée de joie, lui tendit la main en lui disant : « Touchez là, et vous êtes après-demain cardinal. » Quelques jours après, Retz et Mme de Chevreuse avaient soulevé toute la Fronde contre M. le Prince. On commença par une guerre de pamphlets[1] mêlée de toutes sortes d'intrigues au parlement et à la cour; et on finit, dans les derniers jours de juin, par le tragique projet d'arrêter de nouveau ou d'assassiner Condé.

Cette affaire obscure, encore mal démêlée et qui peut-être ne le sera jamais, demande à être présentée avec une juste étendue; car elle a décidé des événements qui ont suivi. Elle explique, et, jusqu'à un certain point, justifie le parti désespéré que prit Condé.

Retz convient que, voulant tenir la parole qu'il avait donnée à la Reine, il lui proposa de faire arrêter de nouveau M. le Prince[2]; son plan était de l'attirer au palais d'Orléans, et là de l'entourer et de s'emparer de lui. Déjà dans les conseils de la Fronde, comme nous l'avons vu, la duchesse d'Orléans, Mme et Mlle de Chevreuse et Retz avaient mis en avant et soutenu ce projet, qui n'avait manqué que par la sagesse ou la faiblesse de Monsieur. Cette fois, Retz s'était assuré de son consentement. La Reine agréa fort l'idée d'arrêter Condé; mais elle n'accepta pas le mode d'exécution et le plan du coadjuteur; elle prétendit que Monsieur ne serait jamais capable d'une semblable résolution, et qu'il y aurait même du péril à la lui communiquer. « Je ne sais, dit Retz, si elle ne craignit pas que Monsieur, ayant fait un coup de

---

1. Retz, t. II, p. 247. On y voit le titre des pamphlets que Retz déclare avoir écrits lui-même.
2. Retz, t. II, p. 250.

cet éclat, ne s'en servît ensuite contre elle-même. »
Il est bien certain que, si le duc d'Orléans eût fait
arrêter M. le Prince et qu'il l'eût tenu prisonnier, il
eût été l'arbitre de la monarchie; car, Condé dans les
fers et Mazarin en exil, le parlement et Paris entre
les mains de la Fronde, la Reine était hors d'état de
rien refuser à Monsieur, c'est-à-dire à Retz et à
Mme de Chevreuse. Voilà pourquoi Retz avait pu amener le duc d'Orléans à cette résolution extrême, à
cause du grand avantage qu'il y trouverait, et pourquoi lui-même la proposait à la Reine. Il ne nous dit
pas, il est vrai, que tel fût son motif; mais nous
sommes accoutumé à ne pas juger des intentions de
Retz par ce qu'il veut bien nous en dire. S'il était
utile à la Reine de faire arrêter M. le Prince une seconde fois, pourquoi ne le pas faire arrêter, comme la
première fois, par l'ordre du Roi, par un capitaine
des gardes ou par quelque autre officier déterminé,
soit au Louvre, où Condé allait encore autant qu'au
palais d'Orléans, soit dans la rue, au milieu de son
escorte, soit tout autrement? Une arrestation hautement avouée d'un prince dangereux à l'État marquait
la force de la royauté; une arrestation clandestine
confiée à une autre main était un signe de faiblesse
et ne fortifiait que celui qui oserait l'exécuter. Anne
d'Autriche eut donc parfaitement raison de rejeter
l'offre de Retz et de la Fronde; et Retz en vérité se
moque un peu trop de la simplicité de ses lecteurs,

lorsqu'il dit qu'il n'a jamais pu savoir pourquoi la Reine n'approuva pas le parti qu'il lui avait proposé.

Il est encore indubitable qu'on fit aussi à la Reine la proposition d'assassiner Condé. Mais qui la fit? Voilà ce qui demeure incertain.

Mme de Motteville affirme que c'est le coadjuteur qui eut l'idée de faire assassiner M. le Prince, et que la Reine en montra tant d'horreur que les conférences, qu'elle avait chargé un de ses ministres, Lionne, d'avoir avec Retz chez le comte de Montrésor, en furent abandonnées[1]. Il est impossible de supposer que ce soit là une invention de Mme de Motteville, si honnête, si sobre d'accusations envers les personnes, si tempérée dans ses jugements. Elle ne fait ici autre chose que répéter ce qu'elle a entendu dire autour d'elle, et vraisemblablement à la Reine elle-même. Ce témoignage est donc très-considérable; nous le donnons sans l'accepter, mais aussi sans le repousser tout à fait. Que Retz s'en prenne à lui-même des hésitations de la critique, puisqu'il a pris soin de nous raconter que tout jeune il était entré dans une conspiration contre la vie de Richelieu. Plus tard, l'hôtel de Chevreuse ne lui fut pas sans doute une école de scrupules; et on ne fait pas tort à Mme de Chevreuse, la conseillère de Retz, en admettant qu'elle a bien pu ouvrir un pareil avis, elle, la complice de Chalais,

---

1. Mme de Motteville, t. IV, p. 353-354.

et de bien d'autres, elle qui en 1643 avec Mme de Montbazon avait armé le bras de Beaufort et l'avait porté à assassiner Mazarin au sortir du Louvre[1]. Après avoir, en 1650, donné le conseil d'arrêter Condé, le voyant sortir de prison plus redoutable qu'auparavant, animée en 1651 de nouveaux et particuliers ressentiments, elle pouvait fort bien conseiller de s'en défaire. Et pourquoi s'assembler chez Montrésor, s'il ne se fût agi que d'une simple arrestation ? Ce n'eût guère été là une affaire digne de cet audacieux personnage, exercé à de plus tragiques entreprises[2].

Maintenant écoutons Retz. Il ne se défend même pas d'avoir proposé à la Reine d'assassiner Condé; il a l'air d'ignorer qu'on lui ait imputé cette proposition, et il l'attribue nettement au maréchal d'Hocquincourt; il assure que la Reine y avait donné les mains, et que c'est lui, Retz, et aussi Mme de Chevreuse, qui eurent horreur d'un tel dessein. Et Retz ne parle pas ici par ouï-dire : il déclare avoir entendu d'Hocquincourt et la Reine : « Je ne sais, dit-il, si ce que d'Hocquincourt me dit de l'offre qu'il avoit faite à la Reine de tuer M. le Prince en l'attaquant dans une rue, ne lui avoit pas fait croire que cette voie étoit encore plus décisive.... Elle me commanda de con-

---

1. *Madame de Chevreuse*, chap. vi.
2. Sur le comte de Montrésor et ses conspirations contre Richelieu, voyez les *Mémoires* de Retz et ceux de Montrésor lui-même.

férer avec d'Hocquincourt; il vous dira, ajouta-t-elle, qu'il y a des moyens plus sûrs que celui que vous proposez. Je vis d'Hocquincourt le lendemain à l'hôtel de Chevreuse, qui me conta familièrement tout le particulier de l'offre qu'il avoit faite à la Reine. J'en eus horreur, et je suis obligé de dire pour la vérité que Mme de Chevreuse n'en eut pas moins que moi. Ce qui est d'admirable, c'est que la Reine, qui m'avoit renvoyé à lui la veille comme à un homme qui lui avoit fait une proposition raisonnable, nous témoigna à Mme de Chevreuse et à moi qu'elle approuvoit fort nos sentiments, qui étoient assurément bien éloignés d'une action de cette nature. Elle nous nia même absolument qu'Hocquincourt la lui eût expliquée ainsi. Voilà le fait sur lequel vous pouvez fonder vos conjectures[1]. » Retz trouve là quelque chose d'inexplicable, et il se moque de « l'insolence des historiens vulgaires qui croiroient se faire tort s'ils laissoient un seul événement dont ils ne démêlassent tous les ressorts, qu'ils montent et relâchent presque toujours sur des cadrans de colléges. »

Mais, n'en déplaise à l'auteur des Mémoires, il est un cadran qui n'est pas tout à fait de collége, et sur lequel on peut, ce semble, fonder d'assez solides conjectures : c'est l'intérêt, la passion, le caractère. Or, nous connaissons le caractère d'Anne d'Autriche et

---

1. Retz, t. II, p. 250.

celui de Mazarin; il n'y a pas dans toute leur vie un seul fait qui permette de leur attribuer des intentions sanguinaires, l'homicide attentat dont il est ici question. Leur intérêt n'y était pas le moins du monde. Que pouvait gagner la Reine à la mort de Condé? La Fronde, délivrée d'un tel adversaire, se retournait contre elle plus puissante que jamais, avec toutes ses forces réunies, et Anne d'Autriche était perdue. Par cette même raison, Retz et Mme de Chevreuse avaient tout intérêt à la mort de Condé; car ils n'avaient que deux ennemis, Mazarin et Condé. Mazarin était en exil et sous le poids d'une réprobation alors universelle et irrésistible; il n'y avait donc entre eux et le pouvoir qu'un seul obstacle, et cet obstacle ils n'étaient pas d'humeur de le respecter, s'ils croyaient pouvoir l'abattre. Nous l'avouons : nous avons peu de foi dans les scrupules vertueux de Mme de Chevreuse et de Retz; nous les croyons capables de tout pour satisfaire leur passion et leur intérêt, et nous inclinons à penser que l'édifiante horreur qu'ils témoignèrent à la proposition de d'Hocquincourt n'était qu'un masque pour couvrir un motif tout différent. Encore une fois, l'intérêt de la Reine n'était pas d'assassiner Condé, mais de l'arrêter comme elle l'avait déjà fait; et il est vraisemblable que d'Hocquincourt n'avait proposé à la Reine qu'une arrestation, s'il le fallait, à force ouverte. Voilà ce qu'elle prétend dans le récit de Retz, et ce que Lionne soutint en son nom dans la conférence qu'il eut avec Retz chez Montrésor, telle que Retz lui-même la raconte. Lionne déclara que « la Reine ne pouvoit plus souffrir M. le Prince, qu'il falloit que lui ou elle pérît, qu'elle ne vouloit pas se servir des voies de sang, mais que ce qui avoit été proposé par d'Hocquincourt ne pouvoit avoir ce nom, puisqu'il l'avoit assurée la veille qu'il prendrait M. le Prince sans coup férir, pourvu que je l'assurasse du peuple.... Lionne me somma vingt fois au nom de la Reine de ce que je l'avais assurée que je ferais quitter la partie à M. le Prince; ses instances allèrent jusques à l'emportement, et il ne me parut que médiocrement satisfait de sa négociation avec moi, quoique je lui offrisse de faire arrêter M. le Prince au palais d'Orléans. » Lionne en effet ne pouvait être que très-médiocrement satisfait d'un expédient qui, comme nous l'avons dit, abaissait encore plus l'autorité de la Reine, et élevait le duc d'Orléans au-dessus du Roi ; car le duc d'Orléans ne pouvait prendre une pareille mesure qu'en sa qualité de lieutenant général du royaume, et en alléguant l'impuissance de la royauté. Tenant entre ses mains Condé prisonnier, et pouvant à son gré le déchaîner ou le retenir, il dominait l'État et assurait le triomphe de la Fronde. Aussi Retz tenait-il invinciblement à ce mode d'arrestation, tandis que la Reine, dans une entrevue secrète qu'elle eut avec Retz, « revint encore à la proposition de d'Hocquincourt, à laquelle elle donnoit toujours un air innocent. » Le scrupuleux Retz s'excusa sur la délicatesse de sa conscience et de celle de Mme de Chevreuse, qui ne leur permettait pas d'accepter un moyen qui pouvait aboutir à un attentat sur la personne de M. le Prince. La Reine, de son côté, n'entendait pas remettre Condé entre les mains des frondeurs; et, selon nous, c'est à cette opposition d'intérêts et de desseins que Condé dut son salut. Mais il est certain que les deux partis voulaient également l'arrêter, chacun à son profit; le doute ne peut tomber que sur le projet d'assassinat et sur ses véritables auteurs, soit d'Hocquincourt et la Reine, comme le veut Retz, soit Retz lui-même, comme le veut Mme de Motteville.

Le marquis de Monglat, alors maître de sa garderobe, vivant dans l'intimité de la Reine et du Roi, et qui a pu recueillir tous les bruits de la cour, fait un récit[1] qui tient à la fois de celui de Retz et de celui de Mme de Motteville. Il se rapproche de Retz, en ce qu'il donne aussi d'Hocquincourt pour l'auteur de la proposition d'assassinat, en y joignant le comte d'Harcourt que seul il nomme en cette affaire; il se rapproche de Mme de Motteville en disant que la Reine eut horreur de cette proposition. Il parle aussi des secrètes conférences du coadjuteur avec Lionne; mais il ne lui impute que d'avoir fort insisté pour qu'on s'assurât de la personne de M. le Prince.

---

1. *Mémoires* de Monglat, collection Petitot, t. L, p. 289.

La Rochefoucauld, fort mal avec la cour et avec la Fronde, n'a pu connaître les desseins qui furent alors agités de part et d'autre; et il s'en tient avec une sage circonspection à ce qu'il y a de plus certain. «On offrit à la Reine[1], dit-il, de tuer M. le Prince ou de l'arrêter prisonnier; mais elle eut horreur de la première proposition, et consentit volontiers à la seconde. Le coadjuteur et M. de Lionne se trouvèrent chez le comte de Montrésor pour convenir des moyens d'exécuter cette entreprise. Ils demeurèrent d'accord qu'il la falloit tenter, sans résoudre rien pour le temps ni pour la manière de l'exécuter. »

On sait comment Condé apprit ce qui se tramait contre lui. Lionne, par un motif ou par un autre, dit au maréchal de Grammont, ami de la Reine et de Mazarin et en même temps de Condé, ce qui s'était passé chez Montrésor. Le maréchal le dit à Chavigny, et celui-ci avertit sur-le-champ M. le Prince. On peut juger quels furent à cette nouvelle les sentiments de Condé. Il vit clair enfin dans sa situation. Il reconnut qu'il était brouillé à fond et à jamais avec les frondeurs et avec la Reine, et que désormais il était placé entre l'assassinat et la prison. Il sentait bien que, cette fois, s'il tombait entre les mains de ses ennemis, il serait traité bien plus durement qu'en 1650, et que vraisemblablement il ne reverrait plus la lumière. Il

---

1. La Rochefoucauld, p. 73.

méprisait la mort; mais l'idée d'un cachot éternel lui était insupportable, et cette idée s'emparant peu à peu de son esprit y fit entrer des projets qui jusqu'alors n'avaient fait que le traverser.

Trop fier pour quitter Paris comme s'il eût eu peur, Condé ne changea rien à sa conduite; il se borna à ne plus aller au Palais-Royal ni au palais d'Orléans, et il ne marcha plus qu'accompagné d'un grand nombre d'officiers et de domestiques. Déjà depuis quelque temps, prévoyant l'orage qui se formait contre lui, il avait pris de sérieuses mesures pour y faire face; il avait fortifié toutes les places qui étaient en son pouvoir; il y avait mis des officiers dont il était sûr, le marquis de Persan dans la forteresse de Montrond en Berry, le comte de Bouteville dans celle de Seurre ou Bellegarde en Bourgogne, Arnauld dans le château de Dijon; il tenait rassemblés à Clermont et à Stenay tous les vieux régiments de sa maison sous le commandement du comte de Tavannes. Il avait envoyé en Flandre le marquis de Sillery, beau-frère de La Rochefoucauld, sous prétexte d'achever de dégager Mme de Longueville et Turenne des traités qu'ils avaient faits en 1650 avec les Espagnols, mais avec l'ordre secret de renouveler[1], et de pressentir sur quelle assistance il pourrait compter de la part de l'Espagne s'il était réduit à tirer l'épée. Le comte de Fuensaldagne n'avait

---

1. La Rochefoucauld, p. 73.

pas manqué, selon la politique de sa cour, de promettre beaucoup plus qu'on ne lui demandait, et il n'avait rien omis pour animer Condé à prendre les armes.

Le hasard se mit de la partie pour faire faire à Condé un pas de plus et presque décisif dans la route dangereuse qui s'ouvrait devant lui. Un soir qu'il venait de se coucher[1] et causait encore avec Vineuil, un de ses affidés, celui-ci reçut un billet qui lui mandait d'avertir M. le Prince que deux compagnies des gardes s'avançaient du côté du faubourg Saint-Germain. On s'imagina que ces troupes venaient investir l'hôtel. Condé se précipite à bas de son lit, s'habille, monte à cheval à l'heure même, et accompagné de quelques-uns de ses gens il sort par le faubourg Saint-Michel. Sur le grand chemin, il entendit un assez grand nombre de chevaux qui marchaient vers lui ; il crut que c'était un escadron qui le cherchait, et se retira d'abord du côté de Meudon ; puis, au lieu de rentrer dans Paris, à la pointe du jour il alla chercher un asile dans son château de Saint-Maur. Il y arriva le 6 juillet au matin. On comprend quel fut, dans Paris et dans tout le royaume, l'effet d'une pareille retraite et pour de pareils motifs. Mme la Princesse, le prince de Conti, Mme de Longueville, La Rochefoucauld, le duc de Nemours, le duc de Richelieu, les amis les plus particuliers du prince et

---

1. La Rochefoucauld, p. 75 ; Retz, t. II, p. 264 ; Mme de Motteville, t. IV, p. 399.

plus d'un personnage illustre, tels que le duc de Bouillon et Turenne, se rendirent aussitôt à Saint-Maur. Dans les premiers jours, Condé y eut une cour aussi brillante et aussi nombreuse que celle du Roi. Il y étala un faste royal. Il y vint, dit La Rochefoucauld[1], « un nombre infini de ces gens incertains qui s'offrent toujours au commencement des partis et qui les trahissent ou les abandonnent d'ordinaire selon leurs craintes ou leurs intérêts. » C'est au milieu de cette cour qu'il reçut le maréchal de Grammont, son ami particulier, qui venait au nom de la Reine l'inviter à retourner à Paris, lui montrant que sa retraite était due à une méprise, et lui promettant toutes sûretés. Mais Condé n'était pas encore désabusé; et, quelque amitié qu'il eût pour le maréchal, il congédia avec un peu de superbe l'envoyé de la Reine, en lui rappelant l'odieuse entreprise formée contre sa personne, dont lui-même avait pleine connaissance. On l'a blâmé de cette hauteur, parce qu'on ne savait pas le dessous des cartes; mais lisez Retz, et vous verrez que cette fameuse ambassade du maréchal de Grammont n'était qu'un jeu joué de la part de la Reine[2], et qu'Anne

---

1. La Rochefoucauld, p. 78.
2. Retz, t. II, p. 279. Retz s'étant plaint à la Reine de cette ambassade, qui semblait annoncer l'intention de renouer avec Condé : « Écoutez-moi, reprit la Reine sans balancer, je convins hier avec Monsieur que nous enverrions, pour la forme seulement, M. de Grammont à M. le Prince, et que nous tromperions même l'ambassadeur... »

d'Autriche n'avait pas la moindre envie de se réconcilier avec Condé. Celui-ci se mit sur ses gardes. Il fit entrer dans Paris un bon nombre d'officiers déguisés qui remuèrent de tous côtés en sa faveur; et quand il se crut en état de s'y maintenir contre la Reine et contre les anciens frondeurs tout ensemble, il quitta Saint-Maur et revint en son hôtel à côté du palais d'Orléans, « voulant donner de la réputation à ses affaires » et en imposer à ses ennemis par cette conduite fière et hardie[1]. Il reparut aussi au parlement, devenu le champ de bataille des partis. Retz, plein de sa propre haine augmentée de celle de Mme de Chevreuse, secondé à la fois par les amis du duc d'Orléans et par ceux de la Reine, brûlant d'arracher à la cour et de gagner par ses services le chapeau de cardinal, l'objet de ses ardents désirs, le nécessaire marchepied de son ambition, mit son courage et sa vanité à se porter ouvertement l'adversaire de M. le Prince. Là, pendant le mois de juillet et le mois d'août, dans ce prétendu sanctuaire de la justice et des lois, se passèrent toutes les scènes déplorables que Retz et La Rochefoucauld ont racontées, et où Mazarin, de sa retraite des bords du Rhin, put voir avec joie ses deux ennemis consumer leurs forces et travailler sans s'en douter à leur ruine commune et à son prochain triomphe.

Soyons sans faiblesse envers Condé; mais soyons

---

1. La Rochefoucauld, p. 83.

juste envers lui, et mettons-nous sincèrement à sa place. Au point où les choses en étaient arrivées, après les ténébreux complots ourdis contre lui, pouvait-il traiter avec sûreté, soit avec les frondeurs dont les chefs véritables, Mᵐᵉ de Chevreuse et Retz, avaient voulu mettre la main sur sa personne, et dont le chef apparent, le duc d'Orléans, avait consenti à le faire arrêter dans son propre palais, soit avec la Reine qui l'avait constamment trompé, d'abord en lui promettant sans réserve tout ce qu'il demandait afin de le compromettre, pour lui tout refuser ensuite lorsqu'il s'était compromis pour elle, et qui venait ou de pousser elle-même ou de donner les mains à sa perte? Il considérait avec raison Retz et Mazarin comme des ennemis irréconciliables, qui ne consentiraient jamais à négocier avec lui que pour l'abuser encore, et qui, dans leur inflexible ambition, ne pouvaient trouver de repos que par son entière ruine. Il était trop intrépide pour redouter les poignards ; mais il craignait la prison qui lui eût été cette fois le plus affreux de tous les tombeaux. Cette image toujours présente pesait sur son âme, et quelquefois le précipitait vers toutes les extrémités.

Si La Rochefoucauld eût été un vrai politique ou un sérieux homme de parti, il eût pu jouer en 1651 un rôle admirable. Il avait alors sur Condé presque autant de crédit que sur sa sœur. Il était, comme nous l'avons dit, un des pères de la Fronde ; c'est lui qui, en 1648, avait attiré Mme de Longueville dans la première guerre civile, et il avait jeté un assez grand éclat dans la seconde. Sa valeur, son esprit, son habileté, ses sacrifices lui donnaient un ascendant mérité. Il venait de seconder puissamment la Palatine dans les négociations de janvier 1651, dont le résultat avait été la délivrance des Princes, et la condition, le mariage du prince de Conti avec Mlle de Chevreuse. Sa parole y était tout aussi engagée que celle de Mme de Longueville et celle de Condé. L'honneur comme la politique lui faisaient donc un devoir de hâter ce mariage, et de cimenter par là l'alliance des Condé et de la Fronde. M. le Prince n'y faisait d'abord aucune difficulté ; Mme de Longueville était encore dans les liens étroits de la parole donnée à la Palatine; le prince de Conti désirait ce mariage; il fallait le presser et l'achever. Si les premières incertitudes vinrent de Condé ou même de Mme de Longueville, il appartenait à La Rochefoucauld de les surmonter, en se rangeant hautement du côté de la Palatine et de Mme de Chevreuse. Loin de là, les frondeurs ainsi que Mme de Motteville l'accusent de concert d'avoir porté Mme de Longueville à se tourner contre une alliance dont naguère à Stenay elle avait si bien apprécié les avantages. La Rochefoucauld lui-même rappelle les accusations des frondeurs. Si elles eussent été dépourvues de fondement, nous le connaissons assez pour être à peu près sûr qu'il les eût repoussées, et qu'il se fût défendu, même aux dépens de Mme de Longueville, comme il l'a fait plus d'une fois.

Il manquait à La Rochefoucauld une ambition nette et forte; il n'avait de vigueur et de constance ni dans le bien ni dans le mal. La Fronde n'avait été pour lui, comme pour bien d'autres, qu'un moyen de mieux négocier avec la cour. Il ne s'était jeté dans l'opposition en 1648, comme en 1643, que par dépit, en désespoir de cause, pour arracher de la Reine et de Mazarin, par la crainte, ce qu'il n'avait pu en obtenir par ses services et ses condescendances. En 1649, il était resté dans la Fronde parce que la paix de Ruel ne lui avait pas donné ce qu'il demandait. En 1650, il avait fait la guerre avec courage; il avait vu ses terres de Saintonge et d'Angoumois ravagées, sa belle maison de Verteuil à peu près ruinée; et, après trois années de combats et de dangers, il se trouvait plus mal encore dans ses affaires qu'au commencement des troubles. Il était fatigué de la guerre, et il soupirait après le repos. La Reine s'était empressée de lui rendre son gouvernement de Poitou[1]. Condé avait demandé pour lui la place importante de Blaye, qui les aurait parfaitement accommodés tous deux; car c'eût été là un lien admirable entre le Poitou, qui appartenait aux La Rochefoucauld, et la Guienne destinée à M. le Prince. Aussi la Reine ne songeait pas le moins du

---

[1]. La Rochefoucauld avait obtenu cette restitution de Mazarin même, avant la délivrance des princes, e 6 février. *Gazette*, p. 171.

monde à donner Blaye à La Rochefoucauld; mais elle ne s'était pas fait faute de le lui promettre, et elle avait tâché de l'acquérir ou de l'endormir en lui accordant pour son fils, Marsillac, la survivance de son gouvernement[1]. Toutes ces petites faveurs avaient fort adouci La Rochefoucauld; comme Condé, il donna dans le panneau de ces négociations interminables où la Reine avançait et reculait à son gré; et comme lui, au bout de quelque temps, il se trouva éconduit par la cour et sans asile dans la Fronde. Il n'avait pas compris qu'avec les engagements de toute sa vie, la Fronde était sa patrie naturelle, qu'il ne devait jamais quitter, et dont le triomphe seul pouvait assurer sa fortune. Le jour où il rompit avec elle en poussant ou en ne s'opposant pas, ce qui est la même chose, à la rupture du mariage de Mlle de Chevreuse et du prince de Conti, ce jour-là il se renia et se perdit lui-même. Il souleva la redoutable inimitié de Mme de Chevreuse, et acheva de se brouiller avec le coadjuteur.

Retz et La Rochefoucauld s'étaient rencontrés au début de la Fronde et avaient servi la même cause, mais sans se faire illusion l'un sur l'autre; ils se connaissaient trop pour ne se pas détester. Jamais hommes ne différèrent davantage. Ils avaient tous deux infini-

---

[1]. *Gazette*, p. 623 : « Le 10 juin, sur les deux heures après midi, le prince de Marsillac, fils aîné du duc de La Rochefoucauld, prêta, entre les mains de Leurs Majestés, le serment pour la survivance du gouvernement de Poitou, duquel ce duc est pourvu. »

ment d'esprit, mais l'un en grand, l'autre en petit[1].
Dans le détail, La Rochefoucauld avait plus de justesse ; mais dans l'ensemble et dans les grands partis à prendre, une sorte de timidité naturelle, l'absence de toute vraie passion, la recherche inquiète et mobile de l'intérêt du moment, troublaient et bornaient les vues de son esprit; son bon sens même ajoutait à l'irrésolution de son caractère[2]; outre que s'il était sans vertu, il n'était pas sans honneur, et qu'en se prêtant volontiers à toutes les manœuvres, à toutes les ruses, à tous les mensonges de la vanité et de l'intérêt, il avait ses limites et gardait des mesures ; tandis que Retz, méprisant les petits avantages, le bien-être, la fortune, ne recherchant que le pouvoir, les grands rôles, les grandes situations, y tendait d'une vue fixe, par toutes les voies, avec une audace égale à son ambition et qui ne connaissait ni bornes ni scrupules.

1. Ailleurs nous avons comparé La Rochefoucauld et Retz, plus particulièrement comme écrivains; *Madame de Sablé*, ch. III. p 132-133.
2. Retz, t. II, p. 266, dépeint la conduite incertaine de La Rochefoucauld à cette époque, dans le passage suivant : « M. de La Rochefoucauld, qui étoit un des membres les plus considérables du parti de M. le Prince par le pouvoir absolu qu'il avoit sur l'esprit de M. le prince de Conti et sur celui de Mme de Longueville, étoit dans la faction ce que M. de Bullion avoit été autrefois dans les finances. M. le cardinal de Richelieu disoit que celui-ci employoit douze heures du jour à la création de nouveaux offices, et les dix autres à leur suppression ; et Matha appliquoit cette remarque à M. de La Rochefoucauld, en disant qu'il faisoit tous les matins une brouillerie et que tous les soirs il travailloit à un rhabillement; c'étoit son mot. »

Retz, au fond, faisait peu de cas de La Rochefoucauld ; il n'estimait en lui que le bel esprit et les belles manières ; il ne le regardait pas, et avec raison, comme de la famille des hommes de parti et des ambitieux. Il dut être furieux de sa conduite dans l'affaire du mariage. Mais nous pensons que La Rochefoucauld cède à la seule passion qu'il ait connue, la vanité et le goût de l'importance, lorsqu'il accuse Retz d'avoir voulu se défaire de lui, comme Retz peut-être avait pensé à se défaire de M. le Prince : « La haine du coadjuteur, dit-il[1], éclatoit particulièrement contre le duc de La Rochefoucauld. Il lui attribuoit la rupture du mariage de Mlle de Chevreuse ; et croyant toutes choses permises pour le perdre, il n'oublioit rien pour y engager ses ennemis par toutes sortes de voies extraordinaires. Le carrosse du duc de La Rochefoucauld fut attaqué trois fois de suite en ce temps-là, sans qu'on ait pu savoir quelles gens avoient pris part à de si fréquentes rencontres. »

De leur côté, La Rochefoucauld et ses amis tentèrent plus d'une fois de faire un mauvais parti au coadjuteur. Un jour, au palais et dans les couloirs du parlement, La Rochefoucauld tint Retz fort serré entre deux portes, et sans l'arrivée de Champlatreux, le fils du premier président, on ne sait ce qui serait arrivé[2]. Un peu plus tard, Condé voulut au moins imiter Retz

---

1. La Rochefoucauld, p. 81-82.
2. Retz, t. II, p. 367 ; La Rochefoucauld, p. 88.

dans l'entreprise qu'il avait certainement formée contre sa personne : il résolut de l'enlever dans Paris même et de le faire conduire dans une de ses places. Pour exécuter ce coup de main, il jeta les yeux sur un ancien domestique de La Rochefoucauld, qui entrait alors à son service, avant de passer à celui de Mazarin, homme d'esprit, de résolution, et de ressources inépuisables. « Quelque impossibilité qui parût en ce dessein, dit La Rochefoucauld, Gourville s'en chargea, après en avoir reçu un ordre écrit, signé de M. le Prince; et il l'auroit sans doute exécuté si le coadjuteur, un soir qu'il alla à l'hôtel de Chevreuse, en fût sorti dans le même carrosse qui l'y avoit mené; mais l'ayant renvoyé avec ses gens, il ne fut pas possible de savoir certainement dans quel autre il pouvoit être sorti. Ainsi l'entreprise fut retardée de quelques jours et découverte ensuite[1]. »

1. La Rochefoucauld, p. 101. Voyez aussi les Mémoires de Gourville, collect. Petitot, t. LII, p. 236-242, et ceux de Retz, t. III, p. 17. — Quoique Condé connût et détestât Retz, il y avait dans l'audace de ce personnage quelque chose qui ne lui déplaisait pas; comme Retz, qui avait de la hauteur dans l'esprit et dans le caractère, ne peut, dans ses Mémoires, retenir son admiration pour Condé aussi bien que pour Molé, après les avoir sans cesse combattus. Si l'on veut sur Condé le jugement d'un grand connaisseur, d'un homme qui n'est dupe de rien ni de personne, qui dit volontiers le secret de tout le monde, bien entendu excepté le sien, on le trouvera dans une page des Mémoires de Retz, où, à travers ses préjugés de vieux frondeur et en gardant le rôle qu'il s'était composé, le cardinal rend pleinement justice à la loyauté de M. le Prince, d'autant plus digne en cela de confiance qu'il signale en même temps le défaut qui a perdu

On le voit : une crise était inévitable. Condé n'apercevait plus d'issue pacifique à la situation qu'on lui avait faite ou plutôt qu'il s'était faite à lui-même ; et autour de lui, Mme de Longueville et le prince de Conti, qui ne pensait que d'après elle, l'engageaient à trancher le nœud qu'il ne savait comment résoudre. La Rochefoucauld l'arrêta un moment encore sur le seuil de la guerre ; il le pria de lui laisser entreprendre des négociations nouvelles. Condé y consentit volontiers. Mme de Longueville s'y opposa. La Rochefou-

---

Condé, et que nous avons relevé nous-même, le manque de suite et de plan bien arrêté. Retz, comme Mme de Longueville, aurait voulu que Condé servît toujours la Fronde ; nous voudrions, nous, qu'il eût toujours servi la royauté en l'éclairant. Mais voici le passage de Retz, t. I, p. 179 : « Les héros ont leurs défauts ; celui de M. le Prince est de n'avoir pas assez de suite dans l'un des plus beaux esprits du monde. Ceux qui ont voulu croire qu'il avoit tâché, dans les commencements, d'aigrir les affaires par Longueil, par Broussel et par moi, pour se rendre plus nécessaire à la cour, et dans la vue de faire pour le cardinal ce qu'il fit depuis, font autant d'injustice et à sa vertu et à la vérité, qu'ils prétendent faire d'honneur à son habileté. Ceux qui croyent que les petits intérêts, c'est-à-dire les intérêts de pension, de gouvernement, d'établissement, furent l'unique cause de son changement, ne se trompent guère moins. La vue d'être l'arbitre du cabinet y entra assurément ; mais elle ne l'eût pas emporté sur les autres considérations, et le véritable principe fut qu'ayant tout vu d'abord également, il ne sentit pas tout également. La gloire de restaurateur du public fut sa première idée, celle de conservateur de l'autorité royale fut la seconde. Voilà le caractère de tous ceux qui ont dans l'esprit le défaut que je vous ai marqué ci-dessus. Quoiqu'ils voyent très-bien les inconvénients et les avantages des deux partis, sur lesquels ils balancent à prendre leurs résolutions, et quoiqu'ils les voyent même ensemble, ils ne les pèsent pas ensemble : ainsi ce qui leur paroît aujourd'hui plus léger,

cauld, lui parlant[1] avec l'autorité que lui donnait son long dévouement, lui représenta la terrible responsabilité qu'elle prenait sur elle envers Condé et envers l'État, et il obtint d'elle qu'elle se retirerait quelque temps de la scène des affaires, accompagnerait sa belle-sœur la princesse de Condé en Berri, et lui permettrait de rester à Paris auprès de Condé pour essayer une dernière fois de conjurer la tempête.

C'est ici le moment de faire connaître la conduite de Mme de Longueville dans ces graves conjonctures, les divers sentiments qui l'animaient, et le véritable et triste motif qui la décidait à jeter ainsi son frère dans la guerre civile et à s'y jeter avec lui.

Rappelons-le : Anne de Bourbon avait dans le caractère des contrastes extraordinaires, des qualités entièrement opposées, qui, se développant tour à tour suivant les circonstances, donnent une empreinte particulière aux diverses époques de sa vie. Elle tenait de

leur paroît demain plus pesant. Voilà justement ce qui fit le changement de M. le Prince, sur lequel il faut confesser que ce qui n'a pas honoré sa vue, ou plutôt sa résolution, a bien justifié son intention. L'on ne peut nier que s'il eût conduit aussi prudemment la bonne intention qu'il avoit, certainement il n'eût redressé l'État et peut-être pour des siècles ; mais l'on doit convenir que s'il l'eût eu mauvaise, il eût pu aller à tout dans un temps où l'enfance du Roi, l'opiniâtreté de la Reine, la foiblesse de Monsieur, l'incapacité du ministre, la licence du peuple, la chaleur du Parlement, ouvroient à un jeune Prince, plein de mérite et couvert de lauriers, une carrière plus belle et plus vaste que celle que MM. de Guise avoient courue. »

1. La Rochefoucauld, p. 79 et suiv.

la nature et de l'éducation chrétienne qu'elle avait reçue une conscience délicate et inquiète, une humilité devant elle-même et devant Dieu qui en eût fait une carmélite accomplie ; et en même temps, le ciel lui avait donné cette ardeur de l'âme qu'on appelle l'ambition, l'instinct de la gloire et de la grandeur. Cet instinct, qui était aussi celui de sa maison et de son siècle, prit bientôt le dessus, au sortir de sa pieuse adolescence, et lorsqu'elle désespéra de vaincre la résistance de son père au sérieux désir qu'elle avait manifesté d'ensevelir[1] à quinze ans, dans le couvent de la rue Saint-Jacques, entre ses chères et sublimes amies, la mère Marie Madeleine de Jésus et la mère Agnès, sa beauté déjà redoutable et le besoin naissant de briller et de plaire. Ce besoin était à la fois la force et la faiblesse de Mme de Longueville, le principe de sa coquetterie parmi les amusements de la paix, comme de son intrépidité au milieu des dangers. Une fois condamnée au monde, elle transporta les rêves de gloire qu'elle n'osait faire pour elle-même, sur la tête de son frère, ce Louis de Bourbon, presque du même âge qu'elle, le compagnon chéri de son enfance, si spirituel, si généreux, si hardi, qui lui fut tout ensemble un ami et un maître, et l'idole de son cœur, avant qu'un autre objet en eût usurpé la place ou lorsqu'il l'eut abandonnée. Dans la première et la

---

1. *La Jeunesse de Madame de Longueville*, chap. 1er.

dernière partie de sa vie, qui sont incomparablement les meilleures, elle rapportait tout à Condé; et Condé avait en elle une confiance sans bornes. De bonne heure, le soupçonneux et pénétrant Mazarin en avait jugé ainsi; et dans les carnets où il dépose ses sentiments les plus intimes, il la peint en ennemi, mais en ennemi qui la connaît bien : « Mme de Longueville, dit-il[1], a tout pouvoir sur son frère... Elle voudrait voir Condé dominer et disposer de toutes les grâces. Si elle aime la galanterie, ce n'est pas du tout qu'elle songe à mal, mais pour faire des serviteurs et des amis à son frère. Elle lui insinue des pensées ambitieuses, auxquelles il n'est déjà que trop enclin. » En 1648, si elle s'emporta si fort contre son frère, c'est que, fascinée et égarée par La Rochefoucauld, elle croyait que Condé, en servant la cour et Mazarin, trahissait sa véritable gloire. En 1649, elle n'avait que trop contribué à le faire entrer peu à peu dans la voie funeste où La Rochefoucauld l'avait elle-même engagée. Sa fierté nourrissait l'espérance de voir un jour les Condé remplacer les d'Orléans. Lorsqu'en 1650, Monsieur eut un fils, le petit duc de Valois, qui ne vécut pas, elle s'affligea d'un événement qui menaçait d'affermir et de perpétuer une maison qu'elle n'aimait point, et dans une lettre jusqu'à présent restée inédite, elle laisse paraître les pensées qui s'é-

---

1. *La Jeunesse de Madame de Longueville*, chap. IV, p. 272.

taient glissées dans son cœur. « Je pense, écrit-elle à Lenet, le 22 août 1650, que la nouvelle de la naissance du fils de M. d'Orléans ne réjouira pas plus ma belle-sœur qu'elle ne m'a réjouie. C'est à mon neveu qu'il en faut faire des doléances[1]. » En 1651, cette ambition fut portée à son comble. Mme de Longueville éprouva l'enivrement naturel que lui devaient donner la puissance et la prospérité de sa maison; et lorsqu'on songe quels périls elle venait de surmonter, de quels hommages elle était de toutes parts environnée, qu'elle avait alors trente-deux ans, qu'elle était dans tout l'éclat de la beauté, et aussi dans toute la force des passions, on serait bien tenté de lui pardonner cet enivrement passager, s'il n'avait pas entraîné d'aussi désastreuses conséquences pour elle-même, pour Condé et pour la France.

Ici vient la question que nous avons agitée : Est-ce Mme de Longueville qui a fait rompre le mariage projeté entre le prince de Conti et Mlle de Chevreuse? Si elle est la première coupable, nous le disons à regret: qu'elle porte devant la postérité le blâme d'une telle faute. Si elle n'a fait que céder aux conseils de La Rochefoucauld, nous l'excusons davantage, et nous disons, que la faute retombe sur lui. Comme nous l'avons vu, cette affaire garde encore bien des obscurités, et puisque Retz hésite lui-même, nous serions bien fondé

---

[1]. Manuscrits de Lenet, t. III, Bibliothèque Impériale.

à hésiter à notre tour. Mais nous en convenons, les soupçons des frondeurs et les accusations des amis de la Reine nous en imposent, et nous ne pouvons nous empêcher d'attribuer à Mme de Longueville une assez grande part dans la déplorable rupture d'où sont sortis tant de maux. Son bienveillant historien[1], Villefore, se joint ici à Mme de Motteville. Sans doute le mariage du prince de Conti avec Mlle de Chevreuse était loin de réunir tous les suffrages. Les précieuses de l'hôtel de Rambouillet et en particulier Mlle de Scudéri déclamaient fort contre une pareille alliance[2]. On rappelait l'ancien outrage qu'en 1643 Mme de Montbazon, aidée par Mme de Chevreuse, avait osé faire à Mme de Longueville, les mœurs très-hardies de la mère qui semblaient avoir passé jusqu'à la fille, la réputation

1. Villefore, édit. de 1739, t. Ier, p. 203.
2. Mlle de Scudéri, dans une de ses curieuses lettres à Godeau, évêque de Vence, publiées par M. Montmerqué, *Historiettes* de Tallemant, t. VI, p. 407, s'exprime sur ce mariage, avec une sévérité qui tient presque du cynisme : « Pour moi, dit-elle, j'avoue que je ne sais pas comment le prince de Conti a la hardiesse d'épouser une fille de Mme de Chevreuse. Je vis hier un homme qui me dit qu'il aimeroit mieux épouser quelque jeune sultane qui sortiroit du sérail que la fille d'une telle mère. » Dans cette même lettre, du 2 mars 1651, se trouvent ces lignes à peu près démonstratives : « Quelque avancé que soit ce mariage, il y en a qui doutent encore qu'il s'achève, parce qu'on sait que Mme de Longueville y a une aversion étrange. Le temps nous fera voir ce qui en sera. » Voici une note de Lenet qui ne l'est guère moins (Lenet, édit. de M. A. Champollion, partie inédite, p. 524) : « La duchesse de Longueville porte impatiemment le mariage proposé du prince de Conti avec Mlle de Chevreuse, et pourquoi. » Vérifié sur l'original.

équivoque de celle-ci, et la liaison suspecte et quasi publique qu'elle entretenait avec Retz. Vaines objections que ne pouvait alléguer Mme de Longueville; car elle savait parfaitement tout cela lorsqu'à Stenay elle avait autorisé la Palatine à engager sa parole pour la sienne. Il faut donc chercher d'autres raisons à sa conduite; ces raisons ne peuvent être que celles que ses ennemis ont données, et au premier rang la jalousie d'influence, le désir de retenir sur son jeune frère, le prince de Conti, un empire que Charlotte de Lorraine lui aurait infailliblement enlevé.

Cette faute irréparable, en amenant la situation périlleuse où se trouva bientôt Condé, devait conduire Mme de Longueville à une autre faute, en quelque sorte forcée, qui acheva la première. Il est certain que plus que personne elle anima son frère à la résolution qu'il a fini par prendre. La Rochefoucauld le dit, et tous les écrivains contemporains le répètent. Faisons seulement cette remarque essentielle : Mme de Longueville était d'abord fort bien entrée dans les desseins d'accommodement de Condé et de La Rochefoucauld et dans leurs négociations avec la cour; c'est seulement quand ces desseins eurent échoué, quand vers le mois de juin les négociations eurent fait place aux violences, quand elle vit son frère entouré d'assassins, tout près à chaque instant de tomber sous les coups de d'Hocquincourt ou d'être replongé dans les cachots de Vincennes, c'est alors que, frémissante d'indignation et de crainte, toute malade qu'elle était, elle accourut à Saint-Maur, et que, trouvant là réunie la fleur de l'aristocratie et de l'armée, elle reprit son ardeur belliqueuse de 1649 et 1650. Elle croyait que rien ne résisterait sur les champs de bataille au vainqueur de Rocroy et de Lens, secondé par Turenne, qui à Stenay lui avait montré un si vif, un si tendre attachement, et dont elle n'avait cessé de ménager les sentiments avec tout l'art dont elle était capable. Elle avait aussi une grande confiance dans l'Espagne, qui était à ses pieds, et lui prodiguait toutes sortes de déférences. Elle pressait donc Condé de laisser là de perfides et inutiles négociations, et d'en appeler à la fortune des armes.

Mais à ces divers motifs que Mme de Longueville faisait valoir avec l'autorité de son esprit et de ses services, s'en joignait un autre bien plus puissant sur son cœur, et qui a été le ressort principal de ses déterminations et de sa conduite. La Rochefoucauld seul n'a pas le droit de lui en faire un crime. Pour nous, nous ne balançons pas à le faire connaître sur la foi d'irrécusables témoignages; car nous ne composons pas un panégyrique de Mme de Longueville; nous racontons sa vie, où se réfléchit celle du xviie siècle tout entier avec ses grandeurs et avec ses misères; et si nous ressentons pour la sœur de Condé une admiration sincère, cette admiration ne nous ferme pas les yeux sur ses défauts. Il ne nous messied pas d'avoir une héroïne, dont les hautes qualités sont mêlées de faiblesses qui rappellent son sexe. C'est d'ailleurs le premier devoir de l'histoire, telle que nous la comprenons et voudrions la faire comprendre[1], de ne se point arrêter à la surface des événements, et d'en rechercher les causes au foyer de l'âme, dans les passions humaines et leurs suites inévitables.

Nous l'avons déjà dit[2] : Mme de Longueville n'aimait point son mari. Non-seulement il était beaucoup plus âgé qu'elle; mais il n'avait rien qui répondît à l'idéal que s'était formé cette illustre disciple de l'hôtel de Rambouillet, et qu'elle poursuivit en vain, à travers des illusions coupables, jusqu'à ce qu'elle le cherchât et le trouvât dans sa source même, non plus à l'école de Corneille et de Mlle de Scudéri, mais à celle de Jésus-Christ, au couvent des Carmélites et à Port-Royal. Jamais femme ne fut moins portée naturellement à la galanterie qu'Anne de Bourbon. Les plaisirs des sens ne l'attiraient point[3]; mais, comme nous venons de le dire, son cœur et son imagination lui faisaient un besoin de plaire et d'être aimée; et c'est ce besoin, cultivé de bonne heure par les romans, la poésie, le théâtre, et un peu plus tard corrompu par les exemples de la société où elle vivait, qui l'égara loin du foyer domestique, et la précipita dans la car-

---

1. *Madame de Chevreuse*, Avant-propos, p. 4.
2. *La Jeunesse de Madame de Longueville*, chap. III, p. 204.
3. Confession de Mme de Longueville, du 24 novembre 1661, *Supplément au Nécrologe de Port-Royal*, p. 137-140.

rière brillante et aventureuse au milieu de laquelle nous la trouvons en 1651. Alors sa plus grande crainte était de rentrer sous la main de son mari. M. de Longueville avait suivi très-volontiers sa femme dans la Fronde ; ses propres mécontentements l'y portaient d'eux-mêmes, ainsi que son caractère incertain et mobile, qui le faisait entrer dans les nouvelles entreprises avec autant de facilité qu'il l'en faisait sortir. En 1649, il avait été un des généraux de Paris, et il avait soulevé la Normandie contre Mazarin. Une année de prison l'avait refroidi ; et, en 1651, ayant retrouvé son gouvernement de Normandie et goûté quelques mois de cette grandeur paisible, il s'en trouvait bien, et n'était pas fort tenté de rentrer dans les orages, à l'âge de près de cinquante-sept ans. Des récits trop véridiques lui avaient appris ce que jusqu'alors il avait à peine entrevu, la liaison déclarée de sa femme avec La Rochefoucauld. Il en avait été fort irrité ; et les ennemis de M. le Prince, Retz à leur tête[1], attisaient avec soin sa mauvaise humeur. Sa fille, Marie d'Orléans, depuis la duchesse de Nemours[2], les seconda de toutes ses forces.

Elle détestait sa belle-mère, dont son bon sens lui faisait apercevoir aisément tous les défauts, sans que

---

1. La Rochefoucauld, p. 71 : « Mme de Longueville savoit que le coadjuteur l'avoit brouillée irréconciliablement avec son mari, et qu'après les impressions qu'il lui avoit données de sa conduite, elle ne pouvoit aller en Normandie sans exposer au moins sa liberté. Le duc de Longueville vouloit la retirer auprès de lui par toutes les voies... »
2. *La Jeunesse de Madame de Longueville*, chap. III, p. 202-203.

son cœur, médiocre et vulgaire, fût capable d'en comprendre les grandes qualités. Il était impossible de se moins ressembler. L'une adorait la grandeur jusqu'au romanesque et au chimérique; l'autre était toute positive, enfoncée dans ses intérêts, surtout dans celui de la fortune. Éloignée de la Fronde par la haine jalouse qu'elle portait à sa belle-mère, qui à son tour ne l'aimait guère et peut-être aussi ne la ménageait point assez, Mlle de Longueville se tourna du côté de la Reine et travailla à lui donner son père[1]. Elle y parvint peu à peu. M. de Longueville ne pouvait pas se séparer ouvertement de Condé, et il lui promit d'abord tout ce qu'il voulut; puis il se renferma en Normandie, et y tint une conduite douteuse, qui ne le compromettait pas trop ni avec le parti de la cour ni avec celui de M. le Prince. Mais il rappela sa femme avec empire et lui donna l'ordre de revenir auprès de lui. Cet ordre était pressant et menaçant; il épouvanta Mme de Longueville. Elle savait son mari instruit de tout et entièrement livré à sa fille; elle craignit de mauvais traitements; elle était sûre au moins qu'une fois en Normandie elle n'en sortirait plus, et que sa destinée s'écoulerait entre un vieux mari jaloux et irrité et une belle-fille toute-puissante, qui s'appliqueraient de concert à la retenir dans la solitude d'une province et peut-être à lui faire expier ses triomphes passés. L'image de

---

1. Mme de Motteville, t. IV, p. 433, et surtout les Mémoires de Mme de Nemours.

la triste vie qui l'attendait en Normandie faisait à peu près le même effet sur elle que l'image d'une prison nouvelle sur l'esprit de Condé. Elle chercha les moyens d'éviter ce qui lui était le pire de tous les dangers ; il y en avait un assuré, c'était la guerre, qui lui permettrait de ne se pas rendre en Normandie, sous le prétexte plus ou moins spécieux qu'elle ne pouvait abandonner son frère. Tel est le dessein qu'elle forma et arrêta d'assez bonne heure avec elle-même ; et les négociations nouvelles qu'imagina La Rochefoucauld la contrarièrent doublement. Si ces négociations réussissaient, elles lui ôtaient le seul prétexte qu'elle eût de ne pas aller rejoindre son mari en Normandie, et elle trouvait étrange que ce fût La Rochefoucauld qui l'exposât à ce péril. Dès lors sans doute, il y eut entre eux de fâcheuses explications. Elle s'aperçut que La Rochefoucauld était las de ses sacrifices, qu'il voulait s'accommoder avec la cour, refaire sa fortune et goûter les douceurs de la paix, tandis qu'aux yeux de la superbe princesse le premier intérêt de celui pour qui elle avait tant fait, devait être de ne se pas séparer d'elle, dussent-ils tous les deux courir ensemble à une ruine certaine. Mais La Rochefoucauld n'était plus monté sur ce ton-là, digne du grand Cyrus et de leurs chevaleresques amours de 1648. La fière Mandane[1] en reçut une blessure profonde. Cependant elle

---

1. Voyez *La Société Française au* XVII* *siècle*, chap. 1er.

ne fut pas insensible à ce qu'il y avait de raisonnable dans les conseils de La Rochefoucauld ; et pour ne pas avoir toute la responsabilité du parti que prendrait son frère, elle consentit à suivre sa belle-sœur, Mᵐᵉ la Princesse, et son neveu, le duc d'Enghien, dans le Berri, un des gouvernements de Condé, voyage qui d'ailleurs avait l'avantage de l'éloigner de son mari. Elle s'achemina donc le 18 juillet[1] vers Bourges, emmenant avec elle l'aîné de ses deux fils, le plus jeune, Charles de Paris, né en 1649, ne pouvant pas supporter les fatigues de la route. M. de Longueville la rappela du Berri comme il avait fait de la capitale, et il redemanda son fils avec une telle force qu'elle dut se résigner à le lui envoyer. Désormais étant seule et n'exposant qu'elle, sans rompre avec M. de Longueville et en employant tout son esprit à colorer sa désobéissance, elle éluda ses ordres, resta en Berri, faisant au fond de son cœur des vœux ardents pour la guerre, mais tranquille en apparence, tantôt accompagnant à Montrond la princesse de Condé, tantôt faisant d'assez longues retraites au couvent des Carmélites de Bourges. C'est là qu'elle attendit ce que les négociations conseillées et conduites par La Rochefoucauld décideraient de sa destinée.

Il faut en vérité que La Rochefoucauld ait bien ardemment désiré mettre un terme à la vie de fatigues

---

1. Retz, t. II, p. 344.

et de dangers qu'il menait depuis trois années, pour avoir osé se faire la moindre illusion sur le succès des démarches qu'il allait renouveler. Comment espérer regagner la Fronde qu'on venait de tromper outrageusement, après qu'elle s'était donnée à M. le Prince dans son malheur, et qu'elle l'en avait tiré? Si La Rochefoucauld pensait que l'alliance de la Fronde était nécessaire, il devait s'en aviser plus tôt et en temps utile, persuader à Condé et à sa sœur de tenir leur parole, de sceller l'alliance convenue entre le prince de Conti et Mlle de Chevreuse. Il ne l'avait pas fait; et maintenant qu'il avait laissé s'établir entre Condé et la Fronde une guerre parjure, par quel charme croyait-il la pouvoir suspendre? Avec la Reine aussi, toutes les négociations étaient épuisées et superflues. Il fallait s'entendre avec elle lorsqu'elle y était disposée, lorsque Condé était tout-puissant, lorsqu'il pouvait abaisser davantage ou relever la couronne : *Tum decuit cum sceptra dabas*. Mais à la fin du mois d'août, Condé, brouillé avec la cour et avec la Fronde, n'avait plus que son épée. C'était assez sans doute pour faire peur encore à tout le monde; ce n'était point assez pour inspirer confiance à personne. La Rochefoucauld n'obtint donc de toutes parts à ses avances que des réponses du dernier vague. L'heure des négociations était passée sans retour; et pendant que La Rochefoucauld s'épuisait en efforts inutiles, la Reine et la Fronde concluaient ensemble un traité dans le commun dessein d'accabler Condé.

Ce traité était l'ouvrage de Mazarin, le chef-d'œuvre de sa politique. Il autorisait les frondeurs à parler contre le cardinal dans le parlement quelque temps encore, pour couvrir leurs secrètes intelligences. Le chapeau était assuré au coadjuteur, des places éminentes et de grands avantages aux principaux amis de Mme de Chevreuse, le premier rang dans le cabinet donné à Châteauneuf, et une paix solide ménagée entre Mazarin et la puissante duchesse, sous la condition que son neveu Mancini, pourvu du duché de Nevers ou de celui de Rethelois, épouserait Mlle de Chevreuse. On avait surpris ce projet de traité sur le chemin de Cologne, dans un paquet porté par un courrier qui appartenait au marquis de Noirmoutier ; et M. le Prince l'avait fait imprimer pour éventer et mettre au jour l'alliance des frondeurs, de la Reine et de Mazarin. Mme de Motteville, si bien informée de tout ce qui vient de la Reine et du cardinal, considère ce traité comme parfaitement authentique, et elle en donne les divers articles « comme pouvant servir d'instruction pour comprendre les changements qui furent faits par la Reine aussitôt après la majorité du Roi [1]. »

Cette majorité avait été déclarée le 7 septembre, dans un lit de justice, avec la pompe ordinaire [2]. Le premier

---

1. Mme de Motteville, t. V, p. 48.
2. *Ibid.*, p. 55 ; *Gazette*, p. 373, etc. Le Roi avait alors treize ans accomplis.

prince du sang n'avait pas cru pouvoir y assister avec sûreté ; et le soir la Reine indignée avait dit à Retz ces propres mots : « M. le Prince périra ou je périrai [1]. »

Anne d'Autriche se préparait sérieusement à faire tête à Condé, et pour cela elle rassemblait autour d'elle toutes les forces de la Fronde unies à celles de la royauté. Elle venait de renvoyer Chavigny du ministère, comme trop favorable à M. le Prince, ou du moins comme incapable d'entrer dans le dessein de sa perte. Quelque temps auparavant elle avait fait la faute d'ôter les sceaux à Mathieu Molé pour les donner au chancelier Seguier ; et Condé avait fait celle de mécontenter profondément l'austère et ambitieux magistrat, en ne le soutenant pas comme il l'aurait dû, lui et les siens. Molé, du reste, quitta le pouvoir avec sa dignité et sa fermeté accoutumées [2] ; et quand la

---

1. Retz, t. II, p. 291.
2. *Gazette*, p. 404 : « Le premier président alla le 13 avril trouver la Reine ; il lui dit que comme elle lui avoit fait une grâce en lui donnant la charge de garde des sceaux, il lui en demandoit une seconde, qui étoit qu'elle agréât qu'il les lui rendît, et qu'il en fût déchargé, dans la connoissance qu'il avoit qu'en cette occurrence il servoit très-utilement le Roi et l'État par cette démission volontaire, continuant comme il feroit ses services en sa charge de premier président du parlement. Ce qu'ayant fait agréer à la Reine, il lui remit à l'heure même les sceaux, lors de laquelle remise Sa Majesté, voyant que la magnanimité de ce grand homme le privoit de cette reconnoissance qu'elle avoit destinée à ses anciens services, Sa dite Majesté lui offrit plusieurs autres récompenses auxquelles il ne se montra pas moins inflexible, etc. » Mme de Motteville, t. IV, p. 386, raconte aussi que pour complaire à Monsieur, qu'excitaient

Reine l'eut jugé bien séparé de Condé, elle s'était empressée de le reprendre et de lui rendre les sceaux, afin d'acquérir le parlement dans la personne de son premier président. Pour s'attacher plus particulièrement encore la princesse Palatine et l'ôter aux Condé,

les amis de Châteauneuf, la Reine fut bien forcée d'ôter les sceaux à Molé. « Le nouveau garde des sceaux fut contraint de retourner à son premier état. Ce fut malgré lui, et il le fit néanmoins de fort bonne grâce. La Reine envoya chercher le premier président, et toute honteuse de ce qu'elle faisoit, le pria de souffrir avec patience ce sacrifice au repos de l'État. Elle lui dit que, pour satisfaire Monsieur, elle étoit contrainte de lui redemander ce qu'elle lui avoit donné, mais qu'elle l'assuroit qu'aussitôt qu'elle pourroit, il reverroit les sceaux entre ses mains. Le premier président, sans s'étonner, avec un visage riant, lui dit qu'il étoit trop heureux de connoître par là l'estime qu'elle faisoit de sa fidélité, et trop heureux encore de pouvoir contribuer à son repos; et tirant de son col la clef des sceaux, qu'il y tenoit pendue, la lui donna. » Ailleurs, p. 355, Mme de Motteville va plus loin, et beaucoup trop loin; elle est presque injuste envers Molé : l'amie de la Reine ne lui peut pardonner d'avoir un moment appuyé Condé : « Le prince de Condé perdit encore le premier président Molé, à cause qu'il avoit dit qu'il ne seroit jamais content qu'il n'eût fait chasser Le Tellier du conseil et du service du Roi, afin de pouvoir faire mettre à sa place le président Viole, qu'il préféra à Champlâtreux, fils du premier président, qui avoit espéré de pouvoir devenir secrétaire d'État. Les hommes les plus sages cessent de l'être quand il s'agit de leurs intérêts. Voilà la source de toutes les fautes de ce sage magistrat. Sa fermeté, sa probité, le zèle qu'il avoit pour le bien de l'État et le service du Roi, qui avoit paru au travers de sa foiblesse, toutes ses vertus perdirent leur éclat, parce qu'il ne fit pas tout ce qu'il devoit faire; et par là seulement il se priva de l'avantage qu'il auroit pu avoir d'être estimé un des premiers hommes de son siècle. Sa prétention l'avoit rendu trop partial du prince de Condé, et l'avoit souvent fait manquer à son devoir; mais les dégoûts qu'il eut de ce prince, qui se multiplièrent beaucoup, le rendirent plus fidèle. »

elle avait remplacé dans la surintendance des finances le président de Maisons par le marquis de La Vieuville, ancien ministre du temps de Richelieu, jadis accusé de concussion, et dont le plus grand mérite était d'être le père du jeune et vaillant chevalier de La Vieuville, qui régnait alors sur le cœur de la Palatine, et assurait au nouveau ministre l'appui de ses conseils et de son influence. Enfin, dans le ferme dessein d'inspirer toute confiance à la Fronde, en même temps que la nomination de la France au cardinalat était dévolue au coadjuteur, la Reine faisait rentrer dans le cabinet, comme une sorte de premier ministre, l'homme d'État du parti, l'ami et l'instrument de Mme de Chevreuse, le vieux et ambitieux Châteauneuf, avec le double engagement de servir en secret Mazarin et de contribuer de toutes ses forces à détruire M. le Prince.

Bien entendu, personne ici n'était de bonne foi. Retz et Châteauneuf ne se proposaient nullement de rétablir Mazarin ; Châteauneuf ne croyait pas faire le lit d'un autre ; mais, une fois arrivé au pouvoir, il prétendait le garder pour lui-même, et Mazarin était fort résolu à congédier Châteauneuf aussitôt qu'il le pourrait. Il faisait écrire officiellement à Rome, par le secrétaire d'État Brienne, pour le chapeau de Retz ; mais d'autres dépêches plus confidentielles avertissaient de ne se point presser ; et si Retz a été nommé cardinal, il le doit par-dessus tout à lui-même, d'abord à ses heureuses manœuvres au Palais-Royal et auprès de la Reine, ensuite à son admirable activité, à ses puissantes intrigues auprès du Saint-Siége, et aux énormes dépenses qu'il sut faire pour séduire et entraîner la cour de Rome.

Mais si ces grands politiques étaient prêts à se trahir en tout le reste, il y avait un point sur lequel ils étaient sincèrement unis : la perte de Condé. Ils y travaillaient de concert ou plutôt à l'envi. La reine Anne y montra une passion, une constance, une habileté merveilleuse. Elle parvint à enlever à Condé les principaux soutiens de sa grandeur. Elle négocia avec le duc de Bouillon, qui avait, il est vrai, d'assez étroits liens avec M. le Prince, mais qui, touché des avances et des offres brillantes de la Reine, s'appliqua à les dénouer doucement et peu à peu. Le duc de Bouillon, comme La Rochefoucauld, était fatigué de la guerre civile. Elle avait commencé pour lui de bonne heure, sous le comte de Soissons, et elle avait eu d'étranges vicissitudes : en 1641, la victoire de la Marfée ; en 1642, la prison de Pierre-Encise et presque l'échafaud de Cinq-Mars et de Thou ; en 1644, un long exil à travers la Suisse et l'Italie ; en 1650, le siége de Bordeaux. Aujourd'hui avec Condé, la guerre encore, une guerre terrible et douteuse ; avec la Reine, de magnifiques équivalents de sa principauté de Sedan, et pour lui et pour son frère Turenne, d'importants gouvernements et le commandement des armées.

Turenne aussi trouvait plus d'avantages à s'accommoder avec la cour qu'à suivre M. le Prince. Il prétendait qu'en 1650 il n'avait promis à Condé que de le servir jusqu'à ce que la liberté lui fût rendue, qu'ainsi ses engagements finissaient avec sa prison. Il se louait des attentions de Mme de Longueville ; mais il n'avait pas réussi auprès d'elle de la façon qu'il l'eût souhaité, et il disait que M. le Prince ne l'ayant pas appelé à ses conseils intimes, il se croyait libre de suivre le chemin qui lui conviendrait le mieux. Peut-être au fond du cœur du grand capitaine était le secret désir de ne plus être au second rang, comme il l'eût toujours été dans le parti de M. le Prince, tandis qu'avec la Reine et Mazarin, il était sûr d'être le premier. Ajoutez que la duchesse de Bouillon, si puissante sur son mari, et qui avait été pour beaucoup dans toutes ses déterminations, le portait du côté de la cour. Par toutes ces raisons, au lieu de tenir ses promesses envers Condé, le duc ne songeait plus qu'à s'accommoder avec la Reine en sauvant les apparences.

Mais Condé comprenait de quelle importance il lui était de ne pas laisser à la Reine Bouillon et Turenne ; il mit donc à ses pieds tout amour-propre, et bien qu'il fût déjà blessé des faux-fuyants que prenaient les deux frères, il fit de nouveau parler au duc de Bouillon par La Rochefoucauld, qui a été l'agent principal de cette dernière négociation et en peut être considéré comme le fidèle historien. Condé autorisa La Rochefoucauld à faire au duc de Bouillon des propositions capables de balancer celles de la Reine. Il lui offrit[1] : 1° sa propre place de Stenai, avec le domaine entier, pour en jouir aux mêmes droits qu'auparavant il avait fait lui-même, jusqu'à ce qu'il lui eût fait rendre Sedan, ou qu'il l'eût mis en possession des riches équivalents que lui avait promis la cour ; 2° de lui céder ses droits sur le duché d'Albret ; 3° de l'établir dans Bellegarde avec le commandement de la place ; 4° de lui fournir les subsides nécessaires pour lever des troupes et pour faire la guerre ; 5° de n'accepter aucun traité sans faire prévaloir ses prétentions pour le rang de sa maison ; 6° de remettre à Turenne toutes ses vieilles troupes, qui étaient alors à Stenai, à Clermont, à Damvilliers, auxquelles on joindrait toutes celles que l'Espagne enverrait de Flandre, en sorte que Turenne fût maître de tout et commandât seul. Il fit connaître au duc de Bouillon toutes les forces dont il disposait dans les diverses parties de la France.

La Rochefoucauld assure que le duc, séduit par de telles offres et de si grandes perspectives, promit « de se déclarer pour M. le Prince, et de joindre à ses intérêts M. de Turenne, le prince de Tarente et le marquis de La Force, aussitôt que M. le Prince auroit été

---

1. La Rochefoucauld, p. 92.

reçu dans Bordeaux, et que le parlement se seroit déclaré pour lui. » La Rochefoucauld le répète une seconde fois[1] : « Tant de belles apparences fortifièrent le duc de Bouillon dans le dessein de s'engager avec M. le Prince, et il en donna encore sa parole au duc de La Rochefoucauld. » Ce témoignage, si net et si formel, est d'une bien grande force ; et Condé était parfaitement fondé à regarder le duc de Bouillon et même Turenne comme attachés sans retour à sa cause. Retz, ici fort désintéressé[2], se demande si M. le Prince s'est laissé aller à compter sur les deux frères sans en avoir le droit, ou si MM. de Bouillon ont rompu à tort un engagement contracté. Il est fort embarrassé entre Condé et Turenne. Condé lui a dit que Turenne lui avait promis si positivement de le servir, qu'il avait même accepté un ordre signé de sa main par lequel il ordonnait à celui qui commandait pour lui dans Stenai de remettre la place au vicomte, et que la première nouvelle qu'il eut après cela de Turenne fut qu'il allait commander l'armée du Roi. « Je vous prie d'observer, ajoute Retz, que M. le Prince est l'homme que j'aie jamais connu le moins capable d'une imposture préméditée. » Il remarque en même temps « qu'il n'a jamais vu personne moins capable d'une vilainie que Turenne. » Il conclut, selon sa coutume, « qu'il y a des points dans l'histoire inconcevables à ceux

---

1. La Rochefoucauld, p. 94.
2. Retz, t. II, p. 395.

mêmes qui se sont trouvés les plus proches des faits[1]. »

Se croyant bien sûr du duc de Bouillon et de Turenne, qui lui donnaient les deux meilleures épées de l'armée, toute l'Auvergne, et une grande influence sur les protestants de France, Condé s'efforça de gagner aussi son beau-frère le duc de Longueville; il alla le trouver dans son château de Trie à l'entrée de la Normandie; mais Mlle de Longueville avait fait la leçon à son père, et Condé ne put rien ni sur l'une ni sur l'autre. Il eut beau presser le duc de Longueville, lui rappeler leurs communs malheurs, la nécessité d'être unis, le danger et la honte d'une semblable division dans les circonstances critiques où ils se trouvaient, Condé n'en put tirer aucune parole certaine, « soit par irrésolution, dit La Rochefoucauld[2], soit parce qu'il ne vouloit pas appuyer un parti que Mme sa femme avoit formé, ou soit qu'il crût qu'étant engagé avec M. le Prince, il seroit entraîné plus loin qu'il n'étoit accoutumé d'aller. »

En quittant Trie et M. de Longueville, Condé ne crut pas pouvoir retourner à Paris, considérant la nomination du nouveau cabinet, Châteauneuf à sa tête, comme une véritable déclaration de guerre; il

1. Lenet, p. 525 : « Bouillon me charge de proposer au Prince de lui donner une de ses places, s'il s'engage dans ses intérêts. Le Prince y consent. Mlle de Bouillon, liée avec Turenne, fait naître des difficultés. » On appelait Mlle de Bouillon la gouvernante de M. de Turenne, pour marquer son crédit sur son frère.
2. La Rochefoucauld, p. 94.

s'en alla à Chantilly ; et, dit-on[1], il s'en fallut assez peu qu'il ne tombât dans une embuscade que la cour lui avait dressée à Pontoise.

Il resta quelques jours à Chantilly, pensif et agité devant la grande résolution qu'il allait prendre. La médiation du duc d'Orléans, la seule qu'il pût accepter, n'offrait aucune sûreté, Monsieur ne gouvernant pas le coadjuteur et Mme de Chevreuse, mais étant gouverné par eux. Son inclination particulière était de s'entendre avec la Reine et même avec Mazarin. Il l'avait bien fait voir; il y revenait toujours; mais après tant de paroles mensongères et des trames odieuses auxquelles l'exécution seule avait manqué, il croyait qu'il serait dans une bien meilleure posture pour traiter solidement avec la cour à la tête d'une armée puissante et victorieuse, qu'au milieu de misérables intrigues, indignes de son caractère, où il jouait à tout moment son honneur et sa vie. Jamais il ne laissa pénétrer dans son âme l'idée de s'élever au-dessus de la royauté; il pensait seulement que, pour en obtenir de meilleures conditions, il avait besoin de lui imposer et de se faire craindre. Voilà ce qui se passa réellement dans son esprit. La guerre civile lui faisait horreur, et on peut voir dans La Rochefoucauld[2], qui était alors dans sa plus intime confidence, qu'il pesa longtemps « les suites d'une si grande

1. *Histoire de Condé*, par Desormeaux, t. III, p. 121.
2. La Rochefoucauld, p. 76.

affaire. » Gardons-nous donc d'accuser Condé de légèreté; reconnaissons qu'insensiblement sa situation était devenue telle qu'il ne pouvait ni s'y tenir ni en sortir, d'une façon ou d'une autre, qu'avec un égal danger.

Parmi les divers motifs qui éloignaient Condé de la guerre civile, il ne faut pas oublier l'amour qu'il commençait à ressentir pour la duchesse de Châtillon. Nous reviendrons un peu plus tard[1] sur cet épisode de la vie de Condé. Il suffit ici de dire qu'il lui était pénible de quitter la belle duchesse, qui demeurait alors à côté de Chantilly dans le charmant château de Merlou ou Mello, près Pontoise, dont la jouissance lui avait été accordée, sa vie durant, par la vieille princesse de Condé, Charlotte-Marguerite de Montmorency, morte auprès d'elle à Châtillon-sur-Loing en décembre 1650 : don gracieux que M. le Prince s'était empressé de ratifier avec une générosité quelque peu intéressée. Mme de Châtillon avait ses raisons de plus d'un genre d'être opposée à la guerre; et dans les conseils intimes du Prince, elle le portait à s'entendre avec la cour. Elle faisait en cela cause commune avec La Rochefoucauld, et elle était en querelle ouverte avec Mme de Longueville. Sensible à la passion de Condé sans la partager, elle ménageait avec un art infini cet altier amant, tandis qu'elle aimait le

---

1. Voyez plus bas, chap. III. *La Fronde à Paris en 1652.*

jeune, beau et vaillant duc Charles-Amédée de Savoie Nemours[1], qui, par son âge et ses instincts aventureux, aurait été pour la guerre, et qu'elle seule, secondée par La Rochefoucauld, retenait dans le parti de la paix.

Cependant tout précipitait Condé vers le fatal dénoûment. La prudence ne lui permettait pas de rester plus longtemps à Chantilly[2], et il dut songer à se mettre à l'abri d'un coup de main en se retirant dans son gouvernement du Berri, où déjà il avait envoyé son fils, sa femme et sa sœur. C'était, il est vrai, le chemin de la Guienne; mais il s'y pouvait arrêter. Toute la population lui était dévouée, et la tour de Bourges et la forte citadelle de Montrond lui offraient un asile assuré.

Avant de prendre une dernière et irrévocable résolution, il voulut épuiser la dernière chance d'éviter la guerre civile : il chargea le duc d'Orléans de deman-

---

1. Charles-Amédée avait succédé au titre et au rang de son frère aîné, le duc de Nemours, un des amis intimes de Condé dans sa première jeunesse, qui avait été tué de bonne heure, même avant Rocroy. Condé avait reporté sur Charles-Amédée l'affection qu'il avait pour son frère. Le jeune duc avait épousé la belle Mlle de Vendôme, fille du duc César, sœur des ducs de Mercœur et de Beaufort, et il en avait deux filles qui devinrent l'une reine de Portugal, l'autre duchesse de Savoie. A la mort du duc de Nemours, en 1652, on fit passer son titre sur la tête de son dernier frère Henri de Nemours, déjà nommé archevêque de Reims, qui alors quitta la carrière ecclésiastique, et épousa Mlle de Longueville, l'auteur des Mémoires.

2. La Rochefoucauld. p. 96.

der de sa part à la Reine une satisfaction à laquelle il se pût fier sur la nomination d'un ministère composé de ses ennemis, et qui annonçait un dessein formé contre lui. Puis il alla passer un jour encore à la campagne, à Angerville, près d'Étampes, chez le président Perrault, intendant de sa maison, pour y attendre la réponse de la Reine, que Monsieur devait lui faire parvenir. Personne ne sait bien que ce qui se passe dans son propre parti. On a cru, et La Rochefoucauld laisse entendre lui-même, que la fortune joua ici son rôle ordinaire, et qu'une petite circonstance décida d'un grand événement. Selon La Rochefoucauld, Monsieur obtint de la Reine la satisfaction demandée, et il en envoya porter la nouvelle à Condé par un ami commun, le conseiller Fouquet de Croissy, qui malheureusement arriva trop tard à Angerville, lorsque déjà Condé en était parti pour se rendre en Berri.

Voilà le récit de La Rochefoucauld[1], qui a été reproduit partout. Voici maintenant celui de Retz qui ne peut pas ne pas être le véritable. Monsieur, poussé par Retz et par Mme de Chevreuse, avait été un des auteurs du nouveau ministère, à la tête duquel était Châteauneuf; mais il avait feint avec Condé d'en être aussi mécontent que lui, parce qu'il voulait se ménager et rester bien avec M. le Prince. « Dans le fond,

---

1. La Rochefoucauld, p. 94.

dit Retz[1], il étoit ravi de lui voir prendre le parti de l'éloignement. » Toutefois, il dépêcha quelqu'un à Angerville pour avoir l'air de le retenir ; « mais il donna l'ordre de n'arriver à Angerville que quand M. le Prince en seroit parti. » Telle était la bonne foi[2] du seul médiateur assez puissant pour intervenir entre la Reine et Condé.

La Reine aussi était fort aise du départ de M. le Prince ; mais, contenue et guidée par Mazarin, elle feignit, comme le duc d'Orléans, de le vouloir rappeler ; et pour mettre sur sa tête toute la responsabilité de l'avenir, elle envoya en Berri ce même Croissy qui était arrivé trop tard à Angerville, le chargeant d'inviter Condé à demeurer en paix dans un de ses gouvernements, jusqu'à la convocation des États géné-

---

1. Retz, t. II, p. 392.
2. Retz ne nous dit pas qui donna à M. le duc d'Orléans le conseil de cette basse trahison ; mais nous savons que Monsieur n'agissait guère de son propre mouvement, et que Retz alors ne le quittait pas et régloit sa conduite. En tout cas, voici ce que lui-même il faisait pendant ce temps-là, à ce que nous apprend Mme de Motteville, t. V, p. 35 : « Le coadjuteur, qui voyoit que toutes les négociations qui se faisoient à la cour et à Paris auprès du duc d'Orléans par plusieurs personnes, et entre autres par Mme du Plessis-Guénégaud, mon amie, sœur de la maréchale d'Étampes, dame d'honneur de Mme la duchesse d'Orléans, alloient toutes directement à convier M. le Prince de se remettre bien avec la Reine ; et craignant que cela n'arrivât, il dépêcha Bartet au cardinal Mazarin, pour lui offrir de faire consentir le duc d'Orléans à son retour en France, en se remettant bien avec lui, pourvu qu'en récompense de ce service il lui fît donner la nomination du Roi au chapeau pour la première promotion. Mme de Chevreuse et le marquis de Noirmou-

raux, avec la promesse que, dans ce cas, on ne l'attaquerait point. Mais était-ce là une bien grande grâce? Était-ce là la satisfaction et la sûreté que Condé avait demandée par le duc d'Orléans, et dont il avait besoin? N'était-ce pas plutôt un moyen de l'amuser, comme on l'avait toujours fait, jusqu'à ce que le nouveau cabinet eût acquis assez de force et rassemblé assez de troupes pour lui parler sur un autre ton? Quant à la convocation des États généraux, il savait parfaitement que la Reine y était opposée, et que dans le ministère il y avait un homme qui jamais n'y consentirait, le garde des sceaux et premier président, Mathieu Molé. En effet, c'avait été pour plaire à la Reine et pour ménager le premier président avec lequel alors il était bien, que, dans des vues conciliantes, contre son intérêt manifeste et contre celui de la

---

tier, amis du coadjuteur, fortifioient ces offres par les espérances qu'ils donnoient de sa fidélité et de sa reconnoissance. Bartet, grand débiteur de paroles fabuleuses, dit au cardinal que le coadjuteur avoit l'âme belle et généreuse, et qu'il seroit son ami; si bien qu'enfin ce ministre absent, pressé de tant de côtés, flatté de tant de belles apparences, lui fit donner par le Roi cette nomination qu'il souhaitoit avec tant d'ardeur, et qu'il fit mettre entre les mains du duc d'Orléans, dans la crainte qu'il témoigna qu'une récompense qui paroîtroit venir du cardinal Mazarin, qui n'étoit pas aimé du Pape, ne gâtât l'affaire. » Mme de Motteville ajoute : « Le ministre fut mal payé de son bienfait : le coadjuteur, au lieu de reconnoître la sincérité de son procédé par une conduite pareille, quand il eut ce qu'il demandoit, et qu'il vit M. le Prince s'engager à la guerre, se moqua du cardinal et parut son ennemi avec la même hauteur qu'il avoit eue par le passé. »

France, Condé, quelques mois auparavant[1], avec le duc d'Orléans, s'était prononcé contre les États généraux.

Les propositions de Croissy n'étaient donc ni fort sérieuses ni bien séduisantes, et pourtant Condé répugnait tellement à la guerre civile qu'il ne les repoussa point; et l'on s'accorde à penser[2] que, si ces offres l'eussent trouvé à Angerville, dans toute la liberté de son jugement et de ses résolutions, il y eût donné les mains. Mais en Berri, si l'on en croit La Rochefoucauld[3], les propositions de Croissy échouèrent devant la confiance qu'inspirèrent à Condé la force de la place de Montrond, et à Bourges les applaudissements du peuple et de la noblesse; il s'imagina que la France entière allait imiter le Berri, et il ne balança plus à faire la guerre. La Rochefoucauld ne dit pas un mot du favorable accueil que Condé fit à Croissy; mais le témoignage de Retz mérite une grande considération; car il s'appuie sur celui de Croissy lui-même. Croissy trouva M. le Prince à Bourges, très disposé à accepter les propositions qu'on lui apportait, d'autant plus qu'elles lui laissaient quelque temps encore la liberté de réfléchir, et de choisir entre les divers partis qu'il avait à prendre; mais il fut entraîné et subjugué par sa famille et par

---

1. La Rochefoucauld, p. 65.
2. *Ibid.*, p. 95; Retz, t. II, p. 397, etc.
3. La Rochefoucauld, p. 95-96.

ses amis, qui tous, dit Retz[1], le portèrent à la guerre, parce qu'ils y avaient chacun leur intérêt particulier, surtout Mme de Longueville, qui se trouvait par là délivrée de la nécessité d'aller rejoindre son mari en Normandie. Et là-dessus, Retz fait cette belle remarque, qui n'a pas vieilli depuis la Fronde : « On « ne connoît pas ce que c'est que le parti, quand on « s'imagine que le chef en est le maître. »

Mme de Motteville et Mme de Nemours, qui expriment les bruits de la cour, s'accordent ici[2] avec les deux frondeurs, Retz et Croissy, et mêlent à leur récit des circonstances aussi piquantes que vraisemblables. Condé encore incertain, même en Berri, ne voulut prendre aucun parti sans avoir conféré de nouveau avec sa sœur, qui était alors à Montrond avec Mme la Princesse. Là il se tint un dernier conseil, une délibération suprême où se trouvèrent Mme de Longueville, le prince de Conti et La Rochefoucauld. Condé était très partagé. Plus d'un grave motif le portait à la guerre : la crainte très fondée d'un assassinat ou d'une prison nouvelle, l'ardente haine de ses ennemis, de la Reine et de la Fronde, le pouvoir de Châteauneuf qui certes ne lui avait pas été donné en vain, l'inutilité de négociations avec des gens qui semblaient bien avoir pris leur parti, la nécessité d'éviter

---

1. Retz, t. II, p. 397-398.
2. Mme de Nemours, p. 130-131 ; Mme de Motteville, t. V p. 82.

le sort de Henri de Guise, la conscience de sa force dès qu'il serait sur un champ de bataille, les promesses en apparence si sûres des Bouillon et de bien d'autres. En même temps, son bon sens, sa loyauté, l'instinct mal étouffé du devoir, et son aversion innée pour tout ce qui ressemblait au désordre, le retenaient; et, dans ce combat longtemps douteux entre ces divers sentiments, ce furent les autres qui l'entraînèrent. Mme de Longueville, le prince de Conti, La Rochefoucauld lui-même le pressèrent de se déclarer contre la cour, et Mme de Longueville avec plus de vivacité que personne[1]. Condé résistait toujours, leur expliquant toutes les forces de la royauté, l'ascendant du nom du Roi, les faiblesses et les trahisons des partis, la mauvaise foi des Espagnols. Puis, finissant par céder, il leur adressa ces paroles mémorables : « Vous me jetez dans un étrange parti, dont vous vous lasserez plus tôt que moi, et où vous m'abandonnerez. » Il disait vrai pour Conti et peut-être aussi pour La Rochefoucauld; mais nous verrons si Mme de Longueville, après avoir contribué à jeter son frère dans la guerre civile, ne l'y a pas suivi avec une inviolable constance, si elle n'a pas partagé jusqu'au bout les périls et les adversités de Condé, et si, pendant son

---

1. Mme de Motteville, t. V, p. 82 : « Et pour dire comme les choses se passèrent, ce fut une femme qui dans ce conseil opina pour la guerre, et l'emporta contre le plus grand capitaine que nous ayons eu de nos jours. »

long exil, elle reparut une seule fois à la cour et dans ces salons du Palais-Royal et du Louvre, témoins de ses anciens succès, où son esprit et sa beauté lui promettaient de nouveaux triomphes.

CHAPITRE DEUXIÈME

CONDÉ EN GUIENNE

22 septembre 1651 — Fin de mars 1652

Condé laisse en Berri sa femme, son fils, sa sœur, le prince de Conti et le duc de Nemours. — Coquetteries de Mme de Longueville avec le duc de Nemours. — Condé en Guienne. Brillants débuts de la campagne. Succès bientôt mêlés de revers. Siége de Miradoux. — La situation générale des affaires changée par le retour de Mazarin. Renaissance de la Fronde. Réconciliation des Frondeurs et de Condé. — Mauvaises nouvelles de Paris et de l'armée. — Avis judicieux et hardi de Mme de Longueville. — Condé quitte la Guienne et s'en va déguisé rejoindre l'armée de la Fronde sur les bords de la Loire.

Une fois la résolution de faire la guerre arrêtée, Condé la mit sur-le-champ à exécution sans plus regarder derrière lui. Il avait en Berri sa famille et ses principaux amis, La Rochefoucauld, le duc de Nemours, et le président Viole du parlement de Paris, qui de l'ancienne Fronde avait passé à la nouvelle. Il leur distribua les rôles qu'ils avaient à remplir dans leur commune entreprise. Ensuite, accompagné de La Rochefoucauld, il s'en alla prendre possession de son nouveau gouvernement de Guienne et y lever l'étendard de l'insurrection, laissant dans le Berri sa femme et son fils, sa sœur, le prince de Conti, le duc de Nemours, avec le président Viole et un de leurs amis, Vineuil, auquel il donna le titre et les fonctions d'intendant de justice[1] chargé de lever les contributions dans tout le pays et d'y recruter des troupes. Il avait mis le prince de Conti à la tête des affaires et donné le commandement militaire au duc de Nemours. Ils devaient aisément lui garder une province qui depuis longtemps appartenait à sa famille, soulever les provinces voisines, donner la main au Poitou, où les amis de La Rochefoucauld allaient commencer la révolte, ainsi qu'à l'Aunis et à La Rochelle, où commandait le comte du Dognon[2], dont il s'était assuré. Il espérait qu'ainsi les mouvements du Berri s'étendraient jusqu'en Guienne, et que bientôt lui-même les soutiendrait de ses propres succès. Cette espérance fut trompée. Le duc de Nemours avait sans doute le plus brillant courage; mais il ne possédait ni les talents ni la tenue d'un général. Encore rempli de sa passion pour Mme de Châtillon, qui, comme nous l'avons dit[3], l'avait longtemps retenu dans le parti de la paix, il trouva en Berri Mme de Longueville, qui l'attira vers le parti de la guerre; et il paraît qu'il s'occupa plus de faire la cour à la belle dame que de

---

1. La Rochefoucauld, p. 96.
2. Il signe toujours Daugnion, comme on le peut voir dans les manuscrits de Lenet. D'ordinaire on l'appelle Doignon ou Daugnon ou Dognon. Ce dernier nom a prévalu.
3. Voyez plus haut, chap. 1er, p. 74.

lever et d'armer des soldats et de faire du Berri un foyer de résistance politique et militaire ; car en peu de temps le prince de Conti et lui furent réduits à se défendre dans Bourges, au lieu d'en pouvoir sortir et de se répandre au dehors.

Le nouveau premier ministre Châteauneuf se montra digne de la confiance de Mme de Chevreuse et de la Fronde. Il fit comprendre à la Reine qu'il fallait combattre la révolte dès le premier pas, et il lui persuada de marcher elle-même avec le jeune roi en Berri à la tête d'une forte armée. Il inaugura noblement le nouveau cabinet par cette démarche hardie qui avait deux objets : l'un direct et immédiat, réprimer l'insurrection à sa naissance ; l'autre plus important encore, mettre la royauté en liberté loin de Monsieur et du parlement. La ville de Bourges, qui avait témoigné tant d'enthousiasme à l'arrivée de Condé, ouvrit ses portes au Roi et à Châteauneuf. La grosse tour qui défendait la ville ne résista pas ; elle fut prise sans coup férir, et sur-le-champ démolie. La princesse de Condé, son fils, Mme de Longueville, Conti et Nemours durent se réfugier bien vite dans la citadelle de Montrond. Châteauneuf détacha une partie de l'armée sous le commandement du comte de Palluau pour l'investir et en faire le siége, tandis que lui-même, avec la Reine et le jeune roi, se dirigea sur Poitiers, y établit solidement l'autorité royale, et proposa même d'aller attaquer Condé en Guienne. La vigilance, la vigueur, l'esprit de suite et de décision de ce mâle vieillard révélèrent un homme d'État capable de succéder à Mazarin. En voyant Palluau s'avancer vers Montrond, Conti et Nemours ne voulant pas hasarder les gages précieux confiés à leur garde, laissèrent dans Montrond le marquis de Persan, et avec ce qui leur restait de troupes fidèles escortèrent la princesse de Condé, son fils et Mme de Longueville jusqu'en Guienne, où ils arrivèrent sur la fin du mois d'octobre.

C'est pendant ce rapide voyage et leur séjour en Berri de bien courte durée qu'il paraît s'être formé entre le duc de Nemours et Mme de Longueville d'obscures relations dont le bruit arrivant à Bordeaux, grossi peut-être par des subalternes intéressés et malveillants, blessa La Rochefoucauld et le poussa à une rupture éclatante. Une explication loyale et affectueuse eût suffi à dissiper ce nuage, tel qu'il s'en élève parfois dans les unions les plus assurées; La Rochefoucauld en fit sortir une tempête qui, grâce à ses Mémoires, a retenti jusque dans la postérité. Il se sépara de Mme de Longueville avec un empressement à faire croire qu'il l'avait souhaité[1]. Il devait au moins s'arrêter là; mais entraîné par un ressentiment implacable, il l'accusa ou la fit accuser auprès de Condé d'avoir voulu trahir ses intérêts pour servir ceux du duc de Nemours, donnant même à entendre que, « si

---

[1]. Mme de Nemours, p. 150 : « La Rochefoucauld, depuis assez longtemps ayant envie de la quitter, prit cette occasion avec joie. »

une semblable préoccupation la prenoit pour un autre, elle étoit capable de se porter aux mêmes extrémités si celui-là le désiroit[1]. »

L'accusation est encore plus absurde qu'odieuse. Le duc de Nemours n'était pas le moins du monde un chef de parti : c'était un ami de Condé, dont la fidélité ne pouvait être ébranlée que par son amour pour Mme de Châtillon ; le détacher de Mme de Châtillon était donc le donner tout entier à Condé. De plus, Mme de Châtillon comme La Rochefoucauld était pour la paix ; elle y avait gagné le duc de Nemours, et tous ensemble y portaient Condé : enlever le duc de Nemours à cette conspiration et le séduire au parti de la guerre, c'était servir les intérêts de Condé tels que sa sœur les entendait. Ainsi le motif principal et dominant de la conduite de Mme de Longueville est juste le contraire de celui que La Rochefoucauld lui imputait.

Disons encore qu'elle avait toujours eu avec Mme de Châtillon une émulation de beauté, et que sa vanité n'était pas fâchée de désoler une rivale qu'elle n'aimait pas, en lui dérobant en quelques jours un amant dont elle se croyait bien sûre. Politique et coquetterie, voilà ce qui fit agir Mme de Longueville. L'amour et les sens n'y ont été de rien. Nous l'avons déjà dit[2] : les plaisirs des sens ne la touchaient point ; elle était à

---

1. La Rochefoucauld, édition de 1662, p. 198. Il y a quelque adoucissements à ce passage dans l'édition Petitot, p. 132.
2. Chap. 1er, p. 57.

l'abri de leurs surprises. Autrefois le duc de Nemours lui avait adressé d'ardents hommages; mais tous les agréments de sa personne et ses grands airs n'avaient fait aucune impression sur elle, et elle ne songea à l'aimable duc que lorsqu'elle eut quelque intérêt à faire ou à ressaisir cette conquête. Et ce n'est pas nous qui inventons après coup cette explication; elle nous est fournie par une personne fort bien informée et qui n'aimait pas du tout Mme de Longueville; le témoignage est précieux à recueillir « M. de Nemours[1] autrefois ne lui avoit pas trop plu, et malgré l'attachement qu'il paroissoit avoir pour elle, aussi bien que tout ce qu'il avoit de bonnes qualités et de grands airs, elle n'a rien su trouver en lui de charmant que le plaisir qu'il témoignoit lui vouloir faire de quitter Mme de Châtillon pour elle, et celui qu'elle eut d'ôter à une femme qu'elle n'aimoit pas un ami de cette conséquence[2]. »

1. Mme de Nemours, p. 149-150.
2. Il faut en vérité que la duchesse de Nemours ait été étrangement aveuglée par la haine qu'elle portait à sa belle-mère, pour s'être imaginé que c'était Sarasin qui, avec une des filles d'honneur de Mme de Longueville nommée Mlle de Verpillière, jaloux du crédit de La Rochefoucauld sur la princesse, aurait brouillé les deux amants et formé le dessein de lui donner « quelque ami jeune, bien fait, qui ne fût point propre aux affaires, et qui ne pût que lui plaire et l'amuser. » (*Mémoires*, p. 149.) Voilà un étrange portrait du vaillant duc de Nemours; et par une contradiction bizarre, le même auteur convient, comme nous venons de le voir, que Mme de Longueville n'aimait pas le duc, et qu'elle n'agit que pour faire dépit à Mme de Châtillon. Tous ces contes d'antichambre et de valets

Maintenant jusqu'où était allée cette liaison de quelques jours? Bussy est le seul contemporain qui s'explique à cet égard avec la clarté cynique de l'*Histoire amoureuse des Gaules*. Mais qui peut prendre cette satire à la lettre? Elle ne prouve qu'une chose : l'éclat malheureux qu'avait reçu l'imprudence de Mme de Longueville des Mémoires de La Rochefoucauld publiés en 1662. Avant ces Mémoires, pas un mot nulle part sur ce point aussi obscur que délicat; depuis, Bussy s'est complu à répéter La Rochefoucauld; et Mme de Longueville est ainsi tombée dans la chronique scandaleuse.

Gardons-nous de la défendre. Quand même nous serions assuré qu'elle a su s'arrêter à ce jeu périlleux de la coquetterie, elle n'en est pas moins coupable à nos yeux et envers La Rochefoucauld et envers elle-même; et, nous n'hésitons pas à le dire, elle a mérité jusqu'à la calomnie. Sans doute elle était justement blessée des incertitudes de La Rochefoucauld, qui, après l'avoir jetée dans la guerre civile en 1648 sans nul autre motif que son propre intérêt, l'en voulait faire sortir en 1651 par le même motif encore, qui tantôt la poussait vers la Fronde, tantôt la ramenait vers la cour, au gré de ses mobiles espérances, et s'unissait à Mme de Châtillon pour engager Condé

gagnés par la cour ne méritent pas d'être réfutés. Terminons en disant qu'on a ici le peu de renseignements bons ou mauvais qui se peuvent rassembler sur cette pénible affaire.

dans des négociations dont le succès entraînait leur séparation et lui donnait une prison en Normandie Oui, elle avait de sérieux griefs contre La Rochefoucauld; elle le pouvait quitter, mais non pas pour un autre. Elle n'avait qu'un moyen de couvrir, d'honorer presque l'unique faute de sa vie : c'était d'y demeurer fidèle, ou d'y renoncer pour la vertu et pour Dieu. Et c'est bien là ce que paraîtrait avoir fait Mme de Longueville, si ce triste et rapide épisode était resté inconnu. Mais il n'y a point d'ombres favorables pour les personnages qui occupent la scène de ce monde; leurs moindres actions n'échappent pas à la lumière redoutable de l'histoire; une faiblesse d'un moment leur est une faute immortelle. Celle de Mme de Longueville, si fugitive qu'elle ait été, si incertaine qu'elle soit même, suffit à ternir une fidélité jusque-là victorieuse de tant d'épreuves; elle a besoin d'être rachetée par la sincère conversion qui bientôt va la suivre et par vingt-cinq années de la plus pure pénitence; et encore elle nous force de mettre Anne de Bourbon, dans l'histoire des grands sentiments et des nobles amours, au-dessous d'Héloïse et de Mlle de La Vallière.

Du moins nous pouvons assurer que cette faute, que nous n'avons ni dissimulée ni diminuée, est la seule que nous apercevions dans la vie intime de Mme de Longueville. Mais laissons là ces misères de la fragilité féminine dans une des âmes les plus grandes, pour suivre Condé en Guienne.

Il était parti de Montrond avec La Rochefoucauld le 16 septembre 1651, et il avait traversé en diligence la Marche, le Limousin, l'Angoumois, la Saintonge, l'esprit tout rempli de ses desseins aventureux. En passant auprès de Jarnac, il voulut voir la place où, près d'un siècle auparavant, le 13 mars 1569, avait trouvé la mort le premier prince de son nom, Louis de Bourbon, au milieu d'une entreprise fort semblable à celle qu'il allait tenter. Pendant qu'il parcourait à cheval ce funeste champ de bataille, son épée s'échappant de son baudrier tomba par terre[1]. Sans s'arrêter à ce mauvais présage, Condé poursuivit sa route et arriva à Bordeaux le 22 septembre. Il y fut reçu avec d'unanimes transports de joie. C'était lui qui naguère en 1648 et 1649, tout-puissant auprès de la Reine et de Mazarin, avait défendu la cause de la Guienne dans ses démêlés avec son impérieux gouverneur, le duc d'Épernon. De là, sa popularité dans toute la province, l'indignation qu'y avait excitée son emprisonnement inattendu, et l'énergique prise d'armes de 1650.

Cette première chaleur n'était point éteinte; elle se réveilla avec force lorsqu'il fut nommé gouverneur de Guienne, et qu'il vint demander asile à Bordeaux, lui et toute sa famille. Ses malheurs et sa gloire lui

---

1. Priolo, *De Rebus Gallicis*, lib. vi, p. 63 et 64 de l'édit. in-4 de 1665.

donnaient tous les cœurs, et il ne rencontra partout qu'enthousiasme et dévouement. Le parlement adressa au Roi une longue remontrance[1] sur le mal qu'on faisait à la monarchie en persécutant un prince du sang qui avait rendu de si grands services à l'État, et il envoya cette remontrance à tous les parlements du royaume en leur demandant de s'unir à lui dans une si bonne cause. L'alliance du parlement de Bordeaux et de celui de Paris devint si intime que le président Viole, étant venu rejoindre Condé à Bordeaux, prit place au parlement de cette ville immédiatement après le doyen[2]. Le premier président Du Bernet, qui en 1650 s'était montré si attaché à la cour et qui correspondait encore avec elle, fut écarté de nouveau; il se retira à Limoges, où il mourut, et on lui substitua le président d'Affis, dévoué à la Fronde et à Condé[3]. Les choses même allèrent si loin que, dans l'ardeur méridionale qui échauffait alors toutes les têtes, plusieurs membres du parlement offrirent à Condé de le pro-

---

1. Cette remontrance est dans l'*Histoire de la Ville de Bordeaux*, par dom Devienne, Bordeaux, in-4°, 1771, p. 439. On trouve aussi dans plusieurs recueils de mazarinades : « *Véritables raisons de l'union du parlement de Bourdeaux avec M. le Prince, adressées au Roi. A Bourdeaux*, 1651. » Il faut y joindre : « *Question canonique, si M. le Prince a pu prendre les armes en conscience, et si ceux qui prennent son parti offensent Dieu. Contre les théologiens courtisans. A Bourdeaux*, 1651. » Lisez surtout la lettre de Condé au Roi *sur sa retraite à Bourdeaux*, communiquée au parlement de Paris, etc.

2. *Mémoires* de Lenet, p. 527.

3. Devienne, *Histoire de Bordeaux*, etc., p. 446.

clamer duc de Guienne; mais le Prince repoussa avec colère cette déloyale proposition[1].

Du reste il ne se faisait pas illusion sur les difficultés d'une telle entreprise. A peine arrivé à Bordeaux et au milieu des fêtes qu'on lui prodiguait, il avait reconnu bien vite les dangers qui le menaçaient. Il voyait autour de lui de grands éclats de zèle, sans aucune force effective, et il savait qu'il se préparait contre lui une expédition considérable confiée à un chef résolu et expérimenté, le comte d'Harcourt, de la maison de Lorraine, un des meilleurs capitaines de son temps, qui s'était couvert de gloire en Italie, et qui était à ce point dévoué à la cour qu'en 1650 il s'était chargé de conduire lui-même Condé prisonnier de la forteresse de Marcoussis à celle du Havre. Pour faire face à l'orage qui s'avançait, Condé n'avait ni troupes ni argent; jamais il ne s'était vu dans une situation plus critique; jamais aussi il ne déploya une plus grande capacité administrative et militaire.

Il s'empara d'abord sans hésiter des sommes qui se trouvaient dans les caisses publiques; et pour s'assurer des ressources pécuniaires sans fouler les peuples, il prit une mesure habile : il diminua les contributions de la province et tint fermement la main à leur recouvrement. Avec le premier argent qu'il se procura ainsi, il envoya des commissaires dans tout le pays pour

---

1. Lenet, p. 527.

lever des soldats et les diriger à la hâte sur les points qu'il désigna; mais une armée ne s'improvise point, et au bout de plusieurs mois il n'avait encore que des recrues sans armes, sans munitions, sans instruction et sans discipline. Il avait traité avec le vieux maréchal de La Force du côté de Bergerac, avec le marquis de Bourdeilles du côté de Périgueux, avec le prince de Tarente à Taillebourg, avec le comte du Dognon à La Rochelle. La Force entra ouvertement dans le parti de M. le Prince; mais quelques mois après il mourut à Bergerac à l'âge de quatre-vingt-treize ans, et son fils aîné ne tarda pas à se mettre en communication avec Mazarin par l'intermédiaire de Turenne, son gendre. Bourdeilles promit beaucoup et ne fit presque rien. Le prince de Tarente, le fils et l'héritier du duc de La Trémoille, tint loyalement ses engagements; mais, son régiment étant à Dunkerque, il ne voulut se déclarer qu'après avoir rassemblé un peu de monde avec l'argent que lui envoya Condé[1]. Du Dognon était venu lui-même à Bordeaux offrir au prince ses vaisseaux et ses soldats, comptant bien que la victoire n'abandonnerait pas ce grand gagneur de batailles, et sous l'expresse condition du bâton de maréchal de France, que jusque-là il avait en vain sollicité. Il était venu des propositions encore plus

---

1. Voyez les *Mémoires* trop peu connus et trop peu appréciés d'*Henri-Charles de La Trémoille, prince de Tarente*, Liége, in-8°, 1767.

pressantes de la part d'un autre personnage, le célèbre duc de Guise, qui, fait prisonnier à Naples par les Espagnols et enfermé au château de Ségovie, écrivit de sa prison à Condé pour le conjurer de l'en faire sortir, s'engageant de la façon la plus formelle, s'il lui devait sa liberté, de la consacrer à son service[1]. Condé s'empressa donc de la demander au roi d'Espagne, et il l'obtint non sans peine. Le duc de Guise se rendit à Bordeaux en quittant Ségovie; mais, n'y trouvant déjà plus Condé, et voyant ses affaires en mauvais état, après avoir solennellement renouvelé toutes ses promesses[2], il s'en vint à Paris offrir sa chevaleresque épée à la Reine et à Mazarin. Cependant il arriva peu à peu à Condé, des divers points de la France, des partisans moins illustres et plus fidèles : le comte de Matha et le marquis de Gerzé, gentilshommes d'une tête fort légère, mais d'une bravoure à toute épreuve; le cadet du marquis de Mortemart,

---

1. Lenet, p. 529, donne la lettre même du duc de Guise à Condé du château de Ségovie, le 11 de novembre 1651, avec une *instruction pour le sieur de Tuillade, allant de ma part trouver M. le Prince.* Le style de ces deux pièces est un opprobre à la conduite que tint bientôt après le duc de Guise. Voyez ce que nous avons dit de ce personnage dans *La Jeunesse de Madame de Longueville*, chap. III, p. 225, etc.

2. *Déclaration de monseigneur le duc de Guise, faite à Bordeaux, le 3ᵉ du mois courant, sur la jonction de ses intérêts avec ceux de messieurs les Princes.* A Paris, jouxte la copie imprimée à Bordeaux, chez Guillaume de la Court, imprimeur du Roi et de monseigneur le Prince, 1652.

le comte de Maure, honnête homme un peu bizarre[1], frondeur énergique et obstiné ; le comte de Guitaut[2], homme d'esprit et de cœur, particulièrement attaché à M. le Prince, et qui le suivit jusque dans l'exil. Mais c'étaient là des officiers sans soldats, et si le comte d'Harcourt se fût hâté davantage, s'il se fût porté rapidement sur Condé, celui-ci se serait bientôt vu bloqué dans Bordeaux, et incapable de résister.

Combien n'aurait-il pas désiré avoir sous sa main les vieux régiments de sa maison, formés par ses soins, et qui l'avaient suivi sur tous les champs de bataille ! Il les avait laissés à Stenai, sous le commandement du comte de Tavannes, et c'était une opération bien difficile à des troupes peu nombreuses de traverser la France tout entière et de se frayer un passage jusqu'au fond de la Guienne. Il pouvait s'en reposer à cet égard sur l'habileté éprouvée de Tavannes ; mais il souhaitait ardemment aussi obtenir de l'Espagne qu'elle joignît à ce corps des renforts considérables tirés des Pays-Bas. Pour y réussir, il envoya sur les lieux le duc de Nemours, dès les premiers jours de son arrivée à Bordeaux. Le duc, avec l'autorité de son

---

1. Sur le comte de Maure, voyez *Madame de Sablé*, chap. v et vi.
2. Il ne faut pas confondre ce comte de Guitaut avec le comte du même nom de la maison de Comminges, capitaine des gardes de la reine Anne, et qui arrêta Condé au Louvre le 19 janvier 1650. L'ami de Condé appartenait à une autre branche de la même famille originaire d'un petit lieu des Pyrénées appelé Pechpeirou.

nom et de son rang, s'acquitta fort bien de cette commission difficile, mais sans pouvoir surmonter d'inévitables lenteurs ; et c'est à peine si, en janvier 1652, Nemours et Tavannes avaient quitté la Flandre.

Heureusement Condé avait de bonne heure envoyé Lenet à Madrid pour y conclure avec l'Espagne un traité qui lui assurât des subsides et des soldats. Ce traité avait été signé le 6 novembre 1651 [1] ; et même avant qu'il fût ratifié officiellement, l'habile diplomate avait persuadé au premier ministre espagnol, don Luis de Haro, en vertu d'engagements antérieurs négociés en Flandre par Sillery [2], de faire entrer dans la Gironde la flotte qui était toute prête à Saint-Sébastien. En même temps, Condé avait écrit à son ami le comte de Marsin [3], capitaine général de Catalogne, pour le prier de venir le joindre aussi promptement et avec autant de troupes qu'il pourrait ; et Marsin n'avait point hésité. Pour juger équitablement sa conduite, il se faut souvenir qu'il n'était pas Français et qu'il devait tout à Condé. C'est M. le Prince qui, en 1649,

---

1. Lenet, p. 528. Les divers articles de ce traité sont rappelés dans une longue *Instruction* donnée par Condé à M. de Saint-Agoulin, chargé de porter à Madrid la ratification de ce traité. Lenet, p. 582-584.

2. Voyez plus haut, chap. 1ᵉʳ, p. 38.

3. Son vrai nom est Marchin ; il signe et il est toujours appelé ainsi au XVIIᵉ siècle, et même dans le Père Anselme, édit. de Fontette ; mais le nom de Marsin est passé dans l'usage.

avait demandé et obtenu pour lui le gouvernement de la Catalogne : aussi, quand on l'arrêta lui-même au Louvre, en janvier 1650, on n'avait pas manqué de mettre la main, à Barcelone, sur son dévoué lieutenant, et pendant toute la prison de l'un, on avait tenu l'autre dans la forteresse de Perpignan. Dès que Condé avait été libre, il s'était empressé de délivrer Marsin et de le faire rétablir dans son gouvernement. Il était évident que le ressentiment de la cour allait de nouveau s'étendre sur le favori de M. le Prince, et que celui-ci avait à choisir entre une prison nouvelle et une prompte fuite. Il prit donc son parti sur-le-champ ; mais fidèle au devoir militaire jusque dans la défection, il fit venir le lieutenant général don Joseph de Marguerit, qui commandait sous lui à Barcelone, l'avertit qu'il allait faire dans les environs une reconnaissance de quelques jours, donna toutes les instructions nécessaires à la subsistance des troupes pendant son absence, et marqua soigneusement les divers points où les fortifications de la ville demandaient à être augmentées. Puis, la nuit venue, il partit à onze heures du soir avec plusieurs régiments bien choisis, mais qui pourtant ignoraient ses desseins et croyaient qu'ils allaient tenter une diversion sur les derrières de l'ennemi. Ils s'étonnèrent quand ils virent qu'on leur faisait prendre une route bien différente ; cependant ils suivirent leur général, passèrent les Pyrénées avec des fatigues incroyables, et arrivèrent en Guienne, appor-

7

tant à Condé le précieux renfort de mille fantassins et de trois cents cavaliers [1].

D'autre part, le baron de Vateville [2], officier franc-comtois au service d'Espagne, pressé par Lenet, entra dans la Gironde avec une flotte composée de huit vaisseaux de guerre [3]. Enfin le fameux colonel allemand Balthazar, successivement formé à l'école de Gustave-Adolphe, du grand-duc Bernard et de Gassion, et qui déjà s'était distingué en Catalogne sous le comte d'Harcourt, sous Condé lui-même et sous le maréchal de Schomberg, trouvant que la cour ne le traitait pas assez bien, après avoir inutilement offert ses services à d'Harcourt, comme il nous l'apprend lui-même [4], les offrit à Condé, et au mois de novembre 1651 vint se mettre sous ses ordres. Balthazar était le type achevé de l'officier de fortune, connaissant parfaitement son métier, se battant bien, et même incapable de trahir, tant que duraient ses engagements. C'est avec ce peu de forces, et même avant qu'elles fussent rassemblées, que Condé commença la campagne.

Il l'ouvrit par les plus brillants succès. Il établit Vateville et ses Espagnols à Bourg, sur la Gironde,

---

1. *Mémoires* de La Rochefoucauld et du colonel Balthazar.
2. Il signe toujours ainsi, et non pas Batteville, comme on le nomme quelquefois.
3. La Rochefoucauld, p. 103.
4. *Histoire de la Guerre de Guyenne*, Cologne, 1694, petit in-12. Nous nous servons de l'excellente édition qu'en vient de donner M. Moreau, en 1858, in-12, p. 295.

afin de servir de rempart avancé à Bordeaux et de contenir le duc de Saint-Simon, qui commandait pour le Roi à Blaye. Il mit à Libourne une petite garnison, sous le commandement du comte de Maure. Ensuite, en moins de quinze jours, il se répandit comme un torrent dans toute la Guienne, dans le Périgord, l'Angoumois et la Saintonge. A sa droite, il se jeta sur Agen et y plaça son frère, le prince de Conti, prit Bergerac et Périgueux, et s'avança jusqu'aux portes d'Angoulême, que gardait le brave et fidèle Montausier. A sa gauche, il s'empara du cours de la Charente, envahit Saintes, Taillebourg, Tonnai-Charente, et conçut un dessein vraiment digne de lui. Il songea à passer dans le gouvernement du comte du Dognon et à y transporter le théâtre de la guerre. Il eût été là dans une position admirable : appuyé sur La Rochelle et Brouage, sur les îles de Ré et d'Oleron et sur une flotte considérable, il pouvait manœuvrer librement de tous côtés, et menacer la cour à Poitiers, tandis que Marsin tiendrait ferme à Bordeaux et lui garderait toutes les conquêtes déjà faites. Ce plan hardi et judicieux échoua par l'égoïsme et les honteuses fourberies de du Dognon. Celui-ci voulait bien promettre et prêter même quelques secours à Condé, afin d'en obtenir le maréchalat s'il était vainqueur, mais sans livrer ses places et se dessaisir du gage qui faisait sa force et lui servait à négocier en même temps avec les deux partis. Il refusa donc de recevoir Condé dans son gouvernement, l'assurant bien qu'il saurait conserver ses deux forteresses. Cette fois il se trompa lui-même. Du Dognon était un excellent officier de mer; il avait fort bien servi sous le jeune et illustre amiral Armand de Maillé-Brézé, beau-frère de Condé; mais il n'était pas général, encore moins ingénieur; il défendit mal La Rochelle, et il en fut bientôt chassé par le comte d'Harcourt et par un oncle de La Rochefoucauld, le marquis d'Estissac, secondés par les habitants eux-mêmes, las des exactions et des cruautés de leur gouverneur. Du Dognon se réfugia à Brouage, où il attendit les événements.

Le comte d'Harcourt, encouragé par le succès qu'il venait de remporter à La Rochelle, enhardi par un puissant renfort de six mille hommes de pied et de quatre mille chevaux [1], et bien informé de l'extrême faiblesse des troupes de Condé, marcha enfin à sa rencontre et le força de reculer. La partie, en effet, n'était pas égale. D'Harcourt avait une armée de près de quinze mille soldats aguerris, commandés par des lieutenants généraux et des maréchaux de camp qui avaient fait leurs preuves, Saint-Luc, Bellefonds, Plessis-Bellière, Bougi, le comte de Lillebonne, et le jeune chevalier de Créqui, encore à ses débuts, mais appelé à devenir un des premiers hommes de guerre de la fin du XVIIe siècle. Condé avait à peine quinze

---

1. La Rochefoucauld, p. 107, et Montglat, collect. Petitot, t. L, p. 311.

cents hommes de bonnes troupes, qu'il avait été contraint de disséminer sur divers points importants; et, pour tenir la campagne, il n'avait guère que des bandes de paysans à peine habillés et armés, excellents pour piller et ravager, mais qui n'osaient pas regarder en face les vieux soldats de l'armée royale. Jusque-là, sa véritable force avait été la terreur de son nom et sa prodigieuse activité. Partout où il s'était présenté, les garnisons intimidées s'étaient rendues presque sans coup férir, et nul petit commandant n'avait eu l'idée de résister à M. le Prince. Mais il n'en pouvait plus être ainsi lorsqu'un général tel que d'Harcourt parut en Guienne avec une armée aussi imposante par la qualité que par le nombre. Les succès devinrent bien autrement difficiles, et peu à peu ils furent mêlés de revers. Il était impossible à Condé de songer à aucune de ses manœuvres accoutumées avec les troupes qu'il avait entre les mains. A la guerre, on peut suppléer au nombre à force d'art et d'audace; mais il faut être sûr de ses soldats. Où Condé n'était pas, rien ne réussissait; et lui-même, en risquant tous les jours sa vie, ne parvenait guère qu'à diminuer les défaites, et plus d'une fois il lui fallut partager la fuite des siens. Au commencement de la campagne, il n'avait pu prendre Cognac, parce qu'il ne l'avait pas assiégé en personne, et s'en était reposé sur La Rochefoucauld et sur le prince de Tarente, qui, manquant de tout ce qui était nécessaire pour une opération pareille et ayant pris d'assez mauvaises dispositions, laissèrent d'Harcourt secourir la place, en sorte que Condé, accouru de Bordeaux en toute hâte, arriva pour assister à la levée du siège [1]. De même, dans les premiers jours de mars 1652, il perdit Saintes, la clef de la Saintonge, pour avoir remis au prince de Tarente le soin de couvrir cette ville et de couper le chemin à d'Harcourt. Les troupes du prince de Tarente lâchèrent pied honteusement. Il était au moins permis d'espérer qu'une garnison de quatorze cents hommes, commandée par un maréchal de camp estimé, se piquerait d'honneur et tiendrait un certain temps: elle capitula au bout de quelques jours [2]. Taillebourg suivit bientôt l'exemple de Saintes.

L'affaire de Miradoux est l'image de toutes les autres, et montre comment les choses se passaient dans cette petite guerre. Condé avait appris à Libourne, à la fin de février 1652, que le prince de Conti, sorti d'Agen pour s'emparer de quelques villes du voisinage, était vivement pressé par le marquis de Saint-Luc, un des lieutenants du comte d'Harcourt, qui commandait à Montauban, et s'était avancé à Lectoure et à Miradoux avec des troupes bien meilleures et plus nombreuses que celles du jeune prince. A cette nouvelle, Condé part de Libourne, n'emmenant avec lui que La Rochefoucauld, ses gendarmes et ses gardes,

---

1. La Rochefoucauld, p. 104-105, Tarente, p. 76.
2. Tarente, p. 94, Balthazar, p. 310-311.

et avec sa rapidité ordinaire il vole au secours de son frère. Il le trouve à Estafort rassemblant sa petite armée pour faire face à Saint-Luc ; il la lui prend, et reconnaissant que Saint-Luc, qui ne l'attend pas, a placé son infanterie à Miradoux et logé toute sa cavalerie en avant de la ville avec un peu de négligence et dans des quartiers assez éloignés les uns des autres, il fond sur ces quartiers, les culbute, défait six régiments[1], dont une partie s'enfuit vers Lectoure et Montauban, et le reste se réfugie à Miradoux sous la protection de l'infanterie[2].

Jusque-là, tout ce que pouvait faire un capitaine et un soldat, Condé l'avait fait : il avait réussi par la promptitude de la résolution, la célérité de la marche, l'audace et la vigueur de l'attaque ; mais pour emporter une ville telle que Miradoux, tout le génie et toute la valeur du monde ne pouvaient rien sans canons et sans une infanterie un peu solide. Miradoux est une petite ville située sur le haut d'une montagne presque inaccessible, où l'on ne peut arriver que par un chemin étroit et raide, coupé de haies et de fossés. Condé ne pouvait aller chercher Saint-Luc dans ce nid d'aigle, défendu par une infanterie d'élite. Tout lui man-

---

1. La Rochefoucauld, p. 119.
2. Il y a ici dans les deux récits de La Rochefoucauld et de Balthazar des différences de détail sans importance ; mais La Rochefoucauld était à l'affaire, tandis que Balthazar était sur un autre point du théâtre de la guerre.

quant, il eut recours à la seule force qui lui restât,
l'ascendant de son nom. Il donna la liberté à quelques
prisonniers qui, se sauvant à Miradoux, y répandirent
la nouvelle que M. le Prince en personne en faisait le
siége. A ce bruit, tout prit l'épouvante ; et, la nuit
venue, la garnison tenta de s'échapper et de se retirer
à Lectoure. Il lui fallait passer par l'unique chemin
dont nous avons parlé. Le vigilant Condé, qui l'épiait
et l'attendait en silence, se jeta sur elle, la renversa,
et l'aurait entièrement détruite, s'il n'avait eu affaire
aux meilleurs régiments de l'armée française. C'étaient
les deux vieux régiments de Champagne et de Lorraine, éprouvés dans cent combats, et pour lesquels
Condé avait la plus haute estime. Que n'aurait-il pas
fait pour acquérir une pareille infanterie! Vainement
il s'efforça de lui persuader de se rendre, dans l'espoir
peu dissimulé de l'engager ensuite à passer de son
côté; Champagne et Lorraine voulaient bien se retirer
sur Lectoure avec leurs armes et tous les honneurs
de la guerre; mais la seule idée d'une capitulation
équivoque révolta ces braves gens. On dit que La-
mothe-Vedel, lieutenant-colonel de Champagne,
sommé de se rendre, ne fit que cette réponse : « Je
suis du régiment de Champagne. » Condé voulut au
moins les obliger à ne pas servir de six mois[1]; car

---

1. Tel est le dire de La Rochefoucauld, qui doit être cru, puisqu'il sut parfaitement tout ce qui se passa à Miradoux, où il ne
quitta pas un moment Condé. Le prince de Tarente, qui n'était pas

sans cela tous ses avantages se réduisaient à la prise d'une bicoque qu'il ne pouvait pas même garder. Cette proposition n'ayant pas été acceptée, il se résolut à assiéger l'intrépide garnison. Il fit venir d'Agen quelques canons dont il se servit habilement; mais bientôt les boulets manquèrent, et on était forcé de donner de l'argent à des soldats pour aller en ramasser dans les fossés. Champagne et Lorraine se défendirent avec leur valeur accoutumée. Cependant la brèche était ouverte, et Condé aurait fini par faire prisonnière cette précieuse infanterie, si d'Harcourt ne se fût empressé d'accourir au secours de Miradoux avec quatre mille chevaux. Le Prince avait envoyé au-devant de lui Marsin et Balthazar pour lui disputer le passage de la Garonne; ils ne purent l'arrêter; et à son approche, Condé, reconnaissant qu'avec des troupes telles que les siennes il ne pouvait tenir tête à la fois aux vigoureuses sorties des assiégés et à l'excellente cavalerie de d'Harcourt, fut bien forcé de lâcher sa proie pour se retirer sur Estafort et de là sur Agen.

C'est ainsi que Condé, avec des prodiges d'habileté et d'audace, et en payant toujours de sa personne, parvenait bien à électriser un moment ses soldats et

---

là, prétend (p. 95) que les deux régiments offraient de ne servir de deux ans contre le parti des Princes, pourvu qu'ils ne fussent pas prisonniers de guerre. Balthazar, qui était ailleurs comme Tarente, dit (p. 315) que Condé s'opiniâtra au siége de Miradoux, « ne le voulant pas prendre à composition. »

à remporter quelque brillant avantage, mais sans être en état de mener à bien aucune entreprise considérable. De son côté, d'Harcourt, sans se montrer indigne de sa renommée, ne fit pas tout ce qu'il aurait pu faire, et il semble que lui-même ait un peu cédé à l'empire qu'exerçait sur tous les esprits la gloire de son incomparable adversaire. Plus d'une fois, en le poussant avec vigueur, il l'aurait pris ou détruit; mais, redoutant toujours quelque manœuvre inattendue et sachant quelles inépuisables ressources M. le Prince trouvait dans son génie, il n'agit qu'avec une circonspection et une prudence souvent excessives. Par exemple, lorsque après avoir chassé du Dognon de La Rochelle, il s'avança dans la Charente avec une très-forte armée, il aurait pu aisément balayer devant lui Condé et le rejeter dans Bordeaux. Et encore, à la levée du siége de Miradoux, dans la retraite de Condé sur Agen, au lieu de s'amuser devant une petite ville telle que Le Pergan, il fallait suivre l'ennemi l'épée dans les reins, ne lui pas donner une heure de relâche, et l'écraser au passage de la Garonne[1].

Cependant au milieu des soucis de l'administration et de la guerre, Condé entretenait une correspondance assidue avec Chavigny, tombé en disgrâce, qui le tenait au courant de l'état des affaires à la cour et à Paris.

---

1. La Rochefoucauld relève judicieusement ces fautes de d'Harcourt et plusieurs autres, et il est ici probablement l'écho de ce qu'il a entendu dire à Condé. La Rochefoucauld, p. 107-108, etc.

Elles avaient pris depuis quelques mois une face toute nouvelle. Mazarin dans son exil n'avait pas appris sans inquiétude les succès toujours croissants de Châteauneuf. Il le voyait actif et décidé, accepté comme chef par tous ses collègues, habilement secondé par le garde des sceaux Mathieu Molé, et par le maréchal de Villeroi, gouverneur du Roi, personnage ambigu, au fond très-ambitieux, et jaloux du crédit du cardinal auprès de la Reine. Châteauneuf, il est vrai, n'était entré dans le cabinet qu'en s'engageant à rappeler bientôt Mazarin; mais il demandait sans cesse de nouveaux délais; il s'appliquait à faire comprendre à la Reine le danger d'un retour précipité, la Fronde prête à se réveiller, le duc d'Orléans et le coadjuteur reprenant leur ancienne opposition, et la royauté se trouvant de nouveau sans aucun appui solide. Anne d'Autriche prêtait peu à peu l'oreille à ces sages conseils. Mazarin, qui d'abord avait eu peine à contenir l'impatiente affection de la Reine, la trouvant moins empressée, s'effraya : il comprit qu'il était perdu s'il laissait un pareil rival s'établir[1]. Aussi, passant tout à

---

1. Mme de Motteville, t. V, p. 96 : « La Reine vouloit le retour du cardinal; mais elle vouloit le bien de l'État préférablement à toutes choses, et la crainte qu'elle avoit que ce retour ne redonnât des forces à M. le Prince la faisoit balancer sur le temps. La duchesse de Navailles m'a depuis conté qu'étant un jour avec elle, cette princesse lui dit ces mêmes paroles : « Je connois la fidélité de « M. le Cardinal et combien le Roi et moi avons besoin d'un mi- « nistre qui soit tout à nous, afin de faire cesser les intrigues de la

coup d'une résignation apparente à une audace extraordinaire, il avait, sur la fin de novembre 1651, rompu son ban, quitté sa retraite de Dinan, et était entré résolûment en France, avec une petite armée rassemblée par ses deux fidèles amis, le marquis de Navailles et le comte de Broglie, et conduite par le maréchal d'Hocquincourt. Il avait surmonté de vive force tous les obstacles, bravé les arrêts et les députés du parlement, gagné Poitiers où la Reine et le jeune Louis XIV l'avaient admirablement reçu ; et là, en janvier 1652, après s'être bientôt délivré de Châteauneuf, trop fier et trop capable pour se résigner au second rang, il avait repris en main les rênes du gouvernement.

Cette conduite hardie, qui sauva peut-être Mazarin, vint aussi au secours de Condé. La seconde et irréparable disgrâce du ministre de la vieille Fronde l'avait ranimée ainsi que les ombrages du duc d'Orléans. Il s'était cru joué par la Reine, et s'était plaint haute-

« cour et de ceux qui se veulent mettre à sa place. Je sais que l'in-
« solence du Parlement de Paris doit être punie, et qu'elle ne le
« sauroit mieux être que de son retour ; mais il faut avouer que je
« crains le malheur de M. le Cardinal, et que son retour trop pré-
« cipité n'empire nos affaires. C'est pourquoi j'ai de la peine à me
« déterminer là-dessus. » Cette dame, qui étoit intéressée au retour
du cardinal par l'attachement que le duc son mari avoit à ce ministre, m'a dit que ce discours de la Reine lui fit une si grande
frayeur qu'au lieu de le prendre comme un effet de sa sagesse, elle
crut que c'étoit une marque de son changement ; elle écrivit promptement au cardinal qu'il vînt, et qu'il étoit perdu s'il ne se hâtoit de
reprendre sa place. Cet avis fit l'effet qu'il devoit faire. »

ment. Les amis de Condé n'avaient pas manqué de saisir cette occasion pour le réconcilier avec le duc, et négocier entre eux une alliance nouvelle; et comme précédemment la Fronde et la Reine s'étaient réunies contre M. le Prince, de même à la fin de janvier 1652, M. le Prince et la Fronde presque tout entière s'étaient réunis contre Mazarin.

Mme de Chevreuse seule, avec ses amis les plus particuliers, demeura fidèle à sa haine et à la Reine, redoutant bien moins Mazarin que M. le Prince, et choisissant entre eux deux pour toujours, avec sa résolution et sa fermeté bien connues. Retz louvoya, suivit le duc d'Orléans, en se ménageant avec la Reine pour ne pas manquer le chapeau, et sans s'engager personnellement avec Condé. On mit de nouveau en jeu le parlement. Quelques mois auparavant, il avait enregistré une ordonnance du Roi qui déclarait Condé, le prince de Conti, Mme de Longueville, le duc de Nemours et le duc de La Rochefoucauld rebelles envers l'autorité royale[1]; sur la requête de Condé[2], il n'abolit pas, il est vrai, cette ordonnance; mais il déclara qu'il y serait sursis; il renouvela les anciens arrêts contre Mazarin, et nomma même des commissaires pour aller à Poitiers faire entendre ses doléances à la Reine et au Roi.

1. *Journal du Parlement,* depuis le mois d'avril 1651 jusqu'en juin 1654, p. 123-124, et p. 136-140.
2. Cette requête est du 4 janvier. *Journal,* etc., p. 166, 167.

Condé s'était empressé de mettre à la disposition de Monsieur la petite armée que le duc de Nemours amenait alors de Flandre, et qui était composée en partie des vieux régiments de sa maison et en partie de troupes nouvelles recrutées dans les Pays-Bas aux frais de l'Espagne. Le duc d'Orléans avait joint cette armée à la sienne, et il avait envoyé l'une et l'autre sur les bords de la Loire pour faire tête à l'armée royale. Mais tout en donnant au chef reconnu du parti cette marque de déférence, Condé n'avait pas laissé de proposer un autre plan de campagne : il avait tâché de faire sentir quelle faute c'était de tant diviser ses forces; il avait supplié qu'on permît au duc de Nemours de suivre sa destination première et de venir le trouver en Guienne, promettant de battre promptement d'Harcourt avec un pareil renfort, et de secourir efficacement la capitale en contraignant le gouvernement de Poitiers de rappeler toutes ses forces, afin de couvrir Poitiers et de se défendre lui-même. On pense bien que la jalousie du duc d'Orléans et l'inimitié de Retz n'entendaient pas ménager à Condé un pareil succès[1], en sorte qu'il se trouvait à Bordeaux avec de

1. Mme de Motteville, t. V, p. 110 : « Les ordres du duc de Nemours, qui venoient du prince de Condé, étoient de passer la Loire pour secourir Montrond et marcher vers la Guienne; et ceux du duc de Beaufort, qui venoient du duc d'Orléans, qui étoit à Paris, étoient opposés à ceux-là, parce qu'il vouloit avoir des forces pour se défendre contre le Roi, en cas qu'il en fût attaqué, soutenir sa réputation dans le Parlement et parmi le peuple, et les em-

mauvaises recrues dans l'impuissance de rien tenter de grand, tandis que sa véritable armée était loin de lui sur les bords de la Loire.

Au mois de mars 1652, en revenant de Miradoux, il reçut à Agen des lettres de Chavigny, qui lui peignaient des plus tristes couleurs l'état de l'armée et de Paris. Mazarin avait déployé à Poitiers une activité extraordinaire. Il s'était porté rapidement sur Angers, et en assez peu de temps il avait enlevé toute la province au duc de Rohan Chabot. D'Angers, il était venu à Tours, et de Tours il se dirigeait vers Paris. Mais la pire des nouvelles était l'accommodement définitif des Bouillon avec Mazarin. Au mépris de la parole positive donnée à La Rochefoucauld, après bien des hésitations, le duc de Bouillon avait embrassé la cause royale; il suivait la cour, et son frère Turenne avait consenti à partager avec le maréchal d'Hocquincourt le commandement de l'armée. Celle de la Fronde était aussi divisée en deux corps, l'un que conduisait le duc de Beaufort au nom du duc d'Orléans, l'autre que commandait le duc de Nemours au nom de Condé. Mais les deux généraux étaient plutôt de vaillants soldats que des capitaines, et quoique beaux-frères ils

pêcher de quitter son parti, ce qui auroit pu arriver s'il étoit demeuré sans d'autres forces que celles de l'intrigue. Le coadjuteur, qui avoit alors toute la confiance du duc d'Orléans, appuyoit ce dessein et augmentoit sa crainte, afin de rendre cette armée inutile à M. le Prince, qu'il haïssoit. »

ne s'entendaient pas. Le meilleur officier de cette armée, celui sur lequel Condé mettait ses plus grandes espérances, le baron de Sirot, depuis longtemps lieutenant général, et un des héros de Rocroy, venait d'être mortellement blessé à l'attaque du pont de Gergeau[1]. D'autre part à Paris, le faible duc d'Orléans, devenu comme le roi de la Fronde, incapable de gouverner lui-même était plus que jamais tombé entre les mains de Retz, qui, ayant enfin obtenu le chapeau de cardinal, portait ses vues plus haut, et aspirait à remplacer à la tête de la Fronde Châteauneuf usé et à demi mourant. Il avait une correspondance particulière avec la Reine, et on le croyait fort capable de s'unir d'abord à Mazarin dans l'espoir de le renverser plus tard. Du moins, il pouvait à tout moment brouiller de nouveau le duc d'Orléans avec M. le Prince, et le pousser du côté de la cour. Déjà Condé, comme nous l'avons dit[2], avait eu la pensée de le faire enlever de Paris par Gourville, et de le transporter prisonnier dans une de ses places fortes. En Guienne, un soir dans une conversation à laquelle Lenet assista et qu'il nous a conservée[3], un des amis de Condé, le comte de Fiesque[4], frondeur intrépide et tout aussi résolu

1. Mort à Orléans de ses blessures, le 8 avril 1652. Sur le baron de Sirot, voyez *La Jeunesse de Madame de Longueville*, chap. III, p. 215, et Appendice, *Bataille de Rocroy*.
2. Chap. I, p. 49.
3. Lenet, p. 535.
4. Voyez, dans *La Société française au XVIIe siècle*, t. I, chap. V,

que Retz, fit au prince la proposition « de faire tuer le coadjuteur qui venoit de recevoir le chapeau et de prendre le titre de cardinal de Retz. Le Prince se moqua d'abord de la proposition de Fiesque; puis, lui parlant sérieusement, il lui fit une réponse tout à fait digne de lui. »

Quelque temps auparavant, étant encore à Libourne avant l'affaire de Miradoux, des nouvelles à peu près semblables étaient parvenues à Condé, et dès lors il avait songé à se rendre lui-même sur les bords de la Loire et à Paris, dans la triste conviction qu'en Guienne, avec des troupes telles que les siennes, rien de grand n'était possible, tandis qu'en allant prendre le commandement de l'armée du duc de Nemours et du duc de Beaufort, composée de véritables soldats, il espérait remporter des avantages qui retentiraient jusque dans la Guienne, et feraient plus pour sa cause que de petits combats où il compromettait chaque jour sa vie et sa gloire. Mais, avant de s'embarquer dans un voyage aussi hasardeux, il consulta les amis qui l'entouraient. La Rochefoucauld et Marsin se bornèrent à discuter avec lui le pour et le contre, sans conclure dans un sens ni dans un autre[1]. Lenet et Fiesque lui-même ne se prononcèrent pas davantage. Il n'en fut pas ainsi de Mme de Longueville. Par une

---

p. 215 et suiv., un admirable portrait de Fiesque, sous le nom de Pisistrate.

1. La Rochefoucauld, p. 129.

sorte d'intelligence naturelle avec les instincts héroïques de son frère, elle n'hésita point à lui conseiller la résolution à laquelle il inclinait, et avec le président Viole, « elle en déduisit les raisons[1]. » La Rochefoucauld garde un incroyable silence sur ce détail intéressant qu'il ne pouvait pas ignorer ; mais le témoignage de Lenet, si bien informé, ne laisse place à aucun doute, et met en lumière la parfaite conséquence et la haute fermeté d'âme et d'esprit de Mme de Longueville. Depuis le jour fatal où elle avait tant contribué à jeter Condé dans la guerre civile, elle n'eut plus qu'un avis, ne poser les armes qu'après la victoire. Ne nous étonnons donc pas qu'ici, lorsqu'aucun des amis et des lieutenants de M. le Prince n'osait avoir une opinion, elle prit encore sur elle la responsabilité d'un conseil périlleux sans doute, mais qui seul pouvait le sauver lui et la cause qu'il avait embrassée.

Condé suivit les mouvements de son cœur et l'avis de Mme de Longueville. Au lieu d'attendre les événements qui allaient se passer au loin, il se décida à les prévenir, et prit la résolution de traverser les lignes du comte d'Harcourt, de faire comme il pourrait les cent cinquante lieues qui le séparaient de la Loire et de Paris, d'y paraître tout à coup et de se mettre lui-même à la tête de ses affaires.

---

1. Lenet, p. 540.

Il laissait d'ailleurs en Guienne assez de forces pour y attendre avec sécurité les succès qu'il allait chercher. Il nomma le prince de Conti son lieutenant général; un prince du sang donnait du lustre à l'autorité, dominait toutes les rivalités, et devait rendre l'obéissance plus facile. Il connaissait la légèreté de Conti; mais il savait aussi qu'il ne manquait ni d'esprit ni de bravoure. Il croyait à l'ascendant que Mme de Longueville avait toujours exercé sur son jeune frère, et il espérait qu'elle le guiderait encore. Il avait confiance en cette sœur qu'autrefois il avait tant aimée; et, quoique des intrigues et une triste influence, que bientôt nous ferons connaître[1], eussent diminué la haute admiration qu'il avait eue pour elle et à laquelle il revint plus tard, il comptait sur son esprit, sur sa fierté, sur ce courage dont elle avait donné tant de preuves à Stenay.

A côté de sa sœur, il laissait sa femme, Claire Clémence de Maillé Brézé, qui s'était si bien conduite dans la première guerre de Guienne. Il la laissait enceinte d'un second enfant, et avec elle il donnait à Bordeaux et mettait pour ainsi dire en gage entre ses mains, pour lui tenir lieu de lui-même, le duc d'Enghien, l'espoir et le soutien de sa maison, l'objet particulier de ses tendresses. C'était là un gouvernement qui avait bon air aux yeux de la France et de l'Europe.

1. Plus bas, chap. III, p. 144.

Au-dessous de sa famille, étaient deux hommes investis de toute sa confiance, et qui en secret tenaient de lui des pouvoirs absolus. Ces deux hommes étaient Lenet pour les affaires civiles, et Marsin pour la guerre. Lenet, ancien conseiller au parlement de Dijon, depuis conseiller d'État, de tout temps l'homme d'affaires de Condé, était merveilleusement propre à son rôle : esprit solide et fin, rompu à toutes les intrigues, capable de conduire en même temps les négociations les plus diverses avec l'Espagne, avec Mazarin, avec la Fronde, jouant, au gré de son maître, tous les personnages, et, sous tous les masques, d'une fidélité à toute épreuve. Le comte de Marsin, né à Liége, était par-dessus tout un homme de guerre qui s'était élevé par son courage et ses talents comme Sirot, Gassion, Fontaine, Merci. Il ne leur était guère inférieur. Il avait pris part aux plus grandes batailles de Condé, et il avait commandé en Catalogne. Lenet et Marsin devaient reconnaître la suprématie du prince de Conti, ménager son amour-propre et lui prodiguer toutes les marques publiques de déférence ; mais en réalité ils ne relevaient que de Condé, et toute l'autorité était entre leurs mains.

Ainsi ce n'était pas une illusion de penser qu'avec un tel gouvernement et l'assistance continuelle de l'Espagne, Bordeaux pouvait tenir aux moins une année, et donner à Condé le temps de frapper des coups décisifs. La résolution qu'il prit était donc aussi raisonnable qu'elle était grande. Il eût été d'une souve-

raine imprudence de rester en Guienne pour livrer de
petits combats à d'Harcourt et y prendre à grand'peine
quelques bicoques, lorsqu'au cœur du royaume une
trahison ou une défaite perdait tout sans ressource, et
condamnait Bordeaux à partager le sort commun,
après avoir plus ou moins prolongé la résistance.
Dans l'ensemble des affaires, la Guienne était sans
doute un accessoire considérable ; mais le principal
n'était pas là ; c'était à Paris et sur les bords de la
Loire que se jouaient évidemment la destinée de la
Fronde et celle de Condé ; c'était donc là qu'il fallait
courir. Chaque jour, on lui mandait que les jalousies,
les divisions, les querelles, augmentaient dans l'armée, et il tremblait de recevoir un matin la nouvelle
que Turenne et d'Hocquincourt avaient battu Nemours
et Beaufort, et marchaient sur Paris. Il voulut prévenir à tout prix ce désastre irréparable, et il s'élança
sur le point où était le péril suprême, où sa présence
inattendue devait jeter la terreur dans l'âme de ses
ennemis, relever le courage des siens et faire passer la
fortune de son côté. Quand César, arrivé en Grèce,
apprit que la flotte qui le suivait et portait son armée,
avait été dispersée et détruite par celle de Pompée, il
se jeta seul la nuit dans un bateau de pêcheur pour
aller chercher en Asie, à travers la mer, les légions
d'Antoine et revenir avec elles gagner la bataille de
Pharsale. Quand Napoléon connut en Égypte l'état de
la France, les hontes du Directoire, l'agitation des

partis, et que déjà plus d'un général songeait à un dix-huit brumaire, il n'hésita pas; et quelque folie qu'il y eût en apparence à tenter de traverser la flotte anglaise sur une faible embarcation, au risque d'être pris ou coulé à fond, il affronta tous ces dangers, et à force d'adresse et d'audace parvint à gagner les côtes de France. Condé fit de même, et sur la fin de mars 1652, il entreprit de se faire jour des bords de la Gironde aux bords de la Loire, sans autre escorte qu'un petit nombre d'amis intrépides, la vive conscience de la nécessité de cette démarche aventureuse, l'habitude et le goût secret du danger, son incomparable présence d'esprit et sa gaieté accoutumée.

CHAPITRE TROISIÈME

LA FRONDE A PARIS

EN 1652

Condé part de Bordeaux pour aller prendre le commandement de l'armée de la Fronde. — Combat de Bleneau. — Condé et Turenne défendus contre Napoléon. — Condé quitte l'armée. La Fronde à Paris. Intérieur du parti. Intrigues politiques et galantes. Mme de Châtillon. Honteuse conspiration contre Mme de Longueville. — Négociations inutiles. Trahison du duc d'Orléans et de Retz. Trahison du duc de Lorraine. — Combat du faubourg Saint-Antoine. Noble conduite de Mademoiselle. — Excès de la Fronde à Paris dans l'été de 1652. Affaire du 4 juillet à l'Hôtel de Ville. Duel de Nemours et de Beaufort. Condé s'enfonce dans l'alliance espagnole et dans la guerre. — Mesures violentes du Parlement. Misère du peuple. Amnistie du 26 août, rejetée par Condé. Rentrée de Louis XIV à Paris le 21 octobre.

Condé sortit d'Agen le dimanche des Rameaux, en plein midi, faisant annoncer qu'il s'en allait pour quelques jours à Bordeaux. Il était accompagné de six personnes : La Rochefoucauld et son jeune fils le prince de Marsillac, le comte de Guitaut, le comte de Chavagnac, Gourville, et un valet de chambre nommé Rochefort. Ils suivirent quelque temps la route de Bordeaux; puis, arrivés à un certain endroit, ils la quittèrent, s'engagèrent à travers les lignes ennemies, et commencèrent ce voyage extraordinaire qui dura plus de huit jours avec mille incidents de toute espèce et d'incroyables fatigues, toujours sur les mêmes chevaux, ne s'arrêtant jamais plus de deux heures pour manger et pour dormir, évitant les villes, passant les rivières comme ils pouvaient, se jetant d'abord dans les montagnes de l'Auvergne, puis en descendant, et par le bec d'Allier, se dirigeant du côté de la Loire. Il faut lire dans les mémoires de La Rochefoucauld et de Gourville[1] l'histoire de ce voyage, et tous les dangers qu'ils coururent. Dix fois, ils manquèrent d'être pris et tués. Leurs chevaux épuisés ne les portaient plus. La Rochefoucauld était tourmenté par sa goutte, le jeune Marsillac tombait de sommeil. Condé seul était infatigable, dormant et s'éveillant à volonté, et toujours de bonne humeur.

Ils arrivèrent le samedi soir aux portes de La Charité. Là, Condé dépêcha Gourville à Paris pour avertir le duc d'Orléans, qu'il allait s'y rendre après avoir visité l'armée. Il ne savait où elle était, et tâcha de gagner Châtillon-sur-Loing pour en apprendre des nouvelles, et aussi pour se reposer au château, qui

---

1. Nous ne citons pas les *Mémoires de Chavagnac*, qui ne sont pas authentiques, et ont été vraisemblablement composés sur des notes et des ouï-dire par Gatien de Courtils, le spirituel et fécond auteur de tant de Mémoires apocryphes et romanesques, tels que ceux du comte de Rochefort et de la Vie de Turenne attribuée à du Buisson. Indiquons encore les *Particularités de la route de M. le prince de Condé et le sujet de son retardement, avec le passage des troupes du cardinal Mazarin*. Paris, 1652, in-4°.

appartenait à la duchesse de Châtillon. Mais la cour, qui était à Gien, avait eu vent de son voyage et savait la route qu'il avait suivie. On fit courir après lui vingt maîtres, comme on disait alors, c'est-à-dire vingt cavaliers bien montés et déterminés, avec ordre de le prendre mort ou vif. Condé n'échappa que par miracle ; il avait envoyé son valet de chambre Rochefort à Châtillon pour qu'on eût soin de tenir la porte du parc ouverte. Guitaut et Chavagnac étaient en avant, à la découverte. Il n'avait avec lui que La Rochefoucauld et le jeune Marsillac ; celui-ci marchait cent pas devant le prince, et La Rochefoucauld allait après lui à la même distance, afin qu'en cas de malheur, averti par l'un ou par l'autre, il pût avoir le temps de se sauver. Ils n'avaient pas fait ainsi quelque chemin qu'ils virent paraître quatre cavaliers qui marchaient vers eux. Ils crurent que c'étaient les gens qui les cherchaient, et ils se préparaient à les charger, résolus à se faire tuer plutôt qu'à se laisser prendre ; mais c'étaient Guitaut et Chavagnac avec deux gentilshommes de leur connaissance. A Châtillon, Condé apprit que l'armée était à huit lieues de là ; il y courut en toute hâte, et rencontra les avant-postes le 1er avril 1652.

Il trouva l'armée de la Fronde aussi divisée que ses chefs. Il en prit sur-le-champ le commandement, ôtant ainsi la principale cause des jalousies de Nemours et de Beaufort ; il la réunit, la fit reposer un jour, s'empara sans coup férir de Montargis et de Château-Renard, et se porta rapidement sur l'armée royale. Elle était dispersée dans des quartiers éloignés les uns des autres pour la commodité des fourrages, et à cause du peu de crainte qu'inspiraient Beaufort et Nemours. Le maréchal d'Hocquincourt était campé à Bleneau, et Turenne un peu plus loin, à Briare ; les deux maréchaux devaient réunir leurs troupes le lendemain. Condé ne leur en laissa pas le temps : le soir même, dans la nuit du 6 au 7 avril 1652, il tomba sur le premier quartier du maréchal d'Hocquincourt, le culbuta, et parvint à faire plier tous les autres grâce à une de ces charges de flanc où il payait énergiquement de sa personne. D'Hocquincourt, après s'être battu en soldat, fut contraint de se retirer à quelques lieues du côté d'Auxerre, ayant perdu tout son bagage et trois mille chevaux.

Cependant on était venu dire à Turenne ce qui se passait à Bleneau ; il crut d'abord que c'était une attaque du duc de Nemours, et il ne s'en mit pas fort en peine. Il vint au milieu de la nuit avec quelque infanterie pour soutenir son collègue et rétablir le combat ; mais en voyant, à la lueur des villages en feu, avec quel ensemble l'attaque avait été conduite, il reconnut qu'il n'avait pas à affaire à Nemours, et s'écria : *Ah ! M. le Prince est arrivé*[1]. Il se garda bien de l'at-

---

1. Ramsay tenait cette anecdote « de feu M. le duc de La Rochefoucauld, alors prince de Marsillac. » Le jeune prince de Marsillac était en effet à Bleneau, et s'y distingua ; il a donc très-bien pu recueillir ce mot de Turenne.

tendre, n'ayant ni cavalerie ni artillerie; et après avoir fait dire à d'Hocquincourt de se rallier à lui au plus vite, il marcha en bon ordre pendant cette longue et obscure nuit, à la rencontre du gros de ses troupes, que Navailles et Palluau lui amenaient. Un moment, il s'arrêta dans une plaine où il avait un assez grand bois à sa gauche et à sa droite des marais. Autour de Condé, on trouvait ce poste avantageux; Condé en jugea bien différemment. « Si M. de Turenne demeure là, dit-il, je m'en vais le tailler en pièces; mais il se gardera bien d'y demeurer[1]. » Il n'avait pas achevé qu'on vit Turenne se retirer, trop habile pour attendre Condé en plaine et s'exposer à ses redoutables manœuvres.

Un peu plus loin, il trouva une position tout autrement favorable; là il fit ferme, résolu à combattre. En vain ses officiers le pressèrent-ils de n'en rien faire, de ne pas hasarder la dernière armée qui restât à la monarchie, et de se borner à couvrir Gien en attendant d'Hocquincourt : *Non*, répondit-il, *il faut vaincre ou périr ici*[2]. Turenne, il est vrai, était bien inférieur en cavalerie à Condé; mais il avait une artillerie puissante et bien servie. Il se plaça sur une hauteur qu'il couvrit d'infanterie et d'artillerie, mit au bas sa cavalerie dans une plaine trop étroite pour que Condé pût y déployer la sienne, et où l'on ne pouvait arriver

---

1. C'est Tavanne qui nous a conservé ce précieux détail.
2. Ramsay, liv. III, p. 245.

qu'à travers un grand bois et par un seul défilé coupé de fossés et rempli de marécages. A cette forte position, Condé put reconnaître à son tour son illustre disciple. Il n'y avait pas là de grandes manœuvres à tenter; on n'avait pas le temps d'essayer de tourner Turenne, il fallait l'écraser sur-le-champ, s'il était possible, avant qu'il eût été rejoint par d'Hocquincourt. Le défilé était la clef de la situation; on s'y battit avec acharnement de part et d'autre. Turenne le défendit lui-même l'épée à la main, et aux six escadrons qu'y lança Condé il opposa une batterie d'un effet terrible, montrant un courage égal à celui de son héroïque adversaire, bien que dans un genre différent; car Turenne, on ne le sait pas assez, était aussi grenadier que général.

Bussy, dans son admirable portrait de Turenne[1], qu'égale ou surpasse encore celui qu'il a laissé de Condé[2], a prétendu que Turenne avait commencé par être plus circonspect qu'entreprenant, que sur la fin de sa vie il ne se ménagea plus tant qu'il l'avait fait d'abord, sa prudence venant de son tempérament et sa hardiesse de son expérience. Un paradoxe si bien tourné ne pouvait manquer de faire fortune, et il a séduit Napoléon lui-même; mais il est démenti par les faits. De très-bonne heure, Turenne fit paraître un courage bien voisin de la témérité, et presque toutes ses fautes viennent d'un excès de hardiesse. A Ma-

---

1. *Mémoires*, édit. de 1696, t. I, p. 477.
2. *Lettres*, édit. d'Amsterdam, 1751, t. V, p. 309.

riendal, il pouvait, il devait battre en retraite, éviter la bataille, n'ayant pas toutes ses troupes réunies ; à Réthel surtout, il aurait dû rompre devant le maréchal du Plessis et savoir fuir ; la raison la plus vulgaire prescrivait cet unique moyen de salut ; Turenne ne s'y put résigner, et il manqua d'être tué ou fait prisonnier en déployant une valeur inutile. A Bleneau, pour la première fois il faisait tête à Condé et se montra digne de lui et comme capitaine et comme soldat : on ne saurait à qui des deux donner le prix de la bravoure. Vers le soir, d'Hocquincourt rejoignit Turenne, et le duc de Bouillon amena de Gien quelques renforts à son frère. Les deux armées, sans avoir rien pu gagner l'une sur l'autre, se retirèrent l'une vers Gien, l'autre à Châtillon ; et quelques jours après, Condé remettait la sienne entre les mains du comte de Tavannes, et lui-même s'en allait à Paris[1].

Ici Napoléon[2], qui a raconté et admirablement apprécié cette courte campagne, est également sévère envers Turenne et envers Condé. Il blâme la réso-

---

[1]. Nous avons cinq relations de l'affaire de Bleneau par des témoins plus ou moins considérables : du côté de Condé, La Rochefoucauld, Tavannes et Gourville ; du côté de Turenne, Navailles et Turenne lui-même, sans parler des nombreuses mazarinades pour et contre, où la vérité est sacrifiée à l'esprit de parti. Chavagnac aussi prit part au combat ; mais ce qu'il dit dans ses prétendus Mémoires manque à la fois d'importance et de certitude. Le récit de Ramsay a pour base celui du duc d'York, qui n'était pas à Bleneau, et qui parle d'après Turenne. Napoléon n'a connu que Turenne, York et Ramsay.

[2]. *Mémoires*, t. V, p. 63-67.

lution que prit Turenne d'affronter toute l'armée de la
Fronde avec une seule division de l'armée royale, et
il prétend qu'il aurait dû attendre le maréchal d'Hocquincourt et les renforts du duc de Bouillon, afin de
combattre en nombre égal ou supérieur. En principe,
rien de plus juste assurément ; mais il est des situations où le comble de l'art est de se mettre au-dessus
de l'art ordinaire. Si Turenne, selon les conseils de
son état-major et l'avis de Napoléon, eût reculé davantage, il risquait de ne pas retrouver une position
aussi avantageuse que celle qu'il avait rencontrée ; il
donnait à Condé le temps de l'atteindre et de l'envelopper de sa nombreuse cavalerie; il pouvait être contraint d'accepter la bataille en rase campagne, exposé
aux manœuvres du grand stratégiste. Il lui était impossible de savoir à quelle heure précise d'Hocquincourt le rejoindrait. L'illustre vaincu de Waterloo
était payé, ce semble, pour ne pas trop faire fond sur
la promptitude des secours qu'on peut attendre d'une
division éloignée.

Napoléon n'épargne pas davantage les critiques à
Condé. Il les résume toutes en un mot piquant auquel
il n'a pas pu résister, et qui le fait sourire lui-même :
« Condé, dit-il, manqua cette fois d'audace. » L'épigramme est jolie; mais, nous en demandons pardon à
Napoléon, elle n'est pas fondée, au moins militairement. Non, Condé n'a pas manqué d'audace dans cette
campagne : loin de là, toute sa conduite est une suite

de combinaisons et d'actions audacieuses. Quoi de plus audacieux que cette course de près de dix jours pendant cent cinquante lieues avec six personnes pour venir prendre le commandement de l'armée? Quoi de plus audacieux que la résolution prise sur-le-champ de se jeter entre d'Hocquincourt et Turenne, de couper en deux l'armée royale et d'en disperser une partie avant d'attaquer l'autre? Condé a-t-il perdu un moment pour marcher sur Turenne et le poursuivre l'épée dans les reins? Est-ce sa faute s'il avait affaire à un grand capitaine, qui sut choisir une excellente position et s'y tenir avec une constance inébranlable? Dans l'attaque de cette position, Napoléon reproche-t-il à Condé d'avoir manqué d'audace? Turenne s'est couvert de gloire; car il a résisté heureusement à Condé; mais Condé, pour n'avoir pas été victorieux n'a pas été le moins du monde vaincu. Le militaire est donc ici à l'abri de tout reproche. Comme nous allons le voir, c'est le politique qui a failli. Condé a quitté l'armée fort mal à propos, selon nous; mais ç'a été par des considérations qui n'ont rien à voir avec l'art de la guerre.

Même avant le combat de Bleneau, Gourville était revenu de Paris, apportant à Condé des nouvelles et des lettres. Les amis du prince étaient fort partagés sur la conduite qu'il avait à tenir. Les uns étaient d'avis qu'il restât à l'armée et poursuivît ses succès; les autres insistaient avec force pour qu'il se rendît immédiatement à Paris. Cette dernière opinion était celle du duc de Rohan Chabot, un des amis intimes de Condé, et aussi celle de Chavigny, qui, comme nous l'avons dit, lui inspirait une confiance particulière. Chavigny pensait avec raison que l'union du duc d'Orléans et de Condé était indispensable au succès de la Fronde ; et il aspirait comme Retz à prendre du crédit sur le duc d'Orléans, mais dans un dessein bien différent, afin d'adoucir ses ombrages et de prévenir de fâcheuses divisions. Il demandait avant tout un grand conseil, semblable à celui qu'en 1643, il avait poussé Louis XIII mourant à imposer à la régente, bien persuadé qu'il ne pouvait manquer de faire partie d'un tel conseil, et qu'une fois là sa capacité ferait le reste. L'essentiel pour lui était donc d'arrêter les menées de Retz, devenu cardinal, et d'autant plus puissant sur le duc d'Orléans, auprès duquel il combattait de toutes ses forces l'alliance avec Condé.

Chavigny avait écrit à M. le Prince que, s'il tardait un seul jour à se rendre à Paris, ses affaires étaient perdues sans ressource. Monsieur, conduit par Retz, était tout près de l'abandonner et de s'accommoder avec la cour. Les partisans de Mazarin levaient partout la tête. Le parlement était à bout. Le peuple, n'ayant plus là son idole, le duc de Beaufort, pour l'animer sans cesse, commençait à s'apaiser. La bourgeoisie presque entière demandait le Roi et la paix. Paris pouvait d'un moment à l'autre échapper à la

Fronde, et quelques avantages de plus du côté de la Loire étaient peu de chose devant la crainte d'un pareil désastre.

L'avis de Chavigny entraîna Condé. Lui aussi il s'imagina qu'en arrivant à Paris le front ceint de la merveilleuse auréole que lui faisaient et cette course extraordinaire à travers la France et ses derniers exploits, il déjouerait les intrigues de Retz, et qu'en ralliant tout ce qui restait de partisans à la Fronde autour de sa propre gloire, il fonderait un gouvernement capable de se soutenir devant celui de la Reine. Mais c'étaient là des espérances plus brillantes que solides. Le meilleur moyen de s'assurer de la fidélité du duc d'Orléans, de se mettre à l'abri de ses trahisons et de celles de son digne conseiller, c'était d'être le plus fort et le maître des événements. Paris serait toujours le prix du vainqueur. On y pouvait envoyer des hommes mille fois plus en état que Condé de tenir tête au dangereux cardinal, La Rochefoucauld par exemple et le duc de Nemours, qui, réunis au duc de Rohan, à Chavigny et au président Viole, pouvaient au moins lui garder le duc d'Orléans et Paris jusqu'à la fin de la campagne. Le comte de Tavannes, qu'il avait choisi pour le remplacer, était sans doute un excellent officier, un de ces vaillants Petits-maîtres qui, sur les champs de bataille, servaient d'ailes à sa pensée, portaient partout ses ordres, exécutaient les manœuvres les plus périlleuses, tantôt chargeant avec une impétuosité irrésistible, tantôt soutenant les charges les plus terribles avec une constance et une solidité à toute épreuve[1].

Mais si l'intrépide Tavannes pouvait fort bien conduire une division dans une grande armée, il n'était pas de force à commander en chef, et il n'avait pas d'autorité sur les troupes étrangères que le duc de Nemours avait amenées de Flandre, et qu'il remit, en se rendant à Paris avec Condé, entre les mains du comte de Clinchamp. L'armée, ainsi partagée, n'était capable de rien de grand. Condé seul pouvait achever ce qu'il avait commencé. Une fois engagé dans la formidable entreprise qu'il avait formée contre la Reine et Mazarin, il n'y avait de salut pour lui qu'en la poussant jusqu'au bout. Il devait donc, s'il est permis de s'exprimer ainsi, s'acharner sur Turenne, périr ou le vaincre, et contraindre Mazarin à s'enfuir une dernière fois en Allemagne ou en Italie, et la Reine à lui remettre le jeune Roi. Pour cela, il aurait fallu à Condé une ambition fixe, un but bien déterminé ; il aurait fallu qu'il se proposât nettement d'être régent ou du moins lieutenant général du royaume à la place de Monsieur, de gré ou de force, qu'il concentrât tous les pouvoirs dans sa main, qu'il fût enfin Cromwell ou Guillaume III ; et Condé n'était ni l'un ni l'autre. Son esprit avait été traversé par de mauvais rêves ;

---

1. Sur les *Petits-maîtres*, voy. *M*^me *de Sablé*, chap. i, p. 42 et suiv.

mais, comme nous l'avons dit[1], il y avait dans son cœur un fond invincible de loyauté.

L'ambition était bien plus autour de lui qu'en lui-même. Il n'avait pas même songé à effacer les d'Orléans, à supprimer entre le trône et sa maison un intermédiaire qui depuis vingt années n'avait cessé d'être funeste à la monarchie et à la France. Au contraire, il avait contracté avec Monsieur des engagements auxquels il entendait rester fidèle. Il exigeait pour ses parents et pour ses amis des avantages considérables; pour lui-même, il ne savait trop ce qu'il voulait. Mais quoi qu'il voulût et dans toutes les hypothèses, car son secret est demeuré entre Dieu et lui, il eut tort de s'éloigner de la Loire en laissant Turenne debout. Voilà sa véritable faute, et non pas d'avoir manqué d'audace, comme le suppose Napoléon. Ce n'est pas ici une faute militaire, c'est une faute politique immense, irréparable. Il pouvait écraser Turenne, il devait le tenter du moins; il le laissa échapper. L'occasion une fois manquée ne revint plus. Turenne jusque-là n'était qu'au second rang; par une résistance glorieuse, il eut dès ce moment et on s'efforça de lui donner l'importance d'un rival de Condé. Mazarin s'enhardit de jour en jour davantage; la royauté, qui avait été à deux doigts de sa perte, se releva, et la cour se rapprocha de Paris, tandis que,

---

1. Chap. I, p. 74 et p. 81.

poussé par son mauvais génie, quittant les champs de
bataille où était sa véritable force, Condé s'en alla consumer un temps précieux dans un dédale d'intrigues
pour lesquelles il n'était pas fait, et où il se perdit lui
et la Fronde.

Il arriva à Paris le 11 avril, et trouva toutes choses
dans la dernière confusion. Il s'appliqua à ménager et
à caresser la vanité ombrageuse de Monsieur, lui
prodiguant toute sorte de déférences et ayant bien soin
de garder partout le second rang. Le lendemain, il se
rendit au parlement; et quoique le président Bailleul,
qui remplaçait Mathieu Molé, lui fût ouvertement contraire, loin de se laisser aller à ses emportements ordinaires, il eut l'air d'approuver les sentiments de la
compagnie pour le Roi et pour la paix, et déclara qu'il
n'avait d'autre prétention que de servir le parlement
et de faire exécuter ses arrêts, c'est-à-dire d'obtenir la
sortie de Mazarin du royaume. Sur ce point seul il se
montra inflexible. Il tint le même langage à la cour des
comptes et à la cour des aides. On lui témoignait les
plus grands respects; mais il ne lui était pas difficile
de reconnaître que les temps étaient bien changés,
qu'on était las de la guerre, et qu'on souhaitait la
paix. Le président Bailleul avait exprimé sa douleur
de voir un prince du sang royal les mains teintes du
sang des sujets du Roi[1]. A la cour des comptes, le

---

1. *Journal du Parlement*, depuis le mois d'avril 1651 jusqu'en
juin 1652. Séance du 12 avril, p. 262.

premier président, Nicolaï, avait conjuré Monsieur de
s'entremettre pour un accommodement pacifique[1]. A
la cour des aides, le premier président, Amelot, s'é-
tait plaint hautement[2] qu'il semblât y avoir un traité
avec l'Espagne, puisque c'était avec des deniers espagnols qu'on payait les nouvelles recrues. Condé fai-
sait-il battre le tambour pour rassembler la milice
bourgeoise, on demandait au nom de qui battait le
tambour, et on se plaignait qu'on usurpât l'autorité
royale. Évidemment il fallait prendre un parti, ou
traiter avec la cour à des conditions acceptables, ou
ranimer la Fronde et combattre vivement Mazarin.
Les perpétuelles hésitations de Monsieur étaient un
obstacle à tout. Condé ne savait ni comment se servir du
duc d'Orléans, ni comment s'en passer. Il lui faisait une
cour assidue, sans rien gagner sur ce prince spirituel
et aimable, mais égoïste, vain, pusillanime, qui, au
lieu d'être touché de la fidélité de Condé et d'y répondre par la sienne, plus il était forcé de reconnaître
ses grandes qualités, plus en secret il en était jaloux,
et dans son dépit prêtait l'oreille aux perfides sugges-
tions de Retz.

Condé, il est vrai, avait bien des appuis au Luxembourg. La duchesse d'Orléans, cette belle Marguerite

---

1. *Journal du Parlement* etc., p. 290.
2. Conrart donne le discours même du premier président Amelot
et toute la scène. *Mémoires* de Conrart, dans la collection Petitot,
t. XLVIII, p. 33 et suiv.

de Lorraine, que Gaston avait épousée à Bruxelles malgré Louis XIII, n'était pas sans pouvoir sur lui, et elle l'animait contre le successeur de Richelieu. Au mois de janvier 1652, un traité avait été conclu entre Monsieur, Condé et le duc Charles de Lorraine; Madame l'avait signé au nom de son frère, et le comte de Fiesque au nom de Condé. De son côté, Mademoiselle, un peu fantasque, mais loyale et courageuse, s'était jointe à sa belle-mère, et elle était déclarée pour la guerre, moitié par goût de l'éclat et du bruit, pour parader à la tête des troupes avec ses deux dames d'honneur, la comtesse de Frontenac et la comtesse de Fiesque, transformées en aides de camp, moitié par l'espoir secret que, dans la défaite de Mazarin et dans le triomphe de son père, elle parviendrait à épouser le jeune roi et à échanger le casque de la Fronde pour la couronne de France[1].

Madame et Mademoiselle, fidèles à la parole don-

---

1. Voyez le portrait de Mademoiselle en Pallas, le casque en tête, si admirablement gravé par Poilly. — Mademoiselle ne dissimulait guère ses prétentions. Mme de Motteville, t. V, p. 108 : « Quelque temps avant l'entrée de Mademoiselle dans Orléans, elle avoit écrit une lettre à Mme de Navailles pour la faire voir à la Reine, par où elle marquoit beaucoup désirer de la servir, et montroit d'entrer par complaisance seulement dans tout ce qui se passoit à Paris; mais elle faisoit entendre fortement qu'elle désiroit qu'on la regardât comme une personne qui pouvoit prétendre à la couronne fermée. Cette lettre, *que j'ai vue*, fut mal reçue par la Reine, qui étoit trop accoutumée à n'avoir pas grande considération pour elle. Mademoiselle fut sensiblement touchée de ce que ses bonnes volontés n'avoient pas été assez bien reçues. Elle en écrivit

née, parlaient à Monsieur le langage de l'honneur ; mais Retz, s'adressant à ses mauvais instincts, était bien plus sûr d'être écouté. Il fomentait ses soupçons jaloux par le récit envenimé des traits de hauteur qui échappaient à Condé ; il flattait le goût du repos qui renaissait bien vite dans le cœur de Monsieur après quelques agitations et à la vue du péril ; il l'engageait à ne se pas sacrifier pour Condé, et à traiter sans lui avec la Reine, puisque la Reine repoussait absolument cet impérieux personnage. En un mot, il le poussait par où il penchait, marchant lui-même à ses propres fins sous le masque d'un faux dévouement. En vain La Rochefoucauld, Rohan, Nemours, et les autres amis de Condé le combattaient-ils de toutes leurs forces : Retz, en fait d'intrigues et de complots, leur était bien supérieur.

une autre à la même personne, par laquelle on voyoit qu'elle étoit persuadée d'être maîtresse du parti. Elle lui mandoit avoir toujours haï le ministre comme n'en ayant jamais été bien traitée, déclaroit de vouloir épouser le Roi, et se vantoit qu'elle seule avoit empêché les troupes royales d'entrer dans Orléans. Elle lui marquoit qu'on ne la devoit pas mépriser, et qu'elle pouvoit être utile pourvu qu'elle fût satisfaite, mais qu'elle ne la pouvoit être sans être Reine. Enfin, elle témoignoit qu'elle pouvoit mettre les choses en état qu'on la demanderoit à genoux, et ajoutoit ces mêmes mots que j'ai pris dans l'original : *que, quoique ce chapitre lui soit fort agréable, elle est toutefois trop importunée d'en entendre parler, parce que tous ceux de son parti croyant lui plaire ne lui parloient pas d'autre chose.* Il y avoit beaucoup d'esprit dans cette lettre, comme il y en a dans toutes celles qu'elle écrit ; mais la Reine ne vouloit pas cette Princesse pour sa fille, et la guerre qui se faisoit contre elle et le Roi n'étoit pas une bonne voie pour y parvenir. » Sur Mademoiselle, voyez M*me* *de Sablé*, chap. II, p. 71-87.

Il était à Paris sur son vrai champ de bataille, manœuvrant avec un art consommé dans les sens les plus différents et toujours vers le même but, la perte de Condé. Il excitait aisément contre lui le parti royaliste, et le minait chaque jour dans le parlement et dans les autres cours, en laissant entendre que Monsieur n'était pas si intimement uni qu'on le pouvait croire à M. le Prince. Il avait aussi conservé ses vieilles intelligences dans le peuple; il y était presque aussi puissant que Beaufort, et pouvait lancer à son gré sur la place publique des gens apostés pour crier tour à tour, selon les occasions : *A bas le Mazarin!* et *Vive la paix!* c'est-à-dire à bas M. le Prince. Égaré dans la Fronde comme dans un monde étranger, Condé cherchait péniblement sa route à travers toutes ces intrigues, luttant sans cesse contre lui-même, s'efforçant de retenir son humeur bouillante, et se laissant volontiers conduire aux conseils de ses amis.

La plupart étaient d'avis de sortir de cette situation incertaine et de s'accommoder honorablement et sûrement avec la cour. Condé ne s'y refusa point, et se laissa entraîner de nouveau, dit La Rochefoucauld[1], qui y fut bien pour quelque chose, « dans un abîme de négociations dont on n'a jamais vu le fond, et qui a toujours été le salut de Mazarin et la perte de ses ennemis. » De concert avec le duc d'Orléans, Condé au-

---

[1]. La Rochefoucauld, p. 148.

torisa une démarche auprès de la Reine, et chargea Chavigny de ses propositions. Il faisait une condition absolue du renvoi de Mazarin ; pour lui-même, il demandait seulement qu'on acquittât les promesses qu'il avait faites à ses partisans, et qui étaient à ses yeux des engagements d'honneur. Chavigny ne réussit pas dans cette ambassade. Si nous en croyons La Rochefoucauld, il songea plus à ses propres intérêts qu'aux intérêts de celui qui l'avait envoyé. Il ne devait voir que le Roi et la Reine, et il vit aussi Mazarin ; il traita même avec lui sans insister sur cette condition préliminaire que Mazarin sortît du royaume, ce qui donnait à Condé envers le duc d'Orléans une apparence de déloyauté qui le mit dans le plus grand courroux.

Les choses en étaient là, et « tout ce qu'il y a de plus raffiné et de plus sérieux dans la politique, dit encore La Rochefoucauld[1], étoit exposé aux yeux de M. le Prince pour prendre un de ces deux partis, faire la paix ou continuer la guerre, lorsque Mme de Châtillon lui fit naître le désir de la paix par des moyens plus agréables. Elle crut qu'un si grand bien devoit être l'ouvrage de sa beauté ; et, mêlant de l'ambition avec le dessein de faire une nouvelle conquête, elle voulut en même temps triompher du cœur de M. le Prince et tirer des avantages de la négociation. »

1. La Rochefoucauld, p. 156.

Déjà nous avons dit un mot de la duchesse de Châtillon¹ ; il est indispensable d'y insister pour l'entière intelligence de ce qui va suivre.

Isabelle-Angélique de Montmorency était l'une des deux filles de ce brave et infortuné comte de Montmorency Bouteville, qui, victime d'un faux point d'honneur et de sa passion effrénée pour le duel, eut la tête tranchée en place de Grève le 21 juin 1627. Elle était sœur de François de Montmorency, comte de Bouteville, depuis l'illustre maréchal de Luxembourg. Née en 1626, elle avait été mariée en 1645 au dernier des Coligny, duc de Châtillon, un des héros de Lens, tué au combat de Charenton en 1649. Veuve à vingt-trois ans, sa rare beauté lui fit mille adorateurs ; elle fut une des reines de la galanterie pendant la Fronde ; et même, après bien des aventures, à trente-huit ans elle séduisit encore le duc de Mecklembourg, qui l'épousa en 1664. A la beauté, Mme de Châtillon joignait beaucoup d'esprit, mais de l'esprit tourné à l'intrigue. Elle était vaine et ambitieuse, en même temps fort intéressée, médiocrement scrupuleuse, et un peu de l'école de Mme de Montbazon². De bonne heure, elle avait frappé Condé ; mais il n'y avait plus songé, tout entier à sa passion pour Mlle du Vigean³.

Depuis ces nobles amours, si tristement terminées,

---

1. Chap. Ier, p. 74 et 75.
2. *La Jeunesse de Mme de Longueville*, chap. III, p. 230.
3. *Ibid.* chap. II, p. 180.

et après l'émotion passagère que lui donna encore un moment la belle et vertueuse Mlle de Toussy[1], Condé étouffa ses instincts chevaleresques et dit adieu à la haute galanterie de sa jeunesse et de l'hôtel de Rambouillet; il n'a plus eu que des attachements légers et vulgaires, dont on n'a pas gardé le souvenir. Mme de Châtillon seule est connue pour avoir une dernière fois captivé son cœur, et cette liaison a exercé sur Condé et sur ses affaires, à l'époque où nous en sommes arrivés, une assez grande influence pour que l'histoire s'en doive occuper, si elle ne veut pas se contenter de retracer la suite et comme la figure des événements qui se passent sur la scène du monde, sans les comprendre, sans en pénétrer les causes véritables, qui résident dans le caractère des hommes et dans leurs passions. Or, de toutes les passions, il n'en est pas une plus énergique à la fois et plus étendue que l'amour. Il tient une place immense dans la vie humaine, et dans les plus hautes comme dans les plus humbles conditions. De nos jours, nous l'avons vu faire et défaire des rois. Jadis, en retenant trop longtemps César à Alexandrie auprès de Cléopâtre, il amassa sur sa tête l'orage formidable qui pensa l'accabler à Munda. Il était pour beaucoup dans la guerre qu'Henri IV allait entreprendre, lorsque la mort le vint arrêter[2]. On ne peut s'empêcher de sourire en

---

1. *La Société française au* XVII*e siècle*, t. Ier, chap. II, p. 76.
2. *La Jeunesse de Mme de Longueville*, chap. Ier, p. 64, note 1

voyant la plupart des historiens n'en tenir aucun compte, comme d'une chose trop frivole, et le reléguer dans la vie privée, comme si la vie privée n'était pas le fond même de la vie publique, comme si ce qui s'agite dans l'âme n'était pas le principe de ce qui éclate au dehors! Non, l'empire de la beauté ne connaît pas de limites, et nulle part il n'est plus puissant que sur ces grands cœurs qu'on appelle Alexandre, César, Charlemagne, Henri IV. On peut bien mettre Condé dans cette illustre compagnie.

Nous connaissons un gracieux monument du pouvoir de Mme de Châtillon sur Condé. A Châtillon-sur-Loing, dans ce qui subsiste de l'antique château des Coligny, qu'Isabelle de Montmorency tenait de son mari et qu'elle laissa à son frère, dans ce salon du noble héritier des Luxembourg, aussi précieux pour l'histoire que pour l'art, où l'on voit rassemblés, à côté de l'épée du connétable Anne, le portrait de Luxembourg à cheval avec sa mine si fine et si fière, ainsi que le portrait en pied de Charlotte Marguerite de Montmorency, princesse de Condé, en habit de veuve, est un grand et magnifique tableau [1], représentant une jeune femme d'une beauté ravissante, aux traits parfaitement réguliers, avec les plus jolis cheveux d'un châtain clair, et des yeux gris de l'éclat le plus doux, au cou de cygne, à la taille fine et légère, peinte de grandeur naturelle, et parée de

---

1. A la légèreté du coloris et à la grâce de toute la composition, nous soupçonnons la main de Juste ou de Ferdinand.

tous les attraits de la jeunesse relevés par une exquise
coquetterie. Elle est assise dans une molle attitude.
Une de ses mains, nonchalamment étendue, tient un
bouquet de fleurs; l'autre est posée sur la crinière
d'un lion, dont la tête se montre de face, et dont les
yeux flamboyants sont, à ne s'y pouvoir méprendre,
les yeux terribles de Condé lorsqu'il avait les armes à
la main[1]. Voilà bien la belle duchesse de Châtillon à
vingt-cinq ou vingt-six ans, et à peu près telle qu'elle
a pris soin de se décrire elle-même dans les *Divers
Portraits* de Mademoiselle[2]. La tête se détache merveilleusement[3]. On ne peut voir une figure plus gracieuse; mais elle manque un peu de caractère et de
grandeur, et ce n'est pas là Mme de Longueville. Celle-ci

---

1. *La Société française au* XVIIe *siècle*, chap. II.
2. *Portrait de Mme de Châtillon fait par elle-même.*
3. Cette tête est évidemment l'original du charmant portrait gravé de Frosne, que Moncornet a si médiocrement reproduit. — A Châtillon-sur-Loing, il y avait autrefois une ancienne maison du Temple, dont l'amiral de Coligny avait fait une sorte de collége et d'académie pour y élever des gentilshommes protestants, et que Mme de Mecklembourg transforma en un couvent où elle venait faire de fréquentes retraites. Elle fit cadeau de son portrait aux religieuses. Le couvent est devenu un Hôtel-Dieu encore desservi par des religieuses, qui ont conservé avec soin le portrait donné à leurs devancières. Ce portrait subsiste parfaitement intact. C'est bien Mme de Châtillon du salon de M. le duc de Montmorency-Luxembourg. Elle est plus âgée, mais encore bien belle. Elle a plus d'embonpoint, et la bouche est déjà moins fine. Elle est peinte à demi corps, un peu en Madeleine, et plus tard on lui a mis une croix entre les mains. Ce morceau est d'un coloris exquis, et on l'attribue avec toute vraisemblance à Mignard.

n'était pas aussi régulièrement belle ; mais elle avait un bien plus grand air, et une suprême distinction reluisait dans toute sa personne[1].

Mme de Châtillon et Mme de Longueville avaient été élevées ensemble, et fort liées pendant toute leur première jeunesse[2]. Peu à peu il se mit entre elles quelque rivalité de beauté ; et elles se brouillèrent tout à fait lorsque Mme de Longueville s'aperçut, après la mort de Châtillon, que la jeune et belle veuve, tout en accueillant fort bien les hommages du duc de Nemours, portait aussi ses vues sur Condé. Mme de Longueville avait ses raisons pour ne pas être alors très-sévère ; mais elle connaissait le cœur intéressé de la belle duchesse, et elle la redoutait pour son frère ; elle craignait que Mme de Châtillon, ayant grand besoin des faveurs de la cour, ne retînt Condé dans les engagements qu'il avait avec Mazarin, tandis qu'elle-même s'efforçait de l'entraîner dans la Fronde. La querelle s'était renouvelée en 1651, comme nous l'avons vu[3], et elle était dans toute sa force en 1652. Mme de Châtillon et Mme de Longueville se disputaient le cœur de Condé : l'une l'attirait vers la cour, espérant bien que la cour ne serait pas ingrate envers elle, l'autre le poussait de plus en plus dans le parti de la guerre. Nous avons raconté comment Mme de Longueville, sa-

---

1. *La Jeunesse de Mme de Longueville*, Introduction, p. 6.
2. *Ibid.*, chap. II, p. 173 et suiv.
3. Plus haut, chap. 1er, p. 75.

chant combien Condé avait d'amitié pour le duc de Nemours, qui était dans la main de la duchesse, mêla, en Berri, fort mal à propos la politique et la coquetterie, et essaya sur Nemours le pouvoir de ses charmes, afin de l'enlever à Mme de Châtillon et au parti de la paix[1]. Nul ne sait jusqu'où avait été la faute de Mme de Longueville; mais, ainsi que nous l'avons dit, la moindre apparence suffit à La Rochefoucauld. Comme il n'avait cherché que ses avantages dans la Fronde, ne les y trouvant pas, il commençait à se lasser, et ne demandait pas mieux que de mettre fin par un bon accommodement à la vie errante et aventureuse qu'il menait depuis plusieurs années. La conduite de Mme de Longueville, en le blessant jusqu'au vif dans ce qui pouvait lui rester de tendres sentiments pour elle, et surtout dans la partie la plus sensible de son cœur, la vanité et l'amour-propre, lui fut une occasion ou un prétexte[2] qu'il saisit avec empressement, de rompre une liaison devenue contraire à ses intérêts. Aussi en avril 1652, quand il revint à Paris avec Condé, et y trouva Mme de Châtillon, il entra dans toutes ses passions et dans tous ses desseins, comme lui-même l'avoua depuis à Mme de Motteville[3]; il mit à son service tout ce qu'il y avait en lui d'adresse et d'habileté, et

---

1. Chap. II, p. 87 et suiv.
2. *Ibid.*
3. Mme de Motteville, t. V, p. 132 : « M. de La Rochefoucauld m'a dit que la jalousie et la vengeance le firent agir soigneusement, et qu'il fit tout ce que Mme de Châtillon voulut. »

descendit envers Mme de Longueville à des vengeances indignes d'un galant homme, et qui nous révoltent encore, au bout de deux siècles, comme elles ont fait les contemporains[1].

Mme de Châtillon ne se contenta pas d'arracher l'inconstant et léger duc de Nemours à sa nouvelle amie absente; elle exigea qu'il se tournât contre elle et lui en fît un public et outrageant sacrifice. Ce n'étaient encore là que les représailles de la vanité féminine; l'ambitieuse duchesse alla plus loin : elle entreprit de ruiner Mme de Longueville dans l'esprit de son frère. Pour cela, elle s'appliqua, avec l'aide de La Rochefoucauld, à la décrier de toute manière auprès de lui, et tâcha même de lui persuader que sa sœur ne lui était pas aussi attachée qu'elle le faisait paraître, et qu'elle avait promis au duc de Nemours de le servir à ses dépens, tandis que Mme de Longueville n'avait pas songé le moins du monde à enlever le duc de Nemours à Condé, mais à elle, Mme de Châtillon, précisément pour l'engager davantage dans les intérêts de Condé[2], tels qu'elle les comprenait.

La politique de Mme de Longueville était fort simple; et c'était la vraie, la Fronde une fois admise. Certes il eût bien mieux valu et pour Mme de Longueville et pour Condé et pour la France ne pas entrer dans cette voie fatale où la grandeur nationale fut ar-

---

1. Mme de Motteville, t. V, p. 132.
2. Plus haut, chap. II, p. 87.

rêtée pendant dix années et où la maison de Condé pensa périr; mais après avoir embrassé ce funeste parti, il ne restait plus à un esprit conséquent et ferme qu'à en poursuivre résolûment le triomphe. Or ce triomphe, aux yeux de Mme de Longueville, était dans le renversement de Mazarin, condition nécessaire de la domination de Condé. Voilà le but que lui avait montré La Rochefoucauld en l'engageant dans la Fronde au commencement de 1648, et elle ne l'avait jamais perdu de vue. C'est pour l'atteindre qu'elle s'était jetée dans la guerre civile, et qu'elle avait fini par y entraîner son frère ; que, vaincue à Paris en 1649, elle avait tenté en 1650 de soulever la Normandie; qu'elle avait risqué sa vie, bravé l'exil, fait alliance avec l'étranger et maintenu à Stenay le drapeau des princes. En 1651, elle avait été d'avis de reprendre les armes; et maintenant elle pensait qu'il ne fallait pas les quitter, et qu'au lieu de se perdre en négociations inutiles avec le rusé et habile cardinal, c'était sur son épée seule que Condé devait compter. Elle le croyait incapable de se tirer à son avantage des intrigues qui l'environnaient, et elle le poussait sur les champs de bataille. Elle avait toujours eu sur lui un assez grand empire, parce qu'il lui savait un cœur de la trempe du sien; et si l'amour ne l'eût aveuglé, il aurait rejeté avec mépris les odieuses accusations qu'on osait élever contre elle, comme il avait fait, en 1643, dans l'affaire des lettres que lui attribuait Mme de Montbazon[1]; il aurait aisément reconnu que Mme de Châtillon, Nemours et La Rochefoucauld ne la noircissaient à l'envi auprès de lui, comme une créature vulgaire toujours prête à le trahir pour le premier amant, que dans le dessein manifeste de les brouiller, de s'emparer de lui, et de le faire servir à leurs vues particulières. Nemours seul savait ce qui s'était passé dans ce voyage de Montrond à Bordeaux, et l'homme assez lâche pour se faire le dénonciateur d'une femme après l'avoir entourée d'hommages, n'est pas fort digne d'être cru sur sa parole. D'ailleurs Nemours n'a pas parlé lui-même; c'est Mme de Châtillon, c'est La Rochefoucauld qui l'ont fait parler, et nous savons par quel motif.

Il est difficile d'imaginer une conspiration plus honteuse que celle qui alors se forma contre Mme de Longueville; et ce qu'il y a de plus honteux peut-être, c'est que La Rochefoucauld se vante lui-même d'avoir inventé et conduit cette machine, comme il l'appelle[2]. Les trois conjurés étaient mus par des raisons différentes, mais également méprisables : Mme de Châtillon voulait seule gouverner Condé, et seule le représenter auprès de la cour, afin d'avoir les profits de la négociation; Nemours voulait complaire à Mme de Châtillon, et prétendait aussi avoir sa part des grands avantages qu'on se promettait; enfin La Rochefoucauld

---

1. *La Jeunesse de Madame de Longueville*, chap. III.
2. La Rochefoucauld, p. 157.

agissait par un impitoyable esprit de vengeance et dans l'espoir d'un accommodement nécessaire à sa fortune.

Mais il y avait ici un point délicat, si l'on peut parler de délicatesse en une pareille affaire : de toute la cabale, le moins mauvais était encore le duc de Nemours, plus frivole que perfide, et qui était sincèrement épris de Mme de Châtillon. Il l'aimait et il en était aimé. Le retour de M. le Prince, avec ses prétentions bien déclarées, le faisait cruellement souffrir, et son dépit menaçait de troubler le plan si bien concerté. La belle dame elle-même ne laissait pas d'être quelquefois embarrassée entre un prince impérieux et un amant jaloux. Heureusement le futur auteur des *Maximes* était là. La Rochefoucauld se chargea d'arranger tout pour le mieux. Il ne lui fut pas très-difficile d'enseigner à Mme de Châtillon à ménager à la fois Condé et Nemours, et à faire en sorte qu'elle les conservât tous les deux. Il fit comprendre à l'ombrageux Nemours qu'en vérité il n'aurait pas raison de se fâcher d'une liaison inévitable, « qui ne lui devoit pas être suspecte, puisqu'on vouloit lui en rendre compte, et ne s'en servir que pour lui en donner la principale part aux affaires. » En même temps « il porta M. le Prince à s'engager avec Mme de Châtillon, et à lui donner en propre la terre de Merlou[1]. » De cette fa-

---

1. La princesse douairière de Condé n'avait donné par son testament à Mme de Châtillon, comme nous l'avons dit, chap. 1er, p. 73,

çon, grâce à l'honnête entremise de La Rochefoucauld, l'accord se soutint, et la conspiration marcha doucement à son but. Condé ne se doutait de rien. On avait mis un voile sur ses yeux; on endormait son humeur martiale dans les plaisirs et les négociations; on le berçait de l'espoir d'une paix prochaine.

Pour donner aux nouvelles négociations qu'il entamait une base ferme et empêcher que ses vraies intentions pussent être altérées comme elles l'avaient été par Chavigny, Condé fit dresser sous ses yeux, devant Mme de Châtillon, Nemours et La Rochefoucauld, une instruction précise et détaillée qu'il chargea Gourville de porter à la cour. La Rochefoucauld nous en a conservé une copie [1]. Condé y déclare que ces propositions contiennent son dernier mot, qu'il agit sincèrement, et qu'il lui faut une réponse positive sur chacune d'elles. Il demeure fidèle à ses engagements avec Monsieur, et il ne demande pour lui-même que l'honneur de travailler à la paix générale, de concert avec le duc d'Orléans. Hors de là, il ne stipule qu'en faveur de ses amis. La liste de ces amis est un peu longue, il est vrai; mais en l'examinant avec soin, on reconnaît que tous ceux dont les noms s'y rencon-

---

que la jouissance, sa vie durant, de la terre et du château de Merlou. Condé, en sortant de prison en 1651, s'était empressé de ratifier cette donation et de l'exécuter; en 1652, il alla plus loin, il fit cadeau à la belle duchesse de la propriété même de ce charmant domaine.

1. *Mémoires*, p. 150.

trent y figurent à bon droit, et qu'on ne réclame pour eux rien d'excessif. Ainsi, Condé demande pour son frère, le prince de Conti, ce qu'on lui avait promis en 1651, le gouvernement de Provence au lieu de celui de Champagne; des brevets de maréchaux de France pour Marsin et pour du Dognon; le gouvernement de Bergerac pour M. de La Force; pour le prince de Tarente, le rang de M. de Bouillon et un dédommagement de la perte de Taillebourg; pour le président Viole la permission de traiter d'une charge de secrétaire d'État; qu'on rétablisse le duc de Rohan Chabot dans son gouvernement d'Anjou; qu'on donne au duc de Nemours le gouvernement d'Auvergne; enfin qu'on accorde à La Rochefoucauld deux avantages d'un ordre différent : l'un pour sa vanité, à savoir le même rang et les mêmes honneurs que M. de Bouillon; l'autre pour sa fortune, 120,000 écus, afin de traiter du gouvernement de Saintonge et d'Angoumois, ou de tout autre à son gré. On voit que La Rochefoucauld ne s'était pas maltraité. Pour Mme de Châtillon, elle ne pouvait être mentionnée dans l'acte officiel; mais, comme on le pense bien, elle n'avait pas été oubliée, et Mademoiselle nous apprend [1] qu'il était convenu que pour ses divers services elle toucherait la somme de 100,000 écus. Il n'est question de Mme de Longueville ni dans l'instruction, ni dans au-

---

1. *Mémoires*, édit. d'Amsterdam, 1735, t. II, p. 129.

cune clause patente ou secrète. Et pourtant que de sacrifices n'avait-elle point faits ? Elle avait contracté des dettes énormes, elle avait vendu jusqu'à ses pierreries, et l'honneur de paraître en une façon quelconque dans un semblable traité lui eût été bien nécessaire pour la relever aux yeux de la France et à ceux de son mari. Après tout, on peut la féliciter de n'être pas entrée dans ce marché comme Mme de Châtillon et La Rochefoucauld, et d'avoir au moins couvert les fautes où la passion l'a pu jeter du lustre incomparable, de la gloire unique du désintéressement.

Toutes les conditions que nous venons d'énumérer pouvaient être acceptées sans danger. Mais la partie épineuse de la transaction proposée était dans les articles relatifs à Mazarin. Ils étaient assez modérés, sans être pourtant bien rassurants. D'un côté, on souhaitait que le cardinal sortît présentement du royaume ; et de l'autre, on promettait de consentir de bonne foi à tout ce qui lui serait avantageux et même à son retour dans trois mois ; il était même dit que M. le Prince ne signerait la paix qu'après le retour du cardinal. Ainsi la condition préalable était dure, et les promesses un peu vagues. Mazarin croyait à la loyauté de Condé ; mais il avait fait l'expérience de ses hauteurs, de ses exigences sans cesse renaissantes. Il craignait avec raison de se remettre entre les mains d'un homme qui n'avait pas toujours le gouvernement de lui-même, et dont il était difficile d'être bien sûr, parce que, ne poursuivant pas un objet bien déterminé, on n'était jamais certain de l'avoir définitivement satisfait.

Mazarin ne se pressa donc pas de répondre ; et, trop habile pour ne pas accepter la négociation, il s'appliqua à la tirer en longueur. Il en trouva une fort bonne raison. Le duc de Bouillon, si considérable et par lui-même et par son frère Turenne, élevait des prétentions sur le duché d'Albret, qui appartenait aux Condé. Il fallait avant tout résoudre cette difficulté. Cependant le voyage de Gourville n'avait pas été si secret qu'il ne fût venu aux oreilles de Retz. Celui-ci comprit sur-le-champ qu'il était perdu et tout son plan renversé, si Mazarin et Condé s'entendaient. Il se mit donc promptement à l'œuvre ; il peignit au duc d'Orléans la négociation entamée comme une trahison envers lui et comme la ruine de son autorité ; il lui persuada de parer le coup qui le menaçait en faisant à Mazarin de bien meilleures conditions que M. le Prince ; et le duc de Damville, intermédiaire ordinaire du duc d'Orléans et de la cour, fut envoyé en secret à la Reine pour l'engager à ne rien conclure avec Condé, l'assurant que Monsieur souhaitait seulement avoir le mérite de la paix, qu'il était prêt à se rendre de sa personne auprès du Roi, et à donner un exemple qui serait suivi par le parlement et par le peuple de Paris[1]. Des propositions aussi flatteuses ne pouvaient manquer

---

1. La Rochefoucauld, p. 154-155.

d'être prises en très-grande considération, et elles devaient beaucoup refroidir pour celles qu'avait apportées Gourville. On n'en voulait pas davantage ; on se réservait de voir ensuite jusqu'à quel point on tiendrait la parole donnée.

C'est ainsi que le palais d'Orléans répondait à l'hôtel de Condé, et Retz à La Rochefoucauld. De toutes parts des intrigues se croisant en sens contraire ; mines et contre-mines, luttes intestines, inimitiés sourdes et violentes au sein des alliances les plus solennelles ; le bien public compté pour rien ; le parlement et le peuple servant d'instruments et de jouets à l'ambition de quelques grands seigneurs ; pas la moindre foi entre les chefs, tous se trahissant à l'envi. Une trahison plus éclatante et plus dangereuse que toutes les autres vint mettre encore plus à nu l'état misérable des affaires de la Fronde.

Charles IV, duc de Lorraine, qui avait signé par la main de sa sœur, en janvier 1652, un traité avec le duc d'Orléans et Condé, après s'être fait longtemps attendre, avait enfin paru avec ses vieux régiments, moitié lorrains, moitié allemands, et en concertant ses mouvements avec ceux de la division française du comte de Tavannes et de la division étrangère du comte de Clinchamp, il aurait pu aisément forcer l'armée royale, inférieure en nombre, à reculer et à regagner les bords de la Loire. Les troupes de la Fronde avaient ainsi trois chefs s'entendant médiocrement, tandis que depuis l'affaire de Bleneau, Turenne, bien plus en faveur auprès de la Reine et de Mazarin, commandait à peu près seul, et avait dans sa main une armée peu nombreuse, il est vrai, mais unie sous des généraux dociles et intelligents. Il avait manœuvré avec habileté pour tenir séparés le plus possible Tavannes et Clinchamp; plus fort que chacun d'eux, il était parvenu à les pousser toujours devant lui; et en laissant à sa gauche Orléans, qu'occupait Mademoiselle, il s'était avancé vers Paris et avait mis le siége devant Étampes. A l'approche du duc de Lorraine, craignant d'être enveloppé par ses trois adversaires, il avait levé le siége commencé; et sans donner le temps à Charles IV de faire sa jonction avec Clinchamp et Tavannes, il s'était porté à sa rencontre pour le battre séparément.

Le duc était campé à Villeneuve-Saint-Georges. Il avait une bonne position qu'il venait de fortifier, cinq mille hommes de cavalerie, trois mille d'infanterie, avec une artillerie bien servie, placée sur une hauteur[1]. Il était d'une bravoure éprouvée, et savait fort bien la guerre; il avait même autrefois vaincu une armée française à Tudelingen. Il pouvait donc combattre Turenne avec avantage, ou du moins le contenir, pendant que Tavannes et Clinchamp, sortis d'Étampes, tomberaient sur ses derrières. Mais Charles IV, de

1. *Mémoires du duc d'York*, livre 1er.

faute en faute ayant perdu ses États, se trouvait depuis longtemps réduit au rôle d'aventurier, de *condottiere;* il n'avait plus d'autre fortune que ses troupes; aussi les ménageait-il avec le plus grand soin. Il s'offrait et se vendait à peu près à tous les partis, sans se piquer de fidélité envers aucun d'eux. En même temps qu'il avait traité avec la Fronde, le duc d'Orléans et Condé, il avait négocié aussi avec la cour, faisant son compte de se tirer d'affaire et de gagner son argent au moyen de quelques démonstrations, mais bien décidé à ne pas compromettre sa petite armée, sa suprême ressource.

Quand donc il vit venir à lui Turenne, il crut pouvoir l'amuser avec ses artifices accoutumés, en lui représentant qu'il était un ami et un allié du roi de France. Turenne, n'entendant rien à toutes ces façons, lui déclara nettement qu'il allait le charger sur l'heure, s'il ne décampait et ne se retirait en Flandre. Le duc, qui n'en était pas à son coup d'essai en ce genre, prit bien vite son parti et sauva ses troupes aux dépens de sa parole. Les Lorrains sortirent de leurs retranchements, défilèrent devant l'armée royale en bataille, regagnèrent la frontière; et Charles IV, qui assaisonnait ses fourberies de badinages et de raillerie, prétendit qu'il était parfaitement quitte avec l'Espagne et avec son beau-frère, puisque ayant été appelé au secours d'Étampes il en avait fait lever le siége. A cette nouvelle, Madame, qui était de bonne foi, versa des larmes de honte et d'indignation; et le duc d'Orléans ne put faire moins que d'avoir l'air de partager les sentiments de sa femme. Condé, trahi de tous côtés, put enfin reconnaître quelle faute il avait faite de quitter l'armée pour venir se perdre en intrigues impuissantes, et d'avoir préféré les conseils d'une maîtresse telle que Mme de Châtillon à ceux d'une sœur courageuse et dévouée telle que Mme de Longueville. Vers la fin de juin, il monta à cheval avec un petit nombre d'amis intrépides, et sortit de Paris pour tenter une dernière fois le sort des armes.

Il n'était plus temps. Le maréchal de La Ferté-Senneterre avait amené de Lorraine de puissants renforts à l'armée royale, qui comptait ainsi de dix à douze mille hommes. Celle de la Fronde en avait à peine la moitié; elle était découragée, divisée, incapable de livrer une bataille, et elle ne tint quelques jours la campagne autour de Paris que grâce aux manœuvres et à l'énergie partout présente de son chef. Il était évident qu'il ne restait à Condé d'autre alternative que de traiter avec la cour à tout prix, ou de se jeter entre les bras de l'Espagne; et le fameux combat de Saint-Antoine, sérieusement considéré, n'est qu'un acte de désespoir, une héroïque et vaine protestation du courage contre la fortune : le succès ne remédiait à rien, et on devait s'attendre à une défaite où Condé pouvait laisser sa gloire et sa vie. Ce n'était pas une moindre faute à Turenne de risquer un combat contre un tel adversaire sans disposer de toutes ses forces ; car en ce moment La Ferté-Senneterre était encore avec l'artillerie devant la barrière Saint-Denis. Réunis, les deux généraux de la Reine pouvaient accabler Condé ; séparés, La Ferté-Senneterre demeurait inutile, et Turenne tout seul devait acheter bien cher la victoire. Aussi demandait-il qu'on pressât La Ferté de venir le rejoindre à marches forcées, et qu'on ne commençât pas l'attaque avant son arrivée [1]. Mais les ordres de la cour n'admettaient aucun retard, et le duc de Bouillon lui-même fut d'avis d'attaquer sur-le-champ pour ne pas avoir l'air de ménager Condé [2]. De là, ce fatal combat du 2 juillet 1652 où périrent inutilement tant de vaillants officiers, l'espoir de l'armée.

Les historiens ont raconté les détails de cette déplorable journée [3], quel courage et quel talent déploya Condé sur ce petit espace, dans cette espèce de patte d'oie qui s'étend depuis la barrière du Trône, par la grande rue du faubourg Saint-Antoine, et par plusieurs rues latérales coupées elles-mêmes de nom-

---

1. Turenne l'insinue, et le duc d'York le dit très-clairement.
2. Le duc d'York.
3. Nous ne parlons que des historiens contemporains qui ont pris part à l'affaire, d'un côté Turenne, York et Navailles, de l'autre le prince de Tarente, Tavannes et La Rochefoucauld. Le récit le plus clair est celui du prince de Tarente. La relation faite au nom de la Fronde est de Marigny ; elle est précieuse pour le détail des régiments engagés, des blessés et des morts.

breuses rues de traverse, jusqu'à la grande place de la
porte Saint-Antoine, devant la Bastille. Selon sa coutume, il avait formé un escadron d'élite[1] avec lequel
il se portait partout, conduisant lui-même les charges
les plus périlleuses. Il s'était posté en face de Turenne,
lui disputant pied à pied la grande rue Saint-Antoine ;
et dans les moments de relâche, il s'échappait pour
aller du côté de Picpus encourager Tavannes, qui résistait avec sa vigueur ordinaire à toutes les attaques
de Saint-Mégrin[2], ou du côté de la Seine et de Charenton contenir Navailles, un des meilleurs lieutenants de Turenne. C'est dans la grande rue que se
portèrent les plus rudes coups. Turenne et Condé y
rivalisèrent de constance et d'audace, chargeant l'un
et l'autre à la tête de leurs soldats, tous deux couverts
de sang, et sans cesse exposés au feu de la mousqueterie. Turenne, bien supérieur en nombre, gagnait du
terrain ; puis tout à coup Condé, l'épée à la main, à la
tête de son escadron, le forçait de reculer, et l'affaire
demeurait indécise, jusqu'à ce que Navailles, qui venait de recevoir du renfort et du canon, renversa
toutes les barricades qui lui étaient opposées, et
s'avança, menaçant d'envelopper Condé. Celui-ci, se
portant rapidement sur ce point, vit à la dernière
barricade ses deux amis, Nemours et La Rochefoucauld, l'un blessé en plusieurs endroits et ne se sou-

1. La Rochefoucauld.
2. Tavannes.

tenant plus, l'autre atteint d'une balle qui, lui perçant le visage au-dessous des yeux, lui avait à l'instant fait perdre la vue; ils allaient être pris. Tout épuisé qu'il était, Condé trouva dans son cœur la force de pousser une dernière charge qui les délivra[1], et on put les emmener dans la ville.

Pendant ce temps, La Ferté-Senneterre était arrivé; dès lors, tout plia; et le prince, mal secondé par ses soldats épouvantés, eut toutes les peines du monde à gagner la place de la Bastille. Là il trouva les portes de Paris fermées. En vain Beaufort pressa-t-il la milice bourgeoise d'aller au secours de cette poignée de braves près de succomber; fatiguée de trois ans de discordes et travaillée par Mazarin, elle ne répondait plus à la voix de son ancien chef. Retz et la peur avaient glacé le duc d'Orléans[2]; il allait laisser périr Condé, qui se battait en désespéré; et Mazarin, des hauteurs de Charonne où il s'était placé avec le jeune roi, put croire que c'en était fait de son dernier ennemi; lorsque Mademoiselle indignée[3] arracha à son père, à force de supplications et de larmes, un ordre avec lequel elle fit ouvrir à Condé et à ses troupes les

---

1. La Rochefoucauld.
2. Mme de Motteville, t. V, p. 146 : « Le duc d'Orléans étoit au Luxembourg, obsédé par le cardinal de Retz, qui vouloit se défaire du prince de Condé et le laisser périr. Il disoit qu'il (Condé) avoit fait ses accommodements avec la cour, et que tout cela étoit une comédie. »
3. Mademoiselle, *Mémoires*, t. II, p. 133-145.

portes de Paris, et tirer même sur l'armée royale le canon de la Bastille. « Voilà, dit Mazarin, un coup de canon qui a tué son mari, » faisant allusion à l'ambition qu'avait toujours eue Mademoiselle d'épouser le jeune Louis XIV[1]. Oui, ce jour-là, Mademoiselle détruisit de sa propre main ses plus chères espérances ; mais ce trait de générosité et de grandeur d'âme l'honore à jamais, et protége sa mémoire contre bien des fautes et quelques ridicules. Après s'être solennellement engagée avec Condé, c'eût été le comble de l'opprobre pour la maison d'Orléans de laisser Condé tomber sous ses yeux ; il valait mieux se perdre avec lui, et sauver du moins l'honneur.

Mademoiselle nous raconte en quel état elle trouva Condé, lorsque, s'étant rendue à une petite maison près de la Bastille, pour y voir passer les troupes qui entraient dans la ville, il vint l'y saluer. Il ne pensait ni à lui-même, qui était tout couvert de sang, ni même à sa cause, à peu près désespérée; il ne pensait qu'aux amis qu'il avait perdus. Il ne lui venait point à l'esprit que c'étaient eux qui l'avaient embarqué dans des négociations dont les résultats avaient été si funestes ; il les croyait morts, et il éclatait en sanglots. « Il étoit, dit Mademoiselle[2], dans un état pitoyable ; il avoit deux doigts de poussière sur le visage, ses cheveux tout mêlés ; son collet et sa chemise

---

1. Voyez plus haut, p. 134.
2. Mademoiselle, t. II, p. 140.

étoient pleins de sang; quoiqu'il n'eût pas été blessé, sa cuirasse étoit pleine de coups, et il tenoit son épée nue à la main, ayant perdu le fourreau. Il la donna à mon écuyer. Il me dit : « Vous voyez un homme au désespoir, j'ai perdu tous mes amis; MM. de Nemours, La Rochefoucauld, Clinchamp, sont blessés à mort. » Je l'assurai qu'ils étoient en meilleur état qu'il ne croyoit, que les chirurgiens ne les croyoient pas blessés dangereusement, et que tout présentement je venois de savoir des nouvelles de Clinchamp, qu'il n'étoit en aucun danger. Cela le réjouit un peu; il étoit tout à fait affligé. Lorsqu'il entra, il se jeta sur un siége; il pleuroit et me disoit : « Pardonnez à la douleur où je suis. » Et Mademoiselle ajoute : « Après cela, qu'on dise qu'il n'aime rien! Pour moi, je l'ai toujours connu tendre pour ses amis et pour ce qu'il aimoit. » Noble et sincère témoignage que l'histoire doit recueillir et opposer à des calomnies honteuses et intéressées, démenties par toute la conduite de Condé dans cette négociation même dont nous avons donné les principaux articles, et dans celle qu'il entreprit en 1659 pour son retour, où il recommande constamment à ses agents de sacrifier ses intérêts à ceux de ses amis et de la France[1]!

Quelques jours après ce terrible combat, Condé revit le duc d'Orléans, « qui l'embrassa d'une mine

---

1. Voyez Lenet, p. 627 : *Instructions pour le sieur Caillet allant en Espagne.*

aussi gaie que s'il ne lui eût manqué en rien[1]. » Condé ne lui adressa pas le moindre reproche par respect pour sa fille. Il ne se conduisit pas tout à fait de même avec Mme de Châtillon. Elle lui avait fait écrire un billet pour l'engager à venir. Elle montra ce billet à Mademoiselle, disant : « Il verra au moins par là l'inquiétude où l'on est pour lui. » Mais Condé était désabusé ; et quand il rencontra celle qui l'avait perdu, « il lui fit les plus terribles yeux du monde, lui marquant par sa mine qu'il la méprisoit[2]. » Heureux si bientôt après le petit-neveu de Henri IV n'eût pas de nouveau prêté l'oreille au chant de la sirène et repris d'indignes fers !

Comment retracer les tristes scènes qui, après le combat de Saint-Antoine et pendant le reste du mois de juillet 1652, se passèrent à Paris ! C'est ici qu'il faut se donner le spectacle de l'agonie et des suprêmes convulsions d'un parti vaincu, se débattant en vain pour échapper à son sort, et cherchant son salut dans des excès qui ne font que précipiter sa perte.

Condé, à peine rentré dans Paris, tint conseil avec ce qu'il lui restait d'amis sur l'état de leurs communes affaires. Les propositions d'accommodement qu'on avait précédemment adressées à Mazarin n'ayant pas eu de suites, on ne vit d'autre parti à prendre que de se lier plus étroitement que jamais avec l'Espagne, et,

1. Mademoiselle, t. II, p. 148.
2. Mademoiselle, *ibid.*

en attendant les secours qu'elle promettait, de ranimer le plus qu'il se pourrait le vieil esprit de la Fronde. Pour cela, il fallait descendre assez bas dans le peuple; car tous les honnêtes gens soupiraient après la paix. On faisait mine de condescendre à ce vœu; et, comme on croyait bien que Mazarin victorieux n'irait pas reprendre le chemin de l'exil, on se donnait un air de modération en envoyant à la Reine des députations où l'on proposait de se rendre sans autre condition que celle-là, qui ne pouvait pas être acceptée. En même temps on pesait sur toutes les autorités municipales pour les entraîner de gré ou de force; et le 4 juillet, eut lieu à l'Hôtel de Ville une scène révolutionnaire [1], digne des plus mauvais jours de la Ligue, où la populace déchaînée, soutenue par une soldatesque mal déguisée, se porta aux derniers excès envers les magistrats assemblés, et, sans bien distinguer entre eux, les maltraita à tort et à travers, en blessant beaucoup et en massacrant quelques-uns. Un cri de douleur retentit dans toute la bourgeoisie

---

1. Il y en a bien des relations. La Rochefoucauld nous paraît avoir très-bien vu le dessous des cartes de cette malheureuse affaire: « Pour moi, dit-il, je pense que Monsieur et M. le Prince s'étoient servis de M. de Beaufort pour faire peur à ceux de l'assemblée qui n'étoient pas dans leurs intérêts, mais qu'en effet pas un d'eux n'eut dessein de faire mal à personne. Ils apaisèrent promptement le désordre; mais ils n'effacèrent pas l'impression qu'il avoit faite dans les esprits. » Mme de Motteville, très-royaliste mais honnête et modérée, parle comme La Rochefoucauld, et n'est pas dupe des bruits semés par Retz et par Mazarin. *Mémoires*, t. V, p. 154.

parisienne. Par pudeur, il fallut bien arrêter un certain nombre de ces misérables, et deux furent même pendus ; mais l'horreur générale qu'excita cette sanglante émeute n'en fut pas diminuée.

Le 20 juillet, on fit un pas de plus : le parlement intimidé, et réduit à un petit nombre de membres déjà trop compromis pour être allés rejoindre leurs collègues convoqués par le Roi à Pontoise, rendit, sur la proposition du fameux président Broussel, un arrêt solennel par lequel le duc d'Orléans était déclaré de nouveau, malgré la majorité du Roi, lieutenant général du royaume pour le service du Roi « prisonnier du cardinal Mazarin, » le prince de Condé généralissime, et le duc de Beaufort gouverneur de Paris à la place du maréchal de L'Hôpital. Le même jour cet arrêt était adressé à tous les parlements de France ; le 25 juillet, le duc d'Orléans écrivait aux divers gouverneurs de province en la nouvelle qualité dont il venait d'être revêtu ; et le 24, il venait au parlement avec M. le Prince, demandant qu'on avisât aux moyens de trouver de l'argent pour faire de nouvelles levées, solder les gens de guerre, et compléter les 150,000 livres destinées à récompenser celui qui apporterait la tête de Mazarin. Immédiatement un nouvel arrêt était pris, enjoignant de procéder sans délai à la vente de ce qui restait des meubles, tableaux et statues du cardinal, de saisir tous ses revenus, et d'ajouter cet argent à celui qu'avait déjà produit la vente de sa riche bibliothèque jusqu'à concurrence des 150,000 livres affectées à payer sa tête[1]; toutes mesures iniques et extravagantes qui décriaient de plus en plus la Fronde. Au début des troubles, quand les imaginations enivrées s'élancent à la poursuite d'un objet mal défini et qui par cela même émeut davantage, il est des hardiesses, des violences même qui, par un faux semblant d'énergie, répondant à l'état des esprits et des âmes, réussissent et accroissent le mouvement commencé; il en est tout autrement à la fin des discordes civiles, quand l'expérience a ôté les illusions et que la fièvre est tombée; les mêmes violences qui d'abord avaient été applaudies, envisagées de sang-froid, révoltent, et redoublent le besoin du repos.

Le 30 juillet, l'indignation des cœurs honnêtes s'accrut encore par un événement odieux : le duc de Nemours périt dans un duel abominable de la main du duc de Beaufort, son beau-frère. Le duc de Nemours était le provocateur, et tous les torts étaient de son côté; mais, en qualité de victime, il fut pleuré de tous ceux qui ne savaient pas comment s'étaient passées les choses, et pendant quelque temps le nouveau gouverneur de Paris ne put pas se montrer en public[2].

---

1. *Relation contenant la suite et conclusion de tout ce qui s'est passé au parlement pour les affaires publiques, depuis Pasques 1652 jusqu'en janvier 1653*, in-4°, p. 70-71.
2. Mme de Motteville, t. V, p. 155 : « Ils se querellèrent tout de

Condé avait perdu dans le duc de Nemours et dans La Rochefoucauld ses deux conseillers pacifiques. En vain il avait offert à La Rochefoucauld l'emploi de Nemours, c'est-à-dire de commander sous lui et d'être ainsi la seconde personne de l'armée ; La Rochefoucauld s'était excusé sur sa blessure [1], et Condé donna le commandement vacant au prince de Tarente. Désormais Mme de Châtillon toute seule ne put plus balancer auprès de lui le crédit et les conseils de Mme de Longueville [2], et il s'enfonça plus que jamais dans l'alliance espagnole et dans la guerre.

Cependant les arrêts du parlement recevaient leur exécution. On mit sur la ville de Paris une imposition

nouveau pour le rang, et se battirent derrière l'hôtel Vendôme à coups de pistolet. Le duc de Nemours attira sur lui la colère du ciel, en ce qu'il força le duc de Beaufort à ce combat. Il y fut tué, et sa mort fut pleurée de tous ceux qui connoissoient le mérite de ce prince infiniment aimable et doué de beaucoup de belles qualités. » Voyez aussi pour les détails les *Mémoires de Conrart*, p. 172-179.

1. Mme de Motteville dit que dès lors et même auparavant La Rochefoucauld songeait fort à s'accommoder avec la cour et à se séparer de Condé. Elle assure que le duc de Nemours avait eu la même pensée. Le passage est curieux : « Un peu avant le combat de Saint-Antoine, le duc de Nemours, dit-elle, avoit mandé au ministre que ses prétentions n'empêcheroient point la paix, et qu'il renonçoit de bon cœur à tous ses avantages pour rentrer dans son devoir, dont il ne s'étoit écarté que par malheur et par l'engagement d'amitié où il s'étoit trouvé avec M. le Prince. Le duc de La Rochefoucauld m'a dit depuis qu'il y avoit renoncé aussi, quoique dans le vrai on ait sujet de croire qu'il n'étoit pas indifférent aux articles qui se proposoient toujours pour lui lorsqu'on parloit de paix. »

2. Mme de Motteville.

extraordinaire de 800,000 livres, et il fut résolu « qu'à cette fin chaque porte cochère paieroit 75 livres, les portes carrées et les boutiques des marchands chacune 30 livres, et les petites portes et boutiques 15 [1]. » On rétablit aussi et on augmenta les droits sur les marchandises à l'entrée et au dedans de Paris. Tout le petit commerce et les pauvres gens murmurèrent. Le 1er août, le Roi, en son conseil d'État, siégeant à Pontoise, cassa toutes ces taxes comme illégales, et fit défense de les acquitter. Le 9 août, un arrêt du parlement de Paris avait ordonné aux présidents et aux conseillers absents [2] de revenir exercer leurs charges dans la huitaine, sous peine d'en être privés et de voir leurs noms rayés des registres du parlement. De son côté, le 16 du même mois [3], le Roi publia une déclaration enjoignant à ceux des membres du parlement qui étaient encore à Paris d'y cesser leurs fonctions et de se transporter à Pontoise, ne reconnaissant d'autre parlement que celui de cette ville, qu'inaugura solennellement le garde des sceaux et premier président Mathieu Molé, assisté d'un bon nombre de présidents à mortier, de conseillers et de maîtres des requêtes; en sorte que les peuples ne savaient plus où

1. *Relation*, etc., p. 77 et suiv. Assemblée de l'Hôtel de Ville, 29 juillet.
2. *Relation*, etc., p. 101-104, avec les noms de ceux qui siégeaient à Pontoise.
3. *Ibid.*, p. 121-123.

étaient la justice, l'autorité et l'obéissance légitime. On avait renouvelé les magistrats de l'Hôtel de Ville comme trop mazarins, et à leur place on avait élu de nouveaux échevins ; le vieux Broussel avait été nommé prévôt des marchands au lieu de Le Féron ; mais le Roi n'avait pas manqué de déclarer toutes ces nominations contraires « à la liberté publique, » et de frapper de nullité toutes les délibérations et les résolutions qui seraient prises à l'Hôtel de Ville jusqu'à ce que « le gouverneur de Paris, le prévôt des marchands légitime, et les autres magistrats qui ont été contraints d'en sortir, aient été remis en la fonction de leurs charges [1]. » L'anarchie était à son comble dans le gouvernement et dans les esprits.

Pendant ce temps-là, l'Espagne, intéressée à nourrir parmi nous la guerre civile, avait renouvelé avec le duc de Lorraine une alliance qu'elle croyait plus solide que la première, et avait renvoyé le duc à la tête d'une armée considérable. Il arriva dans les premiers jours de septembre ; mais Condé ne put se joindre à lui ; il était tombé assez gravement malade, et son inaction forcée pendant tout le mois de septembre porta le dernier coup aux affaires du parti. Turenne contint le duc de Lorraine et le contraignit habilement de s'arrêter dans les environs de la capitale, où ses troupes ne pouvaient manquer de se livrer à des

---

1. *Relation*, etc.

pillages et à des brigandages qui soulevèrent les paysans ruinés et Paris affamé. Les maladies vinrent à la suite de la famine. Bientôt il n'y eut plus qu'un seul sentiment, un seul besoin, un seul cri, la paix, la fin d'une guerre abhorrée.

Pour soutenir et accroître cette disposition, Mazarin conseilla au Roi une amnistie générale, qui rassurât tous ceux qui avaient pris quelque part aux événements des dernières années. Quiconque accepterait l'amnistie et ferait sa soumission ne serait pas recherché; le passé était clos, l'avenir seul serait compté. Cet acte habile, promulgué le 26 août[1], en se répandant à Paris et dans toute la France, y fut le signal de la déroute de la Fronde. L'altier Condé n'accepta point l'amnistie; et, au lieu de poser les armes, de licencier ses troupes et de rompre avec l'Espagne, comme le Roi l'y invitait expressément dans l'édit du 26 août, il s'éloigna de Paris avec le duc de Lorraine, se jetant aveuglément dans une guerre plus affreuse encore et plus criminelle que la guerre civile, *plus quam civilia bella*. Son exemple ne fut pas suivi. Il garda ses propres régiments et les officiers les plus dévoués à sa fortune ; mais plus d'un et des meilleurs, Tavannes par exemple, refusèrent de quitter la France et de passer au service de l'étranger.

1. *Relation*, etc., p. 142-151. « Édict du Roi portant amnistie de tout ce qui s'est passé à l'occasion des présens mouvemens, à la charge de se remettre dans trois jours dans l'obéissance du Roi. »

A Paris ce fut comme une émulation à qui profiterait le plus tôt de l'amnistie. On ne voyait que députations se dirigeant vers Compiègne, où était la cour. Le 24 septembre, l'Hôtel de Ville s'assembla pour délibérer sur l'ordre du Roi qui interdisait de reconnaître les magistrats nommés depuis les derniers troubles, et Broussel donna sa démission de prévôt des marchands[1]. Le 29, les six corps de marchands allèrent supplier le Roi de donner la paix à son peuple. L'un de ces députés[2], « les larmes aux yeux et courbé jusqu'à terre, pressa Leurs Majestés de retourner à Paris en des termes que la véhémence de son affection ne rendit pas moins agréables et puissants que s'ils avoient été plus étudiés, puisqu'ils tirèrent aussi des larmes de l'assemblée. Deux autres députés parlèrent ensuite, dont le dernier représenta la misère des pauvres malades de l'Hôtel-Dieu de Paris, qu'il dit se monter à trois mille, lesquels on seroit obligé d'abandonner, si on ne mettoit bientôt fin à cette guerre, qui avoit fait perdre à cet hôpital la plus grande partie de son revenu. Et ces bons bourgeois, qui faisoient paroître plus de cœur que de langue, s'exprimèrent néanmoins si heureusement que Leurs Majestés en furent beaucoup touchées. » Les colonels et les officiers de la milice bourgeoise allèrent aussi protester de leur dévouement.

1. *Relation*, etc., p. 176-177.
2. *Gazette*, n° 119, p. 946.

Le jeune Louis XIV recevait toutes ces députations avec ce grand air qui lui était naturel, ces grâces et cette majesté précoce qui donnaient du charme et de l'autorité à toutes ses paroles. Inspiré par sa mère, qu'inspirait Mazarin, il répondait qu'il était impatient de revoir sa bonne ville de Paris, mais qu'il n'y voulait rencontrer que de fidèles sujets et non des gens qui se laissaient gouverner par ses ennemis et qui souffraient le joug de l'étranger. En revenant à Paris, les députés racontaient ce que le Roi leur avait dit; on se rassemblait dans les différents quartiers pour aviser aux moyens de surmonter les obstacles qui s'opposaient encore au vœu général; on faisait choix de signes particuliers pour se reconnaître : le papier était le symbole des amis de la paix, comme autrefois la paille l'avait été des amis de la Fronde [1]. Poussés et

---

1. *Relation*, etc., p. 176. Mardi, 24 septembre 1652. « Ce jour, sur les dix heures du matin, s'assemblèrent au Palais-Royal environ 1,500 bons bourgeois et principaux marchands de la ville de Paris. M. le Prevost, conseiller en la cour, s'étant trouvé en cette assemblée, dit qu'il avoit une lettre de cachet par laquelle le Roi lui mandoit qu'il avoit envie de revenir à Paris, mais qu'il ne le pouvoit pendant que les factieux y étoient les maîtres, que c'étoit aux bons bourgeois à s'assembler en armes, et se saisir des principaux quartiers et places de la ville... que pour commencer, il falloit, au sortir, que tout ce qui étoit présent, criât dans la rue Saint-Honoré : vive le Roi ! et mît au chapeau pour livrée du papier, comme peu de temps auparavant on avoit porté de la paille. Ce qu'ils firent, et cela pensa émouvoir grande sédition, d'autant que ceux de la faction des Princes ne vouloient point de papier... Ces Messieurs, avant que de se séparer, arrêtèrent de revenir le lendemain s'assembler

conduits par des chefs habiles et hardis qui s'entendaient avec la cour, les bourgeois s'emparèrent des portes de la ville. Enfin le 21 octobre, le jeune roi et sa mère Anne d'Autriche entrèrent dans Paris avec un cortége militaire imposant et aux joyeuses acclamations du peuple. Le lendemain, le Roi tint un lit de justice où furent convoqués tous les membres de l'un et de l'autre parlement, excepté quelques membres par trop compromis. L'amnistie promulguée le 26 août fut solennellement enregistrée. Il n'y eut plus qu'un seul parlement, une seule justice. Le maréchal de L'Hôpital reprit le gouvernement de Paris ; les anciens échevins et prévôts des marchands revinrent à l'Hôtel de Ville ; et tout rentra peu à peu dans l'ordre accoutumé.

au même lieu, et que chacun avertiroit ceux de sa connoissance, afin d'aviser ce qu'il y avoit à faire pour sortir de la misère en laquelle tout le monde étoit et disposer les choses pour le retour du Roi à Paris. »

CHAPITRE QUATRIÈME

TRIOMPHE DE MAZARIN

le 3 février 1653

Mazarin revient à Paris : sa réception au Louvre le 3 février 1653. Presque tous ses anciens ennemis devenus ses partisans, la Palatine, Mme de Chevreuse, les Vendôme, les Bouillon, etc. — Appréciation de la conduite de l'aristocratie dans la Fronde; si la Fronde est une anticipation de la révolution française ou une imitation de la révolution d'Angleterre. Soumission de l'aristocratie, et à quelles conditions. — Le parlement. Vice radical de sa constitution : le mélange de la justice et de la politique. Ses griefs contre Mazarin, ses actes pendant la Fronde. — Nicolas Fouquet et Mathieu Molé. — Déclaration royale du 22 octobre 1652; Mazarin soumet à la fois le parlement et le satisfait. — Soumission empressée de la bourgeoisie, rétablissement du crédit, grandes fêtes dans Paris, triomphe solide et définitif de la royauté et de Mazarin.

Mazarin aurait bien eu le droit d'accompagner à Paris, le 21 octobre 1652, Louis XIV et Anne d'Autriche et de partager la joie de leur victoire sur la Fronde; car il en était le véritable auteur. C'est lui qui, en se retirant à propos, en livrant la Fronde à elle-même, l'avait laissée montrer tout à son aise ses fureurs et son impuissance; c'est lui qui, du fond de son exil, inquiet des succès de Châteauneuf, avait rassemblé des troupes, rallié autour de lui des généraux accrédités, relevé le drapeau de la monarchie, et d'avantages en avantages l'avait porté jusqu'à Paris. Mais en y reparaissant trop tôt, Mazarin pouvait ranimer des rancunes mal éteintes. Lui-même avait été d'avis de seconder l'effet de l'amnistie par un éloignement momentané, afin de ne laisser aucun prétexte à ceux qui si souvent avaient promis de se rendre s'il quittait le royaume. Sûr du jeune roi, plus sûr encore de sa mère, leur laissant ses instructions et des conseillers éprouvés, Mazarin s'était effacé, et s'était retiré d'abord à Bouillon, un peu au delà de la frontière ; puis, à mesure que le gouvernement du Roi se consolidait à Paris, il s'était rapproché et était venu à Sedan ; puis il était allé ouvertement rejoindre l'armée royale, amenant avec lui de puissants renforts, des munitions, des vivres, de l'argent. Admirablement servi par Turenne et par La Ferté-Senneterre, il avait forcé la petite armée de Condé et celle du duc de Lorraine de battre en retraite peu à peu du côté des Pays-Bas. Actif, résolu, infatigable, il n'avait pas hésité à prolonger la campagne au delà de ses limites ordinaires, jusqu'à la fin de décembre et même jusqu'en janvier 1653. Il n'avait quitté l'armée qu'après avoir vu l'ennemi abandonner le territoire français, et après avoir mis la frontière de Champagne et de Picardie à l'abri de tout retour offensif. C'est alors seulement qu'il avait établi ses troupes dans leurs quartiers d'hiver, et que lui-même, précédé et soutenu par ces solides succès, il avait pris le chemin de Paris.

Il y avait à peu près deux ans qu'il en était sorti en février 1651, objet de la haine universelle, condamné par le parlement, proscrit par l'aristocratie, presque maudit par le peuple, et ne sachant où il trouverait un lieu pour reposer sa tête. Le 3 février 1653, il y fit une rentrée vraiment triomphale. Le jeune roi, accompagné de son frère le duc d'Anjou, alla plus d'une lieue au-devant de lui, le reçut avec les plus grandes tendresses, le fit mettre dans son carrosse, et ils entrèrent ensemble, à côté l'un de l'autre, par la porte Saint-Denis, à deux heures après midi, en grande pompe, à travers les flots joyeux et les cris d'allégresse de ce même peuple qui, deux ans auparavant, le poursuivait de ses imprécations. Le cardinal fut ainsi conduit jusqu'au Louvre, où l'attendait Anne d'Autriche.

Il la revit cette reine admirable, que l'histoire, abusée par les écrivains imposteurs de la Fronde, a trop méconnue, cette amie courageuse, exemple unique entre toutes les reines, et presque entre toutes les femmes, d'une fidélité à l'épreuve de l'une et de l'autre fortune; qui de bonne heure, en 1643, avait reconnu les grandes qualités de Mazarin et discerné en lui le seul homme capable de bien conduire les affaires de la France; qui, après lui avoir dû cinq longues années de gloire, l'avait en 1648 et 1649 défendu contre l'aristocratie, le parlement et le peuple réunis; qui plus tard n'avait consenti à sa retraite que parce que lui-même l'avait jugée nécessaire; qui pendant son absence avait résisté à toutes les séductions comme à toutes les menaces, et n'avait jamais cessé de se gouverner par ses conseils; qui, à Gien, apprenant la déroute de Bleneau pendant qu'elle était à sa toilette, la continua paisiblement, quand tout le monde parlait de fuir, disputant de courage et de sang-froid avec Mazarin lui-même. En se retrouvant dans la demeure des rois après tant de séparations douloureuses, après s'être vus si souvent à deux doigts de leur perte, ils pouvaient être fiers de leur constance, qui avait mérité et amené les prospérités de ce grand jour, et rêver ensemble pour la fin de leur vie un repos glorieux.

Autour de la Reine, le cardinal rencontra un brillant cortége de grands seigneurs et de grandes dames, naguère ennemis du successeur de Richelieu et qui venaient le complimenter sur son heureux retour.

Parmi ces dames était au premier rang la princesse Palatine, que nous avons appris à connaître[1], Anne de Gonzague, une des personnes les plus éminentes du XVII° siècle, d'une admirable beauté[2], qui servait en quelque sorte de parure à l'esprit le plus solide, aussi

---

1. Plus haut, chap. 1er.
2. Voyez son portrait à Versailles, au-dessus de celui de Mme de Longueville.

capable de prendre part à des délibérations d'hommes d'État qu'à des assemblées de beaux esprits ou à de galantes intrigues, cherchant, il est vrai, ses avantages, mais en ne manquant à personne, qui, sans trahir la royauté, avait donné à la Fronde les plus judicieux conseils, et l'aurait sauvée, si la Fronde avait pu l'être. Comme elle n'avait pas cessé d'entretenir avec Mazarin les meilleures intelligences, elle pouvait fort bien s'associer à son triomphe [1].

Elle était là aussi cette autre politique, d'un ordre encore plus relevé, aussi belle et aussi galante, d'un esprit moins gracieux mais plus fort peut-être, plus capable encore de grandes entreprises, et ne s'arrêtant ni devant aucun danger ni devant aucun scrupule : la veuve du connétable de Luynes, Marie de Rohan, duchesse de Chevreuse [2], qui autrefois avait mis la main dans tous les complots ourdis contre Mazarin, et, de concert avec la Palatine, avait proposé, nous l'avons vu [3], la seule mesure qui pût mettre ensemble tous les ennemis du cardinal, et former un grand parti aristocratique en état de tenir tête à la royauté : le mariage du fils de Condé avec une fille du duc d'Orléans, et celui de sa propre fille avec le

---

1. L'oraison funèbre de la princesse Palatine mérite une entière confiance, bien entendu le ton du panégyrique admis. Toutes les fautes sont indiquées, et les éloges se peuvent justifier par les témoignages les plus certains, et par celui de Retz lui-même.
2. Voyez l'ouvrage particulier que nous lui avons consacré.
3. Voyez plus haut, chap. 1er.

prince de Conti. Ce dernier mariage ayant échoué de la façon la plus outrageante pour elle, Mme de Chevreuse s'était séparée avec éclat de Condé; et trop expérimentée pour donner dans cette espèce de tiers parti que Retz avait imaginé, d'ailleurs habilement et doucement conduite par le marquis de Laigues, que Mazarin avait su gagner, elle était revenue à sa première amie, Anne d'Autriche, et s'était résignée au pouvoir d'un homme qui savait au moins ce qu'il voulait, et dont la forte ambition ne chancelait pas au gré de la vanité et de la passion du moment. Le crédit et les honneurs qu'elle pouvait attendre de la Fronde, Mazarin les lui avait offerts; et en retour, Mme de Chevreuse apportait à la royauté l'appui déclaré de ses trois illustres familles, les Rohan, les Luynes et les Lorrains. C'est elle qui, toujours puissante sur le duc de Lorraine, avait ménagé un traité secret entre le cardinal et lui, et qui tour à tour l'avait fait mouvoir en des sens si contraires. Rentrée dans toute la faveur de la Reine, Mme de Chevreuse était au Louvre, à côté d'elle, applaudissant au retour de l'heureux cardinal.

Après Mme de Chevreuse, Mazarin n'avait pas eu de plus dangereux adversaires que les Vendôme et les Bouillon. Et pourtant, dans cette mémorable journée du 3 février 1653, il pouvait considérer les chefs de ces deux puissantes familles comme les plus fermes appuis de sa grandeur.

César, duc de Vendôme, fils naturel de Henri IV,

était plus redoutable encore par son esprit, sa valeur et ses artifices que par sa naissance. Il n'y avait pas jusqu'aux vertus de sa femme, réputée une sainte, qui ne profitassent à son ambition. Sa fille, la belle Mlle de Vendôme, avait épousé ce brillant duc de Nemours qui venait de finir si tristement. Son fils aîné, le duc de Mercœur, était un prince sage et estimé; et le duc de Beaufort, son cadet, était l'idole du peuple de Paris. C'est Beaufort qui, en 1643, poussé par Mme de Montbazon et Mme de Chevreuse, avait formé le dessein d'assassiner Mazarin[1]. Le duc de Vendôme avait été soupçonné d'avoir eu la main dans cette affaire; il avait du moins donné asyle en son château d'Anet à tous les complices de son fils; et, forcé de quitter la France pour prévenir la menace d'une arrestation, il avait erré plusieurs années en Italie et en Angleterre, faisant partout des ennemis au cardinal. Celui-ci reconnut qu'il valait beaucoup mieux acquérir un fils de Henri IV, en y mettant le prix, que de le persécuter sans le moindre avantage.

Après tout, que désirait le duc de Vendôme, et qu'avait-il demandé au début du ministère de Mazarin? Ou qu'on lui rendît le gouvernement de Bretagne, que lui avait destiné son père Henri IV et que possédait son beau-père, Philibert Emmanuel de Lorraine, duc de Mercœur, ou qu'on lui donnât l'ami-

---

[1] *Madame de Chevreuse*, chap. VI.

rauté, une des plus grandes charges de l'État. Mazarin avait repoussé ces prétentions en 1643, il les accueillit en 1652; il fit le duc de Vendôme grand amiral, lui conféra même le titre de ministre d'État, avec entrée dans le conseil d'en haut, après s'être assuré que Vendôme, arrivé où il avait toujours voulu parvenir, le servirait aussi fermement qu'il l'avait autrefois combattu. Il avait un gage infaillible de sa fidélité. Le fils aîné du duc de Vendôme, le loyal et pieux Mercœur, avait épousé une des nièces du cardinal, l'aimable et vertueuse Laure Mancini, en sorte que la maison de Vendôme était intéressée et inséparablement unie à la fortune de Mazarin. Aussi le 3 février 1653, le grand amiral César de Vendôme était occupé à poursuivre la flotte espagnole dans la mer de Gascogne, entrait dans la Gironde, et menaçait à Bordeaux les restes de la Fronde. De son côté, Mercœur, nommé gouverneur de Provence, reprenait sur le duc d'Angoulême et gardait au Roi et à Mazarin cette importante province, tandis que Beaufort, qui autrefois avait voulu porter la main sur le cardinal, et qui, tout récemment encore, s'était montré son implacable ennemi, couvert et protégé par les services de son père et de son frère, se retirait à Anet, sans y être le moins du monde inquiété, content de voir Mme de Montbazon contente parce qu'on lui avait donné beaucoup d'argent, et attendait tranquillement le moment où il succéderait à son père dans le commandement de la flotte, et donnerait son sang pour le service du Roi.

Les Bouillon n'étaient guère moins considérables que les Vendôme.

Le duc de Bouillon était un politique et un homme de guerre du premier ordre, capable de conduire un gouvernement ou une armée, et qui n'avait qu'un sentiment et une pensée dans la tête et dans le cœur, l'agrandissement de sa maison. Déjà prince souverain de Sedan, poussé par sa femme, encore plus ambitieuse que lui, il avait, en 1641, dans l'espérance d'accroissements nouveaux, traité avec l'Espagne, pris part à la révolte du comte de Soissons, et gagné contre l'armée royale la bataille de la Marfée. En 1642, il était entré dans la conspiration du duc d'Orléans et de Cinq-Mars; et arrêté, jeté dans les fers à Pierre-Encise, il n'avait sauvé sa tête de l'échafaud qu'en abandonnant sa principauté. Depuis, il n'avait cessé de remuer pour ressaisir ce qu'il avait perdu. Il avait redemandé Sedan à Mazarin, en 1643; et n'ayant pu obtenir de ce grand serviteur de la couronne que, pour satisfaire un intérêt particulier, la France renonçât à une de ses meilleures places fortes du côté des Pays-Bas, il s'était rangé parmi les ennemis du cardinal, et, forcé de s'enfuir d'abord, comme le duc de Vendôme, à peine rentré en France il avait embrassé avec ardeur la Fronde, bien entendu sans la moindre conviction, et dans la seule espérance d'obtenir aisément d'elle ce qu'il n'avait pu arracher à la royauté.

Il avait engagé avec lui dans la Fronde son frère
Turenne, dont il disposait absolument, et qui était tout
aussi ambitieux, tout aussi passionné pour la grandeur
de leur famille, mais à sa manière, et selon la tournure
de son caractère froid, réfléchi, dissimulé. A la paix
de Ruel, en 1649, le duc de Bouillon avait demandé[1]
« son rétablissement dans Sedan, si mieux n'aimoit la
Reine en faire faire présentement l'estimation à un
prix certain; le rang promis et dû à sa maison; pour
lui, le gouvernement d'Auvergne, et pour son frère le
gouvernement de la haute et basse Alsace, avec celui de
Philipsbourg, et le commandement de toutes les armées
d'Allemagne. » Mazarin avait fait alors la faute de ne
pas contenter l'ambitieuse et puissante maison; de là,
en 1650, la conduite du duc de Bouillon en Guienne
et celle de Turenne à Stenay et en Flandre. En 1651,
la Reine traita sérieusement avec le duc[2], et à son retour Mazarin finit par le gagner tout à fait. Ne voulant
à aucun prix lui rendre Sedan, il accorda l'équivalent
demandé, un grand domaine à Château-Thierry, plus
riche encore que celui de Sedan, et, sans souveraineté
effective, ce titre de prince, si cher à la vanité des
Bouillon, que le chef de la famille ne devait pas seulement transmettre à ses enfants, mais qui devait
s'étendre jusqu'à son frère Turenne.

Le duc de Bouillon ayant une fois pris son parti d'a-

1. Mme de Motteville, t. III, p. 233, etc.
2. Plus haut, chap. 1er, p. 67-70.

bandonner Condé, malgré tous ses engagements, et de servir la royauté, le fit avec la même énergie qu'il avait déployée à Paris et à Bordeaux. Il ne quitta plus Mazarin, l'assista de ses conseils, et paya même plus d'une fois de sa personne, avec sa vigueur accoutumée et l'ardeur opiniâtre de son pays et de sa race. Lui-même, le soir du combat de Bleneau, il amena des renforts à Turenne, qui venait d'arrêter Condé. C'est encore lui, qui, le 2 juillet 1652, pour bien faire voir à Mazarin qu'il lui était acquis sans retour, se joignit au cardinal pour presser Turenne, contre toutes les règles de la guerre, de ne pas attendre les troupes de La Ferté-Senneterre. Un témoin véridique, et un des principaux acteurs de cette sanglante journée, Navailles[1], affirme même que le duc de Bouillon prit part à l'affaire, et qu'il était à l'attaque où périt Saint-Mégrin.

Si Bouillon eût vécu, avec son ambition démesurée et sa capacité égale à son ambition, se serait-il toujours contenté du second rang, et serait-il demeuré le serviteur dévoué du cardinal? Nul ne le sait; le duc de Bouillon n'a pas rempli toute sa destinée; il est mort le 9 août 1652; il n'a pas joui de ces biens, de ces hon-

---

1. *Mémoires*, p. 434. « Je me mis en bataille dans un fond où M. de Bouillon et M. le marquis de Saint-Maigrin me joignirent.... Notre infanterie avoit toujours marché... M. de Bouillon, sans considérer qu'elle étoit hors d'haleine, nous pressa d'attaquer les ennemis. »

neurs qu'il avait tant souhaités; mais, avant de se fermer, ses yeux les virent passer sur la tête de ses enfants. Turenne, particulièrement ménagé et caressé, fut fait, à la mort de son frère, gouverneur d'Auvergne, et la vicomté de Turenne érigée en principauté. Bientôt même il reçut le titre de ministre d'État. Mazarin alla plus loin : voulant combler l'illustre capitaine, dont il connaissait depuis longtemps l'honnêteté et l'ambition, voulant en même temps s'attacher en sa personne tout le parti protestant par des actes décisifs, en établissant d'une manière éclatante que quiconque servirait bien serait fidèlement récompensé, sans distinction de religion, l'habile et politique cardinal fit le duc de La Force, protestant et beau-père de Turenne, maréchal de France, comme l'avait été son père. Aussi, le 3 février 1653, Turenne était-il au Louvre, à côté de Mazarin, y représentant tous les siens, et déjà occupé des préparatifs de la campagne qui devait s'ouvrir au printemps prochain dans les Pays-Bas, et où il devait commander l'armée française.

Mais si Mazarin avait pris soin de gagner successivement les chefs des Importants et des Frondeurs, dans lesquels son œil exercé avait reconnu de sincères dispositions à une soumission loyale, il s'était bien gardé cette fois de se laisser séduire à de vaines apparences, et il ne s'était pas fait faute de frapper ou du moins d'écarter de Paris ceux qu'il désespérait d'acquérir. Il s'était prêté de bonne grâce à l'accommodement demandé par le duc d'Orléans ; il n'avait pas voulu donner à la France et à l'Europe le spectacle de l'oncle du Roi maltraité, et le contraindre peut-être à aller de nouveau chercher un asile à l'étranger. Mais en le ménageant comme il convenait, il avait pris ses sûretés envers lui ; et s'étant convaincu que trop de douceur ne ferait que l'enhardir à se mêler de nouvelles intrigues, il n'avait pas souffert qu'il restât à Paris, lorsque le Roi y revint, de peur qu'en son palais du Luxembourg, entouré de conseils perfides, tout en prodiguant de grandes marques de déférence à la Reine et au jeune roi, il n'entretînt et ne ranimât dans l'occasion les espérances de la Fronde. Ainsi le duc d'Orléans dut quitter Paris la veille du jour où le Roi y rentra, et se retira d'abord à Limours, puis à Blois, refuge ordinaire de ses trahisons et de ses lâchetés, où, nullement persécuté, mais surveillé et contenu, il acheva dans l'indifférence publique le reste de sa triste carrière. Mademoiselle demeura aussi quelque temps en disgrâce à Saint-Fargeau, et se consola peu à peu de la ruine de ses diverses prétentions avec sa grande fortune et sa petite cour.

Le cardinal de Retz, faisant bonne mine à mauvais jeu, et surtout voulant recevoir des mains du Roi, le chapeau de cardinal que le Pape lui avait adressé, afin d'avoir le droit d'en porter l'habit et de jouir des honneurs et des priviléges attachés à cette haute dignité[1], s'était rendu des premiers à Compiègne auprès du Roi à la tête du clergé de Paris, le 9 septembre 1652, et il lui avait adressé une harangue hardie et artificieuse, dans le genre de celle de César dans l'affaire de Catilina, couvrant habilement la défaite de son parti, recommandant la modération au nom de la politique, rappelant à plusieurs reprises la conduite de Henri IV avec les Ligueurs, et de peur qu'on ne comprît pas assez qu'il entendait parler pour lui-même, citant les paroles pacifiques de Henri IV à son grand-oncle le cardinal de Gondi. Il avait même placé dans ce discours[2] de grands compliments pour la Reine, comme s'il avait repris ses anciennes espérances. Le lendemain, à la messe, le roi lui avait mis le bonnet rouge sur la tête, et dès lors Retz prit et porta l'habit de cardinal. Après le retour du Roi, il avait poussé l'audace jusqu'à se présenter au Louvre pour rendre, comme un sujet fidèle, ses hommages à Leurs Majestés. Le 1ᵉʳ décembre, il avait prêché avec éclat à Notre-Dame, et recommençait son train de vie de 1648, faisant de pieux sermons dans les intervalles de ses galants rendez-vous, le matin à l'église, le soir en bonne fortune, et renouant dans l'ombre la

---

1. Montglat a parfaitement discerné et relevé ce jeu habile de Retz. *Mémoires*, t. II, p. 465.

2. Ce discours nous a été conservé. *Relation contenant la suite et la conclusion de tout ce qui s'est passé au parlement*, etc., p. 163.

trame de ses vieilles intrigues[1]. Mais Mazarin le connaissait ; il était persuadé que Retz était incapable de se renfermer dans ses fonctions ecclésiastiques, incompatibles avec ses habitudes dissipées et déréglées, avec sa nature inquiète et remuante ; et c'est par ses conseils qu'au moindre soupçon le Roi le fit arrêter au Louvre même, le 19 décembre 1652, et conduire au bois de Vincennes[2].

Mazarin était trop avisé pour traiter ainsi La Ro-

---

1. Il est bien certain que Retz, au moment où il fut arrêté, songeait à se rendre redoutable à Mazarin. Il avait fait faire des ouvertures aux amis de Condé, pour se raccommoder avec M. le Prince. On écrit à Lenet, de Paris, le 14 décembre 1652 (Lenet, p. 591) : « M. le cardinal de Retz travaille puissamment pour se mettre en état de ne pouvoir être poussé d'ici par la cour. Je suis assuré qu'il cherche à se raccommoder avec M. le Prince, afin de se mettre à la tête des amis de l'un et de l'autre, et des mécontents de la cour, qui sont et seront en grand nombre, par le peu d'état de tenir les paroles qu'on ne se soucie guère de donner. » Condé à Lenet, 26 décembre 1652 (*ibid.*, p. 594) : « Pendant tout ce temps, le cardinal de Retz m'a fait faire des civilités auxquelles j'ai répondu de même façon, et nous en étions en ces termes, quand il a été arrêté. J'ai écrit, après en avoir su la nouvelle, à Croissy d'assurer les ennemis du cardinal de Retz, que je n'avois aucune part à son emprisonnement, croyant bien que le cardinal Mazarin le voudroit faire entendre de cette sorte, pour éloigner le dessein que ses amis pourroient prendre de se joindre à moi. Je lui ai de plus mandé de leur faire savoir que j'étois en état d'écouter leurs propositions s'ils ont à m'en faire. » Cela explique parfaitement l'arrestation de Croissy, comme on le verra plus bas.

2. Le peuple témoigna de la joie en voyant conduire Retz au bois de Vincennes, s'il faut en croire le secrétaire d'État Brienne, dans les dépêches qu'il ne manqua pas d'écrire à Rome sur l'arrestation d'un cardinal. *Bibliothèque Impériale*, fonds Gaignières, Dépêches autographes de Brienne, du 21 décembre 1652, à M. le bailli de

chefoucauld. Il savait à merveille que, séparé de Condé et de Mme de Longueville, qui faisaient toute son importance, La Rochefoucauld n'était plus à craindre, et qu'il n'était pas d'humeur à se faire le champion et le martyr d'un parti vaincu. La grave blessure qu'il avait reçue au combat de Saint-Antoine lui tourna pour ainsi dire en avantage. Atteint d'une balle qui lui traversa les deux joues et lui ôta momentanément la vue, il lui était impossible de continuer la guerre et de suivre l'armée. Il ne trahit donc pas Condé en n'acceptant point le commandement des troupes qui restaient à la Fronde, commandement qui, à son défaut, fut offert au prince de Tarente. Il devait avant tout soigner sa blessure, et ce motif très-réel couvrant sa lassitude et des dégoûts déjà anciens, il n'alla pas, comme Persan, Bouteville et Vauban, retrouver le prince en Flandre. D'autre part, il ne réclama point l'amnistie, et on ne put pas ne pas le comprendre dans la déclaration royale lancée le 13 novembre 1651 contre Condé, le prince de

---

Valençay, à l'abbé Strozzi, à M. Justiniani, à M. Gueffier, à M. du Nozet, tous agents ou amis du gouvernement français à Rome. Dépêche à l'abbé Strozzi : « ... Sa Majesté est fâchée qu'un sujet qui a reçu tant de grâces et de bienfaits d'elle soit capable de les méconnoître, et l'ait obligée à lui faire sentir le poids de sa justice et de son autorité. Le peuple de Paris, qui autrefois avoit de l'inclination pour cette Éminence, étant son pasteur, a témoigné de la joie lorsqu'il l'a vue conduire au bois de Vincennes, connoissant bien qu'il ne peut jouir du repos qu'il désire que dans l'entier affermissement de l'autorité royale. »

Conti, Mme de Longueville et leurs principaux adhérents[1]; mais Mazarin se garda bien de le poursuivre, et La Rochefoucauld, après avoir laissé passer en lieu sûr les premiers éclats de l'orage, alla dans ses terres se faire oublier quelques années et goûter le repos dont il avait grand besoin[2]. Puis il sortit de sa retraite et reparut à Paris. Il lui fallait revenir de bien loin pour rentrer en grâce; il y réussit en sauvant les apparences, et en ménageant habilement la transition, comme on dirait aujourd'hui. Il fit sa paix avec le politique et débonnaire cardinal, monta dans son carrosse, en disant avec autant de raison que d'esprit : Tout arrive en France. Il s'arrangea pour faire entrer son fils Marsillac dans l'intimité du jeune roi; et, chose admirable, il obtint de Mazarin, en dédommagement des pertes qu'il avait éprouvées en lui faisant la guerre, une bonne pension de huit mille livres[3].

Si le temps nous permettait de parcourir ainsi

---

1. *Relation*, etc., p. 252.
2. La Rochefoucauld resta toute l'année 1653 dans la place forte de Damvilliers, dont son beau-frère, le marquis de Sillery, était gouverneur. De là il négocia son retour en France par son oncle M. de Liancourt et par Gourville, qui obtinrent aisément pour lui de Mazarin la permission de rentrer en France et de se retirer dans ses terres de l'Angoumois. *Mémoires* de Gourville, collect. Petitot, t. LII, p. 269-272.
3. *Bibliothèque Impériale*, papiers de Gaignières, n° 771, p. 567 : « Pension de huit mille livres au duc de La Rochefoucauld, le 11 juillet 1659. »

successivement la liste de tous les grands seigneurs qui autrefois avaient mis la main dans la Fronde, il nous serait aisé de faire voir que, le 3 février 1653, les plus ardents et les plus illustres, et ceux que nous avons cités, et bien d'autres, tels que le duc d'Elbeuf et le maréchal de Lamothe Houdancourt, tous deux généraux de la Fronde à Paris en 1648 et 1649, le duc de Guise, si fort engagé avec Condé, presque tous enfin étaient rangés autour de Mazarin, et combattaient avec lui et pour lui ; et cela par une seule raison, mais très-suffisante : c'est que l'habile cardinal avait su leur faire comprendre où était leur intérêt véritable.

L'intérêt, l'intérêt, voilà, à bien peu d'exceptions près, le mobile unique de l'aristocratie dans la Fronde, et La Rochefoucauld n'a fait qu'ériger en maxime et généraliser même avec excès ce qu'il avait vu pratiquer autour de lui.

On peut juger par là si, comme on le répète sans la moindre connaissance des faits, la Fronde est une grande cause généreuse à laquelle la fortune a manqué. Non, c'est tout simplement une coalition puissante d'intérêts particuliers, et il s'en faut tellement qu'elle soit une anticipation avortée de la révolution française que, si l'on veut à toute force y trouver un dessein général, c'est bien plutôt celui d'étouffer dans leur berceau les principes de cette révolution.

Que voulait en effet la France en 1789 ? En un

seul mot, l'abolition définitive du régime féodal. La royauté avait devancé et guidé la nation dans cette longue et difficile entreprise. Henri IV avait fait les premiers pas décisifs ; Richelieu avait continué l'œuvre de Henri IV, et Mazarin celle de Richelieu. Tous les trois avaient eu naturellement pour adversaires les grands du royaume, intéressés à maintenir leurs antiques priviléges, leur haute et basse justice, les places fortes où ils trouvaient au besoin un asile, les régiments qu'ils levaient, soudoyaient et commandaient eux-mêmes, pouvant ainsi former dans l'État bien des États différents et entraîner les populations dans leurs querelles, comme si ces populations leur appartenaient, ayant à leur solde de petits gentilshommes qui les servaient comme des rois, et eux-mêmes toujours prêts à tirer l'épée contre le roi, si le roi ne les contentait pas, et même à conspirer avec l'étranger, les catholiques avec l'Espagne, les protestants avec l'Angleterre. Depuis les premières années du xviie siècle, ils s'étaient sentis plus particulièrement menacés, et, tantôt sous un prétexte, tantôt sous un autre, selon les circonstances, ils s'étaient efforcés d'arrêter ou de suspendre les progrès de l'esprit nouveau. De là, ces célèbres révoltes des grands, diverses dans leurs moyens, toujours dirigées vers le même but. La Fronde est la dernière de ces révoltes.

Le premier ancêtre des frondeurs est le maréchal de Biron, sous Henri IV. Vient ensuite la ligue des

Princes, Marie de Médicis à leur tête, contre le connétable de Luynes; puis, sous Richelieu, Mme de Chevreuse, Chalais, Rohan et Soubise, les Vendôme, Henri de Montmorency, le comte de Soissons et le duc de Bouillon. Croyez-vous par hasard que ce soient là des patriotes méconnus par l'histoire, des philosophes et des démocrates qui ont payé de leur défaite le noble tort d'être venus avant le temps? On aurait bien fait sourire ces grands seigneurs et ces grandes dames, ou plutôt on leur aurait fait horreur, si on leur eût attribué les principes qui ont fait battre le cœur à nos pères, et qu'il nous a fallu conquérir avec des flots de notre propre sang. Lorsqu'en 1641, pour ne point remonter plus haut, le comte de Soissons et le duc de Bouillon levèrent à Sedan l'étendard de la révolte en s'appuyant sur l'Espagne, et livrèrent à la royauté la bataille de La Marfée, ils ne rêvaient point la liberté et l'égalité future, l'accessibilité de tous à tous les emplois, l'impôt proportionnel, l'émancipation de la bourgeoisie et du peuple; ils songeaient à l'agrandissement de leurs maisons, ils se proposaient le démembrement du pouvoir royal au profit de principautés indépendantes.

L'insurrection de 1641 s'est renouvelée en 1642. Le duc d'Orléans et Cinq-Mars traitent encore avec l'Espagne, et c'est encore le duc de Bouillon qui est l'âme et l'épée de l'entreprise. Que voulait Bouillon? Nous le savons : vainqueur, sa principauté de Sedan se serait étendue en une sorte de petit royaume; vaincu, il perdit sa principauté et cessa d'être un souverain féodal, un vassal indépendant. Après la mort de Richelieu, que prétendaient ceux qui s'opposèrent à l'établissement de son successeur? Quel objet poursuivait en 1643 la faction des Importants? Il n'y a point à s'y tromper : c'est bien la même cause; car ce sont les mêmes hommes. Ici tous les voiles sont levés, et nous avons mis dans une irrésistible lumière les intentions, les desseins, les intrigues des Importants; ils continuaient l'œuvre de leurs devanciers, et ils eurent recours aux mêmes armes [1]. On avait tenté d'assassiner Richelieu, on tenta d'assassiner Mazarin. On réclama de celui-ci ce qu'on avait désespéré d'arracher à celui-là, des principautés indépendantes, des places fortes, des gouvernements héréditaires. L'hérédité des charges et des gouvernements, voilà le seul principe qui s'agite en ces tristes querelles. Le duc de Bouillon veut ravoir sa principauté de Sedan; Vendôme, le gouvernement de Bretagne, comme héritage de son beau-père; La Rochefoucauld, le gouvernement du Poitou, parce que son père l'avait occupé. La royauté fait effort pour résister à ces prétentions et pour faire prévaloir le principe que les charges sont personnelles et émanent de la couronne. Maintenant n'est-il pas évident que les Importants de 1643

---

1. *Madame de Chevreuse*, chap. V et VI.

sont les Frondeurs de 1648? Encore une fois, c'est la même cause servie par les mêmes hommes. Mme de Motteville nous a conservé les demandes des chefs de la Fronde et les conditions auxquelles ils consentaient alors à désarmer et à se soumettre. Le catalogue de ces demandes [1] est fort long ; nous avouons n'y avoir rien trouvé qui ressemble au Bill des droits et aux principes de 1789. Des charges de cour, des gouvernements, des pensions, tel est l'unique sujet de toutes ces demandes, qui fatiguent de leur uniformité et révoltent par leur impudence.

Si l'on veut voir clair dans la Fronde et connaître un peu le dessous des cartes, il faut lire les correspondances confidentielles, les lettres échappées dans l'action même, où les cœurs et les intentions véritables se montrent à découvert, et ne se fier qu'avec une grande circonspection aux manifestes officiels, surtout aux mémoires. Les mémoires en effet ne sont pour la plupart que des apologies, des plaidoyers composés après l'événement pour se défendre soi-même ou pour attaquer les autres, et en imposer à la postérité, qui se laisse prendre aux apparences comme les contemporains, et, comme eux et plus qu'eux peut-être, cède au prestige du talent. Or il n'y a point de meilleurs écrivains que Retz et La Rochefoucauld, en attendant Saint-Simon. Leur style a toutes les grâces de la plus

---

1. Mme de Motteville, t. III, p. 233, etc.

fine aristocratie : pas la moindre rhétorique, le dédain des règles pédantesques, une simplicité et une vivacité charmantes, et ce grand air, si puissant sur la bourgeoisie dans les livres comme dans le monde. On ne se lasse point de les relire ; et à force de les admirer, on les croit. C'est là ce qui protége et protégera toujours la Fronde auprès de la postérité. Mais résistez un peu, s'il vous est possible, à la séduction de ces récits entraînants, de ces portraits inimitables, et cherchez ce que nous disent de leurs desseins Retz et La Rochefoucauld. Qu'y trouvez-vous? Rien de net ; ils se bornent à accuser Richelieu et Mazarin d'avoir porté atteinte à l'ancienne constitution de la France. Or cette accusation, bien comprise, absout et relève Richelieu et Mazarin aux yeux de tout juge impartial, et elle accable les Importants et les Frondeurs; car qu'était-ce que cette fameuse constitution de la France avant Richelieu, sinon le reste des dominations du moyen âge, le gouvernement féodal affaibli mais formidable encore?

Est-il plus vrai que la Fronde, comme on l'a aussi prétendu, est un contre-coup, une sorte d'imitation malheureuse de la révolution qui agitait alors l'Angleterre? Pas le moins du monde. Cette autre erreur, plus étrange encore que la précédente, repose sur une fausse et trompeuse analogie, cet ordinaire écueil des considérations et des comparaisons historiques. Au fond, la première révolution d'Angleterre était presque toute religieuse, tandis que chez nous les querelles religieuses ne sont point intervenues dans la Fronde, grâce à la protection éclairée dont jouissaient les protestants[1]. On leur avait, il est vrai, enlevé leurs places fortes de Montauban et de La Rochelle, refuge commode aux ministres fanatiques et aux chefs ambitieux qui poussaient les peuples à la révolte; mais ils exerçaient librement leur culte, ils pouvaient parvenir à tous les emplois, ils étaient même admis dans les parlements, dont le ressort comprenait un grand nombre de religionnaires [2]; et dans l'armée, leur mérite et leur fidélité les élevaient aux plus hautes dignités, à ce point qu'un jour on avait vu cinq protestants en en même temps maréchaux de France : La Force, Châtillon, Gassion, Rantzau, Turenne.

Tout au contraire, l'Angleterre n'avait pas alors la moindre idée de la liberté religieuse, et ce qu'elle appelait, et appela même longtemps ainsi, n'était pas autre chose que le droit de persécuter à son aise les catholiques, de les exclure de tous les emplois publics, de la chambre des lords, de la chambre des communes, et même des universités, le droit enfin de les traiter à peu près comme on traitait les Juifs au moyen âge. La Reine elle-même, la noble fille de Henri IV,

---

1. Voyez plus bas, chap. v.
2. Ils entraient en nombre à peu près égal dans les chambres dites de l'Édit, religieusement conservées jusqu'à Louis XIV, qui les abolit en 1669.

n'avait-elle pas été indignement tourmentée par un Buckingham, et plus tard livrée aux plus basses calomnies, complaisamment recueillies par les historiens protestants, pour avoir réclamé en faveur du libre exercice de sa religion les garanties solennellement stipulées dans son acte de mariage, et qui en France étaient reconnues et inviolablement respectées dans le plus humble membre de la communion de la minorité ?

Il n'y avait donc aucune vraie ressemblance dans la situation des deux royaumes. On oublie toujours que la France, de 1648 à 1653, ne voyait pas au delà de la Manche la glorieuse monarchie constitutionnelle fondée par le génie de Guillaume III; elle n'y voyait qu'une anarchie sanglante, nulle ombre de liberté, ni civile ni religieuse, l'oppression des catholiques, l'Irlande mise à feu et à sang, toutes les divisions et les extravagances du calvinisme victorieux, la prison et l'échafaud de Charles Ier, les sombres intrigues et la tyrannie de Cromwell. Voilà le spectacle que donnait alors l'Angleterre; en vérité il était plus propre à épouvanter qu'à séduire la France.

Pour revenir à l'aristocratie française, il est certain qu'elle ne laisse paraître aucun autre dessein dans la Fronde que de ressaisir la puissance qu'elle exerçait à la fin du xvie siècle, et à laquelle Richelieu avait porté de si rudes coups. L'altier cardinal, patriote et despote, comme l'a très-bien dit M. Guizot, eût tenté peut-être d'exterminer par l'épée cette nouvelle conspiration comme il avait fait les précédentes; peut-être il eût relevé pour les chefs des Importants et des Frondeurs l'échafaud de Chalais, de Montmorency et de Cinq-Mars. Son habile successeur s'y prit d'une façon plus douce et plus sûre. Voyant qu'il avait affaire, non pas à des principes, mais à des intérêts, il entreprit de les gagner en s'adressant successivement à chacun d'eux. Il négocia donc avec ces illustres mécontents, et les acquit l'un après l'autre, en leur accordant à peu près ce qu'ils demandaient, sans rien céder des droits de la royauté, sans rétablir des pouvoirs indépendants, incompatibles avec l'idée naissante de l'État, mais en faisant à propos des concessions nécessaires, plus apparentes qu'effectives, en prodiguant des titres un peu vains et de brillants honneurs de cour, et en se réservant la puissance réelle à lui-même et au Roi, qu'il représentait. Le traité que fit Mazarin avec les Bouillon et les Vendôme est l'image de ceux qu'il finit par conclure avec tous les autres grands seigneurs de la Fronde. Il leur dit en quelque sorte : « Vous désirez l'agrandissement de votre maison et de votre fortune, vous avez raison ; seulement vous vous trompez de chemin : celui de la révolte ne peut plus vous réussir comme autrefois; la fidélité et la soumission vous réussiront mieux. Les temps sont changés. Une faible royauté vous avait laissés usurper sur elle ce qu'ensuite elle s'efforçait de vous reprendre ; une royauté forte vous donnera sans retour, sous des formes un peu différentes, presque autant que vous avez jamais eu. » Un pareil langage, qui eût été repoussé en 1648, dans le premier enivrement de l'espérance, était fait pour être écouté dans la lassitude qu'amènent à leur suite les agitations stériles. Mazarin a cette gloire unique que, dans sa longue carrière, parmi les dangers les plus capables de le pousser à de violentes représailles, et quelquefois dans une prospérité qui lui promettait l'impunité, il ne fit monter sur l'échafaud aucun de ses plus acharnés ennemis, pas même ceux qui avaient voulu l'assassiner; il n'en proscrivit aucun, et il les gagna presque tous par des transactions heureuses, à l'aide de son fidèle allié, le temps. « Le temps et moi, » disait-il souvent. Le temps et lui étaient venus à bout de l'aristocratie française; et le 3 février 1653, elle lui servait au Louvre de rempart et d'ornement.

Mazarin avait fait sur le parlement un travail à la fois différent et semblable, et qui fut couronné d'un égal succès.

Nous vénérons le souvenir et jusqu'au nom du parlement de Paris. Jamais nulle autre part l'œil des hommes n'a vu une pareille magistrature, aussi imposante par son indépendance, par son savoir, par la gravité de ses mœurs et la vie austère à laquelle elle était vouée. C'est une institution originale et toute française, qui, sortie un jour, dans une circonstance extraordinaire, des besoins de la royauté [1], s'établit peu à peu, s'enracine, se popularise, et traverse de longs siècles, environnée du respect public, jusqu'au XVIIIe siècle, où elle s'énerve avec tout le reste, et, comme tout le reste encore, succombe sous ses fautes [2] et s'abîme dans le naufrage universel.

Mais dans le sein de cette grande institution était un vice qui devait, avec le temps, amener sa ruine, après lui avoir donné quelquefois un éclat plein de dangers : nous voulons dire le mélange de la justice et de la politique. En effet, le parlement n'était pas seulement une cour de justice; en tant que cour des pairs, il se transformait en une assemblée politique qui délibérait sur les plus grandes affaires de l'État, et où l'éducation particulière de la plupart des membres, leurs études habituelles, les qualités même qui fai-

1. « Un jour, un roi de France ayant besoin d'argent, trouva simple de mettre en vente, quoi? La puissance publique. Elle fut achetée; elle devint la propriété des acheteurs. Qui l'eût cru? De cet opprobre de la vénalité des offices sortit une magistrature admirable, la lumière et la force des derniers siècles de la monarchie. » M. Royer-Collard, discours sur *la septennalité*, le 3 juin 1824.

2. Rappelez-vous d'abord l'intolérant jansénisme du parlement, puis cette anarchique suspension du cours de la justice qui le décria dans l'opinion, enfin un peu plus tard la fatale décision que les États-généraux seraient convoqués en leur forme accoutumée, c'est-à-dire en trois ordres différents comme au moyen âge, tandis que le Roi, s'il n'eût pas été enchaîné par la déclaration du parlement, aurait pu, en réduisant les trois ordres à deux et en rendant les États-généraux périodiques, donner la monarchie constitutionnelle et éviter une révolution.

saient l'honneur de leur profession, leur devenaient un écueil. La justice repose sur des maximes inflexibles comme les lois de la morale éternelle ; elle demande par-dessus tout à ses interprètes une conscience droite et pure. Il n'en est pas ainsi de la politique ; elle n'a point de principes absolus ; elle exige donc un tout autre esprit, et les magistrats les plus savants et les plus intègres, les plus capables de bien juger en matière de droit civil, quand ils étaient jetés dans des questions toutes différentes où il ne s'agissait plus de discerner ce qui était juste, mais ce qui convenait le mieux dans des circonstances mobiles qu'ils connaissaient à peine, y étaient fort embarrassés ou s'y égaraient aisément, et suppléaient mal les États-généraux du royaume, tout autrement composés, et qui étaient la vraie représentation politique de la nation.

Il y avait encore dans les attributions supérieures du parlement un autre péril. Dans la cour des pairs, les grands seigneurs prenaient place à côté des simples magistrats ; et leur naissance, leur fortune, leurs manières, leur donnaient un ascendant presque irrésistible. On était flatté de se rencontrer avec d'aussi hauts personnages. Un sourire, un mot flatteur, une invitation, étaient des grâces dont on était fier ; des grands seigneurs habiles pouvaient entraîner ainsi dans leurs intérêts, et même dans leurs querelles, des gens de robe qui connaissaient mieux leurs livres que le monde, surtout les jeunes conseillers des enquêtes,

plus faciles à séduire à des prévenances intéressées.
Enfin le parlement était peu favorable en général aux
innovations même les plus utiles ; il inclinait à la routine, au maintien superstitieux du passé. Il ne comprit point toujours et il contraria quelquefois les grands
desseins de la royauté, au dedans et au dehors. Les
gens du Roi, comme on disait, c'est-à-dire le procureur général et les avocats généraux, qui représentaient le gouvernement, ne lui étaient pas eux-mêmes
d'un grand secours ; car, sortis du sein de la compagnie, ils étaient imbus de son esprit, de ses maximes,
de ses préjugés ; ils n'entendaient guère mieux les
affaires d'État ; et dans leurs remontrances, ils portaient souvent la parole avec la hardiesse de l'inexpérience.

Henri IV s'appliqua à renfermer le plus possible le
parlement dans ses attributions judiciaires ; et il avait
bien raison, car c'était là qu'étaient sa suprême utilité
et sa vraie grandeur ; mais, avec sa bonté accoutumée,
il se contenta de peser doucement sur ces esprits très-
peu politiques, par exemple dans l'affaire des Jésuites,
que le Roi rappela, malgré la vive opposition des
meilleurs magistrats, par des considérations qui passaient leur portée. D'ailleurs, n'ayant pas eu le temps
de commencer ses grandes entreprises militaires, il
n'eut à présenter aucun édit pénible à enregistrer.

Un peu plus tard, quand Richelieu reprit l'œuvre
de Henri IV, il ne rencontra dans le parlement que des

obstacles. Richelieu était sorti des États-généraux, il en était un des orateurs les plus autorisés, et quoiqu'il fît partie de la chambre du clergé, il connaissait et appréciait si bien les vœux du tiers état qu'il s'y conforma presque toujours dans sa longue administration. Il aimait ces grands conseils nationaux, parce qu'il était sûr de leur faire entendre sa politique toute nationale. En 1626, il assembla les Notables, leur soumit ses plans, et les laissa discuter à Paris, pendant près de deux années, ses vues administratives et financières; mais il désespérait de se faire comprendre d'un corps de magistrats qui la veille jugeaient des procès de mur mitoyen, et le lendemain voulaient traiter avec lui de la paix et de la guerre, sans la moindre connaissance de la France et de l'Europe. Aussi, au lieu d'écouter tranquillement leurs doléances, de supporter et d'user leur résistance, cet impérieux génie préféra la briser, et s'emporta en une suite de mesures illégales et violentes, que ses ennemis ont justement relevées, et que nous-même nous condamnons hautement, n'admettant pas du tout que l'excellence d'une cause autorise tous les moyens qui la peuvent servir. Richelieu crut pouvoir se conduire envers le parlement comme envers l'aristocratie, et en cela il se trompa fort; car, l'aristocratie opprimant la nation autant qu'elle entravait la royauté, il avait contre elle l'appui de la nation et de l'opinion, tandis que le parlement, par ses attributions judiciaires, qu'il remplissait admirablement, était populaire et méritait de l'être. Non-seulement Richelieu brava ses remontrances; mais il fit souvent casser ses arrêts par le conseil d'État; il lança des lettres de cachet contre ceux de ses membres dont l'opposition le gênait le plus, et les exila loin de Paris; il enleva à sa juridiction d'illustres accusés, et les fit juger par des commissions extraordinaires, par exemple le maréchal de Marillac, dont le procès pèse encore sur la mémoire du cardinal, et mêle des ombres sinistres à l'admiration que nous inspire la grandeur de son caractère et de ses desseins. Tantôt il amenait le Roi au parlement, pour faire enregistrer de force certains édits; tantôt il faisait venir au Louvre, et dans la chambre même du Roi, un certain nombre de membres pour leur arracher la condamnation à mort du duc d'Épernon[1].

Comment s'étonner que tous ces actes de tyrannie eussent amassé dans le sein du parlement une colère et des haines qui éclatèrent après la mort de Richelieu? Le parlement vit avec peine arriver à la tête du gouvernement un des disciples et des favoris du redouté cardinal, et un assez grand nombre de parlementaires, poussés par les grands seigneurs qui siégeaient avec eux, se jetèrent dans la faction des Importants. On ne peut reprocher à Mazarin les violences de son devancier. Pas une seule fois, il ne re-

---

1. Voyez les *Mémoires* d'Omer Talon, collection Petitot, t. LX, p. 186-197, et *Madame de Chevreuse*, 2ᵉ édit., ch. IV, p. 164 et suiv.

nouvela les commissions extraordinaires du règne passé; il respecta toujours la juridiction du parlement, et c'est à cette juridiction qu'en 1643, dans la tentative d'assassinat formée contre sa personne et qui est aujourd'hui bien démontrée, il remit le procès de Beaufort et de ses complices; il souffrit même que le parlement, moins instruit ou plus indulgent que l'histoire, décidât qu'il n'y avait pas de preuves suffisantes pour condamner. La seule mesure à la Richelieu que Mazarin se permit est l'exil de Barillon, un des présidents des enquêtes, juge intègre, homme de bien, mais esprit borné, opiniâtre, violent, qui faisait vanité d'être toujours dans l'opposition, et déclamait à tout propos contre les favoris, contre la Reine et le cardinal. Ses déclamations ne s'arrêtant pas, on le relégua dans la citadelle de Pignerol, où il mourut.

Mais ce fut un tout autre et moins noble motif qui souleva le parlement contre Mazarin. On sait que dans l'origine la plupart des membres de la compagnie avaient acheté leurs charges de la couronne, et qu'ils pouvaient les transmettre à leurs enfants ou les vendre à d'autres, plus ou moins cher, selon les circonstances. Moins ces charges étaient nombreuses, plus elles avaient de valeur. Le parlement vit donc de très-mauvais œil que la couronne, usant de son incontestable droit, créât de nouvelles charges, et les donnât moyennant finance comme elle avait fait les premières, très-souvent dans l'intérêt du service, toujours dans celui du trésor, fort embarrassé pour suffire aux dépenses les plus nécessaires. Il élevait à cet égard des réclamations très-peu fondées. L'administration de la justice souffrait-elle donc, parce qu'elle n'était pas resserrée dans un petit nombre de familles? Et même ce fameux droit de la Paulette, contre lequel les parlements ont tant protesté, et qu'ils ont fait abolir pendant leur triomphe éphémère, n'était-il pas l'impôt le plus naturel et le plus juste en lui-même? Mazarin ne l'avait pas créé; il en avait hérité, et c'est Henri IV qui en était l'auteur. Les membres du parlement possédaient leurs charges pendant toute leur vie; ils pouvaient même les transmettre à leurs enfants, mais seulement avec la permission du Roi : le Roi pouvait donc mettre à cette permission des conditions équitables. Henri IV ayant besoin d'argent, un de ses secrétaires, nommé Paulet, inventa un moyen de lui en procurer sans augmenter les impôts ordinaires : il conseilla d'exiger de tout membre d'un parlement qui voudrait transmettre sa place à un de ses enfants de payer chaque année une redevance. C'était là un impôt spécial qui n'atteignait pas le peuple et enrichissait l'État, sans faire grand tort à des familles en général opulentes. Le père du peuple approuva cet impôt, qui du nom de son inventeur fut appelé la *Paulette*.

Nous le demandons, qu'avaient ici de bien touchant les remontrances des parlements? Toutes les mutations de propriété, toutes les ventes étaient frappées d'un droit, et les parlements auraient voulu que la justice leur fût une propriété dont ils pussent disposer sans aucune redevance, et apparemment sans la permission du Roi! Voilà pourtant le principal motif de tant de plaintes. Les parlements criaient à la tyrannie dans l'intérêt d'un monopole; ils se disaient opprimés, parce qu'on les forçait de contribuer aussi aux charges accablantes qui pesaient sur la nation. Leurs murmures contre la multiplication des offices de judicature n'étaient pas plus raisonnables. En vérité, ils auraient bien dû indiquer un autre moyen de suffire aux énormes dépenses de la guerre. Auraient-ils mieux aimé qu'on augmentât les impôts? Mais ces impôts n'étaient déjà que trop lourds; et encore on était souvent forcé de les anticiper de la façon la plus fâcheuse. La création de nouveaux offices, presque toujours utile, ne portait préjudice qu'aux priviléges déjà bien grands de quelques familles qui auraient voulu former, non-seulement un corps inamovible, ce qui était juste et nécessaire, mais un corps héréditaire, clos et fermé, absolument indépendant, et que l'État ne pût pas même accroître, parce que cet accroissement du corps tout entier blessait l'amour-propre et l'intérêt des particuliers.

Remarquez que les créations d'office devaient être enregistrées dans les parlements, qui demeuraient investis de leur droit de remontrances. Si on ne consentait pas à venir au secours de l'État par ces remèdes innocents, il n'y avait plus qu'à faire la paix[1]; et c'était là, en effet, le mot d'ordre des Importants et des Frondeurs, bien sûrs de répondre ainsi au vœu naturel de pacifiques magistrats, et se donnant les airs de protecteurs du peuple; lâche habileté, trahison criminelle des intérêts les plus sacrés de la France. Quelle politique que celle qui aurait mis au néant l'entreprise de Henri IV et de Richelieu, et n'aurait tenu aucun compte des sacrifices de trente années, de tant de sang versé sur tous les champs de bataille de l'Europe pour faire tête à la maison d'Autriche, relever un peu la France, et tâcher de lui acquérir au moins quelques-unes des frontières qui lui sont indispensables! Le parlement et l'aristocratie voulaient la paix; mais Mazarin la voulait aussi; seulement il la voulait solide, glorieuse, utile. Il fallait redoubler d'efforts pour

1. Déjà en 1636, quand l'ennemi était à Corbie et menaçait Paris, le parlement s'opposa pendant six mois à des créations d'offices qui pouvaient donner au Roi le moyen de soutenir l'armée en la payant. Le 2 janvier 1636, Louis XIII fit venir le parlement et lui dit : « Je veux l'exécution de mes édits; j'en retirerai 15 millions; cela me fait grand besoin et m'est nécessaire pour mes affaires. » Au mois de mai, les chicanes intéressées du parlement continuaient encore. Louis XIII, indigné, lui adressa ces paroles sévères : « Je trouve bien étranges les longueurs que vous apportez à l'exécution de mes édits desquels je vous ai parlé tant de fois; cependant toutes mes affaires se perdent faute d'argent; si vous saviez ce que fait un soldat quand il n'a point de pain, vous ne feriez point ce que vous faites. L'argent que je vous demande n'est pas pour jouir ni pour faire de folles dépenses; ce n'est pas moi qui parle, mais l'État et le besoin que l'on en a. Ceux qui contredisent à mes volontés sont plus mes ennemis et me font plus de mal que les Espagnols. »

frapper un grand coup, et remporter cette victoire de Lens qui décida le traité de Westphalie et nous donna notre frontière d'Allemagne.

La politique, l'honneur, l'intérêt véritable interdisaient le doute à cet égard; mais le parlement ne connaissait pas le moins du monde les affaires de l'Europe, et les grands seigneurs, travestis en tribuns du peuple, n'avaient pas dans le cœur la noble flamme du patriotisme. En même temps qu'ils invoquaient la paix à Paris, ils l'entravaient à Münster par toutes sortes d'intrigues, et leur opprobre éternel sera d'avoir encouragé l'Espagne à ne pas faire la paix en 1648, à ne pas signer le traité qui lui était offert, en la flattant de l'espoir que bientôt allaient éclater des troubles qui arracheraient l'épée de la France des mains de Condé et de Mazarin, et rendraient à l'Espagne sa vieille prépondérance du temps de la Ligue[1]. Ils savaient très-bien aussi qu'ils ne pouvaient affronter l'armée royale avec leurs seuls régiments et des bourgeois un moment séduits et égarés; ils savaient que pour l'emporter, pour se soutenir même, le secours de l'étranger leur était indispensable. Ils ne cessèrent de l'invoquer, de demander à l'Espagne de l'argent et des soldats, et les choses en vinrent à ce point qu'un jour sur les fleurs de lis étonnées le parlement de Paris reçut un envoyé de l'Archiduc!

1. *La Jeunesse de Madame de Longueville*, 5e édition, chap. IV, p. 288 et p. 329; *Madame de Chevreuse*, 2e édition, chap. VII, p. 304.

Quand on lit avec soin et qu'on examine à la lumière des événements contemporains toutes les résolutions prises par le parlement pendant la Fronde, on n'y trouve guère que des actes de parti et de continuelles usurpations tantôt sur l'autorité royale, tantôt sur les États-généraux. On a beaucoup vanté les délibérations de la chambre de Saint-Louis en juin et juillet 1648. D'abord ces délibérations du parlement, de la cour des comptes et de la cour des aides, réunis en un seul et même corps, auraient eu grand besoin d'être autorisées par le Roi; loin de là, le Roi les interdit, et elles furent le premier signe de la défaite de la royauté. De plus, elles avaient avant tout pour objet le maintien et l'agrandissement des priviléges du parlement et des deux autres compagnies qui s'y étaient jointes. Il y fut déclaré que « l'établissement ancien des parlements et des autres compagnies souveraines ne pourra être changé ni altéré, soit par augmentation d'offices et de chambres, ou par démembrement du ressort desdites compagnies pour en établir de nouvelles[1]. » Et en conséquence, la chambre de Saint-Louis n'hésite point à révoquer la cour des aides de Saintes et le parlement d'Aix.

On a fait grand bruit de cet article, que nul « ne pourra être détenu prisonnier passé vingt-quatre

1. *Journal* contenant tout ce qui s'est fait et passé en la cour du parlement de Paris, toutes les chambres assemblées, sur le sujet des affaires du temps présent, p. 19 et 20.

heures sans être interrogé et rendu à ses juges naturels¹, » comme si c'était là une conquête de la Fronde, comme si cette excellente et libérale prescription n'était pas depuis longtemps dans toutes les ordonnances, et particulièrement dans la grande ordonnance de Blois! Ajoutez qu'en présence de cet article, protecteur de la sûreté individuelle, on arrêtait arbitrairement quiconque était suspect d'être mazarin; et un jour, comme nous l'avons vu, on avait, sur la place de l'Hôtel de Ville, massacré comme mazarins les magistrats les plus opposés à la cour. De nobles cœurs proposèrent une fois de convoquer les États-généraux, et Mazarin n'y répugnait point; ce fut le parlement qui s'y opposa², pour retenir entre ses mains toute l'autorité législative ainsi que l'autorité judiciaire, se portant sans aucun titre, sans aucun mandat, comme le seul représentant et le seul interprète de la nation.

Disons-le donc : la plupart du temps, dans la Fronde, le parlement a fait paraître le vice secret de son institution. Par le mélange de la justice et de la politique, il est trop souvent sorti de ses attributions judiciaires pour se jeter dans des intrigues politiques à la suite de grands seigneurs ambitieux et mécontents. Avouons-le encore, Mazarin commit à son tour de grandes fautes. Sans exercer sur le parlement une autorité aussi dure que Richelieu, il ne le

---

1. *Journal*, etc., p. 14.
2. Mᵐᵉ de Motteville, t. IV, p. 359; La Rochefoucauld, p. 55.

ménagea pas assez; il ne sentit pas assez la nécessité d'enlever à une aristocratie factieuse l'appui d'un corps en possession d'une vieille et légitime influence. Tout occupé de ses grands desseins, passant les jours et les nuits en continuels travaux pour fortifier notre flotte de la Méditerranée, entretenir nos cinq armées d'Italie, de Catalogne, de Lorraine, d'Allemagne et de Flandre, et préparer des victoires nécessaires à la conquête de la paix, il n'aperçut pas la conspiration qui se formait contre lui sur les bancs mêmes du parlement, et pressé par d'impérieux besoins d'argent, il eut trop souvent recours à des créations de nouveaux offices.

L'origine de la Fronde et des premiers troubles qui éclatèrent à Paris est un édit du surintendant des finances d'Hémery, instituant douze nouvelles places de maîtres des requêtes. Le 8 janvier 1648, les autres maîtres des requêtes réclamèrent; et ils allèrent jusqu'à refuser de faire leur service accoutumé, comme au moyen âge l'Église et l'Université au moindre grief suspendaient l'enseignement public et l'office divin. De même en 1648, les maîtres des requêtes considéraient tellement leurs charges comme leur appartenant en propre qu'ils croyaient pouvoir à leur gré les exercer ou ne les exercer pas. Mandés et sévèrement admonestés par la Reine, leur ressentiment n'en devint que plus vif. Le parlement épousa leur cause, et le nouvel édit ne fut enregistré qu'au moyen de la mesure extraordinaire d'un lit de justice.

Diplomate et militaire par-dessus tout, Mazarin ne devina pas les orages qui pouvaient sortir d'un conflit du gouvernement avec une compagnie très-puissante dans Paris; il ne vit pas derrière elle ses éternels ennemis, les anciens Importants, contenus mais non pas détruits, et qui n'attendaient qu'une occasion pour renouer leurs trames et entreprendre de le renverser à tout prix, aux dépens du repos et de l'honneur de la France, en prenant tous les masques, en parlant tous les langages, en s'appuyant tour à tour sur le parlement et sur la populace, et en invoquant au besoin l'or et l'épée de l'étranger. Mazarin manqua ici de prévoyance. A la première résistance du parlement, il fit arrêter le vieux président Broussel, comme trois ans auparavant il avait fait arrêter Barillon; mais la ligue qui s'était formée contre lui n'était pas aisée à désarmer; et ayant envoyé presque toutes les troupes disponibles à la frontière, il se trouva dans Paris hors d'état de faire tête aux frondeurs, qui, à mesure qu'ils voyaient sa faiblesse, s'enhardissaient de plus en plus et se montraient à découvert; en sorte que la glorieuse journée de Lens se rencontra presque avec la triste journée des Barricades.

Plus d'une fois dans le cours de la Fronde, Mazarin fit la même faute : il méprisa trop ses ennemis et compta trop sur lui-même et sur sa fortune[1]. Mais,

---

1. Voyez plus haut, chap 1er, p. 7 et suiv.

éclairé par l'expérience, lorsqu'il revint en France en 1652, il s'appliqua à reconquérir le parlement; et dans toute sa conduite avec l'orgueilleuse compagnie, il eut le bon sens de se laisser guider par deux hommes qui la connaissaient bien et y étaient fort puissants, le procureur général Nicolas Fouquet et le premier président Mathieu Molé.

Fouquet n'était point un homme ordinaire. Sans doute il n'était pas fait pour le premier rang; et après la mort de Mazarin, lorsqu'un moment il gouverna seul, cette prospérité excessive et venue trop vite l'aveugla. Il fit trop montre de ses richesses et de sa magnificence devant un jeune roi superbe; et l'implacable jalousie de Colbert, secondée par l'intérêt et l'influence de Mme de Chevreuse, profita de ses fautes pour le détruire. Mais les illustres amitiés qu'il conserva après sa chute marquent assez qu'il possédait plus d'une qualité éminente. Formé à l'école de Mazarin, il avait l'esprit des grandes affaires; il était capable d'une conduite habile et ferme. Il aimait la gloire, et faisait le plus noble usage de son immense fortune, qui n'était guère plus mal acquise que celle de Mazarin et de Colbert lui-même; car apparemment celui-ci n'était pas parvenu à doter les trois duchesses, ses filles, et à bâtir sa magnifique maison de Sceaux avec les économies faites sur ses appointements. Fouquet avait le tort d'être homme de plaisir comme son frère l'abbé Fouquet; mais l'un et l'autre, pendant toute la Fronde, avaient été d'une exemplaire fidélité à Mazarin, et lui avaient rendu tout autant de services que Servien, Le Tellier et Lyonne. Fouquet, en qualité de procureur général, avait une grande autorité dans le parlement. Il était resté sur la brèche pendant les jours les plus difficiles, affrontant avec courage la tempête, et avec les présidents Bailleul, Novion et de Mesmes, rappelant et défendant les droits du Roi, tandis que son frère entretenait avec Mazarin une correspondance où il l'instruisait du véritable état des affaires et des esprits[1]. L'abbé s'était si fort compromis que, le 25 avril 1652, il avait été arrêté aux environs de Paris porteur de lettres adressées au cardinal. Le procureur général alla rejoindre le parlement de Pontoise, et au retour du Roi il exerça la plus utile influence. Il fit en quelque sorte la police du parlement en 1652 et 1653, désignant à Mazarin les amis solides qu'il devait hautement récompenser, les amis douteux qu'il fallait s'attacher davantage, les anciens ennemis qu'on pouvait gagner, et ceux qui étaient trop dangereux pour être épargnés.

---

1. On conserve à la Bibliothèque Impériale la correspondance inédite et autographe de Mazarin avec l'abbé Fouquet, qui contient le dessous des cartes de bien des choses, et montre l'habileté de l'abbé et la confiance qu'avait en lui Mazarin. Cette correspondance mériterait d'être publiée ; elle ferait heureusement suite aux *Lettres du cardinal Mazarin à la Reine, à la princesse Palatine*, etc., écrites pendant sa retraite hors de France en 1651 et 1652, que nous devons à M. Ravenel.

Mais l'homme qui servit le plus Mazarin dans cette œuvre de nécessaire sévérité et de judicieuse indulgence fut sans contredit le premier président Mathieu Molé. Ailleurs[1], nous avons essayé de peindre au vrai cet illustre personnage; il nous suffira de rappeler ici les principaux traits de cette grande figure.

Disons d'abord que le fils d'Édouard Molé avait par-dessus tout l'esprit et le cœur magistrat. Il aimait sincèrement la vérité et la justice, et son âme droite et ferme craignait Dieu plus que les hommes. Sa piété était profonde, sans aucune ombre de superstition. Ami de Saint-Cyran et de Bérulle, il était au plus haut degré gallican; il défendit constamment la cause de l'Université, et n'aimait point les Jésuites. Sorti d'une famille parlementaire, entré de bonne heure dans la compagnie, il en avait toutes les maximes, et il en chérissait les priviléges. Il avait peu de goût pour les États-généraux, et le parlement était à ses yeux le véritable sénat destiné à servir d'appui et de contrôle à la royauté. Il était né sénateur pour ainsi dire; et nul jamais, à Rome ou ailleurs, ne fut mieux fait pour représenter un grand corps. Sous Louis XI, il eût été Jacques de la Vacquerie. Sa vie privée était simple et

---

1. Voyez dans le *Journal des Savants* nos nombreux articles sur les *Carnets de Mazarin*, où, d'après ce document inédit, nous exposons la lutte de Mazarin contre le parti des Importants en 1643. Le cinquième de ces articles, décembre 1854, est consacré au parlement et à Mathieu Molé.

grave. Il avait reçu du ciel l'âme la plus conforme à son esprit, sereine, calme, intrépide, et le dedans se réfléchissait admirablement au dehors dans un corps sain et robuste et dans une figure où la force était empreinte[1]. Sa parole était concise et ferme, sans nulle élégance, et son ton presque toujours celui du commandement et de l'autorité jusque dans la vie ordinaire.

Voilà ce qui a porté plus d'un historien à représenter Mathieu Molé comme un homme tout d'une pièce ; mais en général les hommes ne sont pas ainsi faits, et la nature avait mieux traité Mathieu Molé que ne l'ont fait ses panégyristes. Il avait en effet beaucoup d'esprit et de finesse, et il était fort loin de manquer d'ambition. Il avait appris de son père Édouard à faire sa route à travers les nécessités les plus diverses. Comme lui, il eût accepté d'être le procureur général de la Ligue, sauf à travailler ensuite au rétablissement de la royauté légitime. De bonne heure, il avait fait l'apprentissage de la patience et de la longanimité ; et Richelieu l'avait accoutumé à faire fléchir quelquefois ses maximes de magistrat sous l'empire des circonstances.

Sa jeunesse est marquée par un grand acte d'indé-

1. On connaît par les deux admirables portraits de Nanteuil et de Mellan le président du parlement de la Fronde dans sa verte vieillesse, avec son aspect imposant et sa majestueuse barbe blanche ; mais il faut voir le procureur général Mathieu Molé, tel que l'a gravé Michel Lasne : nulle figure ne donne plus l'idée de la force ; c'est la tête de Corneille et de Saint-Cyran.

pendance et de vigueur où paraissent ses instincts
naturels. Il était lié avec les Marillac ; et quand Richelieu exila le garde des sceaux à Châteaudun, et livra
le maréchal à une commission extraordinaire, parfaitement bien composée pour l'envoyer à l'échafaud, le
maréchal ayant réclamé la juridiction du parlement,
dont il relevait comme grand officier de la couronne,
Mathieu Molé, alors procureur général, accueillit cette
réclamation, et la porta lui-même au parlement. Le
cardinal irrité fit rendre au conseil d'État un arrêt
qui mettait au néant les conclusions du procureur
général, lui enjoignait de comparaître en personne
pour rendre compte de sa conduite, et lui interdisait
l'exercice de sa charge. Molé se présenta devant le
Roi et devant Richelieu avec le calme et la dignité
que donne une bonne conscience ; et le cardinal, sur
lequel le courage ne manquait jamais son effet, l'estimant d'ailleurs et le sachant sans intrigue, trouva bien
plus sage d'acquérir un tel homme que de le briser,
et fit lui-même sa paix avec le Roi. Un des parents de
Richelieu, le maréchal de La Meilleraye, vit le procureur général, et dans un entretien qui nous a été conservé par un contemporain véridique, Omer Talon,
alors avocat général [1], La Meilleraye fit doucement
comprendre à Mathieu Molé qu'il fallait s'accommoder
au temps.

---

1. *Mémoires*, t. Ier, p. 34-35.

Si Mathieu Molé eût été l'homme tout d'une pièce qu'on a rêvé, il eût répondu à La Meilleraye que la justice est la justice, que le maréchal de Marillac avait un droit certain d'être jugé par ses juges naturels et non par une commission ; que cette juridiction légitime, c'était le devoir du procureur général de la revendiquer, dût-il y périr. Molé ne fit point cette réponse. « Le procureur général, dit Omer Talon, déféra aux raisons du maréchal La Meilleraye, et commença à rabattre quelque chose de son ancienne sévérité. » Il ploya donc sous la main de fer de Richelieu, et laissa faire ce qu'il ne pouvait empêcher. Il vit avec douleur, mais sans murmurer, Richelieu frapper à coups redoublés sur l'indépendance de la compagnie, casser ses arrêts, exiler et emprisonner plusieurs de ses membres, et fouler aux pieds, particulièrement dans le procès du duc d'Épernon, les formes les plus substantielles de la justice. C'est ainsi qu'en 1641, de procureur général, il devint premier président de la main de celui qui avait fait monter Marillac sur un échafaud, et qui tenait encore Saint-Cyran à Vincennes.

Claude Le Pelletier, depuis contrôleur général des finances, si digne de foi et par sa scrupuleuse probité et par sa haute admiration pour Molé[1], nous apprend

---

1. Bibliothèque Impériale, *Supplément français*, n° 2431, *Mémoire sur la vie et les actions de M. Molé, garde des sceaux de France*. Voici le début de ce curieux *Mémoire*, jusqu'ici resté inédit : « La

que malgré tous les gages de déférence que le procureur général avait donnés à Richelieu, celui-ci, dans sa prudence soupçonneuse, avant de le nommer premier président, lui demanda et en obtint une promesse écrite de sa propre main de ne jamais assembler le parlement sans un ordre exprès du Roi. Mathieu Molé passait tellement pour une créature de Richelieu, qu'après sa mort, et dans la tempête qui s'éleva en 1643 contre la mémoire et les partisans du terrible cardinal, il tomba en disgrâce, comme La Meilleraye, le duc de Brézé et bien d'autres, et courut risque de perdre sa charge. On parlait déjà, vu son veuvage et sa haute piété, de l'envoyer dans quelque évêché, avec l'espérance du cardinalat [2].

Dans cette critique circonstance, Mathieu Molé se conduisit avec la dignité qui était dans sa nature, et avec la prudence et l'habileté que l'expérience lui avait enseignées. Il devait trop à Richelieu pour se joindre à ses ennemis, sans se croire obligé de le dé-

vénération que j'ai toujours eue pour la mémoire de M. Molé, qui a été procureur général, premier président et garde des sceaux, m'engage à ne pas laisser perdre par ma mort les choses singulières que j'ai sçues de ce grand homme. Il avoit honoré feu mon père de son amitié, et il m'a souffert l'approcher lorsque j'étois encore fort jeune... »

2. *Journal* d'Olivier d'Ormesson, 19 septembre 1643 : « Le soir, M. Pichotel (un des greffiers du conseil d'État) nous dit que l'on parloit de faire le premier président Molé archevêque d'Auch avec promesse du chapeau de cardinal... C'est le bruit de Paris. » Mazarin répète ce bruit dans ses *Carnets*, n° carnet, p. 24.

fendre; il se ménagea et attendit. A mesure que Mazarin le connut, il discerna sa capacité et le releva aux yeux de la Reine. Bientôt ils marchèrent à peu près de concert. Molé vit avec plaisir le parlement reprendre une juste autorité; mais il n'était pas disposé à la mettre au service des Importants, et dès lors il se montra aussi modéré que ferme, et favorable au nouveau ministre sans servilité. Voici quelques lignes de Mazarin, qui, dans leur simplicité, contiennent un bien grand éloge : « Il faut caresser le premier président; il aime l'État, et on le peut contenter aisément[1]. » Touché de ses services, il s'avertit lui-même « qu'il faut lui faire quelque cadeau, lui accorder quelque gratification », et il s'assure que « l'austérité de Mathieu Molé ne l'empêchera pas de recevoir volontiers les grâces que la Reine voudra bien lui faire[2]. » Mazarin ne témoigne pour personne autant d'estime que pour Molé; il l'honore sincèrement, et le sachant sans fortune et resté veuf avec beaucoup d'enfants, il entra dans les soucis du père de famille, il veilla sur les intérêts de l'abbé François Molé, fit vaquer pour lui l'abbaye de Sainte-Croix, de Bordeaux[3], et plaça

---

1. IIIe carnet, p. 12 : « Far carezze al primo presidente, affezionato suddito allo stato; e con facilità si puol contentar. »

2. VIe carnet, p. 22 : « Donar qualche cosa al primo presidente poichè sono certo che la sua rigidità non l'impedira di ricevere dà S. M. le grazie che vorrà farli. »

3. VIIIe carnet, p. 20. — François Molé devint en effet abbé de Sainte-Croix de Bordeaux, en 1646, et, plus tard, abbé de Saint-Paul

Édouard Molé, déjà trésorier de la Sainte-Chapelle, sur une liste de futurs évêques[1]. Enfin, comme le premier président portait un attachement particulier à son fils aîné Champlâtreux, chargé de soutenir et de continuer sa maison, Mazarin, trouvant déjà Champlâtreux conseiller au parlement, lui confia successivement les plus considérables intendances de justice, de police et de finances auprès des armées de Flandre, d'Allemagne et de Catalogne [2].

Quand vint la Fronde, Mathieu Molé déploya la grandeur d'âme et la force de caractère à laquelle tout le monde a rendu hommage, et en même temps une habileté consommée, qui n'a pas été assez reconnue.

à Verdun. Il ne poussa pas plus loin sa carrière ecclésiastique. Conseiller au parlement en 1650, il fut nommé maître des requêtes en 1657. On en a un très-beau portrait, gravé par Nanteuil, de l'année 1649.

1. VIIIe carnet, p. 1. — Édouard Molé a été évêque de Bayeux, et il est mort en 1652, à l'âge de quarante-trois ans. On en conserve à Champlâtreux, dans la noble demeure des Molé, un assez bon portrait peint du temps. Le premier président a eu aussi un autre fils, plus jeune, qui s'appelait Mathieu Molé, fut chevalier de Malte, et devint plus tard chef d'escadre. Fronton, chancelier de l'Université, qui a prononcé en latin l'éloge de Molé dans l'église de Sainte-Geneviève, dit avec raison que, tout homme de guerre qu'il est, le jeune chevalier de Malte peut très-bien prendre pour modèle l'intrépide magistrat auquel il doit le jour.

2. Voyez aux archives du ministère de la guerre les papiers manuscrits de Le Tellier, particulièrement le tome VIII, fol. 124, qui touche la commission donnée à M. de Champlâtreux, le 4 mars 1647, auprès de l'armée de Catalogne, et rappelle les services qu'il a déjà rendus dans l'intendance des armées d'Allemagne et de Flandre, sous les ordres du duc d'Enghien.

Dans la journée des Barricades, il fit voir à la population soulevée le visage et le cœur d'un grand magistrat ; et, au milieu des plus grands périls, une présence d'esprit et une sérénité intrépide que Retz peint à merveille, et qui lui font égaler avec raison le courage de Molé à celui de Condé. Il voulait sincèrement la réforme des abus, et servit souvent d'interprète assez altier à sa compagnie ; en même temps, il demeura fidèle à la royauté, et lorsqu'en public il parlait le plus énergiquement à la Reine, sous main il lui donnait les meilleurs conseils. Il contribua beaucoup à la paix de Ruel, en 1649 ; mais il n'approuva pas l'arrestation violente des princes en 1650 ; et quand ils sortirent de prison, et que Mazarin quitta le royaume, il se serait fort bien accommodé d'un gouvernement nouveau, si ce gouvernement avait pu s'établir.

Nous l'avons vu [1], en 1651, entrer dans le cabinet sous les auspices de M. le Prince, qui ne le soutint point et ne le servit pas comme il l'avait espéré. Il y rentra volontiers un peu plus tard avec Châteauneuf, et il y demeura au retour de Mazarin. C'est Mazarin qui, pendant son exil, avait conseillé à la Reine de revêtir Molé de la simarre, et d'ajouter les sceaux à la première présidence, faveur jusqu'alors sans exemple, et qui depuis ne s'est jamais renouvelée, mais qui avait

---

1. Voyez chap. 1er, p. 16, 64 et 65.

le double avantage d'attacher plus que jamais à la Reine et à son ministre le premier magistrat du royaume en couronnant sa juste ambition, et de donner à tous les parlements une garantie certaine pour leurs priviléges et pour tous leurs intérêts, puisque celui qui devait représenter la couronne et le ministère auprès d'eux était précisément l'homme de France qui tenait le plus à leur dignité, et qu'ils auraient volontiers chargé de la défendre. Molé, garde des sceaux et premier président, avait successivement appelé à Pontoise tous ceux de ses collègues qui voulaient rester fidèles à la royauté et n'avaient cédé qu'à un entraînement passager. Quand le jeune Roi rentra à Paris, le 21 octobre 1652, avec une amnistie solennelle, le nom seul du ministre de la justice disait assez que l'amnistie proclamée n'était pas un piége, et qu'elle serait loyalement pratiquée.

Mais Molé n'était pas homme à confondre la loyauté avec la faiblesse. Il était trop éclairé pour ne pas comprendre qu'il fallait profiter sérieusement d'une victoire si péniblement achetée pour prévenir le retour des calamités passées. Depuis que l'amnistie avait été promulguée le 26 août, plusieurs membres du parlement de Paris, loin de l'accepter et d'obéir aux ordres du Roi, s'étaient jetés encore plus avant dans la révolte et avaient pris part aux actes les plus coupables. Les maintenir au sein du parlement eût été y laisser subsister un foyer permanent d'opposition systématique. Ainsi que nous l'avons dit[1], on ne les convoqua point au lit de justice du 22 octobre, où l'amnistie devait être vérifiée, et il leur fut enjoint de sortir momentanément de Paris. En tout, ils étaient onze, tant présidents que conseillers. Les plus gravement compromis, le président Viole par exemple, suivirent le prince de Condé jusqu'au bout, et quittèrent la France; tous les autres, et parmi eux le président Broussel, se retirèrent dans leurs maisons de campagne, et n'y furent point recherchés; on se borna à surveiller leur conduite présente. On ne fit donc que ce qui était indispensable; mais on le fit.

Ce qui avait égaré le parlement était ce commerce assidu avec des grands seigneurs consommés dans l'art de la flatterie et de l'intrigue, qui, en caressant l'amour-propre de magistrats inexpérimentés, les entraînaient aisément dans leurs intérêts et dans leurs querelles. Il était impossible de remédier entièrement à ce danger sans toucher à la constitution même du parlement. Cette constitution fut scrupuleusement respectée; mais on prit une mesure qui diminua un peu le vice originel que nous avons signalé[2] sans abaisser la compagnie, ou plutôt en rehaussant sa dignité et sa vraie indépendance.

Le mal qu'avait toujours fait le mélange des magistrats et des grands seigneurs avait été porté à son

1. Chap. III, p. 171.
2. Plus haut, p. 201-203.

comble pendant la Fronde. Les écrivains qui se font les panégyristes du parlement de la Fronde ne se doutent peut-être pas que, parmi ces Brutus et ces Caton déclamant si haut contre le premier ministre, les plus emportés étaient aux gages des grands seigneurs leurs collègues, en tenaient des pensions pour avoir soin de leurs affaires de tout genre, souvent même faisaient partie de leur haute domesticité[1]. Qu'on juge de leur indépendance en matière politique, et même en matière civile ! Pour couper court à ces honteux abus, le premier président et garde des sceaux crut bien mériter du parlement en lui adressant, dans le lit de justice du 22 octobre, une déclaration royale parfaitement fondée en principe, dont les termes naïfs et forts sont précieux à recueillir[2]. « Considérant que la plus grande partie des désordres a procédé de la liberté que nos officiers se sont donnée de s'intéresser dans les affaires des princes et des grands de notre royaume, soit en prenant la conduite d'icelles, soit en recevant des pensions et gratifications, soit en leur faisant une cour ordinaire au préjudice du devoir et honneur de leurs charges, soit en assistant à leurs conseils, ce qui les a engagés en-

---

[1]. Par exemple, le président Perrault, de la Cour des Comptes, était intendant du prince de Condé, et le président Nesmond, si fort opposé à Mazarin, était le chef des conseils de l'illustre maison.

[2]. *Journal ou Histoire du temps*, etc., p. 240-242 : Déclaration du Roi pour l'affermissement de la tranquillité publique.

suite à avoir une aveugle complaisance pour eux et pour tous leurs desseins, jusques à révéler les secrets des délibérations contre leur propre serment et le service qu'ils nous doivent, et prendre leurs sentiments pour les porter dans les délibérations de leurs compagnies, étant notoire que ceux de nos officiers qui se sont dévoués auxdits princes et grands ont eu l'artifice de les faire assister dans toutes les assemblées pour être fortifiés par leur présence et ôter à leurs confrères la liberté des suffrages, faisant intimider les uns, interrompre et contredire impérieusement les autres : Nous défendons à tous nosdits officiers, de quelque qualité qu'ils soient, de prendre soin ou direction des affaires desdits princes et grands de notre royaume, de recevoir d'eux des pensions, gratifications et autres bienfaits, de leur faire la cour par des fréquentes visites, d'assister à leurs conseils et s'intéresser à leurs desseins, à peine d'être procédé contre les contrevenants selon la rigueur des ordonnances, et ce nonobstant tous brevets et lettres qu'ils pourroient avoir obtenus de nous, que nous révoquons par ces présentes. »

Il ne suffisait pas d'avoir préservé le parlement du commerce contagieux de l'aristocratie, si on lui laissait le droit, qu'il s'était impunément arrogé, de se saisir lui-même des plus grandes affaires de l'État, d'intervenir dans les négociations diplomatiques, de s'ingérer même dans l'administration, et de prendre l'initiative de toutes sortes de mesures financières, au lieu d'attendre que le gouvernement soumît à son enregistrement et à ses délibérations des édits de ce genre. On fit donc justice de ce prétendu droit, et on renferma le plus qu'on put le parlement dans ses attributions judiciaires. « Considérant, dit le Roi dans la déclaration précitée, que tous ceux qui ont voulu commencer la guerre civile ou exciter quelque révolte dans notre État ont ordinairement essayé de surprendre la religion de notre parlement, en gagnant ou séduisant les esprits de plusieurs particuliers qu'ils ont engagés dans leur parti, auxquels ils ont fait employer l'autorité que nous leur avons donnée, par les charges qu'ils exercent dans la compagnie, pour décrier nos affaires, *dont leur profession leur avoit donné peu de connoissance,* et que, pour faire réussir leurs desseins, ils ont artificieusement suscité des assemblées générales de toutes les chambres, pour y faire délibérer indifféremment sur toutes les propositions que les moindres particuliers ont voulu faire ; et voulant éviter que les maux que notre royaume en a soufferts n'arrivent plus à l'avenir : Nous avons fait et faisons très-expresses inhibitions et défenses aux gens tenant notredite cour de parlement de Paris de prendre encore connoissance des affaires générales de notre État et de la direction de nos finances, ni de rien ordonner ou entreprendre pour raison de ce contre ceux à qui nous en avons confié l'administration, à peine de désobéissance, déclarant dès à présent nul et de nul effet tout ce qui a été ci-devant ou pourroit être résolu et arrêté sur ce sujet dans ladite compagnie, au préjudice de ces présentes, et voulons qu'en ce cas nos sujets n'y aient aucun égard. »

On reconnaît ici le bon sens courageux de Mathieu Molé; mais s'il eût été aussi grand homme d'État qu'il était grand magistrat, il eût proposé au Roi et à Mazarin une nouvelle déclaration qui eût dignement couronné toutes les autres : le Roi, après avoir ôté à un corps essentiellement judiciaire les attributions politiques qui ne lui appartenaient point, les eût remises à qui elles appartenaient légitimement, et rétabli les États-généraux du royaume, en les rendant périodiques et obligatoires dans certaines circonstances, selon la tradition française toute vivante encore, un grand nombre des amis et des contemporains de Molé ayant assisté aux États-généraux de 1614 et à la grande assemblée des notables de 1626. Mais la Fronde n'était pas digne de l'immortel honneur d'avoir amené la liberté véritable; et les criminelles révoltes d'une aristocratie égoïste, ainsi que les déclamations intéressées de gens de loi incapables, méritaient le châtiment du pouvoir absolu.

Molé, comme premier président et comme garde des sceaux, prit la plus grande part à ces diverses mesures, avec le chancelier Séguier et le procureur général Fouquet. Celui-ci les apporta devant le parlement le 22 octobre, et il en enleva l'enregistrement grâce à la présence du Roi. Les frondeurs qui étaient restés à Paris et parurent s'agiter furent contenus et réprimés ; et Retz, comme nous l'avons dit, ayant mêlé à ses grandes démonstrations de respect et de soumission des menées suspectes, se vit arrêter en plein Louvre et conduire à Vincennes. Ce coup de vigueur intimida les plus hardis ; et le lendemain le vieil archevêque de Paris étant venu avec son clergé adresser à la Reine des doléances sur l'arrestation d'un cardinal, il lui fut nettement répondu que, le Roi ayant agi dans l'intérêt de l'État, il ne fallait pas s'attendre à ce qu'il changeât rien à ce qu'il avait fait. On publia dans la *Gazette* [1] cette ferme réponse, ainsi que les motifs de l'arrestation de Retz. Le parlement averti par un tel exemple, garda le silence, se résigna peu à peu à sa condition nouvelle, et reprit les habitudes qui conviennent à l'exercice impartial et paisible de la justice.

Ainsi Mazarin, en revenant à Paris, n'avait plus de tristes sévérités à exercer ; Fouquet et Molé les avaient prises sur eux ; et sans en avoir l'odieux, il en recueillit le fruit.

Il trouva au Louvre le 3 février 1653, le parlement de Paris conduit par ses deux chefs, le procureur général et le premier président, qui venait en corps,

---

1. *Gazette* pour l'année 1652, n° 149, p. 1175-1176.

avec les autres ordres de l'État, lui présenter ses hommages. Mazarin le reçut avec sa bonne grâce accoutumée ; et sans avoir l'air de se souvenir qu'à plusieurs reprises depuis 1648 ce même parlement l'avait condamné au bannissement, avait fait vendre à l'encan, sur la place du Châtelet, ses meubles, ses tableaux, sa bibliothèque, l'avait déclaré ennemi de l'État, perturbateur du repos public, et avait mis sa tête à prix, il eut des sourires pour tout le monde et laissa tout le monde satisfait. Il prodigua sans doute les faveurs à ses amis ; mais il n'ajouta pas la moindre rigueur à celles que la politique avait d'abord imposées ; il les adoucit plutôt.

Les conseillers qui avaient souffert pour sa cause furent promus à des places importantes. En même temps que Servien, Le Tellier et Lyonne recevaient de hautes récompenses pour leur fidélité courageuse[1], le

---

1. Servien, déjà ministre d'État, fut nommé, le 8 février, un des surintendants des finances avec Fouquet. Lyonne, depuis longtemps secrétaire des commandements de la Reine, reçut, le 28 du même mois, le cordon bleu avec la charge de commandeur, prévôt, et maître des cérémonies de l'Ordre, et quelques jours après, Le Tellier, déjà secrétaire d'État, eut la charge de grand trésorier des ordres du Roi, laissée vacante par la mort de Chavigny, ainsi que le cordon bleu. *Gazette* de 1653, pages 175, 224 et 307. — Menardeau-Champré, conseiller au parlement, qui s'était montré si fidèle à Mazarin, fut nommé, le 8 février, directeur des finances conjointement avec MM. d'Aligre et de Morangis (*Gazette*, p. 175). En juin de la même année, l'abbé Servien, un des fils du ministre, est nommé à l'évêché de Carcassonne, etc. Parmi ceux qui avaient si bien mérité d'être récompensés, Mazarin se garda d'oublier le marquis de Navailles :

procureur général Fouquet, nommé ministre d'État, prit séance au conseil d'en haut, et partagea la surintendance des finances avec Servien. Mathieu Molé, déjà comblé d'honneurs, vit sa fille la religieuse pourvue de l'abbaye de Saint-Antoine ; et Champlâtreux eut le gouvernement de Vincennes, avec l'assurance d'une charge de président à mortier à la retraite de son père. Quelque temps après, l'illustre vieillard conserva les sceaux et résigna la première présidence. Mazarin aurait pu nommer à cette charge éminente un des présidents à mortier qui lui avaient été le plus favorables ; il fut assez maître de lui-même, assez politique, pour la donner à l'homme que la compagnie tout entière lui eût désigné, Pomponne de Bellièvre, ami particulier et en quelque sorte disciple de Châteauneuf, qui plus d'une fois avait été très-vif dans la cause du parlement, et désormais allait mettre la haute influence que lui assuraient son habileté et sa grande fortune au service de la royauté et de son ministre. Le parlement fut très-flatté de ce choix.

Au fond, il n'était pas fort difficile de bien vivre

---

il le nomma, le 29 mai, à la place que laissait Saint-Mégrin, tué au combat de Saint-Antoine, c'est-à-dire lieutenant des chevau-légers de la Reine, dont sa femme, Mlle de Neuillan, était fille d'honneur. Plus tard, Navailles devint maréchal et duc, et sa femme première dame d'honneur de la reine Marie-Thérèse. Le 1er juin, le comte de Miossens fut fait maréchal de France, sous le nom de maréchal d'Albret, et le comte de Palluau sous celui de maréchal de Clérambault.

avec des magistrats nourris ordinairement dans le culte de l'ordre public, et qui n'avaient aucune raison de chercher querelle à la royauté. L'aristocratie, qui siégeait à côté d'eux, les avait égarés en ayant l'air d'entrer dans leurs intérêts pour les engager dans les siens; mais, l'aristocratie vaincue et soumise n'agitant plus le parlement, il rentrait aisément dans son assiette accoutumée, et dès qu'on n'avait plus devant soi que ses griefs plus ou moins légitimes, on les pouvait prendre en considération et les satisfaire dans une mesure convenable.

Le plus sérieux de ces griefs était la multiplication des offices. N'ayant plus que l'Espagne à combattre depuis le traité de Westphalie, Mazarin avait moins besoin de ressources extraordinaires; il s'abstint donc, autant qu'il put, de créer de nouveaux emplois de judicature, et il respecta plus que jamais la juridiction du parlement. Un des plus ardents frondeurs, le conseiller Fouquet de Croissy[1], invité à sortir de Paris avec ceux de ses confrères qui étaient enveloppés dans la même disgrâce, au lieu de suivre l'exemple du président Viole et d'aller conspirer ouvertement à Bruxelles, s'était obstiné à rester dans la capitale; et là, par ses correspondances factieuses et par ses efforts pour raviver le vieux levain de la Fronde, il avait en quelque sorte forcé le vigilant Mazarin à le faire arrê-

---

1. Auteur du *Courrier du temps*.

ter. Mais cette arrestation, commandée par la nécessité, fut au cardinal une occasion heureuse de bien faire voir que les anciens abus ne reparaîtraient plus, et que la déclaration du parlement, en juillet 1648, sur la sûreté des personnes, serait désormais un peu mieux observée que pendant la Fronde. On ne livra point Croissy à une commission extraordinaire et on ne l'ensevelit point en prison ; selon son droit de conseiller au parlement, il fut immédiatement déféré au parlement lui-même, qui procéda à son égard dans les formes accoutumées[1].

Le parlement ne pouvait manquer d'être touché d'une pareille conduite ; et il le fut encore davantage de la modération, de la délicatesse même que Mazarin montra envers le fils du fameux président Broussel. Nul n'avait plus persécuté Mazarin que cet ardent et opiniâtre parlementaire. Au milieu de la Fronde, il avait été nommé gouverneur de la Bastille, et il avait passé ce gouvernement à son fils Louvière. C'était celui-ci qui, sur l'ordre apporté par Mademoiselle, avait tiré le canon de la Bastille sur les troupes du Roi à la fin du combat de Saint-Antoine. Mazarin victorieux laissa le père s'éteindre tranquillement dans la retraite et dans l'oubli, et il aurait bien pu, sans être accusé de violence, destituer au moins le jeune Broussel ; il aima mieux tirer doucement de ses mains

---

1. Le 17 mars 1653. *Gazette*, p. 283.

cette place importante, en lui en payant convenablement le prix[1], comme cela se faisait alors, afin de ne pas avoir l'air de flétrir un nom qui ne laissait pas d'être cher encore au parlement. On ne pouvait pas mieux établir dans tous les esprits que le passé était effacé, et que les fautes présentes seraient seules punies. C'est par une semblable politique qu'on termine les révolutions sur leur déclin, et qu'on fonde solidement son propre pouvoir en y ralliant tous les intérêts.

Nous pouvons donc le dire en toute assurance : le 3 février 1653, les deux grandes forces de la Fronde, l'aristocratie et le parlement, étaient rentrées sous l'obéissance du Roi et reconnaissaient l'autorité de son ministre.

Pour la bourgeoisie, depuis longtemps elle était bien revenue de ses premières illusions. Une douloureuse expérience lui avait appris combien elle s'était trompée en se séparant de la royauté, sa fidèle amie depuis tant de siècles, qui jadis l'avait tirée des ignominies du servage féodal, qui avait encouragé et protégé ses pacifiques travaux, et l'avait peu à peu formée à l'art du commandement en lui remettant la police des villes, et cette multitude de charges municipales qui lui avaient été autant d'écoles d'instruction politique, et d'utiles degrés pour monter plus haut et par-

---

[1]. On dit que Louvière toucha 30,000 écus en donnant sa démission de la Bastille.

ticiper enfin au gouvernement de l'État. La bourgeoisie et la royauté n'avaient pas un seul intérêt contraire ; elles avaient grandi ensemble, et elles avaient encore grand besoin l'une de l'autre contre l'ennemi commun. Cet ennemi était l'aristocratie féodale, dont les priviléges héréditaires étaient à la bourgeoisie un joug honteux et à la royauté une chaîne insupportable. Ces priviléges, un peu affaiblis par le temps, subsistaient presque tout entiers au commencement du xvii° siècle, et composaient un ordre de choses où certes le tiers état n'était pas rien, comme depuis l'a prétendu l'abbé Sieyès, mais où il devait à la royauté le peu qu'il était. C'était là ce que les écrivains aristocratiques de la Fronde ont appelé l'ancienne constitution de la France. Jamais la royauté ne songea à détruire une aristocratie nécessaire, et il faut bien peu connaître Richelieu pour lui imputer une telle pensée[1]. Tout l'effort de la royauté, de Richelieu, et plus tard de Mazarin était de réduire l'aristocratie féodale à une grande magistrature politique et surtout militaire, qui guidât la nation et ne l'asservît point.

Et c'était dans une semblable entreprise que la bourgeoisie était venue arrêter la royauté, pour se joindre, à qui ? aux représentants de ceux qui jadis

1. Ennemi déclaré de l'aristocratie féodale, Richelieu est en même temps un ami de la noblesse ; loin de l'abaisser, il la veut relever, mais en empêchant qu'elle n'opprime le peuple comme elle-même est trop souvent opprimée par les grands. *Testament politique*, chap. III, section 1.

s'étaient opposés à son émancipation, et qui maintenant refusaient d'échanger une domination qui avait fait son temps pour une puissance bien considérable encore, mais soumise aux lois et ne pouvant plus impunément fouler à ses pieds le peuple. La bourgeoisie reconnaissait que les ducs et pairs qui l'avaient appelée à la révolte avaient travaillé pour eux et non pas pour elle; que s'ils avaient employé les paroles flatteuses et les belles promesses, tandis qu'autrefois ils procédaient bien différemment, les moyens avaient changé, mais le but était le même. Elle se demandait ce qu'elle avait gagné aux longs désordres de ces derniers temps. Le travail, le commerce, l'industrie, qui faisaient sa force, avaient été interrompus. On avait mis sur elle plus d'impôts qu'il n'en eût fallu à Mazarin pour envoyer deux armées françaises à Bruxelles et à Madrid. Au lieu d'accroître ses libertés municipales, on lui avait imposé comme prévôt des marchands le vieux et incapable Broussel; et le 4 juillet on avait insulté, maltraité, massacré ses magistrats. On lui avait promis une prospérité inouïe, et elle était ruinée. Le paiement des rentes de l'Hôtel de Ville, cette épargne sacrée de la médiocrité laborieuse et économe, était depuis longtemps suspendu. La famine était dans Paris, amenée par le ravage incessant des campagnes environnantes; avec la famine étaient venues toutes les maladies et une épidémie qui décimait particulièrement les quartiers pauvres de la capitale.

Elle s'était aussi demandé, cette bourgeoisie, si ces grands seigneurs, qui, sous de faux semblants, l'avaient jetée dans une sédition contraire à tous ses intérêts, avaient su diriger une affaire aussi difficile avec le concert et l'habileté qu'on avait droit d'attendre de personnages depuis longtemps exercés à commander. Loin de là, elle avait vu tous ces chefs de l'aristocratie divisés entre eux, intriguant les uns contre les autres, s'accusant tous de trahison, finissant par se battre entre eux, et même beaux-frères contre beaux-frères!

Aussi à quoi avait abouti une entreprise ainsi conduite? On avait commencé par dire bien haut, on avait répandu dans cent pamphlets, on avait écrit dans tous les arrêts du parlement qu'il était honteux de se laisser gouverner par un étranger, à moitié Italien, à moitié Espagnol, comme si Mazarin n'avait pas été depuis plus de douze ans naturalisé Français pour services rendus à la France, selon toutes les formes accoutumées, et par des lettres royales dûment enregistrées[1]! Et contre ce prétendu étranger, quel secours avaient invoqué ces grands patriotes? Le secours de l'étranger. L'aristocratie s'était adressée à un duc de Lorraine, aventurier sans foi, se battant pour quiconque le payait, et traînant avec lui dans nos campagnes désolées le brigandage et la débauche. Elle avait introduit dans le cœur de notre pays une armée

---

1. Nous les avons retrouvées aux Archives des affaires étrangères, *France*, t. XCI, fol. 115-125, datées d'avril 1639.

espagnole pour faire tête à l'armée du Roi. Des régiments espagnols s'étaient avancés à travers la Picardie et la Champagne jusqu'auprès des bords de la Loire, que depuis Charles VII l'œil de l'étranger n'avait pas vus. La Fronde avait perdu toutes les conquêtes de Richelieu et de Mazarin. En Flandre, Gravelines, faute d'être secourue, avait été forcée de se rendre le 18 mai 1652; et quelques mois après, le 6 septembre, Dunkerque avait fait de même malgré la belle défense du comte d'Estrades. Le 13 octobre, Barcelone nous était enlevée, la Catalogne nous échappait, le Roussillon était menacé; encore une année, et le drapeau de l'Espagne allait flotter sur les murs de Rocroy[1]! Un tel spectacle n'avait rien qui étonnât et affligeât les princes et les grands; ils y étaient accoutumés; ils y fondaient leurs espérances. Il n'en était pas ainsi de la bourgeoisie; elle en était profondément humiliée, et sa fierté naissante en rougissait, comme si déjà elle eût pressenti qu'un jour, après avoir pendant de longs siècles fécondé de son travail et de ses sueurs le sol de la patrie, elle le défendrait seule au prix de son sang, laisserait bien loin derrière elle tous les exploits du moyen âge, et enfanterait à son tour des héros dignes de figurer dans l'histoire à côté des plus illustres des temps passés!

La bourgeoisie parisienne invoquait depuis long-

---

1. Rocroy se rendit aux Espagnols le 30 septembre 1653.

temps la présence du Roi, redevenu à ses yeux le symbole vénéré de la liberté et de l'ordre. Le 21 octobre 1652, elle l'avait reçu avec des transports d'allégresse. Le 3 février 1653, elle reçut de même celui qui par son courage et sa persévérance était parvenu à lui rendre son roi, et à contraindre tous les étrangers à abandonner le territoire français. Aussitôt que les corps de l'Hôtel de Ville surent que Mazarin était au Louvre, ils s'y rendirent tous sur-le-champ, et, « reconnoissant l'obligation que la France devoit à ses grands et illustres travaux, lui vinrent témoigner leur joie de son heureux retour[1]. » On conçoit quel accueil leur fit l'aimable et habile cardinal. Il leur prodigua les paroles bienveillantes ; il fit mieux : le même jour, une ordonnance royale annonçait une mesure qui fut bénie par toute la petite bourgeoisie de Paris, le paiement depuis longtemps suspendu de la rente. Cette ordonnance[2] « enjoignoit aux prévôts des marchands et échevins de faire ouvrir au premier jour le bureau pour le paiement des rentes, et d'y faire employer les sommes qui ont été et seront incessamment fournies à cet effet, de semaine en semaine. » Quelques jours après, les syndics des rentiers s'empressèrent d'aller remercier le cardinal; et le 29 mars l'Hôtel de Ville l'invita à un grand dîner[3].

1. *Gazette* pour l'année 1653, n° 18, p. 139.
2. *Ibid.*, p. 140.
3. *Ibid.*, p. 339 : « Le 29 mars, le cardinal Mazarin ayant été

Mazarin voulut aussi que le peuple, depuis si longtemps misérable, et dont la Fronde avait eu l'art de tourner les souffrances contre le seul homme qui les pût faire cesser, eût sa part de la joie commune. Pendant deux jours entiers, il fit distribuer aux pauvres d'abondantes aumônes. Le soir du 3 février, des réjouissances publiques eurent lieu dans les divers

le jour précédent convié par les officiers de l'Hôtel de Ville d'y aller dîner, Son Éminence fut reçue, à une heure après midi, sur le haut du premier escalier, par le maréchal de L'Hospital notre gouverneur, le prévôt des marchands, les échevins, le procureur du Roi, le greffier et quelques conseillers de ville, et conduite dans la grande salle, expressément parée de fort belles tapisseries, où, après une demi-heure d'entretien, le poisson le plus exquis de la saison fut servi sur une table longue, à quarante couverts, à laquelle Son Éminence fut accompagnée des ducs de Guise et d'Arpajon, des maréchaux d'Estrée, Villeroy, Grammont, Lamothe-Houdancourt, Senneterre, d'Aumont, d'Hocquincourt et de Grancey, du comte de Servien et du sieur Fouquet, surintendant des finances, du sieur Le Tellier, secrétaire d'État, et de six conseillers de ville et trois quarteniers. Les santés de Leurs Majestés furent presque tout l'entretien des banquetants, Son Éminence ayant commencé par celle du Roi, au bruit des agréables fanfares et trompettes de Sa Majesté et de la ville, qui se firent entendre pendant tout le dîner : à l'issue duquel la compagnie passa dans un lieu appelé le Petit Bureau, aussi très-superbement orné de tapisseries, où elle fut divertie par un excellent concert de toute sorte d'instruments, touchés par les meilleurs maîtres. Puis, Son Éminence ayant jeté par les fenêtres diverses pièces d'argent au peuple, qui les ramassa avec force cris de *Vive le Roi!* fut reconduite comme elle avoit été reçue. Lesquels honneurs ainsi rendus par ce corps de ville à ce premier ministre, qui porte avec plus d'éclat le caractère de Sa Majesté, font non-seulement voir que toutes nos factions n'ont été l'ouvrage que de quelques particuliers, auquel ce corps n'a point eu de part, mais qu'aujourd'hui plus que jamais cette ville est entièrement dans le respect et l'obéissance due à son souverain. »

quartiers de Paris, et de nombreux feux d'artifice les prolongèrent pendant la nuit tout entière[1].

Enfin, pour ajouter à l'éclat de ce beau jour, les nombreuses nièces de Mazarin, gracieuse parure de sa puissance, qui déjà même en faisaient partie et devaient tant l'accroître, étaient arrivées à Paris par la porte Saint-Antoine. La princesse de Carignan, la maréchale de Guébriant, et d'autres dames de la plus haute distinction, étaient allées au-devant d'elles et les accompagnèrent jusqu'à l'hôtel Vendôme, où la vieille et respectée duchesse, entourée aussi d'un cortége de grandes dames, les reçut avec mille témoignages d'affection, qu'elle prodigua surtout à sa belle-fille, l'aimable et vertueuse duchesse de Mercœur. De là on les conduisit au Louvre auprès de Leurs Majestés, qui leur firent le plus gracieux accueil, et voulurent qu'elles logeassent au Louvre ainsi que leur oncle[2].

Et ce n'était pas là une journée brillante qui pût avoir ses éclipses, une de ces bonnes fortunes du sort souvent suivies de longues disgrâces : non, le triomphe de Mazarin reposait sur des fondements solides. Non-seulement il voyait à ses pieds, au Louvre, tous ses anciens ennemis vaincus, mais aucun d'eux ne se pouvait relever, et toute leur force était épuisée. La bourgeoisie fatiguée avait besoin de repos, et mettait

1. *Gazette*, p. 139.
2. *Ibid.*, p. 140.

dans la royauté toutes ses espérances. Les parlements, honteux d'avoir laissé surprendre leur vieille loyauté aux trompeuses caresses de grands seigneurs mécontents, rentraient volontiers dans les sages limites de leur institution, satisfaits d'avoir vu le gouvernement reconnaître ce qu'il y avait de légitime dans leurs griefs, et s'engager à respecter leur juste et nécessaire indépendance. L'aristocratie se trouvait encore bien heureuse de s'être ainsi tirée de cette dernière défaite. Elle laissait, il est vrai, sur le champ de bataille quelques-unes de ses prétentions féodales ; mais en échange on lui prodiguait les titres, les honneurs, les richesses, et sa vanité pouvait au moins consoler son ambition.

La fortune de Mazarin ouvrait aussi les yeux sur son mérite. On ne pouvait s'empêcher d'applaudir à sa constance et à sa capacité. Malheureux, on n'avait vu en lui qu'un second Concini ; victorieux, c'était un autre Richelieu sous lequel il fallait bien fléchir, mais qu'on pouvait servir honorablement, parce qu'après avoir montré qu'il était aussi ferme sur les principes de l'État que son impérieux devancier, il n'affectait point la tyrannie, et loin de faire sentir le poids de sa puissance il s'efforçait plutôt de la dissimuler sous de flatteuses paroles, ne montrait pas le moindre ressentiment des injures passées, tendait la main à qui venait à lui, écoutait toutes les plaintes un peu légitimes, entrait dans toutes les prétentions un peu raisonnables, et semblait disposé à fonder son gouvernement sur des concessions habiles et non sur d'inutiles rigueurs. On croyait à son étoile, on se fiait à sa modération, on s'empressait de participer à son triomphe. Déjà un Vendôme, un petit-fils de Henri IV, avait épousé une de ses nièces; la plus fière aristocratie allait bientôt se disputer toutes les autres, et le persécuté de la Fronde allait placer sa famille sur les marches du trône.

La solennelle réception que le Roi et la Reine firent à Mazarin au Louvre, le 3 février 1653, n'était donc pas une vaine cérémonie. Ce jour-là, Mazarin put comprendre qu'une ère nouvelle se levait pour lui, aussi brillante et plus sûre que celle de 1643, après la défaite du parti des Importants, et que cette halte stérile et sanglante dans la route des réformes et dans la marche civilisatrice de la royauté qu'on appelle la Fronde était enfin et pour toujours **terminée.**

CHAPITRE CINQUIÈME

LA FRONDE A BORDEAUX

1652 ET 1653

Gouvernement du prince de Conti en Guienne après le départ de Condé. Composition de son conseil : lui, Mme la princesse, Mme de Longueville, le président Viole, Lenet, Marsin. — Marsin et les affaires militaires. — Affaires civiles. La petite et la grande Fronde. Naissance et progrès de L'Ormée. — Son organisation. Ses principaux chefs, Villars et Durelète. — La Fronde déjà sous la protection de l'Espagne recherche celle de l'Angleterre. Agitation calviniste et républicaine à Bordeaux. Conduite de Condé. Retour sur celle des Rohan à la Rochelle en 1627 et 1628. — Cromwell et Mazarin.

Quand la Fronde avait été défaite au cœur du royaume dans la personne même de Condé, comment se serait-elle soutenue dans un coin du Midi, privée de son chef, successivement resserrée dans une seule ville, et ayant contre elle la moitié des forces de la monarchie et la politique astucieuse et hardie de Mazarin? La Guienne devait suivre inévitablement le sort de la capitale; il faut même admirer qu'elle se soit si longtemps défendue. Condé, en la quittant, ne lui avait demandé que d'attendre les succès qu'il allait chercher; et, même après qu'il avait été contraint de sortir de France et de se retirer dans la Flandre espagnole, la Guienne avait encore les armes à la main. La Fronde était condamnée à succomber à Bordeaux, comme elle avait fait à Paris ; elle y parcourut le même cercle de chimériques espérances, de succès éphémères, de honteuses dissensions, d'agitations effrénées, de crimes impuissants. Le prince de Conti figure assez bien le duc d'Orléans avec sa petite cour de beaux esprits intrigants et corrompus. Le parti des Princes tombe bien vite aux mains d'une faction populaire qui domine le parlement et l'Hôtel de Ville, renouvelle et surpasse les tristes scènes du 4 juillet 1652 à Paris. On s'efforce de remuer les passions des protestants, on fait appel à la calviniste Angleterre comme à la catholique Espagne, on lève des troupes en Irlande et on mendie l'alliance de Cromwell, on descend jusqu'à flatter le fantôme de la république. Tout échoue, grâce à Dieu ; l'étoile de la France et de la royauté l'emporte. Condé est vaincu une seconde et dernière fois, et sa sœur, abandonnée par toute espérance humaine, ne trouve d'asile qu'au pied de la croix.

Revenons sur nos pas, et rappelons dans quel état Condé avait mis et laissé en Guienne les affaires de la Fronde, afin de bien comprendre ce qu'après lui elles pouvaient devenir.

Le prince de Conti avait le titre de lieutenant général de son frère ; il était revêtu de tous les pouvoirs d'un gouverneur de province, et il devait les exercer à l'aide d'un conseil, composé de la princesse de Condé, de Mme de Longueville, de Lenet, de Marsin et du président Viole. Nous avons déjà dit quelques mots sur ces divers personnages ; faisons-les mieux connaître.

Le prince de Conti avait alors vingt-trois ans[1]. Il avait assez bien réussi dans son commandement d'Agen et montré du courage à Miradoux[2] ; mais il ne possédait ni les habitudes laborieuses, ni la suite, ni la fermeté d'un administrateur et d'un général ; il avait besoin d'être conduit, et cela même ne se pouvait sans bien des délicatesses et des ménagements, son principal défaut étant une vanité ombrageuse qui s'accommodait assez mal du second rang, quoiqu'il fût incapable du premier. Beaucoup plus jeune que Condé et Mme de Longueville, né faible, même assez chétif, d'une taille défectueuse, quoique d'une assez noble figure, et par ces motifs destiné à la carrière ecclésiastique, Armand de Bourbon s'était de bonne heure attaché à sa sœur en retour des tendres soins qu'elle avait pris de sa maladive enfance. Un peu plus tard, lorsqu'il sortit du collége des Jésuites de Paris, où il avait fait de brillantes études, jeune abbé vivant

---

[1]. Sur Armand de Bourbon, prince de Conti, voyez *la Jeunesse de Madame de Longueville*, chap. IV, p. 289, etc.
[2]. Chap. II, p. 102, etc.

dans le monde et attendant le chapeau de cardinal, il avait revu avec admiration, dans tout l'éclat de son esprit et de sa beauté, cette sœur, devenue la reine des salons et de la mode ; et tandis que la gloire de Condé lui était importune, la douceur et les grâces de Mme de Longueville le captivèrent au point que, dans ce cœur pur et innocent encore, la plus légitime tendresse avait pris à son insu le caractère d'un autre sentiment. Mme de Longueville, qui commençait alors à se lier avec La Rochefoucauld et songeait déjà à la Fronde, n'avait pas été fâchée de cette affection passionnée qui lui permettait de disposer d'un prince du sang. Elle l'avait engagé à sa suite dans les affaires de Paris en 1648 et 1649, et pendant quelques années elle l'avait gouverné presque absolument. Peu à peu ce dévouement chevaleresque s'était un peu refroidi. Conti avait trouvé fort à son gré Mlle de Chevreuse, qu'on lui avait destinée au commencement de 1651[1], et se voyant à Bordeaux libre et tout-puissant pour la première fois de sa vie, l'amour-propre, les premiers déréglements de la jeunesse, les flatteurs qui s'empressent toujours autour d'un jeune prince pour favoriser à leur profit ses mauvais penchants, tout le poussait à secouer enfin la tutelle de Mme de Longueville. Il ne supportait guère moins impatiemment celle de Lenet et de Marsin, qui, entretenant une correspon-

---

1. Chap. Ier, p. 9 et 17, etc.

dance assidue avec leur maître absent, n'obéissaient qu'à ses instructions, sans compter assez avec son représentant officiel, et celui-ci revendiquait souvent avec une humeur peu dissimulée l'autorité qui lui appartenait. Il en résultait des embarras et des tiraillements fâcheux dans la direction des affaires.

Après le prince de Conti, Mme de Longueville était la personne qui semblait la plus faite pour exercer une influence décisive par les lumières de son esprit, la fermeté de son caractère et la haute confiance qu'elle inspirait à tout le parti. En 1650, elle s'était couverte de gloire à Stenay, et avait fixé sur elle les regards de la France et de l'Europe. Elle ne pouvait jouer le même rôle à Bordeaux. Chargée à Stenay de l'autorité suprême, elle avait été comme obligée de montrer son intelligence et son énergie; ici elle n'était qu'une conseillère médiocrement écoutée. Et puis en 1650 l'état de son âme était bien différent. Avec un attachement sincère aux intérêts de son parti et de sa maison, un autre sentiment plus intime l'animait et la soutenait : elle aimait et elle était aimée. Un dévouement réciproque justifiait en quelque sorte cette passion, qui avait déjà traversé trois longues années et trouvait son aliment et sa force dans de communs sacrifices. En effet, si Mme de Longueville avait bravé en Normandie tous les genres de péril et la mort même pour aller à travers l'Océan gagner les Pays-Bas et relever à Stenay le drapeau des Princes, La Rochefoucauld, nous le reconnaissons volontiers, n'avait pas cessé d'avoir les armes à la main. C'était alors le plus beau temps de leur vie : ils souffraient, ils combattaient l'un pour l'autre; ils avaient la même cause, la même foi, les mêmes espérances. Jamais leurs cœurs ne furent plus unis que pendant cette cruelle année où, séparés par la guerre, ils pouvaient à peine, des deux extrémités de la France, s'adresser, à travers mille hasards, quelques billets insignifiants en apparence, mais où respirent une tendresse et une confiance à toute épreuve[1].

Aujourd'hui tout était changé. Nous l'avons dit[2] : La Rochefoucauld s'était lassé de la Fronde, où lui-même il l'avait jetée en 1648. Dans l'année 1651, il avait été d'avis de s'accommoder avec la cour et de faire une paix qui les eût infailliblement séparés, puisque M. de Longueville, irrité de tout ce qu'enfin il avait appris, rappelait sa femme avec menace en Normandie. C'est elle alors qui à son tour avait dû entraîner La Rochefoucauld; il l'avait suivie par un reste de dévouement, mais sans conviction et avec une tiédeur qui avait blessé la sœur de Condé. Elle avait senti qu'elle n'était plus aimée à l'égal du modèle héroïque et tendre qu'elle avait rêvé, et qu'une

---

1. Nous avons eu la bonne fortune de retrouver deux lettres de Mme de Longueville à La Rochefoucauld, datées de Stenay, en 1650. Nous les publierons un jour.
2. Chap. 1er, p. 45 et suiv.

lutte trop longue avec la fortune pesait à cette âme sans constance et sans force. De là aussi pour elle ce moment d'erreur que nous n'avons ni dissimulé ni excusé[1] : l'amour affaibli et découragé l'avait livrée à sa coquetterie naturelle; et la coquetterie, animée par la politique, lui avait fait braver l'apparence d'une faute envers La Rochefoucauld et envers elle-même. Sans le moindre entraînement des sens ni du cœur, pour enlever le duc de Nemours à Mme de Châtillon et au parti de la paix, et l'engager davantage dans celui de la guerre et de Condé, elle s'était un peu compromise; et La Rochefoucauld, entraîné par un ressentiment implacable, au lieu de dénouer rompant avec éclat, avait formé à Paris une ligue honteuse avec Mme de Châtillon et son prétendu rival, le duc de Nemours, afin de ravir à la pauvre femme sa dernière consolation, l'estime et l'affection de Condé[2]. Demeurée en Guienne, sans aucune grande et forte occupation, l'âme vide, mécontente des autres et d'elle-même, Mme de Longueville n'était plus la brillante guerrière de Stenay; mais elle se soutenait toujours par la dignité et la fierté, qui ne pouvaient pas l'abandonner; elle se proposait de rester jusqu'au bout fidèle à ce frère auprès duquel on la calomniait; elle était décidée à tenir à Bordeaux aussi longtemps qu'il

---

1. Chap. II, p. 83-85.
2. Chap. III, p. 144-147.

serait possible, sans reculer devant aucun des moyens que prescrirait la nécessité.

Mme de Longueville était appuyée dans le conseil par le président Viole, qui représentait en quelque sorte à Bordeaux ce qu'il y avait de plus vif et de plus avancé dans le parlement de Paris. Ardent et ambitieux, Pierre Viole[1] s'était de bonne heure, avec son collègue le président Broussel, déclaré pour la Fronde ; et il appartenait tout entier à Mme de Longueville, parce qu'il la savait elle-même dévouée aux intérêts du parti. Lenet, qui avait toujours été pour un accommodement, et qui repoussait en conséquence toutes les mesures un peu énergiques, fort souvent contrarié par le hardi président, le fit rappeler par Condé, sous le prétexte qu'il lui serait plus utile à Paris par son crédit sur le parlement et par son influence sur les frondeurs. Viole, en effet, ainsi que l'abbé son frère, inspiré de loin comme de près par Mme de Longueville, suivit Condé avec un entier dévouement et jusqu'à partager son exil.

On connaît Pierre Lenet[2]. Ses mémoires disent assez que c'était un homme d'esprit et de mérite, menant de front avec une égale aisance les affaires et les plaisirs, la politique et la galanterie. Il s'était, à ce qu'il paraît, fatigué assez vite des désordres sanglants

---

1. Sur le président Viole. voyez Retz, t. Ier, p. 145 de l'édition d'Amsterdam, 1735.
2. Plus haut, chap. II, p. 116.

de la Fronde, et il était entré volontiers dans la conspiration que La Rochefoucauld avait nouée avec Mme de Châtillon, dans le dessein d'arracher Condé au parti de la guerre et de l'engager à traiter avec Mazarin. Pour cela, il fallait détruire par tous les moyens l'influence de Mme de Longueville sur son frère, et l'on sait si les conspirateurs s'y épargnèrent. Lenet était trop fin et trop prudent pour se joindre ouvertement à eux; mais sous main il les favorisait, les informait de tout ce qui se passait à Bordeaux, et sans oser attaquer directement Mme de Longueville, il semait contre elle avec art dans l'esprit de son maître les ombrages et les défiances. Il faut bien qu'il ait habilement servi les intérêts et les passions de La Rochefoucauld et de Mme de Châtillon, puisque celle-ci prend soin de le bien assurer qu'il n'a point affaire à une ingrate, et que si le plan commun réussit, il y trouvera son compte[1]. Engagé dans toutes ces intri-

---

1. Les papiers de Lenet, conservés à la Bibliothèque Impériale, contiennent plusieurs lettres de Mme de Châtillon à Lenet. Elle lui écrit de Paris, le 13 août 1652, après que toutes les négociations avaient échoué : « Tous les malheurs auroient été levés par un bon accord, de manière que tout le monde auroit été content, et que vous y auriez trouvé votre avantage ; car je vous assure que je ne me suis mêlée de rien où l'on n'ait pas songé à vous. »—Vers le même temps : « Je ne vous dirai point de nouvelles des affaires en général, mais seulement de ce qui vous regarde, à quoi je prends la même part que si c'étoit pour moi-même. J'ai eu bien de la peine à obtenir ce que je désirois; mais enfin on me l'a accordé. Si nous sommes assez heureux pour faire la paix, vous aurez satisfaction ; mais je ne vous puis encore rien dire de certain ; la chose se doit bientôt conclure ou rompre. »

gues, Lenet était loin de seconder dans le conseil
Mme de Longueville ; ils agissaient presque toujours en
sens contraire et furent même quelque temps brouillés, jusqu'à ce que le mauvais succès des négociations
entreprises par Mme de Châtillon eût ruiné le parti de
la paix, et que le danger commun réunît tous les amis
de Condé dans une seule et même pensée.

Si Lenet était le ministre de M. le Prince pour les
affaires civiles, financières et diplomatiques, Marsin
était chargé de toute la partie militaire, et il s'acquitta
fort bien de cet emploi. Comme nous l'avons dit[1],
Marsin était étranger; il était né à Liége, dans le pays
de ces vieilles bandes wallonnes qui avaient tant contribué à la renommée et au succès des armées de l'Espagne. Il avait suivi Condé dans presque toutes ses
campagnes; il lui devait ses grades, sa réputation, sa
fortune. C'était sous ses auspices qu'à l'hôtel de Rambouillet il avait épousé Marie de Balzac, une des deux
filles de la comtesse de Clermont d'Entragues[2]. Et
quand tout récemment il avait quitté Barcelone pour
venir, avec des régiments qu'il enlevait au Roi, grossir et fortifier l'insurrection de Guienne, il avait bien
compris qu'après un tel acte il n'avait plus d'autre
ressource, d'autre espoir, d'autre asile que le triomphe
de son général. Il savait aussi que, dans toutes ses

---

1. Chap. II, p. 116.
2. Voyez *La Société française au XVIIe siècle*, chap. VII, p. 320
et 329.

négociations avec la cour, Condé avait demandé pour lui le bâton de maréchal de France[1], et que si cette proposition avait été constamment repoussée, elle avait été inflexiblement maintenue. Il était donc tout dévoué à Condé, et ne connaissait que ses ordres, qu'il exécutait aveuglément avec l'énergie et la rudesse de son métier, sans témoigner beaucoup d'égards au prince de Conti, avec lequel il gardait son ton et ses habitudes soldatesques, tandis qu'il honorait Mme de Longueville, parce qu'il la voyait sincèrement attachée à la cause commune.

Au premier rang du conseil et environnée d'universels hommages, était Mme la princesse de Condé, qui s'était si noblement conduite dans la première guerre de Guienne en 1650. Cette fois, fatiguée par une grossesse pénible, toujours souffrante et éclipsée par sa belle-sœur, elle s'effaçait volontiers, et se bornait, avec sa douceur accoutumée, à recommander autour d'elle la modération et l'union, surtout l'absolue obéissance aux instructions de son mari, dont elle-même ne cessa de donner le plus parfait et le plus touchant exemple.

Voilà quel était le gouvernement laissé en Guienne. Il pouvait suffire à la seule tâche qui lui avait été confiée : attendre quelque temps les succès de Condé; mais il était hors d'état d'y suppléer et de sauver la

---

1. Chap. III, p. 149.

Fronde à Bordeaux si elle était vaincue à Paris. Il manquait ici la première, l'impérieuse condition de tout pouvoir solide et durable, un chef, s'appuyant sans doute sur des conseillers et des ministres habiles, mais ne craignant pas la responsabilité, capable de la porter, et d'exercer à ses risques et périls l'autorité suprême. Le prince de Conti n'était point ce chef; il n'était de force ni à conduire ni à être conduit, et bientôt nous le verrons échapper à la main douce et ferme qui jusqu'alors l'avait gouverné.

Rendons justice à Marsin : après le départ de Condé, il déploya tour à tour les talents d'un ministre de la guerre et d'un général, dirigeant de Bordeaux l'ensemble des opérations dans toute l'étendue de la province, et de temps en temps allant prendre lui-même le commandement des troupes, et se montrant un digne élève de son glorieux maître par son activité et sa vigueur. Les romanesques détails du voyage audacieux de Condé et le bruit de la foudroyante défaite du maréchal d'Hocquincourt, accrus et grossis par des récits fabuleux, ranimèrent un moment toutes les espérances du parti des Princes. De son côté, le comte d'Harcourt s'empara d'Agen et y établit le centre d'un gouvernement qui prit chaque jour plus de force. Tous les mécontents y trouvaient un asile assuré, et les membres du parlement de Bordeaux que persécuta la Fronde, y formèrent bientôt une sorte de parlement qui se proclama le vrai et légitime parlement de

Guienne, à peu près comme le parlement de Pontoise avait fait échec à celui de Paris[1]. Mais ce grand avantage avait été bien compensé par une sérieuse défaite que Montausier, gouverneur de l'Angoumois, essuya à Montançais, près de la petite rivière de l'Isle. Montausier avait espéré surprendre Balthazar, et il était venu fondre sur lui à la tête d'un corps assez considérable. Vainement d'Harcourt lui avait-il écrit de prendre bien garde de ne commettre aucune imprudence devant un homme de guerre expérimenté; il se précipita avec sa fougue accoutumée, croyant écraser aisément un ennemi plus faible en nombre, il est vrai, mais qui était sur ses gardes, et qui le reçut avec une telle vigueur que l'épouvante se mit parmi les assaillants. Montausier, après avoir montré une grande valeur, assez grièvement blessé, dut quitter le champ de bataille; on le transporta à grand'peine dans la ville d'Angoulême; le bruit de sa mort se répandit, et cette petite victoire livra tout le Périgord au colonel Balthazar[2].

Pendant que cette affaire avait lieu, le 17 juin 1652,

1. Chap. III, p. 167.
2. Balthazar, qui, en véritable officier de fortune, vante ses exploits pour les mettre à plus haut prix, et se plaît à rabaisser ceux des autres, particulièrement ceux de son général Marsin, dont il est jaloux, donne un récit très-détaillé du combat de Montançais, *Mémoires*, p. 333-338. Voyez aussi *La défaite des troupes du comte d'Harcourt, que MM. de Montausier et Folleville commandoient, par celles de M. le Prince, sous la conduite du sieur Balthazar, avec les noms des morts, blessés, prisonniers*, in-4°.

d'Harcourt faisait depuis quelque temps le siége de Villeneuve-d'Agen, défendue par le marquis de Théobon[1], qui lui opposait une résistance opiniâtre. Marsin, comprenant qu'après avoir perdu Agen, il fallait à tout prix sauver Villeneuve, courut lui-même à son secours, et fit passer le Lot à un petit corps de cavalerie qui se jeta heureusement dans la place. Mais déjà le comte d'Harcourt avait quitté son camp et pris une résolution extraordinaire. Après avoir si bien servi pendant tant d'années, et être entré si avant dans les intérêts de Mazarin qu'il avait consenti, comme nous l'avons rappelé[2], à escorter lui-même Condé prisonnier de Marcoussis au Havre, d'Harcourt n'avait reçu depuis longtemps ni nouvel avancement ni faveur un peu considérable. Grand-écuyer de France depuis 1643, ses biens ne répondaient point à son rang. Le maréchalat n'ayant point paru une suffisante distinction pour un prince de la maison de Lorraine, il avait demandé sans l'obtenir le titre de maréchal-général, qui ne fut accordé bien plus tard qu'au seul Turenne. Sa conduite et ses succès en Guienne lui donnaient aussi l'espoir légitime qu'il en serait nommé gouverneur, à la place de son illustre adversaire. Mazarin

---

1. C'était un gentilhomme protestant, qui déjà avait été, en 1650, un des généraux de l'armée bordelaise. Il rentra plus tard au service Roi, comme nous le verrons dans le chapitre suivant, et fut tué en 1672 au passage du Rhin.
2. Chap. II, p. 92.

avait d'autres vues : il prétendit qu'il était de la dignité royale de rétablir l'ancien gouverneur, le duc d'Épernon, que Bordeaux avait chassé[1], et qui, ayant reçu en échange le gouvernement de Bourgogne, y servait utilement. Sous cet air de grande politique, se cachait dans le cœur de Mazarin le secret désir de s'allier aux d'Épernon, comme il avait fait avec les Vendôme, en faisant épouser une de ses nièces à l'unique héritier de la puissante et opulente maison. D'Harcourt s'indigna de l'ingratitude du cardinal ; voyant que toutes les grâces étaient pour les nouveaux amis, pour ceux qui avaient su se faire craindre, il crut qu'à son tour il fallait forcer Mazarin à compter avec lui. On lui avait refusé, à la mort du comte d'Erlac, le gouvernement de Brisach, qui, en se joignant à celui de Philipsbourg, qu'il avait déjà, lui aurait formé un grand établissement en Alsace ; il lui passa par l'esprit de se faire justice à lui-même, et de saisir une occasion que lui envoya la fortune. Mazarin avait donné Brisach à Tilladet, beau-frère de Le Tellier. Tilladet trouva dans la place un officier, nommé Charlevoix, qui commandait à titre provisoire depuis la mort de d'Erlac, et y avait la plus grande autorité. Charlevoix, mécontent de n'être pas maintenu dans son commandement, se révolta contre le nouveau gouverneur et le chassa de la ville ; puis, fait prisonnier et conduit à Philips-

---

1. Chap. ii, p. 90.

bourg, il y rencontra des officiers de d'Harcourt, et par eux il lui proposa de le rendre maître de Brisach, à l'aide de la garnison, dont il répondait. D'Harcourt reçut cette proposition pendant le siége de Villeneuve-d'Agen, et se résolut de l'accepter. Séduit par l'exemple de Condé, il partit le 10 juillet 1652 avec six personnes, comme avait fait M. le Prince, traversa déguisé toute la France, gagna la Franche-Comté, passa en Alsace et arriva sans mésaventure à Brisach, où la garnison, travaillée par Charlevoix, le reçut et se soumit à lui[1].

On comprend dans quel désordre tomba l'armée royale de Guienne en perdant subitement un pareil chef. Il y eut alors une excellente armée sans général, comme auparavant il y avait eu un grand général sans armée. Le siége de Villeneuve-d'Agen fut levé le 2 août; et Marsin, se livrant aux plus grandes espérances, entreprit de s'emparer de Blaye, afin d'être ainsi le maître de tout le cours de la Gironde et de pouvoir donner la main au comte du Dognon, retiré à Brouage, et qui n'avait pas encore trahi. Mais le baron de Vateville, qui commandait à Bourg avec ses Espagnols, ne voulut fournir ce qui était nécessaire au siége de Blaye, que sous la condition que cette ville serait remise entre ses mains, tandis que Marsin n'entendait pas céder à l'Espagne une place de cette im-

---

1. *Mémoires* de Montglat, t. II, p. 395.

portance[1]. Ordinaire déception de l'alliance espagnole! Les affaires de la Fronde allaient-elles mal et la royauté menaçait-elle de l'emporter, l'Espagne s'empressait d'envoyer quelques secours. La Fronde était-elle victorieuse ou près de l'être, l'Espagne se refroidissait, et par ses lenteurs mettait obstacle à tout grand succès, en faisant toujours assez pour nourrir la guerre civile, jamais assez pour y mettre un terme. Vateville ne sortit pas de Bourg, Blaye resta au duc de Saint-Simon, et Marsin, réduit à ses propres forces, dut se borner à prendre çà et là quelques petites villes. Il tenait encore la campagne au commencement de l'hiver, quand déjà la cause de la Fronde était perdue à Paris, et que Condé s'acheminait vers la Flandre.

Mazarin envoya en Guienne, pour y remplacer le comte d'Harcourt, le fils même de celui qu'il songeait à y rétablir comme gouverneur, le duc de Candale, voulant ainsi l'associer de plus en plus à tous ses intérêts. Le jeune duc faisait alors une assez grande figure. Sa naissance, sa fortune, sa bonne grâce (on l'avait surnommé le beau Candale), sa politesse accomplie, en avaient fait l'idole des dames et un personnage dans le genre du duc de Nemours. C'était un ami et presque un disciple de Saint-Évremond[2]. Sans être un général, il avait fait preuve du plus brillant

---

1. Balthazar, p. 342.
2. *Œuvres de Saint-Évremond*, édition d'Amsterdam, 1739, t. III, p. 1 : *Conversation avec le duc de Candale.*

courage. Sa douceur et ses manières engageantes le rendaient fort propre à la mission dont il était chargé et qui était politique encore plus que militaire. Le duc de Candale devait sans doute chasser devant lui Marsin et le resserrer dans Bordeaux; mais il devait aussi, il devait surtout faire la guerre à la mode de Mazarin, c'est-à-dire s'appliquer à adoucir les ressentiments de la Guienne, que les hauteurs et les rigueurs du duc d'Épernon avaient poussée à la révolte, caresser tous les intérêts, flatter toutes les espérances, prodiguer toutes les promesses, animer le zèle des amis du Roi fomenter et attiser les divisions intestines qui depuis longtemps travaillaient le parti des Princes. Le duc de Candale répondit parfaitement à l'attente de Mazarin. Il avait sous lui une nombreuse armée, devant laquelle celle de Marsin fut bientôt forcée de reculer. Presque en même temps, le grand-amiral César de Vendôme vint dans la Gironde avec la flotte royale intercepter tous les secours que Bordeaux pouvait espérer par cette voie. Plus tard, le comte d'Estrades [1], homme de guerre autant que diplomate, après avoir vaillamment défendu Dunkerque et en être sorti avec tous les honneurs de la guerre, fut envoyé à Agen, sa patrie, pour y prendre le commandement de tout le pays et donner la main au duc de Candale. Ainsi

---

1. Nous l'avons rencontré, au début de cette histoire, assistant Coligny dans son duel avec le duc de Guise. *La Jeunesse de Madame de Longueville*, chap. III, p. 246.

secondé et par terre et par mer, le duc fit aisément des progrès rapides ; et dès les commencements de l'année 1653, la domination de la Fronde en Guienne se réduisait presque à Bordeaux et aux villes les plus voisines, Bourg, Saint-André, Libourne. Au loin, quelques villes isolées, Bergerac, Périgueux, Marmande, tenaient à peine. Pendant ce temps, la discorde régnait dans Bordeaux ; elle allait partout croissante, dans les conseils du pouvoir, dans le parlement, dans l'hôtel de ville, dans la bourgeoisie, et jusque dans le peuple.

La Rochefoucauld, poursuivant le cours de ses tristes calomnies, prétend que c'est Mme de Longueville qui, pour relever son importance personnelle et se ménager une force propre sur laquelle elle se pût appuyer dans toutes ses démarches, soit avec Condé, soit avec la cour[1], donna la main à cette terrible faction de l'Ormée, qui, en effrayant à Bordeaux les honnêtes gens, les ramena peu à peu à Mazarin. L'étude sincère des faits réfute aisément cette accusation, et fait voir que, si Mme de Longueville a plus ou moins favorisé l'Ormée, ce qui n'est nullement prouvé, ce n'a pas été par les honteux motifs que lui prête La Rochefoucauld, mais dans l'intérêt bien ou mal entendu de Condé, à sa recommandation, et même par son ordre.

Lorsque Condé arriva en Guienne à la fin de sep-

---

1. La Rochefoucauld, p. 130, et surtout p. 132.

tembre 1651, toutes les classes de la société s'engagèrent dans sa querelle avec une ardeur égale. Cependant, comme il était inévitable, les uns voulaient s'arrêter en de certaines limites, les autres étaient disposés à les franchir toutes. De là, la petite et la grande Fronde. La petite Fronde voulait bien soutenir les droits d'un prince du sang, couvert de gloire, contre l'injustice d'un favori étranger, comme on disait alors, mais en cela même elle croyait servir le Roi. A mesure que les choses marchèrent, sa loyauté conçut des scrupules ; elle vit avec peine une flotte espagnole entrer dans la Gironde et des régiments espagnols prendre possession de Bourg. Bientôt cette modération devint suspecte aux esprits ardents de la grande Fronde. La petite comprenait ce qu'il y avait de mieux dans le parlement, l'hôtel de ville et la bourgeoisie, par la naissance, les lumières, la fortune; la grande avait pour elle le nombre et la force. Dans le sein même de la grande Fronde, les plus violents tout naturellement se séparèrent des autres, et composèrent une faction à part, sortie du bas peuple, ou du moins de la très-petite bourgeoisie, quoiqu'elle eût aussi des adhérents dans les rangs les plus élevés. Ne tenant à aucun corps constitué, elle s'assemblait en plein air, à l'une des extrémités de la ville telle qu'elle était alors[1], sur une espèce de plate-forme située entre

---

1. Voyez quelque ancienne carte de Bordeaux, par exemple celle de Duval, chez Berey, qui est précisément de l'année 1653 ; mais

le fort du Hâ et la porte de Sainte-Eulalie, et appelée l'Ormée[1], à cause des ormes nombreux dont elle était plantée. La faction en prit le nom de l'Ormée, et ses membres celui d'ormistes. Ces divisions naissaient en quelque sorte d'elles-mêmes, et elles étaient déjà formées lorsque Condé était encore à Bordeaux. Tant qu'il demeura en Guienne, sa gloire et son énergie dominèrent et continrent toutes les cabales; mais après son départ, sous le faible gouvernement que nous avons fait connaître, elles éclatèrent, et l'Ormée grandit. Il est vraisemblable que Mme de Longueville, résolue à ne poser les armes qu'après la victoire et à résister jusqu'à la dernière extrémité, sentit le besoin de ne pas mettre contre soi des hommes énergiques, qui pouvaient un jour devenir nécessaires. Condé ne tarda pas à penser comme elle. De loin, et au milieu de tous les soucis qui l'assiégeaient, de Paris, de Stenay, de Bruxelles, il ne perdit jamais de vue Bordeaux, et sa correspondance avec Lenet, précieux monument de sa capacité administrative et de son acti-

---

c'est un simple trait. La petite carte de Defer contient plus d'indications. Celle de Lattré, de 1733, et celle de M. de Tourny, de 1754, présentent parfaitement l'ancien Bordeaux avec tous ses accroissements.

1. Dans plusieurs pamphlets bordelais du temps, ce lieu est appelé l'*Ormaie*, dans d'autres l'*Ormière*, et ce dernier nom est celui dont se sert constamment le journal qui paraissait alors à Bordeaux, de *Courrier bourdelois*. Souvent aussi on dit l'*Ormée*, et c'est ainsi que disent ordinairement Condé, La Rochefoucauld, Lenet, Montglat, dom Devienne, etc. Ce dernier nom a prévalu.

vité infatigable[1], nous montre quels sages conseils il adressa d'abord à ses amis; puis lui-même il cède par degrés à la nécessité, et il finit par passer tout à fait du côté de l'Ormée.

Il écrit de Paris à Lenet le 3 juin 1652 : « Quant à la division de Bordeaux, j'en ai un tel déplaisir que je vous prie de vous employer pour la réunion de tous les esprits, et particulièrement pour empêcher que ceux de la petite Fronde ne succombent aux poursuites qui se font contre eux, y ayant de mes meilleurs amis qui y sont intéressés, que je ne puis souffrir plus longtemps être entrepris comme ils sont par ceux de la grande et par l'Ormée. Je ne veux pas pour cela abattre ces derniers, mais je désire de leur affection qu'ils ne se portent pas aux extrémités...[2]. »

Lenet, qui souhaitait un accommodement avec la cour et partageait toutes les illusions de La Rochefoucauld, aurait bien voulu ne s'appuyer à Bordeaux que sur la partie la plus éclairée et la plus élevée du parlement et de l'hôtel de ville ; il cherche à prévenir Condé et à

---

1. On peut s'en faire une idée par les nombreuses lettres de Condé, que M. Aimé Champollion a jointes à son édition des Mémoires de Lenet. Mais, pour en bien juger, il faut parcourir les papiers mêmes de Lenet qui sont à la Bibliothèque impériale et qui maintenant forment vingt-huit volumes in-folio, avec un autre volume encore, détaché mal à propos de cette collection, et qui a pour titre : *Portefeuille du prince de Condé*. C'est une source inépuisable de pièces et de documents de toute espèce sur Condé et sur la Fronde.

2. Lenet, p. 547.

l'entraîner contre l'Ormée ; le prince s'y refuse et lui recommande de ne pas le compromettre en prenant trop hautement la défense de la petite Fronde ; il l'engage à faire effort sur lui-même pour mieux vivre avec les ormistes : « Il est à propos, lui écrit-il le 9 juin[1], que vous ne rebutiez pas tout à fait ceux de l'Ormée, de crainte que par leurs emportements ordinaires ils ne viennent à nous accuser d'être mazarins. » Et il faut bien que Lenet lui eût fait entendre, ou qu'il eût en secret mandé à La Rochefoucauld et à Mme de Châtillon, que Mme de Longueville et à sa suite le prince de Conti favorisaient l'Ormée ; car dans cette même lettre du 9 juin Condé l'invite à découvrir ce qu'il y a de vrai dans ce bruit. Lenet eut donc avec Mme de Longueville et le prince de Conti une explication sérieuse sur la part qu'ils prenaient aux mouvements de l'Ormée ; ils s'en défendirent vivement, et Lenet rapporte que Mme de Longueville versa des larmes, à l'ombre seule de l'injurieux soupçon qu'elle pouvait nuire aux intérêts de son frère[2].

On tint des conférences avec les chefs de l'une et l'autre Fronde pour essayer de les porter à s'unir dans l'intérêt commun. On les invita à se conformer aux ordres de Condé. Ceux de la grande Fronde répondirent qu'il était notoire que « Son Altesse était environnée de mazarins, et qu'elle serait bien aise quel-

---

1. Lenet, p. 548.
2. *Ibid.*, p. 549.

que jour de tout ce qu'ils faisaient[1]. » Lenet, se laissant séduire aux passions de ses amis de la petite Fronde, prit d'assez fausses mesures, très-peu d'accord avec les instructions de son maître. Le parlement par un arrêt solennel, interdit les assemblées de l'Ormée. Celle-ci répondit par la demande de l'expulsion de plusieurs membres du parlement qu'elle accusa d'être mazarins ; et, prenant les armes, elle se porta contre les hôtels des conseillers suspects. Ces hôtels étaient situés dans un quartier de la ville appelé le Chapeau-Rouge, entre le château Trompette et le palais du parlement[2]. La petite Fronde y était très-puissante ; elle repoussa la force par la force, et il y eut bien des tués de part et d'autre. Le prince de Conti n'étant pas alors à Bordeaux, il fallut que la princesse de Condé et Mme de Longueville sortissent de l'archevêché[3], où elles demeuraient, pour descendre dans la rue, et, en se jetant dans la mêlée, arrêter l'effusion du sang[4].

---

1. Lenet, p. 549.
2. Il reste encore aujourd'hui une trace de ce quartier dans la rue du *Fossé du Chapeau-Rouge*.
3. L'archevêché était alors entouré de magnifiques jardins, ouvrage du cardinal de Sourdis.
4. Voyez deux pamphlets du temps, l'un pour l'Ormée, *Extrait de tout ce qui s'est fait et passé à Bourdeaux depuis le 29 juin, touchant le parti des princes et celui des mazarins*, sept pages in-4°; l'autre contre l'Ormée, *Journal de tout ce qui s'est fait et passé en la ville de Bourdeaux depuis le 24 juin jusqu'à présent entre les bourgeois et les ormistes, où il y a eu rude combat entre eux*, etc., six

Le lendemain, l'un des chefs de l'Ormée osa se présenter chez Mme de Longueville, et lui dit qu'il y avait quatre mille hommes armés pour venger la mort de leurs camarades et brûler toute la ville, à la réserve des maisons de Leurs Altesses. La sœur de Condé le traita d'insolent et lui ordonna de sortir. C'est de Lenet lui-même que nous tenons ce dernier et curieux détail[1] : preuve évidente que Mme de Longueville ne soutenait pas l'Ormée dans ses excès ; mais, après avoir montré qu'elle savait résister à propos et avec courage, elle pensait aussi qu'il valait mieux diriger l'Ormée que d'essayer en vain de la détruire, et qu'il était d'une étrange politique de tirer à la fois l'épée contre la puissance royale et contre la puissance populaire.

Condé en jugea de même, et voici ce qu'il mande à Lenet le 3 juillet[2] : « Vous croyez bien que c'est avec un extrême déplaisir que j'ai appris par votre lettre du 27 juin les derniers emportements des bourgeois de Bordeaux les uns contre les autres, et que c'est une des choses du monde qui me donne le plus d'inquiétude. Il faut promptement y pourvoir de façon ou d'autre, et si, par négociation et par adresse ou autrement, on ne

---

pages in-4°. Voyez aussi le *quinzième Courrier bourdelois*, p. 5 ; le *seizième Courrier bourdelois*, p. 3 ; le *dix-septième Courrier bourdelois*, p. 5 et 6.

1. Lenet, p. 550.
2. *Ibid.*, p. 556.

peut obliger l'Ormée à se contenir, il vaut mieux se mettre de son côté. C'est néanmoins un parti qu'il ne faut prendre qu'à l'extrémité; mais, dans l'état présent des choses, je n'en vois pas d'autre à suivre après que tous les moyens qui se pourront inventer pour apaiser la furie de l'Ormée auront été employés. » Le 15 juillet, il s'explique encore plus clairement[1] : « Je persiste toujours dans la pensée de nous joindre tous à ceux de l'Ormée, puisque ce parti se trouve de beaucoup plus fort que l'autre, et que l'on n'a pu le réduire ni par adresse ni par autorité; ce que je crois qu'il vaut mieux faire que de hasarder de perdre Bordeaux. »

L'Ormée, se voyant ainsi ménagée, et non point seulement, comme le dit La Rochefoucauld, par Mme de Longueville et le prince de Conti, mais par Condé lui-même, s'enhardit, et songea à se constituer solidement et à former un gouvernement véritable, qui pût au besoin remplacer celui du parlement et de l'hôtel de ville. Imitant la Ligue ou devançant les Jacobins, elle s'érigea en une société publique qui avait ses lois, ses magistrats de différent ordre, sa force armée avec toute une hiérarchie militaire. Le lien des membres entre eux était la signature d'un petit nombre d'articles sur lesquels reposait l'*Union de l'Ormée*[2]. Les

---

1. Lenet, p. 557.
2. *Articles de l'Union de l'Ormée en la ville de Bourdeaux*, quatre pages in-4°; pièce très-rare. Dom Devienne en donne la substance, p. 447.

ormistes s'engageaient à exposer leur vie et leurs biens pour faire prévaloir le principe qu'ils avaient droit de voter dans les assemblées générales de la cité et de faire rendre compte à ceux qui maniaient les deniers publics. Ils devaient se protéger réciproquement, et, dans le cas de différends, choisir entre eux des arbitres, prêter de l'argent sans intérêt à ceux des leurs qui tomberaient dans le besoin, secourir les veuves et les enfants de leurs confrères morts, enfin recevoir dans la société les étrangers qui demanderaient à en faire partie et justifieraient des qualités requises. La société avait pris pour armes un ormeau avec un serpent tout autour, et cette devise : *Estote prudentes sicut serpentes*, et cette autre : *Vox populi, vox Dei*[1]. Chaque membre portait d'ordinaire une branche d'orme.

Comptant plus sur l'union et sur l'audace que sur le nombre, l'Ormée n'était composée que de cinq cents membres[2], sauf à recourir en outre au bras des citoyens de bonne volonté, et ces affiliés ou auxiliaires montèrent peu à peu jusqu'à douze mille. Elle avait une juridiction spéciale qui s'appelait la *chambre de l'Ormée*, tribunal formidable, semblable à ces terribles comités de vigilance qui souvent s'élèvent en Amérique pour suppléer à l'impuissance de la police et de la justice ordinaire. Les sentences de ce tribunal étaient sans

---

1. Voyez deux pamphlets ormistes, *le Manifeste bourdelois*, in-4°, huit pages ; *la Généreuse résolution des Gascons*, in-4°.
2. Dom Devienne, p. 447.

appel, et elles étaient exécutées sur-le-champ. L'Ormée, comme les Jacobins, n'avait point de chef reconnu; mais, là comme ailleurs, les plus capables ou les plus violents prenaient le dessus et se faisaient obéir. Les deux ormistes les plus puissants étaient un avocat appelé Villars et un ancien boucher, devenu solliciteur de procès, nommé Duretête. C'étaient deux hommes bien différents, représentant en quelque sorte les deux types du genre révolutionnaire. Avocat de bas étage, déclamateur sans conscience, démagogue au cœur de valet, Villars jouait un double jeu : insolent ou servile selon les circonstances, il offrait en secret ses services aux amis de Condé et même à ceux du Roi, et en attendant il redoublait en public de violence pour nourrir et accroître sa popularité. L'ancien boucher Duretête était un personnage d'une tout autre trempe : c'était un fanatique sincère, dévoué à sa cause et ne cherchant que son triomphe, sans scrupule, il est vrai, sur les moyens. Il agissait plus qu'il ne parlait; mais son énergie et son désintéressement lui donnaient sur les siens une autorité presque absolue.

Tout ce que la Fronde avait osé à Paris, dans les quatre ou cinq mois qui précédèrent le retour du Roi, l'Ormée, pendant ce même temps, l'entreprit et l'exécuta impunément à Bordeaux; elle s'attaqua par-dessus tout au parlement. D'abord elle tenta de dominer ses délibérations; puis elle en vint, comme nous l'avons dit, à demander l'expulsion de plusieurs des conseillers en les traitant de mazarins, ce qui était le crime à l'ordre du jour. Parmi ces conseillers proscrits pour leur attachement à la royauté, l'histoire en signale un de la famille et du nom de Montesquieu[1]. Bientôt tout ce qu'il y avait dans le parlement de gens sages, ceux même qui d'abord avaient été le plus attachés à la cause de Condé, furent contraints de se retirer devant les menaces et les insultes.

Après le parlement, l'Ormée s'en prit à l'hôtel de ville. L'autorité municipale se composait à Bordeaux de six magistrats électifs, qu'on renouvelait par moitié d'année en année, et qui s'appelaient les *Jurats*, avec un maire à leur tête. C'était une magistrature puissante et respectée; elle lutta courageusement contre l'Ormée. Le parlement ayant condamné à mort pour quelque crime un des plus turbulents ormistes, les jurats, chargés de la police civile et criminelle, le firent mettre en prison. Une bande de ses confédérés accourut à main armée à l'hôtel de ville, demandant sa liberté sous caution. Leur demande ayant été rejetée, ils dressèrent un arrêt d'élargissement, et voulurent forcer le jurat alors présent à l'hôtel de ville de signer cet arrêt; mais ils eurent beau lui mettre le poignard sous la gorge et menacer de le tuer, l'intrépide magistrat refusa constamment sa signature; et les factieux, auxquels le courage impose toujours, se contentèrent

---

1. Dom Devienne, p. 451.

de délivrer leur camarade, moitié par ruse, moitié par force.

Une autre fois, un serrurier ayant tenu des propos contre l'Ormée, le tribunal de la société le condamna à l'emprisonnement ; à défaut d'autre prison, on le mena dans celle de l'Hôtel de Ville, et on le jeta dans la basse-fosse des criminels. Les jurats n'osèrent l'élargir ; mais, par pitié pour ce malheureux, ils lui donnèrent un moins mauvais logement. Le lendemain, Duretête vint demander au procureur-syndic qui avait été assez hardi pour entreprendre sur leur juridiction : et, se rassemblant dans la chambre du conseil, lui et ceux qui le suivaient, au nombre de trente, ils firent comparaître le pauvre serrurier, le jugèrent de nouveau, lui prononcèrent sa sentence et l'obligèrent à demander pardon à l'Ormée. Enfin, craignant pour leurs assemblées le voisinage du fort du Hâ, ils le démolirent, et Condé les en félicita : « Pour le regard du château du Hâ, écrit-il à Lenet le 8 septembre 1652[1], témoignez à ces messieurs de l'Ormée que je suis bien aise de la résolution qu'ils ont prise de le raser, et que c'est une chose que je désirois depuis longtemps pour leur satisfaction. »

On conçoit combien une pareille domination était insupportable à toute la bonne bourgeoisie de Bordeaux ; et quand, le 21 octobre 1652, le Roi rentra

---

1. Lenet, p. 569.

dans Paris avec une amnistie générale pour les princes et leurs partisans, à la condition qu'ils poseraient les armes trois jours après sa publication, renonceraient aux traités qu'ils pouvaient avoir conclus avec l'étranger, et feraient sortir les Espagnols des places où ils les avaient introduits, tous les honnêtes gens furent d'avis d'accepter avec empressement une telle amnistie. Le parlement, ou du moins la grande majorité de ses membres, se crut parfaitement libre envers Condé; on l'avait défendu contre les persécutions de Mazarin; mais Mazarin était présentement hors du royaume; Condé n'en avait plus rien à craindre; le Roi lui tendait la main; comment penser à le soutenir contre le Roi? Le parlement voulait donc enregistrer la déclaration royale. C'en était fait de Condé sans l'Ormée. Ce fut l'Ormée qui signifia au parlement qu'il eût à ne point enregistrer la déclaration jusqu'à ce qu'on eût appris si elle était agréable à M. le Prince. Celui-ci ne manqua pas de prétendre que la sortie de Mazarin du royaume était une pure feinte, qu'en réalité il gouvernait toujours, que ses créatures composaient le cabinet, et qu'avant peu on le verrait reparaître à la tête des affaires, qu'ainsi rien n'était changé, et qu'au lieu de se rendre il fallait redoubler d'efforts pour délivrer le Roi prisonnier. selon les anciennes résolutions. Dès ce moment, la situation s'éclaircit; il n'y eut plus dans Bordeaux que deux partis : l'un pour le Roi, l'autre pour Condé. pour la paix ou pour la guerre;

le premier beaucoup plus nombreux, répandu partout, mais sans lien, sans action commune ; le second, bien moins nombreux, mais énergique, audacieux, étroitement uni et fortement organisé.

Ici vont se renouveler toutes les mesures déplorables dans lesquelles la Fronde à Paris avait en vain cherché son salut, et qui en Guienne aussi ne pouvaient qu'amener une ruine plus honteuse. Après le combat de Saint-Antoine, nous avons vu Condé, avec le duc d'Orléans et Beaufort[1], s'adressant aux plus tristes passions, faisant venir de nouveau les hordes barbares du duc de Lorraine, et mettant tout son espoir dans l'Espagne. De même à Bordeaux, depuis la fin d'octobre 1652, il donna l'ordre de s'appuyer ouvertement sur l'Ormée ; à l'aide de la catholique Espagne, il tâcha de gagner l'Angleterre calviniste ; lui, prince du sang, il caressa la folie de la république, pourvu que cette folie lui donnât des régiments et des vaisseaux ; il ne rougit pas de rechercher l'appui du régicide Cromwell et de faire appel au fanatisme des huguenots, se jouant ainsi de la religion, de la monarchie et de la France, et cela dans l'incertaine espérance de gagner un peu de temps et de prolonger à Bordeaux l'agonie de la Fronde, tandis que lui, à la campagne prochaine, à la tête d'une armée espagnole, se ferait jour jusqu'à Paris.

1. Chap. III, p. 152.

Insistons un moment ici pour faire mieux sentir le vice radical de la Fronde. Il n'y avait point de milieu: il ne fallait pas tirer l'épée contre le Roi, ou il fallait en arriver par degrés à toutes les extrémités où se précipitait Condé. Grâce à une heureuse inconséquence et à l'intelligente ambition de son frère, Turenne s'arrêta à moitié chemin. Condé et sa sœur sont allés jusqu'au bout de la route fatale. Nous ne craignons pas de montrer l'étendue de leur égarement, pour justifier un jour l'étendue de leur repentir.

Condé avait l'esprit trop juste et trop ferme pour n'avoir pas reconnu que, devant la toute-puissance nationale de la royauté, la Fronde n'avait d'autre appui solide que l'étranger, et il se donna entièrement à l'Espagne. Mais sachant mieux que personne combien il était difficile à l'Espagne d'entretenir à la fois deux grandes armées, l'une dans le cœur de la France, l'autre en Guienne, il lui demanda de l'aider à obtenir de l'Angleterre les secours dont il avait besoin. L'Espagne était alors en effet en très-bonne intelligence avec la Grande-Bretagne, tandis que la France excitait au delà de la Manche une malveillance et une inquiétude profondes, parce qu'elle avait **donné** asile à la veuve de Charles Ier et à ses enfants, reconnu le prince de Galles comme roi d'Angleterre, et admis dans ses armées le duc d'York, qui s'instruisait sous Turenne dans cet art de la guerre qui aurait pu sauver le **trône** de Charles et qui pouvait le rétablir.

Tout ennemi du gouvernement français était donc fort bien venu à Londres et auprès de Cromwell, à plus forte raison un personnage tel que Condé, qui si souvent avait tenu la victoire entre ses mains.

D'ailleurs il y avait toujours eu de fréquentes relations de commerce entre la Guienne et l'Angleterre; et, grâce à la Gironde, la distance n'était pas grande de Londres à Bordeaux. Aussi avait-il été facile à l'Espagne d'intéresser l'Angleterre à l'entreprise de Condé. Le prince s'était empressé d'envoyer à Londres deux agents, le marquis de Cugnac et M. de Barrière, avec un M. de Saint-Thomas particulièrement chargé de recruter des soldats en Irlande, dont la population catholique et royaliste n'était pas fort précieuse à la nouvelle république protestante. Cette permission fut aisément accordée à Condé, comme l'Espagne l'avait déjà obtenue pour elle-même. Ces régiments irlandais, arrivés successivement en Guienne au milieu et vers la fin de l'année 1652, furent d'un très-grand secours à Marsin et à Balthazar[1]. Mais lorsque les agents du prince allèrent plus loin, et de-

---

1. Lenet, p. 559. Lettre de Lenet à Condé, du 8 août 1652 : « Les Irlandois sont arrivés cette nuit devant Poyac sur quatre vaisseaux. » — *Ibid.*, p. 570. Don Louis de Haro à Lenet, septembre 1652 : « Il auroit été bien inutile d'envoyer à M. de Vateville les Irlandois qui débarquèrent à Saint-Sébastien ; mais depuis vous en aurez reçu un corps de mille et cinq cents, et l'on continuera de vous envoyer le reste. — *Ibid.*, p. 584. M. de Saint-Thomas, 11 novembre 1652 : « Ce matin on m'a offert mille Irlandois à très-bon compte. »

mandèrent la liberté du commerce, qui aurait tant profité à Bordeaux à cause de ses vins, déjà fort recherchés en Angleterre, et de plus une flotte avec des troupes de débarquement, ils trouvèrent devant eux la politique anglaise, fort peu chevaleresque, qui, avant de s'engager, exigea tout d'abord de sérieux avantages, un port et une place de sûreté[1]. A ce puissant mobile de l'intérêt national, se joignait un autre mobile encore, qui le secondait merveilleusement, l'esprit de secte républicaine et calviniste. Des ministres de l'Évangile, cette ordinaire et habile avant-garde de l'Angleterre, étaient venus à Bordeaux, s'étaient fait affilier à l'Ormée, comme les statuts de la société

---

1. Lenet, p. 584. M. de Saint-Thomas, 13 novembre 1652 : « On a dessein ici de vous protéger à quelque prix que ce soit ; mais ils veulent un traité, et un port pour sûreté de leurs vaisseaux et dépenses, et vous donneront un secours capable de prendre La Rochelle. En attendant, ils fourniront à vos dépens mille Irlandois, si vous en avez besoin. » — Le même, 2 décembre 1652 : « Pour la dépense qu'il faut faire pour lever les Irlandois qu'ils vous offrent, je confesse qu'elle est grande, quoique ce ne soit que 12 livres par homme rendu au vaisseau, outre que si la liberté pour les vins s'accorde, comme je l'espère et comme celui que je vous envoie vous en portera la résolution, tant s'en faut qu'il vous en coûte de l'argent, que, chargeant deux vaisseaux de vins, ils vous ramèneront mille hommes... Quelques-uns du conseil d'État m'ont dit que le traité particulier que le parlement voudroit faire avec vous est plutôt pour faire une diversion par votre moyen, au cas qu'on leur déclarât la guerre en France, que pour dessein qu'ils aient de la commencer. Ils m'ont dit que lorsqu'ils auront traité avec vous, on ne vous envoiera pas moins de douze mille hommes et des vaisseaux suffisamment pour les mener et pour entreprendre sur La Rochelle ou tel autre lieu que vous jugerez le plus à propos. »

le permettaient ; là, rencontrant un assez grand nombre de protestants, ils les avaient échauffés et ils disaient hautement que l'Angleterre serait bien autrement disposée à secourir la Guienne, si elle avait l'espoir d'y trouver, comme autrefois à La Rochelle, des alliés politiques et religieux.

Ce langage et ces desseins épouvantèrent Lenet, et il s'empressa de les dénoncer à Condé. Celui-ci ne s'en émut guère. Déjà refoulé par Turenne dans la Flandre espagnole, il cherchait partout des forces pour la campagne qui allait s'ouvrir, sans s'inquiéter de quel côté elles lui viendraient. Il n'avait assurément pas le moindre goût pour la république, mais il n'en avait pas peur. Il savait très-bien que ces bouffées républicaines n'étaient pas contagieuses en France, et il ne voyait dans la petite agitation qui effrayait tant Lenet qu'un moyen d'empêcher Bordeaux d'accepter l'amnistie, et une amorce à l'Angleterre pour en tirer la flotte et les régiments qu'il lui demandait. Il laissa donc les ministres anglicans intriguer dans le sein de l'Ormée avec quelques-uns de leurs confrères du midi de la France, et faire des plans de république à l'exemple des saints de l'Angleterre et de Genève[1]. Loin de s'en troubler, il répondit à Lenet

---

1. Un de ces plans de république est parvenu jusqu'à nous. Sa rédaction seule trahit une main étrangère, ou peut-être est-ce l'ouvrage d'une plume française, mais travaillant sur des idées si nouvelles qu'elle a peine à les exprimer. Voyez l'*Appendice*.

avec le plus grand sang-froid, de Stenay, le 10 mars 1653 :
« Je n'ai rien à vous dire sur les divisions de Bordeaux que ce que je vous ai déjà mandé, qu'il faut toujours appuyer le parti qui sera le plus fort ; et pour vous dire mes sentiments sur cette cabale des huguenots que vous me mandez devoir aller droit à la république, je crois que ce n'est pas la plus mauvaise de toutes, et mon sentiment est qu'il vaut mieux la soutenir, sans pourtant la rendre maîtresse, que de l'abattre ; car il est certain qu'elle ne pourra jamais venir à ses fins, et conservant toujours cette pensée de république, elle empêchera les autres d'accepter l'amnistie et de demander la paix[1]. »

En conséquence, tandis qu'il dépêchait le comte de Fiesque en Espagne pour se plaindre des irrésolutions et des procédés équivoques du baron de Vateville, et réclamer la complète exécution des traités, Condé n'hésita pas à autoriser une démarche extraordinaire à laquelle se porta Bordeaux sous l'impulsion de l'Ormée. La ville envoya en son nom et au nom des Princes trois députés en Angleterre, avec plein pouvoir de conclure « tous traités, associations et alliances avec messieurs du parlement de la république d'Angleterre, afin d'obtenir d'eux des secours d'hommes, de vaisseaux et d'argent nécessaires pour la manutention de Bordeaux, de la province de Guienne, et

---

1. Lenet, p. 599.

rétablissement de leurs anciens privilèges, à telles conditions qu'ils jugeront à propos. »

A ce plein pouvoir était jointe une instruction étendue et détaillée que Lenet nous a conservée[1], et qui jette la plus triste clarté sur cet épisode de la Fronde, où se peint son funeste génie, et où l'on voit à découvert l'abîme où l'ambition de quelques grands seigneurs menaçait de précipiter la patrie. Il est dit formellement dans cette instruction qu'en retour des secours demandés, on assurera aux Anglais un port dans la rivière de Bordeaux pour la retraite et sûreté de leurs vaisseaux, comme Castillon, Royan, Talmont, ou Paulhac ou Arcachon, s'ils veulent, qu'ils pourront fortifier à leurs frais, ainsi que les Espagnols ont fait à Bourg. Ils pourront encore faire une descente à La Rochelle et s'en emparer. Ils pourront même assiéger et prendre Blaye. « Et, dit l'instruction, comme le principal mobile des affaires d'État est l'intérêt, et que celui de l'Angleterre est de faire naître des affaires dans la France qui puissent l'occuper par une guerre intestine, lorsqu'en temps de paix elle voudroit agir pour le rétablissement du roi d'Angleterre, ils proposeront sans doute si Bordeaux ne voudroit point prendre une forme de gouvernement toute nouvelle et se servir de cette occasion pour mettre ceux de la religion dans leurs intérêts et affermir l'un par l'autre

---

1. Lenet, p. 602-605.

leur liberté commune. » Dans ce cas, les envoyés devront répondre qu'il a jusqu'ici été impossible de porter les protestants à cette entreprise, quoiqu'ils soient fort mécontents, de crainte que le roi de France ne les accable, et qu'il faut préalablement qu'ils voient une flotte et une armée anglaises dans la Gironde : « alors ils crieroient hautement liberté. »

Cette instruction, avec le plein pouvoir qu'elle accompagne, est datée du 4 avril 1653 et signée par le prince de Conti, par Marsin, par Lenet, qualifié de « plénipotentiaire de Son Altesse sérénissime monseigneur le Prince, » par Laperrière, maire de la ville de Bordeaux, le chevalier de Thodias, premier jurat, et dix-huit bourgeois. Les trois envoyés étaient un conseiller au parlement nommé Trancas et deux bourgeois, Blarut et Dézert. Il devaient s'entendre avec le marquis de Cugnac et avec Barrière, auquel on donne le titre de résident du prince de Condé auprès de la république d'Angleterre, et qui était en même temps « maréchal des camps et armées du Roi[1]. » Il n'y a point à s'y méprendre, c'était là un acte évident de forfaiture envers la couronne de France, le crime d'État le plus certain, le mieux caractérisé. Et tout cela se faisait avec l'agrément et sous l'autorité d'un prince du sang ! « Je suis bien aise, écrit Condé à

---

1. C'est ainsi que le désigne Condé dans la suscription des nombreuses lettres qu'il lui adresse et qu'on peut voir parmi les manuscrits de Lenet.

Lenet[1], de l'acte qui s'est passé pour appeler le secours de l'Angleterre, n'y ayant rien qu'il ne faille mettre en usage pour sauver Bordeaux. » Et il annonce qu'il envoie M. de Mazerolles en Angleterre pour hâter les secours qu'on destinait à la Guienne et obtenir immédiatement, en y mettant le prix nécessaire, huit frégates armées et équipées, dont la moindre était de vingt-quatre pièces de canon.

Ainsi allait se renouveler à Bordeaux l'insurrection de La Rochelle en 1627 et 1628. Là aussi, la religion n'avait été qu'un prétexte et un masque à l'ambition de l'aristocratie; la maison de Condé s'appelait alors la maison de Rohan. En 1627, les protestants n'étaient pas plus persécutés en Saintonge qu'ils ne l'étaient dans le Midi en 1652. Jamais on ne leur avait contesté le libre exercice de leur religion; la seule chose que Richelieu ne voulait ni ne devait supporter, c'est que La Rochelle, avec les îles de Ré et d'Oleron, jouît d'une indépendance incompatible avec la légitime autorité de l'État, et qu'il y eût sur les côtes de France une forteresse, un port, une flotte où le Roi ne commandait pas. Mais en revanche les Rohan y dominaient; et, au premier grief qu'il leur plaisait d'élever, ils invoquaient la protection de l'Angleterre, sans se faire faute, au besoin, de recourir à celle de l'Espagne. Ils avaient sous eux un maire fanatique, et quelques mi-

---

1. Lenet, *ibid.*, p. 609.

nistres, pleins de leur importance et brûlant de jouer un rôle, qui soulevaient le peuple par leurs déclamations et lui imposaient les plus durs sacrifices, en abusant de son ignorance. Les Rohan aussi bégayèrent le nom de république pour se soutenir contre le Roi ; et la catholique Espagne, comme la calviniste Angleterre, unies dans le même intérêt, l'abaissement de la France, auraient fort volontiers reconnu une république calviniste à La Rochelle, pour que la France fût diminuée de cette grande cité et de sa forte marine.

Et c'était le vainqueur de Rocroi et de Lens, celui qui avait sauvé la monarchie en 1648 et 1649, qui allait reprendre à Bordeaux le rôle honteux et usé de Soubise, recommencer une entreprise qui, vingt ans auparavant, avait échoué devant la fermeté de Richelieu, et qui n'avait plus la moindre chance de succès depuis qu'un gouvernement équitable avait assoupi les haines religieuses, et, en protégeant les populations protestantes, ôté sur elles toute prise aux ambitieux projets de quelques chefs mécontents !

Condé en avait fait l'expérience dans cette guerre de Guienne. C'étaient les habitants mêmes de La Rochelle, les descendants de Guiton et des anciens et ardents défenseurs de la foi protestante, qui avaient ouvert les portes de la ville au général de l'armée royale. En gagnant le vieux maréchal de La Force, Condé avait pu croire qu'il acquérait en sa personne tous les protestants du Midi ; mais d'abord l'influence de l'illustre maison était bien diminuée; puis à la mort du vieux maréchal, Mazarin s'empressa de traiter avec son fils, et lui offrit le bâton de son père, pour bien établir qu'il ne s'agissait pas ici de religion, et que les protestants seraient tout aussi bien traités que les catholiques s'ils servaient loyalement.

En Saintonge, l'héritier des La Trémoille, le prince de Tarente, ne put pas même sauver Taillebourg, et n'apporta d'autre force à Condé que celle d'une épée vaillante et fidèle. Lui-même, à l'affaire de Miradoux, poursuivant la cavalerie de Saint-Luc vers Lectoure et Montauban, avait envoyé à cette dernière ville un trompette qui, après avoir rappelé aux habitants les services que les premiers Condé avaient rendus aux protestants de France, annonça que le Prince désirait avec passion leur faire du bien, à eux et à tous ceux de leur religion, qu'il les protégerait toujours, et aurait soin de maintenir leurs priviléges et leurs libertés, s'ils voulaient embrasser son parti. Ces offres furent rejetées d'un commun consentement, et les milices de Montauban allèrent elles-mêmes reprendre la petite ville de Moissac et la remettre sous l'autorité légitime. Mazarin ne manqua pas de remercier le consistoire et les protestants de Montauban de cette marque éclatante de fidélité; il les en récompensa en leur permettant de relever les fortifications de leur ville, autrefois détruites par Richelieu; et, pour gagner de plus en plus la confiance de tous les sujets du Roi qui appartenaient à la religion réformée, il fit paraître, le 21 mai 1652, une déclaration admirable qui confirmait tous les anciens édits de pacification [1].

La levée de boucliers des protestants de Guienne n'eut donc pas grand écho dans le Midi, excepté peut-être dans quelque coin des Cévennes, et la petite cabale huguenote et républicaine sortie des bas-fonds de l'Ormée, fomentée et soutenue par les agents de l'Angleterre, ne servit à Bordeaux qu'à augmenter le désordre, à inquiéter les consciences, à irriter l'autorité ecclésiastique, et à faire des principaux couvents autant de foyers de conspirations sans cesse renaissantes en faveur de la royauté.

Nous qui savons aujourd'hui, sur de nombreux et

---

[1]. Il est étrange que ce fait important ne se trouve nulle part ailleurs que dans l'*Histoire de Condé* par Coste ; mais la déclaration royale certifie le fait qui lui a donné naissance. Elle est si belle et si peu connue, que nous en détacherons quelques parties. « ... Le feu Roi, ayant reconnu qu'une des choses les plus nécessaires pour conserver la paix en ce royaume consistoit à maintenir ses sujets de la religion prétendue réformée en la jouissance pleine et entière des édits faits en leur faveur et à les faire jouir de l'exercice libre de leur religion, avoit un soin très-particulier d'empêcher par tous moyens convenables qu'ils ne fussent troublés en la jouissance des libertés, prérogatives et priviléges à eux accordés par lesdits édits... Nous avons voulu faire le semblable, ayant, pour les mêmes motifs et considérations, par notre déclaration du 8 juillet 1643, voulu et ordonné que nosdits sujets de la religion prétendue réformée jouissent de toutes les concessions, priviléges et avantages, spécialement de l'exercice libre et entier de leur dite religion, suivant les édits, déclarations et règlements faits en leur faveur sur ce sujet. Et d'autant que nosdits sujets de la religion prétendue réformée nous ont

irrécusables témoignages, à quel point l'intelligente administration de Richelieu et de Mazarin avait adouci et apaisé le sentiment protestant, nous avons peine à comprendre que l'Angleterre ait pu fonder aucune grande espérance sur les dispositions des calvinistes français, et nous inclinons à croire qu'elle n'a pas pris fort au sérieux les négociations commencées par Cugnac et Barrière, et poursuivies par les députés de la ville de Bordeaux. On a même prétendu que Cromwell s'était constamment joué de Condé et de ses agents. Cette opinion, assez naturelle aujourd'hui, est dans le passé sans fondement, et elle est entièrement démentie par les faits. L'Angleterre, qui de notre temps même ne connaît pas très-bien la France, l'ignorait tout à

donné des preuves certaines de leur affection et fidélité, notamment dans les occasions présentes dont nous demeurons très-satisfaits, savoir faisons que nous, pour ces causes, et sur la très-humble supplication qui nous en a été faite de la part de nosdits sujets faisant profession de ladite religion prétendue réformée, et après avoir fait mettre cette affaire en délibération en notre présence et en notre conseil, nous, de l'avis d'icelui et de notre certaine science et autorité royale, avons dit, déclaré et ordonné, disons, déclarons et ordonnons, voulons et nous plaît que nosdits sujets de la religion prétendue réformée soient maintenus et gardés, comme de fait nous les maintenons et gardons, en la pleine et entière jouissance de l'édit de Nantes, autres édits, déclarations, arrêts, règlements, arrêts et brevets expédiés en leur faveur, registrés au parlement et chambres de l'Édit, notamment en l'exercice libre et public de ladite religion en tous les lieux où il a été accordé par iceux, nonobstant toutes lettres et arrêts tant de notre conseil que des cours souveraines ou autres jugements à ce contraires, voulant que les contrevenants à nosdits édits soient punis et châtiés comme perturbateurs du repos public. »

fait au XVIIe siècle. Sous le gouvernement du long parlement, la passion calviniste et républicaine était plus écoutée à Londres que la politique ; et Cromwell lui-même ne vit clair qu'assez tard dans les forces respectives des protestants et des catholiques, de Condé et de Mazarin, de la Fronde et de la royauté.

Il est indubitable qu'en 1651, 1652 et 1653, tant que l'Angleterre craignit que la France ne prît en main la cause des Stuarts, elle chercha par tous les moyens à occuper chez elle sa redoutable voisine. C'était pour elle, après tout, un avantage immense de se faire un bon établissement dans la Gironde ou sur les côtes de la Saintonge. De là, les secours effectifs de régiments irlandais envoyés à Bordeaux en 1652. Cromwell ménageait alors si peu le gouvernement français qu'il se permit à son égard un des attentats les plus inouïs dont fasse mention l'histoire moderne. Lorsqu'au mois de septembre de cette même année, le grand-amiral de France, le duc de Vendôme, sortit de Brest pour aller par mer secourir Dunkerque, assiégée par une armée espagnole et défendue par le comte d'Estrades, Cromwell envoya une flotte anglaise, sous le commandement de l'amiral Blake, barrer le chemin à la flotte française, et même la faire prisonnière, au mépris du droit des gens et sans qu'il y eût aucune hostilité déclarée. En vain le duc de Vendôme s'éleva avec force contre une telle violation de la foi publique et réclama les vaisseaux qu'on lui avait pris ; Cromwell maintint cet acte inique et insolent sous les plus frivoles prétextes[1]. Son vrai motif était l'intérêt anglais.

Ce même motif lui fit plus tard proposer à Condé de lui donner vingt vaisseaux, que l'on fréterait sous le nom de quelque marchand moyennant 200,000 écus, afin de s'emparer de quelque port de Normandie, par exemple Quillebeuf, et d'en faire un point d'appui au soulèvement des protestants de la province. Lenet affirme que Cromwell avait envoyé en Flandre à Condé un député, et que celui-ci avait assuré que bientôt les Anglais seraient dans la rivière de Bordeaux[2]. Enfin il est certain qu'en 1653 Cromwell chargea un de ses agents diplomatiques les plus affidés, Stoop, moitié soldat, moitié ministre du saint Évangile, de faire une

---

1. *Mémoires* de Montglat, t. II, p. 381 : « En septembre 1652, le duc de Vendôme, grand-amiral de France, alla secourir Dunkerque avec ses vaisseaux ; il avoit doublé la pointe de Bretagne et avoit fort avancé dans la Manche d'Angleterre, lorsque Cromwell, protecteur de ce royaume-là, fut sollicité par l'ambassadeur d'Espagne, qui étoit près de lui, de s'opposer à ce secours, en le piquant d'honneur sur ce que la France n'avoit point d'ambassadeur à sa cour, et ne vouloit point reconnoître la république qu'il avoit fondée, outre que le roi d'Angleterre, son ennemi capital, quoique son maître, et le duc d'York, son frère, étoient réfugiés à Paris et protégés par le roi de France. Ces raisons obligèrent Cromwell de faire sortir sa flotte en mer, laquelle, sans aucune guerre déclarée, s'opposa au passage de l'armée navale de France, et même prit beaucoup de vaisseaux. Cet obstacle imprévu contraignit le duc de Vendôme de se retirer à Brest, et d'Estrades de rendre Dunkerque aux Espagnols, n'espérant plus de secours. »

2. Lenet, p. 612.

tournée en France, non pas seulement comme le dit Burnet[1], pour sonder les dispositions des populations protestantes, mais pour s'entendre avec leurs chefs et les pousser à la révolte en leur prodiguant toute sorte de promesses. Cela est si vrai que Stoop vint trouver en Flandre le prince de Tarente, un des plus intimes amis de Condé, et lui offrit au nom de Cromwell tout ce qui pouvait dépendre de lui, s'il voulait se mettre à la tête des protestants de France lorsque le temps serait venu d'agir pour la cause commune. Le récit du véridique et loyal La Trémoille ne peut laisser à cet égard aucune incertitude[2].

Tout cela n'empêchait pas Cromwell de négocier aussi avec Mazarin; car il ne se proposait et n'avait à cœur qu'un seul grand objet, faire les affaires de l'Angleterre et les siennes propres par une voie ou par

---

1. Burnet est instruit, judicieux, très-modéré dans les affaires de son pays; mais il n'a pas la moindre idée de celles de France. Il ne sait rien que par Stoop, espion hardi et intelligent, mais sans foi. C'est d'après les récits de Stoop que Burnet assure que Condé offrit à Cromwell de se faire protestant, et autres sottises de ce genre qu'il est inutile de réfuter. Voyez *Histoire de mon temps*, dans la collection des *Mémoires relatifs à la révolution d'Angleterre*, par M. Guizot, t. 1er, p. 156 et suiv.

2. *Mémoires* du prince de Tarente, p. 169-171 : « Un ministre protestant nommé Stouppe vint faire des propositions de la part de Cromwell, qui l'avoit envoyé en France pour assurer nos églises réformées de sa protection, si elles vouloient s'unir pour demander à la cour le rétablissement de leurs priviléges. Le cardinal Mazarin, qui en fut averti, mit des gens en campagne pour arrêter Stouppe. Il avoit déjà parcouru le Languedoc et les Cévennes, lorsqu'il apprit qu'on le cherchoit. Il s'évada; mais il n'eut pas le temps de sauver

une autre. Il eût préféré sans doute, comme ardent calviniste, le triomphe des protestants de France sous des chefs tels que La Trémoille et Condé; mais peu à peu il reconnut qu'en général les protestants étaient tranquilles et satisfaits, et que tous les efforts des calvinistes républicains d'Angleterre n'avaient réussi qu'à former à grand'peine à Bordeaux un parti violent, mais peu nombreux et incapable de rien de considérable. Cependant il ne laissait pas de faire servir cette ombre d'insurrection à effrayer Mazarin et à l'amener à son but, et il y réussit. Tandis que Condé mettait tout en œuvre pour gagner Cromwell, qu'il lui écrivait des lettres de compliment sur son élévation[1], et lui rappelait sans cesse que loin de protéger le prince de Galles et le duc d'York, il était en guerre avec eux[2], Mazarin, pour déjouer ces trames, s'em-

ses papiers, qui furent saisis. Il me vint trouver à Spa, et, ne pouvant me montrer sa commission, qui avait été prise, il m'assura seulement de bouche qu'il avoit charge du Protecteur de me promettre tout ce qui pouvoit dépendre de lui, si je voulois me mettre à la tête des protestants de France lorsqu'il seroit temps d'agir pour les intérêts de la cause commune, etc... La conclusion fut que je demeurerois en Hollande jusqu'à ce que le Protecteur se fût déclaré contre la France ou contre l'Espagne; que si c'étoit contre la France, je prendrois avec lui des mesures plus certaines dont M. le Prince pourroit se prévaloir. »

1. Lenet, p. 612.
2. *Manuscrits de Lenet*, Lettre de Condé à Barrière, 26 décembre 1652 : « J'ai appris que le Roi avoit envoyé le Sr de Bordeaux en Angleterre pour ménager quelque chose avec la république contre mes intérêts. Je ne doute pas que vous n'en soyez bien averti et que vous n'y remédiiez. On m'a appris que mes ennemis avoient

pressa de reconnaître le Protecteur, lui donna toute assurance que la France, tout en continuant de donner asile à la sœur et aux neveux de Louis XIII, n'entreprendrait rien pour le rétablissement des Stuarts, et il tint fidèlement sa parole pendant toute la vie de Cromwell. Et même, afin de lui inspirer une entière confiance, il alla jusqu'à faire quitter la France au prince de Galles, auquel on avait donné jusqu'alors le titre de roi d'Angleterre. De son côté, dès le milieu de l'année 1654, Cromwell dénoua d'abord, puis rompit tout à fait avec Condé, les Frondeurs et les protestants. Spectacle admirable de deux grands hommes d'État, qui tous deux sacrifient les passions et les préjugés de leur parti à l'intérêt véritable de leur cause : Cromwell, résistant à la tentation d'établir de petites républiques calvinistes en France, pour faire reconnaître et pour préserver de tout danger la grande république dont les destinées lui étaient confiées ; Mazarin, faisant tout le contraire de ce que fera un jour Louis XIV, ne se piquant pas de trop de chevalerie envers un prince malheureux, traitant avec une répu-

tâché de me décrier fort en ce païs-là, disant que j'ai une amitié étroite avec le roi d'Angleterre et même quelque engagement avec lui. Il vous sera aisé de détruire cela en leur fesant connoître que nous sommes aussi mal ensemble qu'il se puisse, que c'est lui qui fit l'accommodement de M. de Lorraine avec la cour et été à Villeneuve-Saint-Georges, que je le fis chasser ensuite de Paris, que le duc d'York sert présentement contre moi dans l'armée de M. de Turenne, enfin que tous les Anglois de son parti sont absolument acquis au cardinal Mazarin, etc. »

blique et avec un usurpateur pour mieux servir son roi, pour ne laisser aucun ferment de discorde en France, y voir partout renaître l'ordre, la paix, la soumission à l'autorité légitime, et n'avoir plus devant soi d'autre ennemi que l'Espagne affaiblie et dégénérée!

CHAPITRE SIXIÈME

FIN DE LA FRONDE A BORDEAUX

3 août 1653

Querelles domestiques et séparation politique du prince de Conti et de Mme de Longueville. Intérieur du prince de Conti : Sarasin, Marigny, Chémeraut, Guilleragues, l'abbé de Cosnac; on jette le jeune prince dans le dérèglement; on le pousse à abandonner Condé, à tromper Mme de Longueville, à traiter en secret avec Mazarin. — Lutte suprême de la royauté et de la Fronde à Bordeaux. Résistance des magistrats : Massiot. Déchaînement du parti royaliste contre Mme de Longueville. — Résistance du clergé : le père Berthod et le père Ithier. Noble conduite de Mme de Longueville. — Résistance de la bourgeoisie : Chevalier et Jacques Filhot. — Déroute générale de la Fronde en Berri, en Bourgogne, en Languedoc, sur la frontière de Flandre. La Guienne reprise. Capitulation de Bourg et de Libourne. Blocus de Bordeaux. — Sage politique de Mazarin : Il laisse sortir de Bordeaux les chefs du parti des princes. Triomphe de la royauté. Fin de la Fronde.

On peut juger maintenant combien est dépourvue de fondement, et absurde même jusqu'au ridicule. cette autre accusation de La Rochefoucauld contre Mme de Longueville : c'est elle, à l'en croire[1], qui, en se brouillant avec son frère, le prince de Conti, divisa le parti des princes et prépara sa ruine. Ainsi qu'on l'a vu, ce sont des causes un peu plus sérieuses qui ont

---

1. La Rochefoucauld, p. 131-132 et 174.

perdu la Fronde à Bordeaux comme à Paris. Quand le prince de Conti et sa sœur auraient continué d'être aussi unis qu'ils le furent longtemps, leur impuissante union n'aurait pu retarder la chute de la Fronde, et leurs divisions ne l'ont point avancée d'une heure. Les brouilleries du frère et de la sœur n'ont pas eu d'influence marquée sur les événements, et nous y ferions à peine attention si La Rochefoucauld n'en parlait avec une discrétion perfide, en s'excusant « de ne pas entrer dans le particulier de beaucoup de choses qui ne se peuvent écrire, » et en laissant entrevoir sous ces choses qui ne se peuvent écrire des mystères très-peu favorables à Mme de Longueville. Levons donc ces voiles tissus par l'esprit de rancune et de vengeance, et faisons paraître bien des misères pour repousser d'odieuses calomnies. Si Mme de Longueville s'est séparée du prince de Conti, ç'a été par une indispensable nécessité, d'abord par respect pour elle-même, ensuite par fidélité à Condé. La preuve en est que Conti n'échappa des mains de sa sœur que pour tomber entre celles de Mazarin. Ce dénoûment certain jette de la lumière et de l'intérêt sur les obscurs et tristes détails dans lesquels nous allons entrer.

Nous l'avons dit[1] : Mme de Longueville avait jusqu'alors exercé sur le prince de Conti un pouvoir presque absolu par la supériorité de l'âge, de l'esprit

---

1. Voyez le précédent chapitre, p. 248, etc.

et du caractère, et grâce aussi à cette espèce d'adoration chevaleresque que son jeune frère professait pour elle. Sans doute il eût mieux valu le conduire seulement par la raison et par l'honneur; mais, à défaut de mieux, elle retenait comme elle pouvait son ancien empire, ne sachant trop quel usage ferait de sa liberté ce faible et capricieux personnage. Il n'y avait rien là que de fort innocent, bien qu'il s'y mêlât un peu de manége et quelque ridicule; mais on conçoit quel parti on pouvait tirer de cette passion étrange contre Mme de Longueville. Mazarin, qui allait à ses fins par tous les moyens, et à qui les Frondeurs avaient prodigué toutes les calomnies dans le langage le plus cynique, se défendait de la même manière, et ne se faisait pas faute de répandre des bruits injurieux sur le frère et la sœur. De là bien des chansons et des mazarinades, armes de guerre utiles en leur temps, mais qui n'ont pas la moindre valeur auprès de l'histoire. Pas un homme sérieux au XVIIe siècle ne s'est arrêté à ces propos de parti; et Retz, qui certes n'est suspect envers personne d'un excès de bienveillance, ne les rappelle que pour leur donner un formel démenti[1]. Le moment arrivait où cette affection exaltée devait finir avec les chastes ardeurs de la première jeunesse;

---

1. Il dit avec le ton leste et dégagé qui lui est ordinaire, t. Ier, p. 183, édit. d'Amsterdam, 1735 : « L'amour passionné du prince de Conti pour sa sœur donna à cette maison un certain air d'inceste, quoique fort injustement. »

mais, au lieu de s'affaiblir successivement et de mourir en silence, elle se brisa, non sans quelque scandale, à Bordeaux en 1652.

Le prince de Conti s'était fait une petite cour de serviteurs intéressés, qui flattaient à l'envi ses défauts, cette vanité inquiète et jalouse qui était le fond même de son caractère et qui entrait dans tous ses sentiments, surtout le goût naissant des plaisirs. Parmi ces courtisans, étaient au premier rang deux beaux esprits célèbres, Sarasin, secrétaire des commandements du prince, dont ailleurs[1] nous avons fait connaître le talent délicat et l'âme servile; Marigny[2], presque aussi spirituel et plus méchant que Sarasin; avec eux, Guilleragues, se formant à cette bonne école dans l'art d'amuser et de plaire qui un jour lui méritera l'éloge de Boileau[3]; Chémeraut Barbezières, officier hardi, sans scrupules et sans mœurs, et quelques autres encore dont il sera question plus tard.

---

1. *La Société Française au* XVIIe *siècle*, t. Ier, chap. Ier, p. 44 et suiv., surtout t. II, chap. XIII, p. 192-196.
2. On en a un petit volume : *Œuvres de vers et de prose de M. de Marigny*, in-12, Paris, 1674. Il est auteur aussi d'un petit poëme du *Pain bénit*, imprimé en 1673. Tallemant, t. IV, p. 263, en fait le portrait suivant : « Il est bien fait, il parle facilement, sait fort bien l'espagnol et l'italien, et n'ignore pas un des bons contes qui se font en l'une des trois langues; fait des vers passablement; pour du jugement, il n'en a point. » Tallemant devait aussi parler de lui dans *la Fronderie*. Marigny est mort en 1670.
3. Boileau, Épître V :

> Esprit né pour la cour et maître en l'art de plaire,
> Guilleragues, qui sais et parler et te taire.

Les deux lettrés ne s'entendirent pas longtemps, et se querellèrent. Il paraît que, dans ces démêlés, Mme de Longueville prit parti contre Marigny. Il fut contraint de quitter la place, jurant à Sarasin et à sa protectrice une haine de bel esprit offensé. De Paris, il adressa à son ancien maître une lettre contre son rival, qui irrita le prince et sa sœur; on parla même de supprimer la pension de Marigny; il n'en devint que plus ulcéré, et mit ses rancunes au service de celles de La Rochefoucauld et de Mme de Châtillon. Sans cesse il écrit contre Mme de Longueville à Lenet, qui, gagné lui-même à la conspiration, accueille fort bien ses lettres et en fait part à Condé, en sorte que, grâce à la connivence de Lenet, les traits forgés à Paris y revenaient par Bordeaux : manœuvre habile qui secondait à merveille la machine conduite par La Rochefoucauld[1]. Sarasin, qui devait tant à Mme de

---

[1]. On peut voir toutes ces intrigues dans Lenet. Il est certain que Marigny avait été pendant la Fronde au service du prince de Conti, puisqu'il en tenait une pension qu'il fut question de lui ôter (Lenet, p. 574 ; lettre de Marigny du 22 septembre 1652), et qu'il avait été avec lui quelque temps à Bordeaux ; car, dans une autre lettre du 25 septembre, il parle à Lenet des affaires de Bordeaux en homme qui les sait à fond et y a mis la main. Il s'applique à tourner de plus en plus Lenet contre Mme de Longueville. On a vu que, dans les premiers troubles de l'Ormée, Lenet avait été chargé par Condé de rechercher la part qu'y pouvaient avoir Mme de Longueville et le prince de Conti, et qu'à ce propos il y avait eu une explication assez vive entre Lenet et la princesse, qui avait versé des larmes en s'entendant accuser de nuire à Condé. En même temps, elle avait assuré Lenet qu'elle ne songeait pas à le desservir auprès

Longueville, se ménagea le plus longtemps qu'il put entre la sœur et le frère, les flattant tour à tour et les trahissant tous les deux. Enfin Chémeraut, emporté par la passion et par l'intérêt, forma résolûment le dessein de s'emparer de l'esprit de son jeune maître, en attaquant avec art et en détruisant peu à peu auprès de lui tous ceux qui jusqu'alors étaient en possession de le conduire. Il ne tarda pas à entraîner Sarasin dans ce complot.

Les deux habiles et effrontés courtisans commencèrent par s'adresser à l'amour-propre du prince de

---

de son frère, et qu'il pouvait compter sur son amitié, ce qui était parfaitement vrai, comme l'avenir l'a bien fait voir. Il paraît que Lenet avait raconté tout cela à Marigny. Celui-ci craignant un rapprochement entre Lenet et la princesse, s'efforça de l'empêcher. « Je suis bien aise, lui écrit-il, de vous donner un avis que, quelque chose que fasse Mme de Longueville, elle ne fera rien pour vous, que ses larmes à votre égard sont des larmes de crocodile. » Sur cela, il lui raconte une historiette où il a soin de placer ces mots : « Le prince de Conti qui languit, comme vous savez, pour Mme de Longueville sans lui en rien dire, » n'osant pas calomnier tout à fait Mme de Longueville, mais tâchant de la rendre suspecte et ridicule. Il ajoute, et cela le trahit : « Au surplus vous ne devez point douter que le Sarasin, qui va comme veut Mme de Longueville, ne pousse M. le prince de Conti contre M. Lenet de tout son pouvoir, et je ne doute point qu'il n'ait été un des principaux auteurs de la cabale. Je vous en parle sans passion, et je ne pense pas me tromper, et je ne sais pas si vous ne feriez pas bien d'en faire avertir M. le Prince, ou de lui écrire même sur ce sujet, ou d'en écrire à M. de La Rochefoucauld, *afin qu'il en parlât plus amplement.* » Ainsi c'est par vengeance contre Sarasin et le prince de Conti que Marigny excite Lenet contre Mme de Longueville; il l'engage à écrire contre elle à M. le Prince ou à La Rochefoucauld, qui saura bien tirer parti de ces bavardages.

Conti, et lui représentèrent qu'il n'avait point à Bordeaux le pouvoir qui lui était dû, et qu'il était traité beaucoup trop légèrement par Lenet et surtout par Marsin. Ils lui insinuèrent que M. le Prince, à Paris, dans ses négociations secrètes avec la cour, avait fort négligé ses intérêts, tandis que Condé n'avait jamais cessé de réclamer pour son frère l'important gouvernement de Provence à la place de celui de Champagne et de Brie[1]. Ils ne manquèrent pas aussi de lui faire sentir le ridicule de ses sentiments passionnés pour une sœur qui n'était pas du tout l'Uranie qu'il se figurait, et ne s'en tenait point à des adorations platoniques comme les siennes, qui, depuis plusieurs années avait, sans qu'il s'en doutât[2], pour amant déclaré La Rochefoucauld, qui venait de commencer une intrigue nouvelle avec le duc de Nemours, et avait peut-être quelque secret favori parmi les jeunes et brillants officiers empressés à lui faire la cour.

Et ici nous-même, recherchant par-dessus tout la vérité et n'ignorant pas que la punition d'une faute est presque toujours d'en amener d'autres, nous avons voulu savoir si la conduite de Mme de Longueville à Bordeaux avait fourni quelque prétexte à ce dernier

---

1. Voyez chap. III, p. 149.
2. Retz, t. Ier, p. 186 : « M. de La Rochefoucauld faisoit croire à M. le prince de Conti qu'il le servoit dans la passion qu'il avoit pour madame sa sœur, et lui et elle, de concert, l'avoient tellement aveuglé que, plus de quatre ans encore après, il ne se doutoit de quoi que ce soit. »

propos, et voici tout ce que nous avons pu trouver.
Lenet dit qu'à Bordeaux le marquis de Gerzé s'attacha
un moment à Mme de Longueville[1]; mais lui, qui est
presque un de ses ennemis, lui, le serviteur, le correspondant intime de La Rochefoucauld et de Mme de
Châtillon, ne donne pas le moins du monde à entendre
que la princesse ait pris au sérieux des adorations
auxquelles elle était fort accoutumée. Nous savons
qu'à Stenay, entourée de généraux et d'officiers qui
se battaient admirablement pour sa cause, tels que
Turenne, Bouteville, La Moussaye, Grammont, Tracy,
elle était trop politique et trop coquette pour ne pas
souffrir un peu leurs hommages quelquefois très-pressants, sans que sa fidélité à La Rochefoucauld se soit
jamais démentie; nous en avons des preuves certaines.
Il est donc possible qu'à Bordeaux elle n'ait pas rebuté davantage des adorateurs qui pouvaient être
utiles au parti des princes; mais nous n'avons pu découvrir l'ombre même d'un indice qui permette de
croire à aucune galanterie suspecte, et bientôt nous
verrons que ses pensées prirent assez vite une tout
autre direction. Le marquis de Gerzé était un officier
d'une grande bravoure et entièrement dévoué à
Condé. C'était un des beaux à la mode, et qui, pour
parler le langage du temps, se faisait le mourant de

---

[1]. Lenet, p. 540 : « Gerzé s'attachoit à la duchesse de Longueville. Je crus avoir eu l'occasion de l'observer ; j'en donnai avis au prince de Condé. » Cette observation n'est pas répétée dans Lenet.

toutes les beautés célèbres. Un jour, en 1649, nouveau capitaine des gardes, il s'avisa de se mettre en tête de supplanter Mazarin et de faire le galant auprès de la reine Anne, qui d'abord s'en moqua, puis le chassa en lui faisant affront[1]. Cette aventure avait laissé à Gerzé un certain air de ridicule; il n'avait pas la moindre importance politique; il resta d'ailleurs assez peu de temps à Bordeaux, suivit de près Condé, et le 1er juillet, il était à Paris au combat de Saint-Antoine.

Mais les flatteurs du prince de Conti ne se piquaient pas de tant de critique; et soit en cette occasion, soit en d'autres, pour le présent ou pour le passé, ils parvinrent à irriter si bien le prince de Conti contre sa sœur, qu'il en tomba « dans un emportement de colère et de jalousie qui eût été plus supportable à un amant qu'à un frère[2]. » Dans les commencements, il suffisait à Mme de Longueville d'un mot gracieux, d'une caresse, pour ramener le jeune prince sous l'ancien joug; un moment après, la scène était changée, et les conseils de l'affection et de l'honneur n'étaient plus écoutés; ils étaient même rejetés avec des paroles injurieuses. La fierté de Mme de Longueville se lassait bien souvent des soins qu'il lui fallait prendre pour conduire cet esprit inquiet et jaloux, et son influence dépérissait chaque jour. Cependant, Chémeraut ayant gravement

---

1. Mme de Motteville, t. IV, p. 9-20.
2. La Rochefoucauld, p. 131.

manqué à une des filles de la princesse, celle-ci s'en émut et exigea de son frère qu'il chassât son indigne favori. Elle l'emporta, mais non sans peine. Pour les brouiller sans retour et aller plus droit à ses fins, un autre flatteur du prince entreprit de lui donner une maîtresse, et lui fit faire la connaissance d'une dame de la ville, jolie et peu cruelle, nommée Mme de Calvimont, chez laquelle Conti passa agréablement ses soirées et tint sa petite cour. Cette belle liaison dura jusqu'à la fin de la guerre de Guienne, et même un peu au delà. Voilà mises à nu les misères que le silence affecté de La Rochefoucauld rendait si suspectes, et dont on pourrait détourner les yeux, si bientôt ces brouilleries n'eussent amené des divisions d'un caractère plus sérieux, qui méritent l'attention de l'histoire.

Dans l'intérieur du prince de Conti, à côté de Guilleragues et de Sarasin, était un personnage qu'il est temps d'introduire sur la scène, plus honnête à la fois et plus habile, et qui ne pouvait se contenter du triste rôle de complaisant du prince : nous voulons parler de l'abbé de Cosnac, aumônier de la maison. Comme il le dit lui-même dans ses Mémoires récemment publiés[1], il était naturellement aussi porté à l'ambition qu'éloigné des intrigues d'amour. C'était un ecclésiastique

---

1. *Mémoires* de Daniel de Cosnac, archevêque d'Aix, etc., 2 vol. in-8°, Paris, 1852. C'est de ces mémoires que nous avons tiré ce qui précède sur Chémeraut et sur la liaison du prince de Conti avec Mme de Calvimont.

gascon, très-fin et très-avisé, évitant le scandale, mais cherchant par-dessus tout à faire son chemin. Il se tint quelque temps prudemment dans l'ombre et attendit que son heure fût venue. Il ne favorisa ni les désordres du jeune prince ni les déplorables querelles que le frère faisait à la sœur. Dans tout le cours de ses Mémoires, il ne lui échappe pas le plus petit mot contre Mme de Longueville, dont l'inimitié de La Rochefoucauld eût pu faire son profit; il ne parle d'elle qu'avec un entier respect; seulement, au lieu de l'aider à ressaisir son influence sur le prince de Conti, il se réserva de le conduire lui-même, et il le conduisit peu à peu dans une route tout opposée à celle que suivait Mme de Longueville.

L'abbé de Cosnac reconnut aisément que la Fronde était perdue, que, vaincue à Paris, elle penchait de plus en plus à Bordeaux vers sa ruine, et que, pour sa fortune, il n'avait rien à attendre de ce côté-là. Il conçut donc la pensée de gagner les bonnes grâces de la cour en lui ménageant la conquête d'un prince du sang. Cette entreprise une fois arrêtée dans son esprit, il y travailla avec adresse et persévérance. Il s'en ouvrit à l'un de ses amis, le marquis de Chouppes, entré avec son régiment au service des princes, et qui ne demandait pas mieux que d'en sortir, croyant avoir à se plaindre de Marsin. Cosnac introduisit Chouppes auprès du prince de Conti; et, dans une occasion importante où il s'agissait de réclamer de l'Espagne les secours promis par les traités, et sans lesquels les affaires de Guienne ne pouvaient se soutenir, comme on cherchait une personne de confiance que l'on pût charger de cette mission, l'abbé fit tomber sur son ami le choix du prince. On donna au nouveau diplomate les instructions les plus détaillées et les plus précises[1]. Chouppes les suivit de manière à ne rien obtenir, et à son retour il assura le prince qu'il n'y avait aucun fond à faire sur les promesses des Espagnols. « Ce coup, dit l'abbé de Cosnac[2], que je donnai assez adroitement pour n'en être point soupçonné, est assurément ce qui a le plus contribué à la paix de Bordeaux. »

Sur ces entrefaites, il y eut dans la ville une assez forte émeute où le prince de Conti courut quelque danger. Cosnac saisit cette occasion pour se déclarer; il représenta au prince qu'il se perdait en s'obstinant à servir une cause que rien ne pouvait sauver, et il lui développa toutes les raisons qui le pouvaient engager à traiter avec la cour. Le faible Conti ne fit pas grande résistance. « Il prit, sans beaucoup balancer[3], la résolution de sortir de l'état où il étoit, qui commençoit fort à le dégoûter, tant à cause des fatigues qu'il lui falloit prendre, et qui n'étoient pas trop selon son humeur, qu'à cause des dangers qu'il couroit tous les jours. Après avoir eu avec M le prince de Conti plu-

---

1. Elles sont tout au long dans Lenet, p. 596-599.
2. *Mémoires* de Cosnac, t. 1er, p. 53.
3. *Ibid.*, p. 56.

sieurs conférences sur ce sujet, il fut entendu qu'il enverroit quelqu'un à la cour pour traiter de notre accommodement avec elle. »

Ce témoignage de l'abbé de Cosnac est irrécusable. Ainsi il est désormais acquis à l'histoire qu'au lieu d'avoir attendu, pour se rendre, comme on le croyait jusqu'ici, l'entière défaite de son parti, le prince de Conti l'a prévenue, et que, dès les commencements de l'année 1653, il trahissait sourdement celui dont il était le lieutenant, jusqu'à ce que l'occasion lui fût donnée de lever le masque et de passer avec éclat du côté de la cour. Déjà s'accomplissait une partie de la prophétie de Condé : « Vous me jetez dans une affaire dont vous vous lasserez plus tôt que moi. » Condé, en effet, plus énergique et plus fier à mesure que le malheur s'appesantissait sur lui, repoussait toutes les ouvertures d'accommodement. « Je vous dirai, écrit-il de Flandre à Lenet le 19 mars 1653[1], que quand nous devrions perdre Bordeaux et toute la Guienne, il vaudroit mieux s'y résoudre que de faire une paix à contre-temps, sans honneur et sans sûreté, comme il arriveroit, si nous la faisions dans ce temps-ci que le Mazarin continue d'agir avec ses fourberies ordinaires et ne songe qu'à notre ruine... tellement qu'il faut une fois pour toutes que vous ôtiez cette pensée de paix de votre esprit, que vous songiez sérieusement à la guerre, et

---

1. Lenet, p. 602.

que vous vous appliquiez à sauver Bordeaux. Pour moi, je vous dirai que quand je serois réduit à demeurer ici avec un seul valet, j'aimerois mieux le faire que de me mettre entre les mains de mes ennemis. »

Cependant que faisait cette sœur qu'on lui avait peinte comme livrée à ses plaisirs et toute prête à le trahir pour quelque nouvel amant? Seule, sans nul ami sur lequel elle se pût appuyer, le cœur rempli de sombres pressentiments, voyant bien qu'elle ne pouvait surmonter sa destinée, elle la bravait du moins, et constamment elle refusa de prêter l'oreille à tout accommodement particulier. Elle aurait bien pu se dire que ses conseils n'avaient jamais été suivis, qu'on n'avait répondu à son dévouement et à sa tendresse qu'en accueillant de basses calomnies, qu'à Paris on avait négocié avec la cour malgré elle et sans elle, qu'à Bordeaux on ne lui avait donné aucun pouvoir, qu'un seul jour elle avait été crue, lorsqu'elle avait été d'avis que son frère allât chercher de plus illustres champs de bataille, qu'on n'avait pas su diriger l'Ormée quand on pouvait la conduire, pour la suivre follement maintenant qu'elle courait à sa perte; qu'enfin depuis plus d'un an elle était si peu comptée dans toutes les résolutions qui se prenaient, qu'elle avait bien le droit d'aviser elle-même à ses propres affaires.

Mais Mme de Longueville avait d'autres pensées : elle savait bien au fond de son cœur avec quelle passion à Saint-Maur, à Chantilly, à Montrond, à Bourges, elle avait poussé Condé à la guerre; plus donc elle le vit malheureux dans l'entreprise où elle l'avait entraîné, plus elle se fit une religion de lui demeurer fidèle, quelque plainte qu'elle pût élever contre lui. Tandis que le prince de Conti ourdissait avec son aumônier une conspiration en faveur de la paix, tandis qu'à Paris La Rochefoucbauld se rendait petit à petit, et traitait avec Mazarin par l'intermédiaire de Gourville, qui passait alors lui-même de son service à celui du cardinal[1], elle, à Bordeaux, avec l'intrépide Marsin, et avec Lenet obéissant enfin, bien qu'à contre-cœur, aux dernières instructions de son maître, elle s'enfonça chaque jour davantage dans une résistance désespérée. L'abbé de Cosnac lui rend cet hommage que jamais il n'espéra triompher de sa fidélité. « Mme de Longueville, dit-il[2], étoit tellement attachée aux intérêts de M. le Prince, qu'elle n'eût jamais consenti à aucun traité de paix sans sa participation. »

Aussi le premier soin du prince de Conti et de Cosnac fut-il de ne pas éveiller le moindre soupçon dans l'esprit de Mme de Longueville. Pour la mieux tromper, Conti redoubla de zèle en apparence et lui disputa la faveur de l'Ormée; et c'est sa main, guidée par celle de son digne conseiller, qui, dans les premiers jours d'avril 1653[3], signa les instructions crimi-

---

1. *Mémoires* de Gourville, coll. Petitot, t. LII, p. 272-274 et suiv.
2. *Mémoires* de Cosnac, t. I, p. 67.
3. Voyez chap. v, p. 282 et suiv.

nelles données à MM. de Trancas, Blarut et Dezert, députés de l'Ormée auprès de la république d'Angleterre. Mme de Longueville, abusée, ne se douta pas de la trahison qui se tramait. En vain de temps en temps, avertie par les murmures soupçonneux de l'Ormée, que ses instincts ne trompaient pas, et trouvant elle-même étranges les allures de son frère, elle tentait de se rapprocher de lui et de reprendre son ancien ascendant. Toutes les avenues du cœur de Conti étaient soigneusement gardées. L'abbé de Cosnac n'avait pas manqué de renouveler et d'augmenter leurs brouilleries, dès qu'il avait vu Mme de Longueville bien résolue à ne point abandonner Condé; et ces divisions, d'abord tout intérieures, finirent par éclater au dehors et par devenir publiques, grâce aux indiscrétions de l'entourage du prince et à l'habileté des partisans de Mazarin, appliqués à envenimer et à répandre ces querelles domestiques, afin de nuire à celle qui était devenue l'âme du fameux triumvirat, comme l'appelle l'abbé de Cosnac.

Nous le demandons à tout homme de bonne foi, à présent que tous les voiles sont levés et que le dessous des cartes est à découvert en bien et en mal : Mme de Longueville est-elle coupable de ces divisions dont on a fait tant de bruit? Devant les révélations inattendues de l'abbé de Cosnac, que deviennent les accusations de La Rochefoucauld? Voudrait-on que dès l'origine, pour prévenir les emportements jaloux de son jeune frère, Mme de Longueville se fût prêtée davantage à une passion ridicule? Elle n'avait déjà que trop fait; et quelle âme honnête la blâmera d'avoir aimé mieux s'exposer, comme le dit fort bien l'abbé de Cosnac lui-même[1], « aux effets de la haine de son frère qu'à ceux de son amitié? » Devait-elle donc ensuite condescendre, avec Cosnac, Guilleragues et Sarasin, aux tristes amours de Conti? Plus tard, elle pouvait encore, il est vrai, se réconcilier avec lui en l'imitant; mais l'idée seule d'une semblable lâcheté ne se présenta pas même à son esprit. Pas un jour, pas une heure, elle ne consentit à séparer son sort de celui de Condé, et à fléchir le genou devant ses ennemis victorieux.

Il nous reste à conduire la guerre de Guienne à son inévitable dénoûment, et à montrer la Fronde se précipitant à sa perte par les mêmes chemins qu'elle avait déjà parcourus : d'une part, les violences de plus en plus extravagantes de ses partisans aux abois, de l'autre l'indignation toujours croissante des honnêtes gens, ramenés au besoin de l'ordre par les excès de l'anarchie, leurs révoltes courageuses et l'intrépide dévouement de quelques âmes d'élite.

On a vu avec quel enthousiasme le parlement de Bordeaux avait accueilli Condé à son arrivée en Guienne. C'est du sein de ce même parlement que

---

1. *Mémoires*, t. I, p. 28.

partit le premier signal de l'opposition qui finit par renverser la domination des princes.

Le parlement, dans sa grande majorité, avait été d'avis d'accepter l'amnistie royale promulguée en octobre 1652[1]. Les princes ayant repoussé cette amnistie, dès lors les membres les plus autorisés de la compagnie s'étaient considérés comme dégagés envers eux, et n'avaient plus songé qu'à rentrer sous l'autorité légitime. Profitant de ses dispositions, le Roi avait déclaré le parlement de Guienne transféré à Agen. Cette déclaration avait produit son effet : bien des magistrats, obéissant à l'appel du Roi, avaient successivement quitté Bordeaux, s'étaient rendus à Agen, et y avaient formé un parlement, qui grossit chaque jour, et ouvrit sa première séance le 3 mars 1653. Il était à peine resté à Bordeaux assez de conseillers pour rendre la justice ordinaire : les uns, trop compromis pour espérer un pardon sincère et engagés sans retour dans la rébellion ; les autres, qui aspiraient à en sortir, et n'étaient retenus que par un scrupule de fidélité envers Condé ; plusieurs aussi, dans la pensée qu'ils serviraient mieux le Roi à Bordeaux qu'à Agen, en y tenant tête à ses ennemis.

Ceux-là souffraient impatiemment le joug de l'Ormée. Un d'eux, nommé Massiot, entreprit de le secouer et de reconquérir l'hôtel de ville, dont les

---

1. Chap. v, p. 274.

ormistes s'étaient emparés. Dans les premiers jours de décembre 1652, secondé par une partie de la bourgeoisie, il osa faire une grande démonstration qu'on eut bien de la peine à réprimer. Massiot fut pris, et conduit pour être jugé au palais du parlement à travers les flots d'une populace furieuse. Il entra fièrement dans le palais; et, se retournant vers la foule qui le suivait, il dit qu'il saurait bien se justifier, et qu'on ne lui en voulait que parce qu'il s'opposait à ce qu'on mit garnison espagnole dans Bordeaux. Plusieurs membres du parlement soutinrent qu'il y avait eu réellement conspiration. Massiot nia tout dessein contre la personne du prince de Conti et contre la maison de Condé; mais il déclara qu'il avait en effet tenté de se saisir de l'hôtel de ville et de se défaire des chefs de l'Ormée, qu'il l'avouait, le tenait à honneur, et le ferait savoir au Roi. Ce hardi langage étonna et agita l'assemblée. Il y eut des conseillers qui osèrent approuver Massiot. Le président d'Affis, celui-là même qui, en septembre 1651, à la place du premier président Dubernet, avait reçu Condé et lui avait promis avec tant de chaleur l'appui de la compagnie, s'emporta contre les usurpations de l'Ormée. Au milieu de ces débats confus, la nuit vint, et on leva la séance sans avoir rien décidé. Cependant le peuple attroupé autour du palais[1] ne cessait de réclamer à

---

1. Situé sur la *place du Palais*, pas bien loin du quai. Au

grands cris la tête de Massiot. On avait peur qu'il ne fût mis en pièces à la sortie de l'audience. Le prince de Conti dit qu'il conduirait volontiers le prévenu dans son hôtel [1], mais qu'il n'y répondrait pas de sa vie. Il offrit de le mener à l'hôtel même [2] du prince de Condé, comme en un asile inviolable, et il se dirigea de ce côté; mais le peuple força la voiture du prince d'aller à l'hôtel de ville [3], où Massiot fut jeté dans les fers. On eut bien de la peine à sauver la vie du courageux conseiller. Sa famille, qui était fort considérée, obtint sa liberté à condition qu'il quitterait Bordeaux immédiatement [4]. Il se rendit à Agen, et on le voit figurer parmi ceux qui assistèrent à la première séance du parlement royal, le 3 mars 1653.

Le soir de la scène que nous venons de raconter, il y eut chez Mme de Longueville une réunion de tous les

xviiie siècle, le palais du parlement fut transféré ailleurs. Il n'y en a aujourd'hui d'autre vestige que la *rue du Parlement*.

1. Quartier du Chapeau-Rouge, *rue des Fossés du Chapeau-Rouge*. Cette rue subsiste.
2. Cet hôtel était dans la rue du *Mirail*, qui subsiste aussi.
3. Près de la rue du *Mirail*, entre le collège des Jésuites et le collège de Guienne.
4. *Manuscrits de Lenet*, Lenet à M. le Prince, 26 décembre 1652 : « Celle-ci vous apprendra que M. le prince de Conti s'est enfermé aux Jésuites la veille de Noël, et moi avec lui. Son Altesse se servit de l'occasion du bon jour pour mettre M. de Massiot en liberté, pour contenter ce qui nous reste du parlement, qui ne croit pas que ce soit un grand crime que d'avoir voulu se saisir de l'hôtel de ville et couper la gorge aux chefs de l'Ormée, comme il est très-certain qu'on a voulu faire, M. de Massiot ayant confessé en sa place au palais qu'il en avait pris toutes les mesures. Pour le reste de la con-

principaux du parti[1]. Là, sous les auspices de l'ancienne reine de la Fronde, on prit la résolution de ne se jamais séparer de Condé, de faire prévaloir à tout prix son autorité, de se rendre maître du parlement en chassant tous les membres dont on ne serait pas sûr, enfin de s'appuyer ouvertement sur l'Ormée, suivant les derniers ordres qu'on avait reçus de M. le Prince. En conséquence, quelques jours après, le prince de Conti, comme lieutenant général de son frère, se transporta à l'hôtel de ville et y signa solennellement l'union avec l'Ormée.

Tout ce qu'il y avait encore à Bordeaux de membres du parlement attachés à la royauté blâmèrent hautement une pareille démarche. L'Ormée victorieuse se déchaîna contre eux, et en chassa plusieurs de la ville. La plupart appartenaient à cette petite Fronde, qui d'abord avait été la plus grande force de Condé. Celui-ci, consulté par Lenet, approuva tout ce qu'on faisait. Il jouait de loin cette dernière partie sans illusion, sans

spiration contre Leurs Altesses, il n'y en avoit de preuves que ce que j'en ai fait savoir à Votre Altesse. Ainsi, par toutes les raisons ci-dessus, et à la prière de tous les parents, M. le prince de Conti envoya le chevalier de Thodias et son capitaine des gardes avec un ordre pour l'élargir, et un passe-port pour le mettre hors la ville avec défense d'en approcher de douze lieues ; sur quoi il faillit arriver du désordre, ledit sieur chevalier ayant trouvé un ordre entre les mains du capitaine qui étoit de garde à l'hôtel de ville, par lequel l'Ormée défendoit audit capitaine de n'élargir ledit sieur Massiot sur quelque ordre que ce pût être, de sorte que l'on eut toutes les peines du monde de le faire obéir, etc. »

1. Lenet, p. 592.

colère, mais aussi sans pitié, avec ses habitudes militaires. Il n'hésita donc pas à sacrifier ses anciens amis, devenus ses ennemis du moment. « Les personnes qu'on a chassées de Bordeaux, écrit-il à Lenet le 26 décembre 1652[1], doivent être considérées comme irréconciliables, tellement qu'il ne faut pas avoir égard aux services qu'ils m'ont rendus autrefois. Cette réflexion me feroit perdre Bordeaux; et je le veux conserver, à quelque prix que ce soit, comme je vous l'ai toujours mandé. » Il va plus loin le 28 décembre[2] : « Il ne faut pas, dit-il, que vous fassiez à Bordeaux comme nous avons fait à Paris, où nous commencions beaucoup de choses et n'en finissions jamais aucune, mais que vous poussiez toutes les choses à bout, afin de vous rendre les maîtres de Bordeaux, que vous en chassiez tous les malintentionnés, et que vous empêchiez le retour de ceux qui déjà ont été chassés. »

Mais comme en même temps il n'agit que par nécessité et non par passion, qu'il nourrit l'espérance de rentrer un jour triomphant dans Bordeaux, et qu'alors il se propose bien de mettre à la raison l'Ormée, de rétablir le parlement et de s'appuyer sur les honnêtes gens, il ne veut pas se brouiller d'avance avec eux; et s'il pousse Lenet aux violences qu'il croit nécessaires, il le prie de n'y point mêler son nom et d'en laisser toute la responsabilité à son frère et à sa sœur,

1. Lenet, p. 593.
2. *Ibid.*, p. 595.

qu'il saura bien d'ailleurs mettre à l'abri de toutes les récriminations : précaution étrange qui peint à merveille l'homme de guerre, recourant sans scrupule à tous les moyens pour se défendre dans une position désespérée, et l'homme de gouvernement, ami de l'ordre et des gens de bien, recherchant leur concours et décidé à les soutenir quand le temps sera venu. Laissons-le s'expliquer lui-même[1] : « Comme, la paix se faisant, je voudrois nécessairement que les conseillers fussent rétablis dans leurs charges et le parlement dans son autorité, je serai bien aise que les violences que l'on doit faire envers le corps du parlement et les particuliers qui le composent puissent être attribuées à M. le prince de Conti ou à Mme de Longueville, et qu'il n'y paroisse pour cela aucun ordre de moi, afin qu'un jour il y ait plus de facilité à oublier les aigreurs passées. — Je vous prie[2] de faire que mon nom ne paroisse point dans toutes ces choses-là, afin que je les puisse raccommoder avec plus de facilité lorsqu'il en sera temps et que le bien de mes affaires le permettra. — Je crois[3] qu'il seroit bon de faire à ces sortes de gens-là (les conseillers opposés à l'Ormée) une punition plus sévère que celle d'être simplement chassés de Bordeaux ; car ce leur est un prétexte d'aller à Agen tenir leur parlement prétendu. Remédiez à cela

---

1. Lenet, p. 593.
2. Ibid., p. 595.
3. Ibid., p. 660.

fort sérieusement; mais ne dites pas que ce soit moi qui vous l'écrive, si vous ne le jugez absolument nécessaire. » Lenet se conformait volontiers à de pareils ordres, en sorte qu'aux yeux de la petite Fronde tout l'odieux de ce qui se passait retombait sur le prince de Conti et sur Mme de Longueville, qui avait la réputation de gouverner son jeune frère, et que sa politique bien connue et la fermeté de son caractère désignaient particulièrement à l'inimitié et aux outrages du parti royaliste.

De là contre elle ces libelles sous la forme populaire d'affiches, de placards, comme on les appelait, qu'on mettait clandestinement la nuit sur les murs de Bordeaux, dans les quartiers les plus fréquentés, et qui, le jour, défrayaient la curiosité maligne des passants. Bien entendu, on l'attaquait par où elle était vulnérable, et elle expiait cruellement l'éclat de ses fautes. Elle s'en affligeait et tâchait en vain de supprimer ces affiches[1]; chaque jour on les déchirait,

---

1. Parmi les manuscrits de Lenet, il y a deux billets de Mme de Longueville, qui prouvent combien elle était sensible à ces attaques. T. VI, p. 254-255. « Je vous supplie de retirer le plus de ces placards que vous pourrez et de les faire brûler; car il y a des sottises que je serois bien aise qui n'aillent pas à Paris. Je vous en charge. Rendez-moi bon compte de cette affaire. » — « On dit qu'on a encore mis des placards cette nuit. Je ne doute pas que vous le sachiez, et je ne vous le mande pas aussi pour vous l'apprendre, mais pour vous dire que je pense tout à fait nécessaire qu'on fasse toutes sortes d'efforts pour découvrir et punir les auteurs de cette insolence. Je vous supplie d'en imaginer les moyens et de les ordonner

et chaque nuit les renouvelait. « On a affiché cette nuit, écrit Lenet à Condé le 9 décembre 1652[1], des placards si insolents, si infâmes contre M. le prince de Conti et Mme de Longueville, qu'il n'y a homme, tant malintentionné puisse-t-il être, qui n'en ait horreur ; aussi les va-t-on brûler par la main du bourreau. » Et le 12 du même mois[2] : « On a brûlé par la main du bourreau le pasquin horrible contre M. le prince de Conti et Mme de Longueville dont je parlai à Votre Altesse par le dernier courrier. Cela n'a pas empêché qu'on n'en ait fait encore un pire, qui vient de même boutique et qui a eu même sort. »

Nous avons recherché et trouvé parmi les papiers encore inédits de Lenet un de ces placards, dont la cynique énergie, mêlée de prétentions et presque de raffinements aristocratiques, trahit un écrivain de la petite Fronde. Nous le donnons ici, sans le trop affaiblir, tel qu'il parut un matin sur les murs de Bordeaux, pour bien faire voir à quels affronts Mme de Longueville était exposée, et que, si le parti des princes livrait le parlement aux fureurs de l'Ormée, le parti du parlement savait aussi se défendre et exercer à son tour les plus sanglantes représailles. Voici ce

aux personnes que vous jugerez les plus propres à exécuter cette entreprise... » Conrart, dans ses Mémoires, édit. Montmerqué, t. XLVIII de la collection Petitot, p. 71 et 72, parle de ces placards, et dit que « ils se sont vus imprimés à Paris. »

1. Lenet, p. 586.
2. Ibid.

placard digne de Massiot ou de quelqu'un de ses amis.

« Messieurs,

« On fit brûler lundi dernier quatre papiers qu'on avoit trouvés affichés dans quatre divers carrefours de notre ville ; il n'ont mérité le feu que pour avoir dit la vérité. Vous avez donc souffert, messieurs de Bordeaux, qu'on fît un sacrifice de lettres et de caractères pour apaiser la crainte du tyran et la colère de la duchesse vertueuse. Mais quoique vous soyez nés pour la servitude et que vous ne respiriez plus que le sentiment des âmes lâches et basses, je ne désespère pas du salut public, sachant comme je sais que les esclaves de l'Ormée, les pensionnaires de l'altesse bossue, cette lie du sang bordelais, ces gueux autorisés, ces milords de la plate-forme[1], ces sénateurs de marché et de places publiques, enfin cette canaille de halle et de carrefour, ont prêté main-forte à cette glorieuse exécution sous la conduite du bourreau qui sera un jour leur bienfaiteur. Mais nous ne cesserons pour cela de placarder, dussions-nous mettre le placard sur le nez et sur la bosse de Conti et dans le lit de sa sœur[2].

« Après ceci, il faut que le tyran tremble, et que

---

1. Cela ne prouve-t-il pas qu'il y avait beaucoup d'Anglais dans l'Ormée ?
2. L'original a un terme plus énergique et plus grossier.

la peur lui cause de plus horribles frissons que sa fièvre quarte.

« Messieurs qui lisez ce placard, ne l'arrachez pas, je vous prie ; mais laissez-le afin que tout le monde le voie.

« Ne croyez pas que ce soit Dublan Mauvezin (membre du parlement qui venait d'être chassé de Bordeaux, avec son fils, procureur syndic) qui ait placardé lundi matin; c'est un autre homme, qui égorgera le prince de Conti et qui couvrira le pavé de son corps. »

Le clergé de Bordeaux ne resta pas en arrière du parlement dans cette lutte suprême de la royauté et de la Fronde.

On sait avec quel art Richelieu s'était servi de sa dignité de prince de l'Église pour mettre la main sur la plupart des ordres religieux, dont il avait eu soin de se déclarer le protecteur, et qu'ainsi il avait formé autour de lui une milice habile et dévouée qu'il employait avec le plus grand succès dans toutes ses affaires, négociations diplomatiques ou intrigues de cour, depuis le père Joseph, son ministre auprès de l'Allemagne, jusqu'au père Carré, qui surveillait pour lui tous les mouvements et même les plus secrètes pensées de Mlle de La Fayette et de Mme de Hautefort[1].

1. Voyez *Madame de Hautefort*, l'*Appendice*, note quatrième.

Sorti de cette école, le cardinal Mazarin la continua. Il entretenait partout de nombreux agents ecclésiastiques, français et italiens. L'abbé Fouquet, frère du surintendant, et l'abbé Ondedei, depuis évêque de Fréjus, lui étaient des conseillers aussi écoutés et aussi utiles que Nicolas Fouquet lui-même, Lyonne, Servien ou Le Tellier. Averti par les fautes de Condé, en le voyant s'efforcer de ranimer les passions assoupies des protestants du Midi et appeler à son secours le fanatisme persécuteur du calvinisme anglais, Mazarin, en même temps qu'il reconnut de quelle nécessité il était de donner toute satisfaction aux protestants paisibles, ne manqua pas de faire sentir au clergé que la cause de l'Église était engagée dans celle de la royauté, et peu à peu il réussit à faire au Roi dans le Midi autant de partisans zélés que la religion catholique y comptait d'amis fervents dans toutes les classes de la société.

L'évêque d'Agen, l'évêque de Saintes et bien d'autres firent des mandements en faveur de l'autorité royale. En Guienne, l'archevêque de Bordeaux, Henri de Béthune, devint ainsi le premier lieutenant de Mazarin, à l'égal du duc de Candale, de Vendôme et d'Estrades. Henri de Béthune était un prélat éclairé et modéré, qui d'abord n'avait pas été opposé aux princes; mais il les abandonna quand il les vit rejeter l'amnistie et s'appuyer sur l'Ormée et sur le parti protestant. Dès lors, il s'était décidé à se servir des armes qui étaient entre ses mains. Il lança l'excommunication[1] contre tous ceux qui, depuis l'amnistie publiée, ne se soumettraient point à l'autorité du Roi, et il interdit à tous les ecclésiastiques du diocèse de leur donner l'absolution. Un partisan des princes ayant fait un écrit intitulé : *Question si M. le prince a pu prendre les armes en conscience,* et ayant conclu à l'affirmative, l'archevêque en fit une censure très-forte qu'il fit signer aux évêques de Bazas, de Saintes, de Conserans, de Rhodez[2]. Conformément aux ordres du prélat, plusieurs ecclésiastiques prêchèrent contre la guerre civile. Ces prédications portèrent leurs fruits. Aussi l'Ormée y mit bon ordre en livrant au pillage les maisons des prédicateurs. Un des curés les plus respectés de Bordeaux, le curé de Saint-Pierre, fut arraché de son église ; le prieur du couvent des dominicains et le gardien de celui des capucins reçurent l'injonction de quitter la ville ; et l'archevêque n'aurait pas été à l'abri des insultes s'il ne se fût retiré à temps ; mais de loin comme de près il poussa de toutes ses forces à la résistance, et soutint fermement le combat contre le pouvoir inique et brutal sous lequel gémissait Bordeaux.

Richelieu avait employé et protégé un savant et ha-

---

1. Montglat, t. II, p. 405, et dom Devienne, p. 462.
2. *Censure de Monseigneur l'Illustrissime et Révérendissime Archevêque de Bordeaux et Primat d'Aquitaine, sur un libelle fait et imprimé à Bordeaux,* Paris, 1652, 7 pages.

bile franciscain nommé le père Faure. Anne d'Autriche en avait fait un sous-précepteur de Louis XIV; puis on l'avait nommé en 1651 à l'évêché de Glandèves, et on le transféra à celui d'Amiens en 1653, pour le récompenser des services qu'il avait rendus en contribuant puissamment au retour du Roi dans Paris en 1652. Il avait été admirablement secondé par un autre père de sa compagnie, homme adroit et courageux, d'un dévouement à toute épreuve : ce père cordelier s'appelait Berthod[1]. Il était resté en 1652 dans la capitale ; et pendant les mois de juillet, d'août et de septembre, il avait été de toutes les conspirations royalistes. Par l'évêque de Glandèves, alors auprès de la Reine, il recevait les ordres de la cour et les communiquait à ses amis, et par le même intermédiaire il transmettait à la cour des nouvelles et les avis les plus judicieux. Il avait couru bien des dangers sans demander aucune récompense, et tandis que l'évêque de Glandèves passait à l'important évêché d'Amiens, le père Berthod était resté simple cordelier, toujours prêt à se jeter au milieu des entreprises les plus périlleuses pour la cause de la religion et de la royauté, et à rentrer ensuite dans sa cellule. Autrefois il avait été de la province d'Aquitaine, et il avait séjourné trois ou quatre ans à Bordeaux, où il connaissait beaucoup de monde. L'évêque de Glandèves le jugea

---

1. On en a de curieux mémoires, publiés pour la première fois par M. Montmerqué, collection Petitot, t. XLVIII.

parfaitement propre à recommencer à Bordeaux ce qu'il avait fait avec tant de succès à Paris. On lui donna des pleins pouvoirs. Montausier à Angoulême, le duc de Saint-Simon à Blaye, reçurent l'ordre de lui prêter main-forte. Il devait correspondre avec le cabinet par le père Faure, comme autrefois dans les affaires de Paris, et on était convenu d'un chiffre de correspondance. Enfin pour enflammer le zèle du bon père, Servien l'avait présenté à la Reine, qui lui avait donné elle-même ses dernières instructions. Le père Berthod était arrivé à Bordeaux dans les derniers jours de décembre 1652. Il était allé demander l'hospitalité au couvent de son ordre, qu'autrefois il avait habité, donnant pour prétexte à ce voyage le désir de rétablir sa santé sous le ciel du Midi, et de goûter le repos dont il avait besoin au sein de ses anciennes habitudes.

Le couvent des franciscains ou cordeliers était le plus considérable qui fût alors à Bordeaux. Il avait à sa tête le père Ithier, prédicateur d'une grande autorité. Ayant prêché quelquefois devant le prince de Conti et Mme de Longueville, il leur avait fort agréé; il était même entré dans leur intimité, et par là s'était fait la réputation d'être, ainsi que son couvent, assez favorable au parti des princes. Cependant, à peine arrivé, le père Berthod s'ouvrit à son hôte, et lui remit une lettre de la Reine. Le père Ithier, qui autrefois avait connu Anne d'Autriche, se rendit sans balancer, et promit tout son concours à l'entreprise hardie qui lui était proposée[1]. Pour mieux cacher son jeu, tandis qu'en secret il s'empressait de s'entendre avec les personnes qui lui avaient été désignées, le père Berthod affecta de se montrer publiquement dans les diverses cérémonies des fêtes de Noël ; il officia le jour de saint Étienne à la grand'messe et à vêpres, afin qu'on ne fût pas étonné quand plus tard on le rencontrerait dans les rues. Mais vingt-quatre heures n'étaient pas écoulées que le mystère de son voyage était connu du prince de Conti. A Paris, dans la chambre même de la Reine, pendant qu'elle recevait le père Berthod et lui expliquait tout ce qu'il avait à faire, était une femme dont la Reine ne se défiait pas, qui entendit toute la conversation, et alla bien vite la redire à un de ses parents, partisan de M. le Prince, en sorte que le prince de Conti avait été sur-le-champ averti[2]. Il se hâta de faire venir le père Ithier, et, lui parlant comme à un ami, lui dit qu'il recevrait bientôt un père Berthod, envoyé à Bordeaux par la Reine pour y travailler contre son frère et contre lui, et qu'il le

---

1. *Mémoires* du P. Berthod, Collect. Petitot, t. XLVIII, p. 375.
2. *Manuscrits de Lenet*, t. XI, p. 91 : « Monsieur, je m'estimerois le plus malheureux homme du monde si, sachant avec autant de certitude que je sais, que le père Berlaud, cordelier, est parti d'ici avec des lettres de change pour aller faire sédition, je ne vous en donnois avis. C'est une vérité que je vous supplie de ne pas mépriser ; car j'en suis tout à fait certain ; c'est pourquoi ne la considérez pas comme une sottise ; car il donne de bonnes espérances d'y bien réussir. C'est tout, attendant bientôt avoir l'honneur de

priait de l'informer dès que ce dangereux émissaire aurait mis le pied dans son couvent. Le père Ithier assura le prince qu'on l'avait trompé, que le père Berthod n'était nullement un conspirateur, mais un bon religieux qui venait à Bordeaux pour rétablir sa santé, qu'il était arrivé et passait sa vie au chœur.

Quelques jours après, le prince de Conti ayant reçu de nouvelles lettres de Paris bien autrement détaillées, envoya chercher le père Berthod le premier jour de l'année 1653. Il lui dit qu'il savait tout, qu'il était obligé de se saisir de sa personne, et qu'il allait le faire conduire dans les prisons de l'Hôtel de Ville; que néanmoins, s'il voulait avouer la vérité, il le traiterait doucement et ne le livrerait point à l'Ormée, qui déjà le réclamait. Le père Berthod, averti par son confrère, commença par répondre comme celui-ci avait fait; mais le prince, reprenant la parole, lui demanda s'il n'était pas vrai qu'il avait pris congé de la Reine, s'il n'avait pas conféré avec elle une grande demi-heure, s'il n'avait pas vu Servien, Le Tellier, l'évêque de Glandèves, l'archevêque de Bordeaux, et il lui fit voir

---

m'échapper vers Bordeaux pour me garantir du mal qu'on me prépare. C'est là que je vous assurerai plus particulièrement que je suis plus qu'homme du monde,

« Votre très-humble et obéissant serviteur,

« Le beau-frère de votre Mazarine.

« Je vous écris la même chose par deux différentes voies. Le 21 décembre 1652, à Paris. »

les lettres qu'il avait reçues. Cependant, comme ces lettres, avec un grand nombre de choses vraies, en contenaient beaucoup de fausses, le père, sans se troubler et en conspirateur exercé, avoua les unes en leur donnant une bonne couleur, et nia les autres avec une fermeté qui en imposa au prince de Conti.

Lenet nourrissait toujours le vœu et l'espoir secret d'un accommodement; il crut avoir trouvé dans le père Berthod l'homme qu'il lui fallait pour parvenir à ses fins. Il eut avec lui plusieurs entretiens où il tâcha de lui faire comprendre que, puisqu'il était chargé par la cour de procurer le rétablissement de l'autorité royale à Bordeaux, il pouvait s'acquitter de cette commission à la satisfaction universelle, et se donner aisément l'honneur de la pacification de la France et même de l'Europe. « Écrivez à la cour, lui dit-il[1], qu'ici tout le monde est contre elle et pour M. le Prince, qu'il y est invincible, et qu'il est de toute nécessité de traiter avec lui. Or, M. le Prince ne veut faire sa paix particulière qu'avec la paix générale, que l'Espagne désire aussi. Donc vous pouvez, si vous le voulez, rendre un service immense à toute l'Europe, à la France, à la Reine et à M. le Prince. » Et là-dessus il lui promettait des merveilles. Cette négociation dura une partie du mois de janvier. Le père Berthod la traînait habilement en longueur, lorsqu'un

---

1. *Mémoires* du père Berthod, p. 381.

matin il reçut la visite d'un des principaux de l'Ormée, lequel lui dit : « Mon père, je vous viens avertir comme ancien ami que M. le prince de Conti vous donnera un passe-port pour quitter Bordeaux, si vous vous roidissez à ne pas vous mettre de notre parti, afin qu'on voie qu'il tient les paroles qu'il a données; mais aussi je vous assure que, dans le moment où vous serez prêt à vous embarquer, vous serez saisi par une vingtaine d'ormistes, qui se moqueront de votre passe-port, et qui vous massacreront comme ils ont fait le pauvre M. Thibault[1]. Ainsi prenez vos mesures là-dessus, et ne me découvrez pas; car je vous donne cet avis comme à une personne que j'aime depuis longtemps. »

On ne pouvait parler plus clairement. Le père Berthod craignait d'ailleurs l'arrivée de nouveaux renseignements que le prince de Conti attendait de ses amis de Paris; aussi, quoiqu'il eût promis au père Ithier[2] de

---

1. *Mémoires*, p. 384. — Ce « pauvre M. Thibault » était un de Messieurs du Chapeau-Rouge, qui paraît avoir été une des victimes de cette guerre civile. Lenet, p. 550.

2. C'est ce qu'atteste la lettre suivante du père Berthod au père Ithier, que nous trouvons dans les *Manuscrits de Lenet*, t. XII, p. 1 :

« Mon très révérend Père,

« L'arrivée du courrier prochain est cause que je ne puis demeurer davantage dans Bourdeaux, et que je ne tiens pas la parole que je vous ai donnée de n'en point sortir sans un passe-port de monseigneur le prince de Conti. Très certainement la venue de ce courrier-là fera prendre de nouvelles résolutions à Son Altesse sur la proposition que m'a faite M. Laisné de sa part. Je ne puis ni ne

rester à Bordeaux et de n'en sortir qu'avec un passe-
port du prince, il prit ses mesures pour s'esquiver au
plus vite ; il y parvint à travers bien des aventures et
alla se réfugier à Blaye. A la nouvelle de cette évasion,
le prince de Conti et Lenet virent qu'ils avaient été
joués par le bon cordelier. On mit à prix sa tête ; son
portrait fut vendu et affiché par les rues de la ville
pour servir de signalement. Les ormistes, soupçonnan
un conseiller du parlement qui était encore à Bor

dois faire ici plus long séjour, puisque le sujet pour lequel j'y étois
envoyé est découvert. Y demeurant comme je suis, je ne puis rien
pour le service du Roi, et y agissant selon ce qu'on m'a proposé, je
tromperois Sa Majesté. Ne pouvant exécuter la commission qu'on
m'a donnée, je me retire, pour n'être pas accusé avec justice de la
plus grande de toutes les lâchetés si je demeurois ici sans rien faire,
et de la plus horrible des trahisons si je prenois un autre parti que
celui du Roi mon maître, auquel je dois service inviolable par principe de conscience, et une obéissance aveugle en ce rencontre,
puisque c'est par un commandement exprès de Sa Majesté que je
devois travailler pour le bien de son État et pour le repos du peuple
de Bourdeaux. Ma commission étoit juste, et n'alloit qu'au bien de
la paix. Les traîtres qui l'ont découverte l'ont fait échouer dans son
commencement ; ils seront peut-être cause de la désolation de la
province. Je m'en vais avec grand déplaisir de'ne vous point dire
adieu ; mais j'ai grande joye de voir que mon départ me mette hors
de danger d'être accusé d'intelligence avec monseigneur le prince
de Conti, quoique je me sente assez fort pour résister à toutes les
propositions qu'on m'en pouvoit faire. L'attache que vous avez à Son
Altesse et à Mme de Longueville, et la promesse que vous leur avez
faite de ne me laisser point sortir de la ville sans leur ordre, m'o-
bligent de m'en aller sans vous en parler, dans la créance que vous
n'y consentiriez point sans en avertir Leurs Altesses, et qu'elles, me
voyant dans la disposition de ne point faire ce qu'elles désirent,
comme je n'en fais point de doute, me feroient mettre dans un lieu

deaux, d'entretenir une correspondance avec le père, allèrent, selon leur usage, piller la maison de ce conseiller; et ils l'eussent assassiné, s'il ne se fût sauvé par-dessus les toits dans le couvent des jacobins. Le père Berthod resta caché à Blaye jusqu'au 11 février. Il se rendit alors à Paris pour expliquer ce qu'il avait vu, ce qu'il avait fait, et pour soumettre à la Reine et à Mazarin un nouveau plan dicté par une sage politique et un grand esprit de conciliation. Mazarin l'a-

---

où je ne voudrois pas. Je vois bien que vous allez déclamer contre moi, que vous allez dire que je vous mets en danger d'être accusé que nous sommes d'intelligence et d'avoir consenti à ma sortie; mais agréez que je vous dise que, si on vous fait cette accusation, c'est très injustement, puisqu'une des plus grandes fautes que j'eusse pu faire étoit de vous parler de mes affaires*, vous sachant attaché à monseigneur le prince de Conti et à Mme de Longueville comme vous êtes attaché. Le danger où je vous mets est fort petit; et celui où je m'exposerois, demeurant davantage dans Bourdeaux, m'étoit très périlleux par tous les endroits qu'on le puisse prendre. Enfin je vous dis que je m'en vais parce que je le dois faire : mon devoir m'y oblige; les intérêts du Roi me le commandent; le bien de son service m'en presse; la parole que j'ai donnée à Sa Majesté de ne rien faire en ce rencontre d'indigne de l'honneur qu'elle m'a fait de me confier une affaire de si grande importance, m'y contraint; et je ne puis demeurer plus longtemps, sans perdre le titre de bon serviteur du Roi, que je conserverai jusques à la mort; après lequel, si vous le trouvez bon, je joindrai la qualité d'être,

« Mon très révérend Père,

« Votre très humble et obéissant serviteur,

« BERTHOD. »

---

* Pieux mensonge imaginé pour mettre à couvert le P. Ithier s'il était recherché, et si cette lettre était saisie.

gréa. Le père Berthod était de retour à Blaye dans les premiers jours de mars. Il renoua les intelligences qu'il avait dans Bordeaux, osa même y entrer plus d'une fois déguisé, y vit ses amis, et régla avec eux les divers moyens à prendre pour secouer le joug des princes et la tyrannie de l'Ormée.

Après la fuite du père Berthod, sur la fin du mois de janvier, le père Ithier s'était plaint hautement d'avoir été trompé par lui, et il avait cultivé avec plus de soin que jamais la confiance du prince de Conti et de Mme de Longueville. En sa qualité de gardien du couvent des cordeliers, il avait quelques relations avec la supérieure d'un couvent voisin du sien, la seconde maison des carmélites de Bordeaux, qu'on appelait les petites carmélites[1]. Cette supérieure se nommait la mère Angélique. S'étant assuré de ses sentiments, le père Ithier lui confia son entreprise et l'y fit entrer. La mère Angélique avait dans son couvent la sœur de Villars, l'un des plus bruyants et des plus puissants chefs de l'Ormée. Villars aimait beaucoup cette sœur, la venait voir souvent, lui exprimait un grand dégoût de la vie qu'il menait, le désir de la quitter et de sortir du parti où il était en rendant au Roi quelque service signalé[2]. La prudente religieuse ne se contente

---

1. Il y avait au xviie siècle à Bordeaux deux couvents de carmélites situés aux deux extrémités opposées de la ville. Les petites carmélites étaient du côté du faubourg de Sainte-Croix, et n'étaient séparées du jardin des cordeliers que par une rue.
2. *Mémoires* du père Berthod, p. 395.

pas de ces premiers mouvements; elle étudie son frère, le sonde, l'éprouve; et, lorsqu'elle le croit affermi dans ses bonnes résolutions par les fréquentes communions qu'elle lui voit faire, elle le présente à sa supérieure, qui, dirigée par le père Ithier, dirigé lui-même par le père Berthod, amène successivement Villars à un traité en règle qui paraît avoir été parfaitement sincère.

Villars demanda pour la ville et pour son parti des garanties solides, avec des amnisties spéciales et personnelles; pour lui-même 30,000 écus, la charge de syndic, et d'abord une lettre du Roi qui lui promettrait formellement ces diverses récompenses, pour les services que Villars disait avoir rendus, comme d'avoir empêché la ville de se *républiquer*[1], et de l'avoir délivrée d'une garnison espagnole que M. le Prince y voulait mettre. Cette lettre royale, rédigée selon la teneur convenue et dûment contre-signée par un secrétaire d'État[2], fut rapportée de Paris par le père

---

1. *Mémoires* du père Berthod, p. 397.
2. *Manuscrits de Lenet*, t. XII, p. 258. « A Monsieur Pierre de Villars, bourgeois de notre ville de Bourdeaux.

« Monsieur Pierre de Villars, étant bien informé des bonnes intentions que vous témoignez avoir pour mon service, et sachant que vous vous êtes opposé à la proposition qu'aucuns factieux et malintentionnés ont osé faire pour l'établissement d'une république dans ma ville de Bourdeaux, que même vous avez empêché que le prince de Condé ou ses adhérents y aient depuis introduit une garnison à dessein de se rendre maîtres de la ville et de la tenir dans une sujétion tyrannique, dont la ruine totale des habitants s'ensuivroit, j'ai

Berthod le 7 ou 8 de mars, remise au père Ithier, qui se hâta de la porter à la mère Angélique, laquelle la remit à Villars. Celui-ci, en la recevant, sauta d'aise, bénit Dieu et s'écria : « Me voilà délivré de la potence! » Il s'engagea de nouveau, et fit connaître à la mère Angélique le plan qu'il avait formé et les moyens dont il comptait se servir.

Comme sous le nom et sous l'autorité apparente du prince de Conti, c'était l'Ormée qui en réalité gouvernait Bordeaux, Villars se proposait de combattre l'Ormée par elle-même, et de s'en rendre maître en gagnant le plus d'ormistes qu'il pourrait. Il commença par se former, sous divers prétextes, une garde composée de soixante hommes bien choisis, et dont il était sûr, leur donna des armes, et se mit ainsi à l'abri

bien voulu vous faire cette lettre pour vous témoigner le gré que je vous en sais, et vous dire que j'aurai à plaisir et desir que vous continuyez à employer tout ce qui sera en votre pouvoir pour essayer de ramener la ville dans son devoir, vous assurant de vous gratifier d'une somme de quatre-vingt-dix mille livres, sur laquelle j'ai ordonné vous être payé comptant quinze mille livres pour vous donner d'autant plus de moyen de travailler utilement à ce dessein; et, pour le surplus, je le ferai fournir lorsque la ville se sera remise en mon obéissance. Auquel cas je vous gratifierai encore de la charge de syndic ou de celle de clerc de ladite ville. Et me promettant que vous n'épargnerez rien pour faire réussir une si juste et louable entreprise, je ne vous en dirai pas davantage, sinon pour vous assurer de rechef que je n'en perdrai jamais le souvenir, priant Dieu qu'il vous aye, monsieur Pierre de Villars, en sa sainte garde.

« Écrit à Paris, le 21 février 1653.

« Signé : LOUIS

« Et plus bas, LE TELLIER. »

d'un coup de main de Duretête ou de quelque autre chef; puis il s'appliqua à séduire les principaux tribuns de l'Ormée, avec lesquels il était lié, en promettant à chacun d'eux cinq écus. Ce n'était pas cher, et l'on fournit à Villars tout l'argent qu'il demanda. Pendant ce temps, le père Ithier, par le moyen d'un bourgeois son parent, et qui portait le même nom que lui, gagna tout le quartier de Saint-Michel. D'autres conjurés travaillèrent les autres quartiers. Le père Berthod choisit à Blaye six officiers qui devaient venir à Bordeaux commander les milices bourgeoises. Un régiment de l'armée royale était déjà embarqué sur les vaisseaux du duc de Vendôme; il devait remonter la Gironde jusqu'à Lormont[1], afin d'appuyer le mouvement, s'il réussissait, ou, en cas de malheur, de recueillir les fugitifs.

Il fut décidé que le mouvement aurait lieu le 23 mars, pour profiter de l'absence du redouté Marsin, qui avec ses troupes était allé tenir tête au duc de Candale dans la Haute-Guienne. Tout était prêt; mais le 16 mars Villars, saisi d'effroi au moment d'agir, et n'étant pas homme à s'arrêter à une seule trahison, s'en alla tout révéler au prince de Conti. L'indignation contre le père Ithier fut au comble dans la maison du prince; Mᵐᵉ de Longueville la partagea, et il n'y eut pas jusqu'à l'abbé de Cosnac qui n'appelât une puni-

[1]. Village sur la Gironde fort près de Bordeaux.

tion exemplaire[1] sur la tête du déloyal religieux. Cosnac avait ses raisons pour s'emporter plus que les autres; car il avait eu avec le père Ithier quelques conférences où il lui avait témoigné le dessein de porter le prince de Conti à faire sa paix avec la cour. Il avait donc grand'peur que le père ne le nommât dans ses interrogatoires et ne l'enveloppât dans sa disgrâce. Cependant, comme Marsin était alors absent avec la plus grande partie des troupes, et que sans cet appui on ne pouvait pas sévir comme il était nécessaire, le prince jugea qu'il fallait presser le retour de Marsin, et, en l'attendant, amuser les conjurés, obtenir des preuves convaincantes, et surtout mettre la main sur l'argent promis, dont on avait grand besoin. Le secret fut gardé fort soigneusement[2]; Villars alla, le 20 mars, trouver le père Ithier, et lui présenta les six ormistes

1. *Mémoires* de Cosnac, t. I, p. 43.
2. *Manuscrits de Lenet*, t. XII, p. 3. Billet autographe du prince de Conti à Lenet : « Je vous supplie de ne point dire de qui on tient l'avis de la découverte de la conspiration, l'auteur ne désirant point être nommé, si ce n'est dans les lettres que vous écrirez à monsieur mon frère, où il est juste que vous en fassiez quelque petite mention. » Lorsque Condé apprit le service que venait de lui rendre Villars, il s'empressa de le remercier. Mais Villars n'avait pas trahi sans réclamer le prix de sa trahison; il demandait sans cesse, et Condé en était réduit à le payer de promesses, comme on le voit dans cette lettre que nous trouvons parmi les *Manuscrits de Lenet*, t. VI, p. 160 : « M. de Villars, dès aussitôt que je reçus l'avis de ce que vous aviez fait sur le sujet de la conspiration du père Ithier, je ne différai pas un moment de vous en témoigner ma recognoissance. Depuis, comme ce service me touchoit grandement, je vous en ai encore écrit, et de ces deux lettres je vous envoye des copies

qui devaient, avec les gens dont ils disposaient, descendre dans la rue et commencer l'insurrection. On distribua les postes, on arrêta le mot d'ordre : Vive le Roi et la paix ! Le père Ithier prit l'engagement, dès que ce cri se ferait entendre, de faire sortir des divers couvents de Bordeaux des religieux qui le répéteraient et animeraient le peuple. Il remit à Villars 15,000 livres argent comptant, et lui montra les lettres de change destinées à acquitter le reste des 30,000 écus. Villars prit les 15,000 livres et les porta au prince de Conti, qui les reçut fort bien. Marsin étant arrivé sur ces entrefaites, on commanda aux capitaines de quartier de faire mettre le peuple sous les armes; on s'apprêta à s'emparer des conspirateurs et à en tirer une vengeance éclatante.

Ils étaient dans une sécurité profonde. Le 20 mars,

par lesquelles vous verrez comme je sais considérer les services que vous me rendez, en cas que les miennes ne vous aient pas été rendues, et que quelqu'un par mauvaise volonté vous en eût supposé d'autres. Je vous avoue que j'ai été un peu surpris d'apprendre par la vôtre que ces lettres ne vous aient pas satisfait en attendant les effets de tout ce qui vous a été promis, ce que j'effectuerai au premier voyage que je ferai en Guyenne... Mes ennemis cherchent à vous faire quitter les bons sentiments dans lesquels ils voyent que vous êtes pour mes intérêts; mais je suis en repos de ce côté-là, sachant que votre affection et votre fermeté sont à l'épreuve de toutes les impressions contraires qu'ils voudroient vous faire prendre... Assurez-vous qu'il n'y a personne qui vous aime tant que moi, ni qui soit si véritablement que je suis,

« Votre très affectionné ami, etc. »

« A Bruxelles, 9 juin 1653. »

le père Berthod s'était glissé dans Bordeaux pour diriger l'insurrection, et il était en conférence avec le père Ithier, lorsqu'on vint chercher celui-ci de la part de Mme de Longueville. Le père Berthod le pria de n'y point aller, lui disant que la princesse était plus fine que lui et qu'il lui arriverait malheur. En effet, le père Ithier s'étant rendu à cette invitation fut arrêté dans l'hôtel même de la princesse, et livré immédiatement à une commisssion présidée par le prince de Conti, et composée de Marsin, de Lenet et du lieutenant des gardes du prince. Il commença par des désaveux ; mais comme on lui produisit les 15,000 livres qu'il venait de remettre à Villars, Villars lui-même et les six ormistes devant lesquels tout avait été convenu et arrêté, accablé sous ces témoignages, le pauvre religieux prit le parti de dire la vérité tout entière et de ne rien celer, déclarant qu'il était à la Reine et avait tout fait pour son service, mais protestant qu'il avait toujours été convenu qu'on ne ferait aucun mal aux princes, aux princesses et à leurs amis, et qu'ils pourraient sortir de Bordeaux comme le prince de Condé était sorti de Paris. D'ailleurs il nomma tous ses complices. Que devint Mme de Longueville lorsqu'elle apprit qu'une de ses chères et vénérées carmélites était entrée si fort avant dans la conspiration ! C'est sans doute grâce à son intervention que le procès-verbal officiel de l'interrogatoire du père Ithier, conservé par

Lenet[1], omet le nom de la mère Angélique et dit seulement : « une religieuse dont Son Altesse a défendu d'écrire le nom. » L'interrogatoire achevé, on conduisit le père Ithier dans la prison de l'Hôtel de Ville pour que son procès lui fût fait devant le tribunal de l'Ormée.

En attendant qu'on le jugeât, on se mit à la recherche de ses complices, et particulièrement du père Berthod. On soupçonna sur quelque indice qu'il pouvait être caché dans le couvent des bénédictins ou dans celui des capucins ; deux compagnies de l'Ormée entrèrent dans les deux couvents et fouillèrent jusque dans les coffres de la sacristie où l'on renferme les vases saints[2]. Violences inutiles : l'habile conspirateur, familier avec tous les déguisements, s'était habillé en homme de guerre, et était allé se mettre ainsi travesti dans une troupe de cavaliers qui couraient partout à sa découverte, et où on ne s'avisa pas de l'aller chercher. Il demeura quelque temps dans la ville, et ensuite il trouva moyen de se sauver encore une fois à Blaye. Furieuse de ne pouvoir mettre la main sur lui, l'Ormée s'en vengea sur tous ceux qui étaient compromis dans l'interrogatoire du père Ithier. On arrêta plusieurs membres du parlement ; et c'est en cette occasion que le président d'Affis, qui autrefois avait rendu tant de services à Condé, fut mis en prison. Le

---

1. Lenet, p. 600.
2. *Mémoires* du père Berthod, p. 406.

curé de Saint-Pierre, qui déjà, dans le mois de janvier, avait été assez maltraité par l'Ormée, eut cette fois une jambe et un bras rompus. On enferma dans une tour le curé de Saint-Remy. La maison d'un des principaux conjurés fut ravagée jusqu'aux serrures et aux verrous des portes. Le parent du père Ithier, vieillard septuagénaire, fut soumis à la question ordinaire et extraordinaire tant de fois qu'il resta pour mort étendu sur le chevalet. Le lendemain du jour où leur père gardien avait été arrêté, les cordeliers étaient sortis de leur couvent et étaient allés à l'Hôtel de Ville demander sa délivrance, marchant processionnellement et avec le Saint-Sacrement. Pour toute réponse, les ormistes se rendirent dans leur couvent; et lorsque les religieux voulurent y rentrer, ils les battirent, les chassèrent, et mirent à leur place une garnison de calvinistes, qui, au nom de la liberté religieuse entendue comme on l'entendait alors en Angleterre, s'y livrèrent à tous les excès.

Pourquoi, au milieu de tant de violences, la mère Angélique et les petites carmélites furent-elles respectées? Le nom de la bonne religieuse ne fut pas même inscrit au procès-verbal, et, quoiqu'elle fût au plus haut degré coupable envers l'Ormée, dont elle avait séduit un des chefs, l'Ormée ne la poursuivit pas : on se contenta de lui faire quitter Bordeaux, et la sainte maison n'essuya aucune avanie. Ne faut-il pas reconnaître ici la main puissante de Mme de Longueville? Supérieure à l'esprit de parti, elle tâchait au moins de réparer en détail, autant qu'il était en elle, les conséquences les plus désastreuses des mesures que commandaient les circonstances et les ordres secrets de Condé. Dès qu'elle avait appris l'arrestation du président d'Affis et qu'on menaçait de lui faire un mauvais parti, elle s'était empressée de demander[1] qu'on lui envoyât quelques douceurs dans sa prison. D'abord on l'avait enfermé dans ce qui restait du château du Hà, où il était sous la main de l'Ormée; on le transféra dans le couvent des récollets, sous une moins dure surveillance[2], et le digne président, comme naguère son intrépide collègue Massiot, put échapper à la vengeance de ses ennemis.

Cependant le père Ithier comparut devant le tribunal de l'Ormée. Celui qui faisait l'office de procureur général était un apothicaire, qui conclut à ce que le père Ithier fût coupé en autant de quartiers qu'il y en avait à Bordeaux, et ses membres attachés aux diverses portes de la ville. Un autre juge, qui était un pâtissier, opina pour qu'il fût roué tout vif et ses cendres jetées au vent. Chacun opina selon le caprice de sa barbarie. Le tribunal étant fort nombreux, on ne put terminer l'affaire en une seule séance; il en

---

1. *Manuscrits de Lenet*, billet de Mme de Longueville à Lenet.
2. *Gazette* pour l'année 1653, p. 360-361 : nouvelles de Bordeaux du 3 avril.

fallut plusieurs. Chaque fois le malheureux cordelier était conduit de l'Hôtel de Ville chez le prince de Conti pour prendre aussi l'avis du prince, qui réunissait alors tous les pouvoirs et était comme une sorte de dictateur entre les mains de l'Ormée. Le pauvre père marchait à pied, traîné par cinq ou six misérables suivis de plus de cinq cents ormistes, armés de fusils et de hallebardes, et de la plus vile populace criant sans cesse : « Il faut qu'il meure. » En effet, tous ceux qui avaient opiné jusque-là ayant été pour la mort, il n'y avait pas d'espérance qu'on pût sauver l'infortuné.

Heureusement Mme de Longueville veillait sur lui. Elle s'était prêtée à le faire arrêter dans le premier mouvement d'indignation ; mais quand elle vit le sort affreux qui l'attendait et le sang d'un religieux prêt à retomber sur sa tête, elle résolut d'arracher le père Ithier au supplice qui lui était destiné, et sa propre conscience à une responsabilité aussi cruelle.

Elle déploya en cette circonstance son adresse et son habileté ordinaires[1]. Grâce à ses inspirations, on décida que, pour juger définitivement une personne de cette importance, on formerait un grand conseil où seraient appelés, à côté des principaux ormistes, un assez bon nombre d'officiers de l'armée : et ce nouveau tribunal fut présidé par Marsin, dont

---

1. *Mémoires* de Cosnac, t. I, p. 43, et *Mémoires* du père Berthod, p. 415.

les manières rudes et sévères lui donnaient un grand crédit dans le peuple. Mais Marsin était dans la main de Mme de Longueville. Devant cette espèce de conseil de guerre, le père Ithier fut condamné à faire amende honorable en divers endroits de la ville et à être enfermé dans un cachot le reste de sa vie, au pain et à l'eau.

La sentence était dure ; mais l'instinct de l'esprit de parti ne se trompa pas sur l'intention qui l'avait dictée, et l'Ormée frémit de rage de se voir enlever un des chefs de la conspiration. Avant l'exécution de la sentence, on rasa la tête au père Ithier, on lui ôta sa marque de prêtre, on le dépouilla de ses habits, puis on le mit sur une charrette, le bourreau derrière lui, la corde au cou, la torche au poing, et sur le front un écriteau avec ces mots en gros caractères : *Traître à la patrie*. Il fut ainsi traîné dans les principales rues de Bordeaux et devant les maisons du prince de Conti, de la princesse de Condé et de la duchesse de Longueville. Le père Ithier soutint tous ces affronts avec une constance et une dignité admirables. La populace, qui voulait du sang, fit effort pour l'arracher à ses gardes et le mettre en pièces. Il fallut faire entourer la charrette où il était par des compagnies de gens de guerre, qui empêchèrent qu'on ne se jetât sur lui. L'Ormée chercha du moins à se satisfaire par des imprécations et des injures. Il y eut presque une sédition parce que la vie d'un homme avait été épargnée ; et Lenet, épouvanté, s'adressant à Mme de Longueville, lui dit: «Voilà, madame, l'effet de vos beaux conseils! Si on eût égorgé ou pendu ce moine, nous ne serions pas en ces peines[1].» Involontaire hommage rendu à la bonté de Mme de Longueville! Elle ne s'en tint pas là : dès que le père Ithier eut été ramené et déposé dans la prison de l'Hôtel de Ville, elle voulut lui apporter dans son malheur la consolation la plus chère au cœur d'un prêtre : en dépit de toutes les résistances, elle lui fit rendre l'habit religieux[2]. Nous l'avouons, il nous est doux de recueillir ces traits de générosité et de délicatesse échappés à ce grand cœur égaré dans la guerre civile.

Voici maintenant deux hommes de la bourgeoisie qui, au lieu de se laisser intimider par l'exemple du père Ithier, osèrent reprendre ses desseins, au risque d'avoir le même sort. Essayons de disputer à l'oubli ces dévouements obscurs à moitié trahis par la fortune et trop méconnus par l'histoire.

L'avocat Chevalier était lié avec plusieurs conseillers du parlement restés dans la ville, et qui y travaillaient au rétablissement de l'autorité royale, de concert avec leurs anciens collègues réunis à Agen[3]. Chevalier leur servait d'intermédiaire, et il allait

---

1. *Mémoires* du père Berthod, p. 415.
2. Dom Devienne, p. 463.
3. *Gazette*, p. 469 ; dom Devienne, p. 465, et le père Berthod, p. 420 et 422.

souvent de Bordeaux à Agen et d'Agen à Bordeaux. L'Ormée était sur sa trace, et un jour qu'il était déjà dans le bateau qui devait le mener à Agen, Villars, ce misérable Villars, qui, pour effacer les ombres qu'avait pu laisser sa conduite dans l'esprit soupçonneux de la faction régnante, rivalisait d'emportement avec les plus cruels ormistes, arrêta Chevalier et le traîna chez le prince de Conti. On le fouille, on trouve sur lui une lettre d'un conseiller de Bordeaux qui avertissait un de ses amis d'Agen que dans peu de jours éclaterait, avec de grandes chances de succès, l'entreprise qu'ils avaient formée pour la délivrance de leur malheureuse ville. A l'instant même, Villars court avec sa bande investir la maison de ce conseiller, qui réussit à se sauver. On revient donc à Chevalier, et on le jette dans la prison de l'Hôtel de Ville, d'où on ne sortait guère que pour aller au supplice. Deux heures après, le tribunal de l'Ormée s'assemble, composé de cordonniers, de pâtissiers et d'apothicaires. Chevalier est condamné à mort. Il demande un prêtre pour se confesser; les philosophes de l'Ormée, les prédicateurs de la liberté religieuse à la mode de l'Angleterre, se moquent de lui; on ne veut lui permettre la confession que s'il consent à la faire tout haut; et, à son refus, sur-le-champ on le pend à la potence de l'Hôtel de Ville.

Jacques Filhot[1] était un ancien militaire, devenu tré-

[1]. Tout le récit qui suit est fidèlement tiré de dom Devienne, de Berthod et de la *Gazette*.

sorier de France à Montauban, qui dans toutes les occasions avait montré un grand zèle pour le service du Roi. Sa femme était d'une très-bonne famille de Bordeaux, et elle était venue pour y faire ses couches, déjà dans une grossesse avancée. Filhot l'y avait accompagnée, et il put assister à l'horrible promenade du père Ithier. Cette âme fière et généreuse en fut révoltée. Il s'associa avec Dussaut, conseiller au parlement, fils de l'avocat général de ce nom, qui s'était tant distingué en 1650 dans le parti des Princes, et aussi avec le marquis de Théobon, gentilhomme protestant et officier du plus grand mérite, qui, comme l'avocat général Dussaut, avait commencé par servir la Fronde et venait même de défendre Villeneuve-d'Agen avec une valeur opiniâtre; les excès de l'Ormée l'avaient converti à la cause de l'ordre et de la royauté. Tous les trois forment une conspiration à la fois civile et militaire. Filhot en était l'âme; il se chargea de négocier avec le duc de Candale, qui bloquait la ville et était alors à Cadillac, la vieille et presque royale demeure des d'Épernon. Voici le moyen qu'employa Filhot afin d'arriver au duc de Candale sans éveiller aucun soupçon. Il sollicita et obtint du prince de Conti un passe-port pour aller à Montauban exercer sa charge. Un des officiers du duc de Candale s'oppose à son voyage, alléguant qu'il a des ordres formels de ne laisser passer personne venant de Bordeaux. Filhot s'emporte sur ce qu'on empêche un trésorier de France

de faire son service, et il demande à parler au duc de
Candale. Dès qu'ils sont seuls, Filhot s'explique. Ils
arrêtent ensemble et signent le 31 mai 1653 un traité
où une amnistie nouvelle et plus étendue ainsi que le
maintien de toutes les franchises de Bordeaux sont formellement stipulés ; car cet ardent serviteur du Roi
était aussi un excellent citoyen. Cela fait, Filhot s'en
retourne à Bordeaux, et, jouant à merveille son personnage, il s'en va porter plainte au prince de Conti
de l'injustice et de l'outrage que l'armée royale vient
de faire à un officier du Roi ; puis il se met à l'œuvre
et dispose tout pour l'exécution du projet concerté.
L'insurrection devait éclater dans le quartier Saint-
Julien, près d'une des portes de la ville ; on devait
s'emparer de cette porte et la livrer aux troupes du duc
de Candale. Au moment de l'exécution, le cœur manque
à un des conjurés qui va révéler le complot au prince
de Conti. Celui-ci, pressé par Duretête et les ormistes,
qui le surveillent, n'a que le temps de monter à cheval,
de rassembler le peu de gens qu'il trouve sous sa main
et de courir à la porte Saint-Julien, par où l'ennemi
devait entrer. On apercevait déjà les soldats du duc de
Candale. Les amis de Filhot demeurèrent spectateurs
immobiles de cette scène, voyant bien qu'ils étaient
trahis. Une bande d'ormistes se précipite sur la maison
de Filhot, qui, connaissant le sort qui l'attendait, résolut de se défendre. Se souvenant de son ancien
métier, il arma le peu de gens qu'il avait avec lui, et

les plaça de telle sorte qu'il était assuré de vendre au moins très-chèrement sa vie. Les ormistes n'osèrent pas risquer une attaque, et ils envoyèrent chercher du bois et de la paille pour mettre le feu à la maison. Filhot avait l'âme aussi tendre qu'elle était énergique; il trembla pour sa femme enceinte et pour ses petits enfants; il espéra les sauver en se sacrifiant : il ouvrit les portes de sa maison et se borna à se barricader dans sa chambre. La foule l'y vint assiéger et tenta d'entrer par une croisée. Le premier qui se présenta reçut à travers le corps un coup de hallebarde qui le jeta bas et arrêta tous les autres. On alla avertir le prince de Conti, et cet esclave de l'Ormée, qui lui-même avait la trahison dans le cœur et traitait secrètement avec le duc de Candale, ordonna qu'on se saisît de Filhot mort ou vif. Il s'avança même pour s'en emparer à la tête de quatre-vingts hommes de pied et d'un piquet de cavalerie. Filhot aurait résisté jusqu'au bout et serait mort les armes à la main; mais il entendit les ormistes qui menaçaient sa femme et ses enfants; craignant qu'ils ne fussent victimes de sa résistance, il se livra lui-même. Quoiqu'il ne cherchât plus à se défendre, il fut maltraité, frappé, traîné dans la rue, et il eût été massacré, si le prince de Conti, ému de compassion, n'eût supplié qu'on ne lui fît aucun mal, en promettant que la justice aurait son cours. Il le fit conduire dans son hôtel, rue des Fossés-du-Chapeau-Rouge. La pauvre Mme Filhot, ne sachant pas où l'on

menait son mari, désespérée, baignée de larmes, tout
en désordre, s'échappe de sa maison, court dans les
rues, demandant son mari à tout le monde. Ses cris,
sa douleur, sa grossesse, le souvenir de la famille respectable à laquelle elle appartenait, font une vive
impression sur le peuple; et cette multitude, qui tout
à l'heure aurait mis en pièces Filhot, allait se joindre à
sa femme pour réclamer sa délivrance. Un des ormistes,
craignant l'effet de cette scène, menaça M`<sup>me</sup>` Filhot de
lui brûler à l'instant la cervelle, si elle ne se retirait. On
la ramena de force chez elle; et, selon la coutume, on
pilla sa maison, où l'on trouva des sommes considérables.

Deux jours après son arrestation, Filhot comparut
devant le conseil de l'Ormée, où siégeaient Duretête
et Villars avec des cabaretiers, des marchands de
poisson et des gens du plus bas étage. Un cousin de
Louis XIV, un prince du sang, Armand de Bourbon,
présidait ce tribunal. Lamentable exemple des bas-
sesses où descend forcément un prince dès qu'il sort
de la ligne droite du devoir sous un prétexte quelconque, et oublie le titre même qui le fait ce qu'il est!
Il fallait bien que le prince de Conti se fît le collègue
complaisant de Villars et de Duretête pour pouvoir
leur échapper; car lui-même était suspect, et le moindre
indice de ses intelligences fort avancées avec le duc de
Candale le livrait aux mains de l'Ormée. On avait
surpris une lettre de Langlade, un des secrétaires de

Mazarin, adressée à l'abbé de Cosnac, et conçue en termes mytérieux capables d'exciter la défiance. Duretête avait porté cette lettre au prince de Conti et lui avait dénoncé la conduite équivoque de son aumônier. « Je l'introduisis moi-même, dit Cosnac[1], dans la chambre du prince, et je fus présent à toute la harangue qu'il fit contre moi. Dès que j'entendis mon nom, je crus que tout le secret étoit découvert, et si Duretête eût pris garde à mon visage et à celui de M. le prince de Conti, il eût facilement connu que ses soupçons n'étoient que trop bien fondés ; mais M. le prince de Conti, ayant lu la lettre et n'y trouvant rien de fort important, dit que je ne me mêlois de rien, qu'à l'avenir je m'en mêlerois encore moins, et qu'il me défendroit toutes ces sortes de commerces. »

Les détails du procès de Filhot nous ont été conservés[2]. Le prince de Conti lui commanda de s'asseoir sur la sellette des accusés et de répondre aux questions qu'on allait lui faire. Filhot s'y refusa, disant qu'en qualité d'officier du Roi il avait droit d'être jugé par le parlement, et qu'il ne reconnaissait pas la juri-

---

1. *Mémoires*, t. I, p. 62.
2. Filhot avait lui-même écrit un journal de ses aventures, que dom Devienne avait sous les yeux en 1777, et qui n'a pas dû périr. Cependant il ne se trouve ni aux archives communales de Bordeaux ni aux archives départementales de la Gironde, ni dans les papiers de la famille. Le dernier M. de Filhot, mort sans enfants, a laissé pour exécuteur testamentaire M. le vicomte de Batz d'Aurice, qui n'a pu découvrir le précieux journal parmi les papiers de la succession.

diction de l'Ormée. Le prince lui dit que, s'il refusait de répondre, on allait passer outre et lui faire son procès sur-le-champ. On en était là quand la nouvelle imprévue d'une attaque des ennemis vint forcer le conseil de lever la séance, et on laissa quelque temps Filhot en prison. Lorsqu'on reprit le procès au milieu du mois de juin, Filhot se résigna à reconnaître la compétence du tribunal devant lequel il était traduit, afin de gagner du temps. Il subit donc son interrogatoire; on le confronta avec son dénonciateur; on lui promit sa grâce s'il voulait nommer ses complices; on l'assura que Dussaut était pris et qu'il avait tout avoué, qu'il n'avait donc plus aucune raison de taire la vérité. Filhot persista à ne rien dire, ne sachant point si Dussaut n'avait pas failli, mais bien décidé lui-même à faire son devoir jusqu'au bout et à garder la foi jurée.

On commença par décider qu'il serait mis à la question ordinaire et extraordinaire. Ayant fait un faux pas en descendant l'escalier de la prison, il tomba de quinze ou vingt marches; on fut obligé de le relever dans le plus triste état, et on dut le tenir sous les bras pour le mener dans la chambre de la question. Le médecin, commis pour assister à ce supplice, lui trouva de la fièvre et ordonna une saignée. Les commissaires de l'Ormée, parmi lesquels était Duretête, ne voulurent accorder aucun sursis. Filhot, n'espérant pas survivre aux tourments qu'il allait subir, demanda un notaire et un confesseur. On les lui refusa, et on l'appliqua immédiatement à la question. Comme on avait un immense intérêt à bien connaître une conspiration qui avait pensé réussir, pour faire parler Filhot on prolongea l'épreuve bien au delà du temps accoutumé. L'Ormée se sentait sérieusement attaquée, et elle était résolue à jouer le tout pour le tout. Les salles de l'Hôtel de Ville étaient remplies de sicaires armés qui attendaient les aveux de Filhot pour aller sur-le-champ saisir les complices qu'il désignerait. On répétait tout haut qu'il ne fallait épargner personne, pas même le prince de Conti. On prolongea donc le supplice de Filhot, dans l'espoir que l'extrême douleur vaincrait son silence, et qu'il lui échapperait des aveux dont on brûlait de profiter. L'infortuné supporta pendant quatre heures entières des tourments affreux. Une blessure qu'il avait reçue autrefois se rouvrit par la violence de la souffrance; mais l'âme plus forte que le corps résista, et l'intrépide vieillard (car il avait soixante ans) étonna ses bourreaux par sa constance. N'en pouvant rien tirer, ils le laissèrent à demi mort. Sa malheureuse femme put s'emparer de ce cadavre auquel il restait à peine un souffle de vie, et elle le ranima à force de tendresse et de soins.

Quelques mois après, il sortit de prison, accablé d'infirmités et le bras en écharpe pour le reste de ses jours. Toute sa récompense fut la translation de sa charge de trésorier de France de Montauban à Bordeaux, avec une pension de 1,800 livres[1] reversible à ses enfants et la permission de porter une fleur de lis d'argent dans ses armes. Plus tard, Louis XIV, passant par Bordeaux à l'époque de son mariage et de la paix des Pyrénées, voulut voir Filhot; et, commandant à ses gardes de s'ouvrir pour le laisser approcher, il lui dit de ce ton et de ce style royal qui lui est propre, et que nul n'a pu feindre et lui prêter : « Eh bien! monsieur de Filhot[2], martyr de mon État, comment vous trouvez-vous de vos blessures? — Sire, lui répondit Filhot, toutes les fois que j'ai l'honneur de voir Votre Majesté, elles me deviennent plus chères. » Lorsque Condé apprit quelle atroce persécution Filhot avait soufferte et quel courage il avait déployé, à son retour en France il lui écrivit de sa propre main pour lui témoigner à la fois sa douleur et son admiration. Il lui offrit son amitié, et 1,000 écus de pension comme un bien faible dédommagement du mal qu'involontairement il lui avait fait. Filhot accepta l'amitié du

---

1. M. le vicomte de Batz d'Aurice assure que cette pension n'était que de six cents livres, et avait pour objet d'indemniser Jacques Filhot du pillage de sa maison. Elle fut successivement réduite et supprimée définitivement sous Louis XV par une ordonnance de l'abbé Terray. Le représentant de la famille de Filhot, conseiller au parlement de Bordeaux, vint à Paris trouver le contrôleur général et lui proposa de maintenir la pension par respect pour la mémoire de son aïeul, en la réduisant à trois francs. Terray n'était pas fait pour entendre une telle proposition, et la pension demeura supprimée.

2. La fleur de lis l'avait anobli.

grand capitaine avec reconnaissance; mais il déclina la pension.

Une cause qui réunissait ainsi contre elle toutes les forces morales de la société, la magistrature, le clergé, la bourgeoisie, et qui n'était défendue que par l'audace et le crime, était une cause irrémédiablement perdue. Elle devait bientôt périr en Guienne et à Bordeaux, comme elle avait fait à Paris et dans tout le reste du royaume.

Déjà en Berri, dans cette province si longtemps dévouée aux Condé, la citadelle de Montrond, confiée au marquis de Persan, avait été contrainte de céder aux longs et habiles efforts du comte de Palluau, auquel cet important succès valut le bâton de maréchal de France sous le nom de maréchal de Clérambault. Le marquis de Persan était sorti de Montrond, le 1er septembre 1652, et il était allé rejoindre Condé en Flandre. Le lendemain de son départ, la citadelle de Montrond avait été rasée, selon la résolution que la royauté avait prise de détruire peu à peu tous ces châteaux forts du centre de la France, depuis longtemps inutiles contre l'étranger, et qui ne servaient plus que d'asile à la haute aristocratie pour fouler impunément les peuples ou se dérober à l'empire des lois. Le jeune comte de Bouteville avait tenu plus longtemps en Bourgogne. Enfermé dans la ville et la forteresse de Seurre, il y avait fait une résistance opiniâtre, digne du futur maréchal de Luxembourg. Il avait pourtant fallu céder à la nécessité ; et le 6 juin 1653 Bouteville avait capitulé avec tous les honneurs de la guerre, et sous la condition que lui et les troupes qu'il commandait, françaises et étrangères, seraient conduits en toute sûreté par le chemin le plus court à Stenay, près de M. le Prince[1]. Derrière lui, avait également disparu, rasée de fond en comble, la citadelle qu'il venait de si bien défendre.

En Provence, le fils aîné du duc de Vendôme, le duc de Mercœur, devenu le neveu de Mazarin et nommé gouverneur de la province, venait de contraindre son prédécesseur, le duc d'Angoulême, cousin germain de Condé, à lui céder la place, et celui-ci, n'osant pas courir les aventures de son illustre parent, s'était décidé à accepter l'amnistie[2]. Les villes du Languedoc qui s'étaient soulevées à l'instigation de leur gouverneur, le duc d'Orléans, après l'avoir suivi dans la révolte, l'avaient aussi suivi dans la soumission, et rentraient sous l'autorité légitime. Le comte du Dognon n'avait pas été des derniers à abandonner celui qu'abandonnait la fortune. Au mois de mars 1653, il avait conclu son traité avec Mazarin, et, au prix du bâton de maréchal de France, remis entre les mains du Roi ses régiments de cavalerie et

1. Voyez les divers articles de cette capitulation dans la *Gazette* pour l'année 1653, p. 580.
2. *Mémoires* de Montglat, t. II, p. 391-392.

d'infanterie, sa flotte et le port de Brouage[1]. Enfin, sur les frontières de la France et des Pays-Bas, les places qu'en se retirant Condé avait occupées étaient successivement reprises par Turenne et par La Ferté-Seneterre.

Sans doute nos grandes conquêtes étaient perdues, grâce à la Fronde : en Flandre Gravelines et Dunkerque, Casal en Italie, Barcelone et toute la Catalogne en Espagne, naguère achetées par des flots de sang français, nous avaient été enlevées ; mais du moins le territoire national était libre ; et l'autorité royale, s'affermissant peu à peu, nous promettait de glorieuses revanches. La Guienne seule résistait encore. Mazarin voulut en finir avec ce dernier retranchement de la Fronde ; il donna l'ordre à Candale, à Vendôme et à d'Estrade d'unir leurs forces et de bloquer étroitement Bordeaux. D'Estrade sortit d'Agen pour se mettre en communication avec ses deux collègues. Candale battit plusieurs fois Balthazar, prit Bergerac, Marmande, et soumit toutes les petites villes de l'Entre-deux-mers[2]. Le duc de Vendôme, avec la flotte royale, grossie de celle de du Dognon, contint au bas de la Gironde, vers la tour de Cordouan, la flotte espagnole, que commandait le marquis de

---

1. *Gazette* pour l'année 1653, p. 336, et Monlglat, t. II, p. 454-455.

2. On appelle ainsi tout le beau pays situé entre la Dordogne et la Garonne, entre Libourne et Bordeaux.

Sainte-Croix, et avec une partie de la sienne poussa les vaisseaux bordelais jusqu'au-dessous des ruines du château Trompette ; en sorte que des tours de Bordeaux on voyait de toutes parts la flotte et les deux armées du Roi investissant la ville, et toutes prêtes, s'il le fallait, à lui porter les derniers coups.

Le prince de Conti était fort tranquille : son traité particulier avec la cour était définitivement conclu ; il ne s'agissait plus pour lui que d'échapper aux soupçons et aux violences des ormistes, et d'arriver sain et sauf au dernier acte de ce triste drame. Mais la princesse de Condé, Mme de Longueville, Marsin et Lenet, qui voulaient rester fidèles à Condé, étaient au comble de l'anxiété. Marsin n'ignorait pas le sort qui l'attendait ; il savait bien qu'après sa trahison de Barcelone, s'il était pris les armes à la main, il porterait sa tête sur un échafaud. Il se jetait donc au plus épais de l'Ormée, ne voyant plus de ressource que dans les derniers efforts du désespoir, et invoquant, ainsi que son général, le calvinisme, la république, la domination anglaise et la domination espagnole, plutôt que de tomber vivant entre les mains de Mazarin. Secondé par Mme de Longueville et le comte de Fiesque, il pressait en vain le marquis de Sainte-Croix d'attaquer la flotte française ; mais les trois députés de la ville de Bordeaux ou plutôt de l'Ormée auprès de la république d'Angleterre, Trancas, Blarut et Dezert, conservaient l'espérance d'en obtenir des secours; et dans le mois de juin, ils transmirent une proposition positive et formelle de Cromwell qui ranima un moment le parti des Princes.

C'est l'abbé de Cosnac, si bien informé, qui nous donne ce précieux renseignement[1]. Cromwell, à ce qu'écrivait Trancas, proposait un secours très-considérable d'hommes et d'argent, et s'engageait à chasser les troupes du Roi de toute la province, mais à une condition fort dure : c'est qu'au lieu de lui donner Bourg ou Blaye dans la Gironde comme places de sûreté, on lui remettrait la ville même de Bordeaux. Marsin et tous les gens aussi compromis que lui ne demandèrent pas mieux que d'accepter cette proposition, désastreuse pour la France, mais qui leur était une chance inespérée de salut. Cosnac assure que le faible et capricieux Conti, qui avait déjà signé un traité bien différent, intimidé par Marsin et par l'Ormée, et même ébloui des avantages qu'on lui faisait voir dans les offres de Cromwell, était tenté de les agréer et de les autoriser de son nom. L'abbé prétend que c'est lui qui arrêta le prince. Il se vante peut-être pour faire valoir ses services; mais il est impossible qu'il n'y ait pas quelque fond de vérité dans son récit : il mérite d'être mis sous les yeux du lecteur. « Je crois pouvoir dire que je rendis en cette occasion un service important à mon Roi, à mon maître et à l'État. Je

---

1. *Mémoires*, t. I, p. 68.

m'opposai fortement en particulier à une si pernicieuse résolution. Je représentai à M. le prince de Conti le danger qu'il couroit en rendant Cromwell le maître d'une ville en laquelle résidoit toute sa puissance; la honte dont il se couvriroit, lui qui étoit ecclésiastique, d'établir un hérétique dans une ville catholique, lui qui étoit prince du sang de France, un tyran qui, ayant fait mourir son roi, ne manqueroit pas de le traiter de même, pour peu qu'il lui fût utile d'en user de la sorte. Si M. le prince de Conti eût accepté les offres de Cromwell, je ne doute pas que Cromwell, de son côté, n'eût tenu les paroles que Trancas avoit données pour lui; mais ce prince fut arrêté par mes remontrances, et ayant examiné ensuite de plus près le danger qu'il y avoit dans cette affaire, il s'en dégoûta peu à peu, et par là donna le temps au monde qui s'étoit échauffé au premier bruit de cette nouvelle, de se refroidir aussi. »

Cependant les généraux de Mazarin, avertis sans doute de cette négociation, et redoutant de voir tout à coup une flotte anglaise rallier la flotte espagnole et s'avancer dans la Gironde jusqu'à Bourg, où elles auraient trouvé un puissant appui, résolurent de les prévenir et de s'emparer d'une ville qui dominait le cours de la Dordogne et celui de la Garonne, et couvrait à la fois Libourne et Bordeaux. Le duc de Vendôme l'assiégea du côté de la Dordogne, le duc de Candale et le comte d'Estrade du côté de la terre, et le

20 juin la tranchée fut ouverte. Il y avait une nombreuse garnison espagnole, commandée par un chef estimé, don Joseph Ozorio, qui avait succédé au baron de Vateville. Marsin, sentant le prix d'un tel poste, s'apprêtait à marcher à son secours, lorsqu'il apprit que le 3 juillet Bourg avait capitulé après trois attaques assez faibles[1]. Il n'y eut qu'un cri d'indignation contre une aussi molle défense; aussi à peine don Ozorio eut-il mis le pied en Espagne, qu'il fut arrêté, mené au château de Saint-Sébastien, livré à un conseil de guerre et condamné à avoir la tête tranchée[2]. Bientôt après, le duc de Vendôme prit Lormont, village fortifié sur la Gironde, à très-peu de distance de Bordeaux, où la garnison, toute irlandaise, ne se défendit guère mieux que la garnison espagnole de Bourg. En même temps, on alla mettre le siége devant Libourne, dont le fidèle gouverneur, le comte de Maure, était alors à Bordeaux, et Libourne se rendit au comte d'Estrade, le 17 juillet, avec ses deux voisines, Castillon et Saint-Émilion.

Restait Bordeaux, réduite à elle-même, n'ayant plus de secours à attendre d'aucun côté, assez bien fortifiée, et gardée par le reste des troupes de Marsin et par les bandes de l'Ormée, mais qu'il n'eût pas été

1. *Gazette*, p. 678, et pour les détails du siége et de la capitulation; p. 681-682.
2. Balthazar, *Histoire de la Guerre de Guyenne*, édition de M. Moreau, p. 365.

très-difficile d'emporter d'assaut par des attaques de terre et de mer bien combinées, en se résignant à voir couler de part et d'autre des torrents de sang. Mazarin, désormais sûr de la victoire, aima mieux la demander au temps qu'à la force. Il laissa Bordeaux se consumer dans ses propres divisions, et attendit qu'elle vînt d'elle-même recourir à la clémence royale. Le père Berthod empruntant tous les déguisements, bravant tous les périls, allait sans cesse de Lormont, où était le quartier général de l'armée, à Bordeaux, y conférait avec les principaux amis du Roi, recueillait leurs conditions, les portait à Lormont, et les y faisait acccepter : vaste amnistie, rétablissement des priviléges de la ville, des magistratures municipales, et même quelque temps après du parlement, tout avait été prévu, délibéré, consenti des deux côtés. Les honnêtes gens levaient partout la tête ; des femmes mêmes prenaient part aux conspirations[1]. Il y avait à Bordeaux une ardente et brave jeunesse ouvertement déclarée contre l'Ormée, fort semblable à cette jeunesse dorée qui, à Paris, à la fin de la Terreur et au commencement du Directoire, se plaisait à insulter et à poursuivre les Jacobins à demi vaincus. Plus courageuse, celle de Bordeaux, en 1653, attaquait un ennemi redoutable encore, et elle s'en allait sur les places publiques, au risque de rencontres sanglantes,

---

1. *Mémoires* du père Berthod, p. 400, 421, etc.

crier : Vive le Roi et la paix ! Ce cri devint bientôt général, tout-puissant, irrésistible.

Mazarin avait pour principe de ne pas poursuivre ses ennemis à outrance ; il aimait mieux les séduire, s'il était possible, ou du moins s'en défaire à de bonnes conditions plutôt que d'avoir à les exterminer. Il craignait toujours que la flotte espagnole, qui était au bas de la Gironde, ne se décidât à livrer un combat à la flotte royale pour délivrer Bordeaux et sauver la Fronde ; il craignait quelque résolution soudaine de Cromwell, comme celle qui, l'année précédente, lui avait fait saisir en pleine paix dans la Manche les vaisseaux français allant au secours de Dunkerque ; il connaissait l'énergie et la férocité de Marsin, qui, n'ayant plus rien à ménager, pouvait s'ensevelir sous les ruines de Bordeaux. Il fut donc trop heureux lorsque Gourville[1], qui passait à son service en quittant celui de La Rochefoucauld, s'engagea à terminer l'affaire de Bordeaux, s'il pouvait porter aux amis de Condé des propositions honorables. Déjà on avait gagné le prince de Conti ; il s'agissait, non pas de gagner la princesse de Condé, M°™ de Longueville, Marsin et Lenet, dont la fidélité était inviolable, mais de s'en débarrasser en leur permettant de se retirer où il leur plairait avec toutes les sûretés nécessaires. La vengeance n'était pas satisfaite, il est vrai ; mais la

---

1. *Mémoires* de Gourville, collection Petitot, t. LII, p. 274, etc.

politique l'était, et Mazarin n'écoutait que la politique.

Gourville alla donc à Bordeaux entamer cette suprême négociation. Les amis de Condé furent bien forcés de s'y résigner; car comment continuer la guerre avec quelques troupes qu'on ne pouvait plus recruter et des sectaires indisciplinés, contre une armée nombreuse et vaillante enhardie par le succès? Il fallait périr ou traiter. Condé autorisa donc sa famille et ses amis à le faire sous cette condition que toutes les troupes que Marsin lui avait conservées ne seraient point licenciées et auraient la permission de venir le joindre à Stenay. Lorsque Gourville fit part de cette clause à Mazarin, le cardinal se récria; puis il réfléchit et finit par l'agréer, avec cet amendement qu'il s'agissait seulement des régiments de M. le Prince et du duc d'Enghien, que le tout ne passerait pas deux mille cinq cents hommes, et que les chefs de corps et les officiers seraient libres de quitter, s'ils le voulaient, le service du Prince.

Telle fut la transaction qu'acceptèrent, avec le prince de Conti, la princesse de Condé, Mme de Longueville, Marsin et Lenet; elle fut signée le 24 juillet et exécutée quelques jours après[1]. La princesse, son fils et Lenet s'embarquèrent pour aller retrouver Condé dans les Pays-Bas. Marsin, avec le comte de

---

1. Ce traité est en substance dans Gourville, p. 281, et textuellement dans les *Mémoires* de Cosnac, t. I, p. 95.

Fiesque, alla d'abord faire un tour en Espagne, ou il fut accueilli avec une haute faveur, reçut le titre de capitaine général, et, ne désespérant pas de la fortune, imagina de nouvelles entreprises. Si Mme de Longueville eût suivi son inclination, elle aurait accompagné sa belle-sœur et se serait retirée auprès de son frère; mais elle avait appris à se défier de son cœur, et elle obéit à un devoir impérieux, acceptant le malheur dans toute son étendue avec son courage accoutumé, l'esprit déjà rempli de graves pensées, méditant de se punir elle-même de ses fautes, mais à la manière des grandes âmes et par des moyens que Dieu seul prescrit et récompense, inquiète et troublée dans sa propre conscience, mais toujours fière en face de ses ennemis, et bien décidée à ne recevoir aucune grâce de Mazarin victorieux.

Le prince de Conti, charmé de se voir délivré d'une vie qui lui était devenue insupportable, s'en alla avec sa petite cour en Languedoc, dans sa belle maison de La Grange, près de Pézénas. Mme de Calvimont l'y avait précédé. Là il s'amusa beaucoup, fit encore de nouvelles amours, en tomba malade [1], et termina ses tristes aventures en épousant la belle et aimable nièce de Mazarin, d'abord destinée au duc de Candale. Il y

---

1. *Mémoires* de Cosnac, t. I, p. 113-137. On trouve en cet endroit de précieux renseignements sur Molière et sa troupe, qui jouèrent sur le théâtre de La Grange. L'abbé de Cosnac dit que Molière reçut dès lors une pension du prince de Conti.

perdit tous ses biens ecclésiastiques, dont le cardinal s'accommoda, et reçut en échange les charges de Condé, même une partie de son patrimoine, s'enrichissant ainsi des malheurs et des dépouilles du chef de sa maison. Quelque temps après, il avait le commandement de l'armée de Catalogne.

L'abbé de Cosnac, le premier auteur de la défection du prince, était élevé à l'évêché de Valence ; Sarasin, qui avait eu la première idée du mariage, recevait une bonne somme d'argent, avec le titre de conseiller d'État, un peu grave pour un pareil personnage[1], et Gourville 2,000 écus d'abord, puis autant de pension. Le marquis de Chouppes, l'ami et le complice de Cosnac, passa tout naturellement au service du Roi, suivit le prince de Conti en Catalogne et fit une assez brillante carrière[2]. Le marquis de Théobon, qui avait expié sa belle défense de Villeneuve-d'Agen en s'associant à l'entreprise de Filhot, fut traité comme Chouppes ; plus tard il servit de nouveau sous Condé pour une meilleure cause, et périt glorieusement au passage du Rhin. Balthazar, en véritable officier de fortune qui ne trahit personne, mais qui sert tout le monde suivant les circonstances, se trouvant quitte envers Condé, ne vit pas la moindre difficulté à contracter d'autres engagements ; au

---

1. Dans le privilége pour l'impression de ses Œuvres, édition originale de 1656, il est qualifié de conseiller d'État.
2. Il devint lieutenant général.

moyen d'un bon traité qui lui garantissait ses grades, ses honneurs et ses pensions, il entra dans l'armée de Catalogne, et se battit aussi bien pour le Roi qu'il l'avait fait pour la Fronde[1].

Le 3 août 1653, les ducs de Candale et de Vendôme entrèrent dans Bordeaux triomphalement. Le drapeau rouge, symbole odieux des fureurs de l'Ormée[2], comme plus tard de celles des Jacobins, avait été enlevé du clocher de Saint-Michel et remplacé par le drapeau de la France. Quelques jours auparavant, on avait tiré de leurs prisons Filhot et le père Ithier. Les ducs, avec le comte d'Estrade et une brillante escorte, allèrent descendre à l'église métropolitaine de Saint-André, où l'on chanta le *Te Deum*, et le père Ithier prôcha en l'honneur de la paix et du Roi. Peu de temps après il était fait évêque de Glandèves, en même temps que le père Faure passait à l'évêché d'Amiens, et que le père Berthod, aussi désintéressé qu'intrépide, allait finir ses jours dans le petit couvent des cordeliers de Brioude.

L'amnistie promise à Bordeaux fut religieusement observée; mais si Mazarin était trop politique pour ne pas incliner à la clémence à la fin d'une guerre civile, il était aussi trop homme d'État pour pousser l'indulgence jusqu'à la faiblesse. Il avait donc insisté pour

---

1. Il accompagna le prince de Conti en qualité de lieutenant général dans la campagne de 1654, *Mémoires* de Balthazar, *ibid.*, p. 359.
2. Dom Devienne, p. 473.

qu'on exceptât de l'amnistie cinq personnes, qui en effet avaient franchi toutes les limites de la trahison et du crime : Trancas, conseiller au parlement, Blarut et Dezert, qui tous trois étaient allés proposer à Cromwell de céder à la république d'Angleterre plusieurs points du territoire français et peut-être même Bordeaux, ainsi que Villars et Duretête, les deux chefs de l'Ormée qui avaient amassé tant de haines. Trancas était encore en Angleterre avec ses deux collègues ; ils y demeurèrent. Le prince de Conti sauva le lâche Villars en l'emmenant avec lui, et on l'oublia dans les bagages et la domesticité de son protecteur[1]. Duretête paya pour tous. Il avait eu l'imprudence de rester à Bordeaux. Apprenant qu'on voulait l'arrêter, il essaya de se sauver dans une charrette de foin, fut reconnu, pris et condamné à être roué vif. Pendant plus d'une année cet homme avait été maître absolu de la ville, faisant mouvoir à son gré le prince de Conti, et adoré de la populace, à qui ses décisions étaient des ordres souverains. Un historien[2] lui rend cette justice qu'il n'avait pas profité de son pouvoir

---

1. *Mémoires* de Cosnac, t. I, p. 110.
2. Dom Devienne, qui a recueilli la tradition de Bordeaux, et qui avait sous les yeux bien des manuscrits du temps. L'abbé de Cosnac, qui ne pardonnait pas encore à Duretête la peur qu'il lui avait faite, parle tout autrement, t. Ier, p. 110 et 111 : « Duretête, l'autre chef, demeura, soit qu'il fût assez mal avisé pour se fier à sa basse naissance et pour s'imaginer qu'on négligeroit sa punition, soit qu'il eût regret d'abandonner le fruit de ses brigandages. »

pour s'enrichir, et si l'ancien boucher s'était montré impitoyable, du moins il était demeuré pauvre. Il marcha à la mort avec fermeté, et ne donna aucun signe d'émotion, hormis quand il vit cette multitude, qui avait été dans sa main et à ses pieds, assister tranquillement à son exécution, et pousser la bassesse de l'inconstance jusqu'à insulter à son malheur. On avait choisi la plate-forme de l'Ormée pour le lieu du supplice. Le corps de Duretête y resta exposé plusieurs jours sur la roue ; on mit sa tête au bout d'un pieu, et on l'attacha au haut d'une tour à l'extrémité de l'Ormée. En même temps, on s'empressa de rebâtir le château du Hâ et le château Trompette ; le futur maréchal d'Estrade fut nommé maire perpétuel de Bordeaux, et le duc d'Épernon, rétabli dans le gouvernement de la province.

Ainsi finit la Fronde à Bordeaux. Ses destins étaient accomplis sans retour, et, quelques mois à peine écoulés, il n'en restait plus qu'un souvenir pénible dans la mémoire des honnêtes gens et une date funeste dans notre histoire.

APPENDICE

NOTES DU CHAPITRE PREMIER

I

TRAITÉ GÉNÉRAL DES PRINCES AVEC LES FRONDEURS

En janvier 1651.

La Rochefoucauld et Retz nous apprennent dans le plus grand détail que, pendant le mois de janvier 1651, un traité secret se négocia entre les chefs des Frondeurs et les amis des Princes prisonniers au Havre, par l'intermédiaire de la princesse Palatine. Ce traité fut définitivement arrêté et signé la nuit chez la Palatine dans les derniers jours de janvier. « Nous convînmes, dit Retz (édit. d'Amsterdam, 1731, t. II, liv. III, p. 150), que ce traité seroit mis en dépôt entre les mains de Blancménil, qui, tel que vous le connoissez, faisoit en ce temps-là quelque figure à cause qu'il avoit été des premiers à déclamer dans le parlement contre le cardinal Mazarin. Ce traité est en original entre les mains de Caumartin, qui, étant un jour avec moi à Joigny, il y a huit ou dix ans, le trouva abandonné dans une vieille armoire de garde-robe. »

Le traité dont il s'agit a tiré Condé de prison et renversé Mazarin, il a changé la face des affaires, il a donné naissance à la seule situation où la Fronde ait pu s'établir et fonder peut-être un gouvernement. Retz nous dit bien en quoi il consistait, et avec quel soin tous les divers intérêts y avaient été ménagés, grâce à sa prévoyance et à celle de la princesse Palatine ; mais la pièce elle-même, dans sa teneur exacte, cette pièce si importante, est jusqu'ici demeurée inconnue. Il y en avait deux exemplaires : l'original que Retz avait confié à Caumartin, et que celui-ci abandonna dans une vieille armoire; un double, déposé entre les mains de Blancménil. Que sont devenus ces deux exemplaires ? MM. Champollion-Figeac n'ont retrouvé ni l'un ni l'autre, et on chercherait en vain ce traité, qui joue un si grand rôle dans l'histoire de la Fronde, soit dans l'édition des *Mémoires* de Retz que ces deux messieurs ont donnée sur le manuscrit même du cardinal, conservé à la Bibliothèque impériale, en l'enrichissant d'une foule de documents accessoires (collection Michaud et Poujoulat, 1851), soit même dans l'édition nouvelle, fort augmentée encore, que M. Aimé Champollion vient de faire paraître chez le libraire Charpentier, dans cette année 1859. Un heureux hasard nous a fait rencontrer et nous permet de mettre au jour pour la première fois une des deux pièces indiquées par Retz.

Mme la comtesse de Caffarelli, dont la mort laissera de longs regrets dans le cœur de tous ceux qui l'ont connue, et qui par sa beauté douce et fière et la supériorité de son esprit eût été digne de figurer parmi les femmes illustres du xviie siècle[1], possédait dans son château de Léchelles, en Picardie, un vieux manuscrit des *Mémoires* de Retz, venu là on ne sait trop comment, mais qui y était depuis longtemps et bien avant la Révolution. Elle eut la bonté de nous le communiquer. Dès le premier examen, nous reconnûmes une copie incomplète mais parfaitement exacte du manuscrit autographe de Retz. Mais ce qui nous frappa le plus dans ce précieux in-folio, ce furent les divers papiers insérés au milieu du volume, et

---

1. Mme de Caffarelli était fille du comte d'Hervilly, le chef infortuné de la triste expédition de Quiberon, qui du moins mourut au champ d'honneur. Elle avait épousé le général comte Auguste de Caffarelli, aide de camp de l'Empereur, ministre de la guerre du royaume d'Italie, le plus jeune frère de Caffarelli du Falga, le plus grand officier du génie des premières guerres de la Révolution, tué en Égypte au siège de Saint-Jean-d'Acre.

parmi lesquels était le traité que nous cherchions. Il n'y avait pas à s'y méprendre : c'était bien là l'un des deux exemplaires mentionnés par Retz. Il se compose de neuf feuilles in-folio, pliées et attachées par des cordons de soie, selon la mode du temps, et cachetées à différents endroits. Les cachets ayant été rompus ne sont plus reconnaissables ; mais les signatures sont authentiques. Voilà bien celles, à nous si connues, d'Anne de Gonzague, de La Rochefoucauld, de Retz, etc. Et, pour qu'il ne puisse rester aucun doute, on lit cette note en tête du traité :

« Cest' original a esté mis en dépost entre les mains de M⁰ de Blancmenil, à condition qu'il sera rendu à M⁰ le Coadjuteur, et à son default entre les mains de M⁰ le marquis de Fosseuse, sitost que M⁰ le Prince sera en liberté, et jusques à ce il ne pourra estre délivré ny ouvert que du consentement de M⁰ le président Viole et à son default de Madame la princesse Palatine ou de M. Arnaud. »

Il est donc certain que nous avons sous les yeux l'exemplaire du fameux traité qui avait été mis en dépôt entre les mains de Blancménil. Nous le reproduisons fidèlement sans la moindre altération :

« Nous soubsignés, recongnoissant par expérience le préjudice que le Roy et l'Estat reçoivent de la détention de Messieurs les princes de Condé, de Conty, et duc de Longueville, qu'elle donne de nouveaux advantages aux ennemis de la France par le mécontentement qu'en tesmoingnent plusieurs personnes considérables ;

« Qu'elle met le desespoir dans l'esprit des peuples qui ont desja beaucoup souffert des desordres que leur emprisonnement a causés, et qui ont un juste subjet d'en appréhender les suittes, s'il n'y est promptement pourveu par leur liberté ;

« Avons estimé que nous ne pouvions rien faire de plus advantageux ny de plus utile au publicq que de nous unir, affin de faire cesser par tous moiens légitimes et possibles l'oppression de ces trois princes, arestés et détenus prisonniers contre les lois du Roiaume et recongnus innocens par l'adveu du parlement, qui a ordonné des remontrances en faveur de leur liberté par l'arrest du 23 décembre 1650 ;

« Et d'auttant que le cardinal Mazarin est notoirement l'autheur de leur détention, et la cause des desordres qui l'ont précédé et suivy, qu'il ne les a faict arester que pour eslongner la paix generalle, et affermir dans le trouble l'authorité qu'il a usurpée pendant la régence, et que sa conduitte expose manifestement la France à tous les malheurs que les guerres etrangères et civiles peuvent causer dans un estat épuisé d'hommes et d'argent ; Et que l'on ne peut esperer de le voir paisible tandis qu'il demeurera dans les affaires ; Nous avons cru aussi qu'il estoit nécessaire, pour le bien de l'Estat, pour la reunion de la maison roiale, pour la delivrance de M^{rs} les princes, la seureté commune de tous les particuliers qui ont tesmoingné du zèle pour le bien publicq, et se sont opposés, au parlement et ailleurs, aux mauvais conseils du cardinal Mazarin, pour l'establissement du repos dans le roiaume et de la paix avec les estrangers, de ne rien obmettre de ce qui pourroit servir à obtenir de leurs Majestés son eslongnement, ce qui nous a obligé de faire ensemble le présent traicté, sçavoir : Nous Anne de Gonzague princesse Palatine, Charles Amédée de Savoie duc de Nemours, Pierre Viole conseiller du Roy en ses conseils et président dans son parlement, Louis de Rochechouart comte de Maure, et Izac Arnaud Mareschal de camp, A. de Croissy, au nom de Messieurs les princes, et en vertu des pouvoirs qu'ils nous en ont donnés, dont l'un des dits pouvoirs sera mis en depost avec l'original du présent traicté qui doibt estre mis entre les mains de M. le Coadjuteur, aux conditions dont l'on est demeuré d'accord, d'une part, et nous François de Vendosme duc de Beaufort, François Paul de Gondy, coadjuteur à l'archevesché de Paris, Louis de Cossé duc de Brissacq [1], et François de Montmorency marquis de Fosseuse, d'autre ; Et comme, nous Coadjuteur, avons esté autrefois plus particulièrement honoré des bonnes graces de M^{rs} les princes, aussi nous trouvons-nous plus obligé de tesmoingner, comme nous avons desja faict dans les assemblées du parlement et à leurs amis et serviteurs, que nous avons eu d'autant plus de douleur de voir que les artifices du cardinal Mazarin nous avoient attiré leurs disgraces, que nous avons tousjours eu plus de respect pour leur naissance et d'estime pour leur vertu, et que si nous avons tardé quelque temps d'entrer dans les intérêts de la justice et de travailler à leur liberté, ç'a esté à dessein d'attendre une conjoncture favorable qui nous fist naistre les moiens de les servir plus utilement et donner des tesmoingnages publicqs de nos bonnes intentions ;

« Suppliant aussi mademoiselle de Longueville de vouloir se souvenir de la passion que nous avons tesmoingnée de servir M^r son pere et de satisfaire à tous les debvoirs non-seulement de respect, mais aussi au ressentiment et à la gratitude de toutes les obligations personnelles dont nous luy sommes redevables.

1. *Louis de Cossé duc de Brissacq* est écrit, puis rayé.

ARTICLES

« Nous François Paul de Gondy Coadjuteur à l'Archevesché de Paris, François de Vendosme duc de Beaufort, Louis Cossé duc de Brissacq [1], François de Montmorency marquis de Fosseuse, promettons a Madame la princesse Palatine, Mr le duc de Nemours, Mr le président Viole, le comte de Maure, M. Arnaud, A. de Croissy, tous acceptant au nom de MM. les princes, d'employer nos offices envers Mr le duc d'Orléans, et nos soins et ceux de nos amis au parlement et par tout ailleurs par tous moiens possibles, affin de leur procurer la liberté, nous reservant néantmoins de demeurer dans les interets et la dependence de Mr le duc d'Orléans, à cause de la protection qu'il nous a donnée jusques à présent, sans toutefois que cette dependence nous empesche de nous trouver au parlement, d'y opiner pour leur liberté et de faire agir nos amis conformément à ce dessein ; nous trouvant obligés par le motif de la justice, par celuy de l'honneur, et par l'engagement que nous prenons de suivre ce sentiment ; joint que le parlement a assez déclaré par son arest du 23 déc. 1650 que leur liberté estoit juste et nécessaire pour le bien de l'Estat ;

« Et au cas que Mr le duc d'Orléans se joingnit au parti du cardinal Mazarin, contre les interets du parlement et de la ville de Paris, ou vint à nous abandonner, nous promettons d'agir et faire agir nos amis au parlement et par tout ailleurs, sans aucune reserve, mesme a l'égard de Mr le duc d'Orléans ;

« Que s'il prend l'authorité par l'eslongement du cardinal Mazarin ou autrement, nous promettons de faire tous nos efforts auprès de luy affin de le porter à mettre Mrs les princes hors de prison, et au cas que nous ne le pussions obtenir, nous continuerons nous et nos amis d'opiner dans le parlement pour leur liberté, et conjointement avec les amis et serviteurs de Mrs les princes proposerons de faire une députation vers Mr le duc d'Orléans pour ce subjet, et au cas qu'il vint au parlement, nous et nos amis nous joindrons aux amis et serviteurs de Mrs les princes pour luy demander leur liberté ;

« Et pour tesmoingner avec combien de franchise Nous, François Paul de Gondy, coadjuteur à l'archevesché de Paris, voulons agir en cest' occasion, si Mr le duc d'Orléans prend l'authorité, comme il est dit cy dessus, et qu'il ne mette pas Mrs les princes en liberté, nous promettons de nous retirer dans l'une de nos maisons de campagne, et d'y demeurer aussi longtemps qu'ils seront en prison, sinon que nous fussions priés par les soubsignés de vouloir demeurer affin

---

1. Encore effacé.

de continuer nos offices et nos soins auprès de Mʳ le duc d'Orléans, et par tout ailleurs ou nous en serons requis;

« Et d'auttant que Mʳ le duc de Beaufort, Mʳ le Coadjuteur, Mʳ de Brissacq[1] et Mʳ le marquis de Fosseuse, promettent et s'engagent de s'unir avec leurs amis aux amis et serviteurs de Mʳˢ les princes, en intention de leur procurer la liberté, si quelquun dans le parlement parloit contre eux et leurs amis, nous Princesse Palatine, Duc de Nemours, Comte de Maure, President Viole et Izac Arnaud, A. de Croissy, promettons que les amis et serviteurs de Mʳˢ les princes, les soutiendront et tesmoingneront dans leurs places de n'approuver pas qu'on mesle des invectives particulières dans les déliberations des affaires publicques;

« Et reciproquement, Nous François Paul de Gondy, Duc de Beaufort, Duc de Brissacq[2], Marquis de Fosseuse, promettons d'appuier et faire appuier par nos amis, les advis des amis et serviteurs de Mʳˢ les princes et de les soustenir si l'on s'adressoit à leurs personnes.

« Les principaux motifs de cest' union estant la liberté de Mʳˢ les princes et l'eslongnement du cardinal Mazarin, nous Princesse Palatine, Duc de Nemours, Comte de Maure, Président Viole, Izac Arnaud, A. de Croissy, promettons que les amis et serviteurs de Mʳˢ les princes poursuivront dans le parlement, avec Messieurs le Coadjuteur, le Duc de Beaufort et le Duc de Brissacq[3] et leurs amis, la liberté des dits princes, par toutes voies et moiens qui auront esté concertés, et en cas que quelquun dans la compagnie voulut contredire les advis dont l'on sera convenu ou en faveur de leur liberté ou contre le cardinal Mazarin, les amis des uns et des autres se reuniront affin de faire passer l'advis qui de concert aura esté ouvert.

« Comme pour le succes d'une affaire de cest' importance il est besoin de beaucoup d'union, d'intelligence et de correspondance, nous Princesse Palatine, Duc de Nemours, Comte de Maure, Président Viole, Arnaud, A. de Croissy, nous obligeons sur nostre foy et nostre honneur de communiquer à M. le Coadjuteur toutes les propositions qui nous pourront estre faictes de la part du cardinal Mazarin pour son accommodement avec Mʳˢ les princes, declarant néantmoins que nous ne refuserons ny ne rejetterons aucun des moiens qui nous seront présentés affin d'advancer leur liberté, et que c'est sur la parolle que M. le Coadjuteur donne de garder le secret, de ne descouvrir à personne, pas mesme à Mʳ le duc d'Orléans, aucunes des choses que nous lui confierons, de n'apporter

1. Effacé.
2. Effacé.
3. Ici le nom n'est pas effacé.

aucun empeschement aux dits traictés, négociations et propositions, ains au contraire de les favoriser en la maniere que nous desirons de luy; ce que nous Coadjuteur avons promis, et nous sommes obligé sur nostre honneur de donner aussi part aux soubsignés de tous les traictés et négotiations, que le cardinal Mazarin ou quelqu'un de son parti pourroit proposer pour nous ou nos amis, et de n'en conclure aucuns que du consentement des amis et serviteurs de M^{rs} les princes, et de donner advis aux susnommés de toutes les choses qui viendront a nostre cognoissance par quelque voie que ce soit, qui pourroient servir ou nuire directement ou indirectement à leur liberté; nous Princesse Palatine, Duc de Nemours, Comte de Maure, Président Violé, et Arnaud, promettons aussi de lui garder un entier secret.

« Nous promettons pareillement, et ce au nom et par ordre de M^{rs} les princes, a M^{rs} le duc de Beaufort, Coadjuteur, duc de Brissacq [1], et marquis de Fosseuse et leurs amis qui s'uniront pour faire reussir ce traicté, que M^{rs} les princes les considereront comme leurs amis et serviteurs, et qu'en cas que le cardinal Mazarin fist arester prisonniers aucuns de ceux qui s'emploieront utilement pour l'execution des choses y contenues, ou entreprist quelque autre violence soubs quelque prétexte ou occasion que ce pust estre, que nous et les amis et serviteurs de M^{rs} les princes emploieront tous nos offices, soit au parlement ou ailleurs, et prendront tous les moiens convenables pour la faire cesser le plus promptement que nous pourrons.

« Comme pareillement nous Coadjuteur, duc de Beaufort, duc de Brissacq [2], et marquis de Fosseuse, promettons de prendre tous les moiens possibles soit agissant auprès de M^r le duc d'Orléans, au parlement et ailleurs, affin d'empescher ou faire réparer toutes les violences qui pourroient estre [3] soubs quelques prétextes que ce fut a Madame la princesse Palatine, M. le duc de Nemours, M. le comte de Maure, M. le président Violé, M. Arnaud, A. de Croissy, et aux autres amis et serviteurs de M^{rs} les princes.

« Que s'ils estoient delivrés sans qu'il parust que M^{rs} le Coadjuteur, les ducs de Beaufort et de Brissacq [4], le marquis de Fosseuse et leurs amis fussent la seule et principale cause de leur liberté, nous leur promettons de rendre tesmoingnage à M^{rs} les princes, qui [5] leur en sont obligés, et que dans la délibération sur la requeste de Madame la Princesse ils ont agi et opiné dans le parlement en faveur de

1. Effacé.
2. Effacé.
3. *Faictes*, oublié.
4. Effacé.
5. *Sic.* Pour : qu'ils leur en sont, etc.

Mrs les princes, et par concert avec leurs amis et serviteurs, et que le cardinal Mazarin n'auroit jamais consenty qu'on les mit hors de prison s'il n'y avoit esté nécessité par la conduite desdits sieurs et de leurs amis; et nous obligeons encore en nostre nom de faire en sorte que Mrs les princes les considereront comme les principaux autheurs de leur liberté, et qu'ils executeront en ce qui les concerne et feront executer le présent traicté en tous ses articles selon sa forme et teneur, sans qu'aucun des traictés faits ou à faire cy après avec le cardinal Mazarin, ou autres par Mrs les princes et leurs amis ou serviteurs, puisse dégager les dits princes et les soubsignés des choses contenues dans le présent traicté, ny y déroger en quelque manière que ce puisse estre, mesme en ce qui concerne l'eslongnement du cardinal Mazarin;

« Et pour faire congnoistre la sincérité des intentions de Monsieur le Coadjuteur, et qu'il préfère l'honneur de les servir à tous autres intérests, nous avons cru lui debvoir ce tesmoingnage qu'il n'a pas desiré obliger par ce traicté Mrs les princes à aucune condition qui regardast l'advancement de sa fortune particulière, ny qu'on fist un engagement nécessaire des propositions qui lui ont esté faictes que M. le prince de Conty se désisteroit en sa faveur du chapeau de Cardinal qui est deu à sa naissance, et que M. le Prince appuieroit et favoriseroit sa promotion, se contentant de meriter par ses soins et par sa conduite l'honneur de leurs bonnes grâces.

« En conséquence des articles, par lesquels nous Duc de Beaufort, Coadjuteur, et Marquis de Fosseuse, nous sommes réservés de comprendre dans le traicté nos amis, nous avons nommé et nommons M. le marquis de Narmoustier [1], M. de Vitry, M. de la Boulaie, Mr de Comeny [2], Mr d'Anery [3], Mrs Sevigny et Argenteuil, pour jouir des clauses et conditions du traicté, tout ainsi que nous promettons aussi en leur nom qu'ils emploiront tous les moiens possibles dont l'on sera convenu pour l'execution des choses y contenues. Et encore que la conduitte de M. de Bruxelles [4] soit eslongnée de toute sorte d'engagements, néantmoins considerant ce qui s'est passé,

---

1. Pour : Noirmoustier; le marquis de Noirmoustier, de la maison de la Trémoille.
2. Retz le cite plus d'une fois comme un de ses amis particuliers. C'était un gentilhomme de Normandie. Saint-Évremond en parle dans sa *Retraite de M. le duc de Longueville en son gouvernement de Normandie*.
3. Charles d'Ailly, sieur d'Annery, né en 1603, couseiller d'État en 1648, et maréchal de camp en 1649. Retz le donne en plusieurs endroits comme un de ses agents et de ses amis affidés : « Je tirai de Brie 14 gentilshommes et Annery m'en amena 80 du Vexin... Annery pouvoit tout sur eux, et je pouvois tout sur Annery, qui étoit un des hommes du monde les plus fermes et les plus fidèles. »
4. Le président Broussel.

nous croions, quoy qu'à son insceu, le debvoir aussi comprendre dans le dit traicté et demander que M^rs les princes l'honorent et ses enffans de leurs bonnes grâces; et nous Princesse Palatine, Duc de Nemours, Comte de Maure, Président Violé et Arnaud, A. de Croissy, promettons au nom et par ordre de M^rs les princes qu'ils considereront les susnommés et tous ceux qui travailleront à faire reussir ce traicté comme leurs amis et serviteurs, et qu'ils donneront particulièrement à M. de Bruxelles et ses enffans des marques de leur bienveillance.

« Et encore, pour plus grande seureté de l'observation de ce qui est contenu au présent traicté, nous avons promis de le faire approuver par Messieurs les Princes le plus tôt que faire se pourra; et avons mis en dépost le pouvoir que nous avions de M^rs les princes, à condition de le rendre, avec un des originaux qui sera faict en double, à M. le Coadjuteur aux conditions et aux temps qui seront déclarés et mis en escrit sur l'enveloppe des dicts originaux, et avons promis de le tenir secret, et l'avons au dit nom accepté et acceptons et signé de nostre main;

« Comme aussi nous François Paul de Gondy, Duc de Beaufort, et Marquis de Fosseuse, avons recongnu que les originaux et le pouvoir ont esté déposés, avons promis et promettons de le tenir secret, et l'avons accepté, agréé et promis de le executer selon sa forme et teneur, en tesmoing de quoy nous avons signé;

faict en
double [1] ce janvier mil six cent
cinquante et un

ANNE DE GONZAGUE
CH. AM. DE SAUOYE DUC DE NEMOURS
J. F. P. DE GONDI COADJUTEUR DE PARIS
FRANÇOIS DE VENDOSME
LOUIS DE ROCHECHOUART
F. DE MONTMORANCY
ARNAUD, VIOLE
A. FOUQUET CROISSY [2].

1. C'est donc ici le double déposé par Retz entre les mains de Blancménil.
2. L'écriture de cette dernière signature semble bien la même que celle de la pièce entière, qui serait alors de la main de Croissy, conseiller au parlement.

II

TRAITÉS PARTICULIERS

Anne de Gonzague et Retz connaissaient trop l'inconstance de la nature humaine et la mobilité des intérêts dans un temps de troubles et de révolutions pour se fier en un traité aussi général : ils entreprirent donc d'unir ensemble les grandes maisons engagées dans la Fronde par des liens beaucoup plus étroits, et ils projetèrent deux mariages, l'un il est vrai assez éloigné, entre le petit duc d'Enghien et Mlle d'Alençon, une des filles du duc d'Orléans et de Marguerite de Lorraine; l'autre, qui pouvait s'accomplir sur-le-champ, entre le prince de Conti et Mlle de Chevreuse. Sachant même de quelle importance il était de n'avoir pas contre soi les intrigues de Mme de Montbazon et du marquis de La Boulaye, tous deux fort puissants à la cour du Luxembourg et dans les conseils secrets de la Fronde, ils stipulèrent qu'on les satisferait avec de l'argent. De là quatre traités particuliers qui se négocièrent pendant la prison des princes, et se conclurent à Paris dans les derniers jours de janvier 1651. Un double de ces traités, avec les signatures originales, se trouve dans un précieux volume qui fait partie des manuscrits de Lenet à la Bibliothèque impériale, *Supplément français*, 3001, *Portefeuille du prince de Condé*, 1649-1669 [1].

A. Traité encore assez général, qui renouvelle en quelque sorte celui que nous avons fait connaître; il a pour objet d'unir la maison de Condé à la maison d'Orléans, en l'y subordonnant et en faisant du duc d'Orléans le chef du parti.

Son Altesse Royalle [2] ayant jugé nécessaire, pour le service du

---

1. M. Aimé Champollion a donné le premier ces pièces dans les notes des *Mémoires de Lenet*, mais sans indiquer la source où il les avait trouvées; ce qui ne permettait pas de les vérifier et de faire disparaître les légères inexactitudes inséparables d'une première transcription.
2. Cette pièce est de la main bien connue du président Viole.

Roy et le bien de l'Estat, que Mʳˢ les Princes fussent mis en liberté, en donnant asseurance qu'ils demeureront inséparablement attachés aux intérêts du Roy et du royaume ; et mesme Son Altesse Royalle ayant tesmoigné à la Reine que c'estoit son advis et son sentiment, il a estimé encore important pour asseurer la tranquillité publique et pour sa satisfaction particulière, de faire ce présent traité, par lequel les amis et serviteurs de Mʳˢ les Princes cy soubsignés promettent, audit nom de Mʳˢ les Princes, et en vertu du pouvoir qu'ils en ont, une amitié perpétuelle, sincère et véritable à Son Altesse Royalle, avec tout le respect qui est deub à sa personne et à sa naissance, et une recognoissance très parfaite de la liberté qu'ils luy debvront ; et affin que par ce moyen ils puissent conspirer d'un vœu, plus puissamment, à tout ce qui se trouvera bon, utile et glorieux pour le bien de l'Estat, ils sont convenus des articles qui suivent :

ARTICLES

Que Son Altesse Royalle ayant résolu d'esloingner des conseils de Sa Majesté le cardinal Mazarin, comme la véritable cause de tous les désordres de l'Estat et de la division de la maison royale, Mʳˢ les Princes promettent de ne s'y point opposer ;

Que Son Altesse Royalle pourra conserver dans le conseil d'en haut telles personnes qui luy plaira de celles qui y sont à présent, mesme y faire donner l'entrée à telles autres personnes qu'il en jugera capables, sans que Mʳˢ les princes y puissent apporter d'obstacles, ny rien innover dans ledit conseil que du consentement de Son Altesse Royalle ;

Que Mʳˢ les Princes ne s'opposeront point à l'accommodement de monsieur de Lorraine avec la France, au contraire y apporteront toutes les facilités possibles, Son Altesse Royalle promettant d'employer son authorité pour conserver les intérests et establissemens de mondit sieur le Prince, sans qu'il puisse estre dépossédé, ny y renoncer qu'il ne soit satisfait et qu'il n'aye receu au préalable la récompense ;

Que Mʳ le Prince ne pourra prétendre à la charge de connestable que du consentement de Son Altesse Royalle ;

Que Mʳˢ les Princes honoreront de leur amitié tous ceux qui font profession d'estre serviteurs particuliers de Son Altesse Royalle, et nommément MM. de Beaufort, le coadjuteur de Paris, de Retz, de Brissacq et Narmoustier [1] ;

Comme aussi Son Altesse Royale promet l'honneur de ses bonnes grâces et de sa protection aux amis et serviteurs de Mʳˢ les Princes, et donne sa foy et sa parolle de leur faire tous les offices possibles

---

1. Voyez la note 1 de la p. 376.

vers la Reine et ailleurs, et généralement toutes les choses nécessaires pour leur liberté, mesme de déclarer dans le parlement qu'elle est nécessaire pour le service du Roy et le repos de l'Estat.

Le présent traicté a esté signé par Son Altesse Royalle et par monsieur le président Violle, ayant nommément le pouvoir, madame la Princesse Palatine, Mr de Nemours, M^r le mareschal de La Mothe et Mr Arnaud, tant en leur nom qu'en celuy de M^r le Prince en vertu du pouvoir qu'ils en ont ;

Et s'il arrivoit, ce qu'ils jugent pourtant ne pouvoir estre, que M^{rs} les Princes y contrevinssent, ils s'obligent de renoncer entièrement à l'honneur de leurs bonnes grâces et d'estre directement opposés à leurs intérests.

Le présent traicté a esté signé en double.

Fait à Paris, le 30 janvier 1651.

GASTON, VIOLE, ANNE DE GONZAGUE, CH. AM. DE SAVOYE, Le mareschal DE LA MOTHE, ARNAULD.

B. Traité particulier entre le duc d'Orléans et Condé pour le mariage d'une fille de Monsieur avec le duc d'Enghien.

L'un[1] des plus sensibles déplaisirs qu'aye receu M^r le Prince, depuis sa détention, c'est d'avoir appris qu'on l'aye accusé d'avoir manqué de respect et de defférence pour Son Altesse Royalle, et qu'on aye employé cest artifice affin de les désunir et d'altérer leur bonne intelligence, dont M^r le Prince s'est toujours trouvé honoré et qui est tres nécessaire pour le bien du service du Roy ; ce qui luy a faict souhaiter, avec tout le respect qu'il doibt à la personne et à la naissance de sadite Altesse Royalle, de l'establir par des alliances tres étroittes, affin d'asseurer par ce moyen le repos de la France ; et pour cest effect, nous a convié, nous, Pierre Viole, conseiller du Roy dans tous ses conseils et présidènt dans son parlement, de supplier sadite Altesse Royalle de vouloir honorer M^r le duc d'Enghien du mariage d'une de ses filles : à quoy son Altesse Royalle ayant consenti et ayant receu ceste proposition avec beaucoup de ressentiment, comme un tesmoignage du dessein que M^r le Prince a de s'unir parfaitement à elle pour le bien du service du Roy, et de vivre dans une entière intelligence, il a esté convenu : que sitost que M^r le Prince seroit en liberté, il feroit toutes les choses nécessaires pour asseurer le mariage de M^r le duc d'Enghien, son fils, avec l'une des filles de sadite Altesse Royalle ; que l'on en dresseroit des articles raisonnables, avec condition de les faire accomplir

---

1. Encore de la main du président Viole.

et exécuter ledit mariage le plus tost que faire se pourra ; lesquels articles seront signés par Son Altesse Royalle et M^r le Prince ; ce que nous, en vertu du pouvoir que nous en avons, avons promis et promettons, et engageons la foy de M^r le Prince qu'il se trouve honoré et tres obligé à Son Altesse Royalle du consentement qu'elle apporte à cette proposition, et qu'il exécutera de point en point ledit article ; et avons aussi déclaré et déclarons que M^r le prince de Conty, M^r et madame de Longueville ont receu avec respect l'honneur de ceste alliance, et nous ont donné pouvoir d'y consentir de leurs parts.

Le présent escrit a esté signé en double.

Faict à Paris, le 30 janvier 1651.

GASTON, VIOLE.

C. Traité pour le mariage du prince de Conti avec Mlle de Chevreuse, sous les auspices du duc d'Orléans, qui a signé ce traité, ainsi que Mme de Chevreuse pour elle et pour sa fille, et la Palatine au nom de Condé, de Conti, de M. et de Mme de Longueville, en vertu du pouvoir spécial qu'elle en avait reçu.

Messieurs les princes [1] de Condé et de Conty, et monsieur et madame de Longueville, recongnoissant combien leur union avec son Altesse Royalle leur est honorable et advantageux au publicque, et que les alliances peuvent beaucoup servir à l'affermir, nous ont convié, Anne de Gonzague, princesse Palatine, de faire trouver bon à son Altesse Royalle que M^r le prince de Conty recherchast en mariage mademoiselle de Chevreuse qui a l'honneur d'estre de la maison de madame la duchesse d'Orléans, et honorée particulièrement de la bienveillance de son Altesse ; ce qui ayant esté agréé par sadite Altesse et receu avec respect par madame de Chevreuse, nous, princesse Palatine, promettons au nom et en vertu du pouvoir que nous avons de M^rs les Princes et de madame de Longueville, et engageons la foy et l'honneur de M^r le prince de Conty, que sitost qu'il sera en liberté il passera les articles qui seront trouvés raisonnables entre luy et mademoiselle de Chevreuse, et l'espousera en face de Nostre Mère Saincte Église, et avons déclaré que M^r le Prince, monsieur et madame de Longueville ont aussy trouvé bon que nous engageassions leur foy et leur honneur qu'ils consentiront, agréeront et approuveront le dit mariage ; et pour la validité de cest article il a esté signé par Son Altesse Royalle, d'une part, et ma-

1. Encore l'écriture du président Viole.

dame la princesse Palatine d'autre, et madame de Chevreuse y est intervenue, et a esté signé en double.

Faict le 30 janvier 1651.

GASTON, ANNE DE GONZAGUE,
MARIE DE ROHAN [1].

D. Traité en faveur de la duchesse de Montbazon et du marquis de La Boulaye.

Madame [2] la princesse Palatine et Mr le duc de Nemours promettent à madame la duchesse de Montbazon, au nom de Mr le Prince, de Mr le prince de Conty et de Mr le duc de Longueville, qu'ils feront exécuter les articles suivans après qu'ils seront en liberté :

Mr le prince de Conty donnera à Mr le comte de Rochefort [3] la valeur de vingt cinq mille livres de rentes en bénéfices.

Mrs les Princes et Mr de Longueville feront payer par la cour à madame de Montbazon, dans l'espace de deux ans, après leur sortie, quatre-vingt-dix-mil escus qui luy sont deus par le Roy, et feront monter la ditte somme jusques à cent mil escus, et outre cela en payeront les interests au denier vingt jusques à l'entier payement de la ditte somme, ou donneront à madame de Montbazon dix mille escus trois mois après leur sortie.

Mrs les Princes, en considération des services que M. le marquis de La Boulaye leur a rendus depuis leur prison, promettent de le conserver et maintenir dans son gouvernement et dans sa charge, et de luy en faire donner la survivance; et Mr le prince de Conty promet de donner dix ou douze mil livres de rentes en bénéfices à un de ses enfans, moyennant quoy madame la duchesse de Montbazon promet pour elle et pour ses amis d'entrer et de demeurer constamment dans les interests de Mrs les Princes et d'aider de tout son pouvoir à procurer leur liberté, et Mrs les Princes luy promettent aussy de la prendre et ses amis en leur protection.

Faict à Paris, ce 30 janvier 1651.

ANNE DE GONZAGUE,
CH. AM. DE SAVOYE.

1. Signature d'une incontestable authenticité.
2. D'une main qui n'est pas celle de Viole et nous est inconnue.
3. C'est le nom d'un des fils peu connus de Mme de Montbazon, qui avait le titre de comte de Rochefort, comme l'avait aussi son père le duc de Rohan-Montbazon.

III

TRAITÉ DE MAZARIN ET DES FRONDEURS EN AOUT 1651

Mme de Motteville dit positivement, t. V, p. 48, que le projet de traité fait en juillet ou août 1651 entre Mazarin, Châteauneuf, Retz et Mme de Chevreuse, et qui avait été surpris sur le chemin de Cologne dans un paquet porté par un courrier du marquis de Noirmoustier, gouverneur de Charleville, fut imprimé et répandu à Paris par l'ordre des princes. On rencontre cet écrit dans quelques recueils de mazarinades; mais il est fort rare, et n'existe guère pour la plupart des lecteurs que dans les Mémoires de Mme de Motteville. Nous croyons donc devoir l'en tirer et le publier ici de nouveau, pour appeler l'attention de l'histoire sur cette pièce du plus grand intérêt. Quand même on dirait que Mazarin s'était lui-même arrangé pour que cette pièce fût saisie, afin de brouiller plus que jamais M. le Prince avec les Frondeurs, cela ne diminuerait pas son importance et l'augmenterait plutôt. Si au contraire on prétend qu'elle a été inventée par M. le Prince, comme en effet elle a été publiée par ses soins, pour démasquer les Frondeurs et les décrier en leur imputant le crime alors impardonnable de mazarinisme, on fait bien de l'honneur à la pénétration de M. le Prince, qui aurait prévu avec une si infaillible justesse presque tout ce qui arriva après la majorité. En tout cas, voici ce morceau si précieux pour la connaissance des intrigues du temps.

ARTICLES ACCORDÉS ENTRE MESSIEURS LE CARDINAL MAZARIN, LE GARDE DES SCEAUX DE CHATEAUNEUF, LE COADJUTEUR DE PARIS, ET Mme LA DUCHESSE DE CHEVREUSE.

Que le Coadjuteur, pour se bien maintenir dans la créance des peuples, se réserve de pouvoir parler au parlement et ailleurs contre le cardinal Mazarin, jusqu'à ce qu'il ait trouvé un temps favorable de se déclarer pour lui sans rien hasarder; et que cependant M. de Châteauneuf et Madame de Chevreuse feront semblant d'être mal avec lui, pour traiter séparément avec le dit sieur Cardinal et posséder l'esprit de la Reine, et se conserver en même temps dans le public par le moyen du dit sieur Coadjuteur;

Que madite dame de Chevreuse et les dits sieurs de Châteauneuf et Coadjuteur feront tous leurs efforts pour détacher M. le duc d'Orléans des intérêts de M. le Prince, sans pourtant s'obliger de le faire rompre absoument avec lui, sachant bien qu'ils n'en ont pas le pouvoir, et qu'ills perdroient par là leur crédit avec son Altesse Royale, à laquelle ils n'oseroient rien proposer qui fût directement en faveur du dit sieur Cardinal, connoissant l'affection que Son Altesse Royale a pour le public et l'aversion qu'il a pour ledit sieur Cardinal et qu'il ne peut se fier en lui après les choses qui se sont passées; il suffira pour satisfaire à leur parole qu'ils fassent tout ce qui dépendra d'eux pour empescher que son Altesse Royale ne pousse tout à fait ledit sieur Cardinal;

Que M. de Châteauneuf sera premier ministre; qu'il suffira qu'on rende les sceaux pour quelque temps à M. le premier-président, lequel aussi lui cédera le premier rang;

Que M. le marquis de la Vieuville sera surintendant des Finances moyennant quatre cent mille livres qu'il donnera au dit sieur Cardinal et cinquante et tant de mille livres au sieur Bartet qui a négocié pour lui à Cologne; et ce pour l'aider à payer la charge de secrétaire du cabinet qu'il a eu permission d'acheter;

Que le dit sieur Cardinal fera donner audit sieur de Châteauneuf toutes les assurances nécessaires de la charge de Chancelier, si elle vaque durant que les sceaux seroient en d'autres mains que les siennes;

Que ledit sieur Cardinal fera donner toutes les paroles et expéditions nécessaires pour la nomination du Roi au cardinalat et pour la charge de ministre d'Estat au dit sieur Coadjuteur pour en jouir incontinent après la tenue des Estats Généraux, n'étant pas à propos que cela se fasse auparavant : lequel pourra servir tres utilement ledit sieur Cardinal dans l'assemblée des Estats, pourvu qu'il ne soit pas connu estre son ami. Et que si ladite assemblée des Estats se porte (comme ledit sieur l'espère) à demander au Roi qu'il soit appelé dans son conseil, ledit sieur Cardinal promet de le faire établir ministre, à la prière desdits Etats, afin que paroissant obligé au public plutôt qu'audit sieur Cardinal, il le puisse servir plus utilement en cette place;

Comme aussi le dit sieur Coadjuteur promet d'employer son crédit pour faire casser par l'assemblée des Estats la déclaration que le parlememeut a fait donner contre son avis pour exclure les cardinaux françois.

Que le dit sieur Cardinal fera jouir dès à présent le marquis de Noirmoustier des honneurs et des avantages accordés aux ducs, en conséquences des lettres qu'il lui en a fait accorder par la Reine.

Que le dit sieur cardinal fera donner la somme de cent mille livres au sieur de Laigues sur la finance que payera le sieur de Nouveau pour une charge de secrétaire d'État, laquelle le dit sieur Cardinal lui a fait promettre en reconnoissance des bons offices qu'il lui a rendus, en fournissant des courriers confidens pour la négociation d'entre ledit sieur Cardinal, Mme de Chevreuse et ledit sieur de Châteauneuf;

Que ledit sieur Cardinal donnera au sieur Mancini le duché de Nevers ou celui de Rethelois, avec le gouvernement de Provence, et lui fera épouser mademoiselle de Chevreuse aussitôt qu'il sera en possession desdits duché et gouvernement, et d'une charge dans la maison du Roi, auprès duquel lesdits sieur et dame favoriseront son retour et son établissement;

Que ledit sieur Cardinal empeschera que Mr de Beaufort ne puisse avoir aucune part dans la confiance de la Reine ni du Roi, et ne fera aucun accommodement avec lui, mais le considérera comme son ennemi aussi bien que lesdits sieurs et dame en ce que les abandonnant il s'est attaché à M^r le Prince, nonobstant qu'il ait eu la charge de l'Amirauté par les soins desdits sieur et dame et par l'autorité dudit sieur Cardinal;

Que ledit sieur Cardinal autorisera auprès de la Reine Mrs de Châteauneuf et le Coadjuteur, et dame de Chevreuse, et aura une entière confiance en eux, sur les paroles que ledit sieur de Châteauneuf lui donne, par lui, et par messieurs de Villeroi, d'Estrée, de Senneterre et de Jars qui se rendent les cautions d'être tout à fait attachés aux intérêts dudit sieur Cardinal, et de vouloir servir à son retour toutesfois et quantes qu'il se pourra. Comme aussi madame de Chevreuse et ledit sieur de Châteauneuf s'obligent à la même chose envers ledit sieur Cardinal pour ledit sieur Coadjuteur, lequel n'entre point dans le présent traité pour les raisons susdites, et demeure libre pour désavouer ce qui pourroit être dit de lui sur ce sujet au cas que ledit sieur Cardinal voulût dire ou faire entendre qu'il lui eût rien promis, le tout à condition qu'il ne se parlera plus des choses passées avant, durant ou depuis la guerre de Paris, et aussi depuis l'accommodement desdits sieurs et dame avec ledit sieur Cardinal et depuis l'emprisonnement de M^{rs} les Princes, contre lesquels se fait principalement la présente union : l'intérêt commun desdits sieurs Cardinal Mazarin, garde des sceaux de Châteauneuf, Coadjuteur et madame de Chevreuse étant fondé sur la ruine de M^r le Prince, ou du moins sur son éloignement de la cour; et promet ledit sieur Cardinal auxdits sieurs et dame d'empêcher que M^r le duc d'Orléans n'ait connoissance du présent traité, ni des conférences ou négociations que ladite dame de Chevreuse et ledit sieur de Châteauneuf ont eues ou auroient ci-après avec ledit sieur Cardinal.

NOTES DU CHAPITRE II

Voici diverses pièces, jusqu'ici ignorées, qui montrent que les Condé au XVIIe siècle ne s'étaient pas moins engagés avec l'Espagne que les Guise au XVIe, et que la Fronde à cet égard ressemble fort à la Ligue.

Comme nous l'avons dit, c'est à Montrond qu'à la suite d'un dernier conseil Condé résolut de faire la guerre. Il résolut en même temps de traiter avec l'Espagne, et d'envoyer Lenet à Madrid pour conclure avec Philippe IV une alliance intime dont l'objet apparent devait être de procurer le repos de la chrétienté, la paix générale. Le *Portefeuille du prince de Condé* contient la minute du plein pouvoir alors donné à Lenet, minute écrite tout entière de la main de La Rochefoucauld.

Nous Louis de Bourbon, prince de Condé, Prince du sang, avons donné pouvoir a M^r L'Esnet (*sic*), conseiller ordinaire du Roy en tous ses conseils d'Estat et direction de ses finances, de faire toutte sorte de traités et associations avec Sa Majesté Catholique pour parvenir à la paix generale et procurer le repos à toute la Cretienté, en arester les conditions ainssy qu'il le jugera a propos, prometant les ratifier et faire executer de point en point ; comme aussy nous, Armand de Bourbon, prince de Conty, Prince du sang, Anne de Bourbon, Duchesse de Longueville, Princesse du sang, Charles Amédée de Savoie, duc de Nemours, François duc de la Rochefoucauld, prometons d'entrer dans les mesmes conditions, et les executer en la mesme maniere, quy sera couvenue par le dit sieur l'Esnet, auquel nous donnons aussy tout pouvoir. Fait a Monrond, ce 16me septembre 1651.

    Louis de Bourbon, Armand de Bourbon, Anne de Bourbon, Ch. Am. de Savoie, François de la Rochefoucauld.

Nous donnons aussy le mesme pouvoir à Monsieur l'Esnet de traiter pour plusieurs persones de grande qualité qui seront nomées en temps et lieu.

    Louis de Bourbon.

Les négociations de Lenet aboutirent à l'important traité de Madrid, du 6 novembre 1651. Lenet l'apporta de Madrid à Bordeaux en espagnol et en français. Le *Portefeuille du Prince de Condé* contient l'exemplaire espagnol, revêtu de la signature autographe de Philippe IV, *Jo El Rey*, et contre-signé du secrétaire d'État don Hieronimo de la Torre, ainsi que l'exemplaire français signé seulement par de la Torre et par Lenet. Nous donnons ici ce traité qui n'avait pas encore vu le jour.

TRAITÉ DE MONSEIGNEUR LE PRINCE AVEC LE ROY D'ESPAGNE

La violente conduite du Cardinal Mazarin, l'aversion obstinée qu'il a tousjours eue pour la conclusion de la paix entre les deux couronnes, et sa téméraire entreprise sur la personne de Monseigneur le prince de Condé dont l'illustre et glorieuse vie le met non seulement a couvert de tous soupçons de crime, mais lui devoient faire recevoir des récompenses qui marquassent à la postérité la gratitude du Roy tres chrestien envers lui pour les signalés services qu'il en avoit receus, sur celle de M⁺ le Prince de Conti son frere aussi grand par ses mérites que par sa naissance, et sur celle de M⁺ de Longueville leur beau-frère, qu'il a tenus onze mois dans une rigoureuse prison, ayant excité tous les ordres du royaume de France à faire des remonstrances à la Reyne pendant sa regence pour esloigner ce malheureux ministre de ses conseils et de la personne du Roy son fils ; depuis tous les parlemens, ayant donné leurs arrests pour le chasser de ses Estats, l'ont enfin contraint de sortir hors de France et obtenu une declaration qui l'esclud d'y retourner jamais. Neantmoins ledit Cardinal s'estant retiré dans les terre de M⁺ l'electeur de Cologne, frontieres de France, il n'a cessé de continuer ses anciennes intelligences pres de leurs Majestés et de faire de fortes cabales dans leur cour pour rentrer dans le ministere, entreprendre de nouveau sur la personne de M⁺ le Prince, entretenir par ce moyen le desordre qu'il a mis depuis longtemps dans l'Estat et qui trouble le repos de toute la Chrestienté ; de sorte qu'apres plusieurs vaines entreprises pendant la minorité du Roy tres chrestien, pour parvenir enfin avec plus de facilité à ce detestable dessein, il auroit attendu le jour que S. M. se declara majeure à 15 ans accomplis, suivant l'ancien usage, auquel il fist chasser contre toutes les loix du royaume les principaux ministres de France et faist establir en leurs places ses plus affidés partisans, pretendant en suitte rentrer dans le ministère et exercer sous le nom du Roy de cruelles vengeances contre tous les bons François, auteurs de son exil, et continuer la guerre pour affermir sa fortune qu'il a eslevée sur les ruines des peuples. Ce que le dit seigneur Prince ne pouvant plus dissimuler ni souffrir, il seroit sorti hors de la Cour avec M^r le Prince de Conti son frère, madame la duchesse de Longueville sa sœur, M^r le duc de Nemours et M^r le duc de la Rochefoucaut, par l'advis de plusieurs princes, ducs, pairs, mareschaux de France, gouverneurs de province, grands seigneurs et notables personnages, intéressés par la grandeur de leur naissance et par leurs vertus au bien de l'Estat et au repos de la Chrestienté, pour se retirer en ses gouvernements et aviser avec eux au service du Roy, au soulagement des peuples, à la seureté publique et à la leur particuliere. Enfin, après plusieurs grands et importans moyens desquels ils ont resolu de se servir et dont ils se servent actuellement en France, au contentement de tout le monde, ils ont jugé convenable à un si grand dessein de supplier tres humblement S. M. Catholique qu'il lui plaise contribuer ce qui depend de son auctorité royale pour assister le dit seigneur Prince de Condé et tous les princes, ducs, pairs, mareschaux de France, gouverneurs de provinces et seigneurs cy-dessus nommés, et plusieurs autres unis avec eux et portés de mesme desir (lesquels encore qu'ils soient compris dans ce traicté ne doivent par de certaines raisons y estre nommés quant à present et qui le seront en temps et lieu) pour le succès d'une entreprise digne d'estre soustenue par un si grand monarque, et qui est esgalement glorieuse et advantageuse aux deux couronnes, puisqu'elle n'a pour fin que l'establissement d'une paix juste, égalle, honneste et durable entre les deux Roys, le soulagement de leurs sujets qui gémissent depuis longtemps dans les désordres de la guerre; ce que S. M. Catholique ayant ouï et approuvé, s'est portée à soustenir ce grand et juste dessein avec tant d'affection qu'elle a bien voulu pour la tranquillité publique le préferer à ses interests propres et à la justice qu'elle doit à tous ses Estats pour la réunion de ceux qui s'en sont séparés, avec la mesme bonté qui lui avoit faict relacher à Münster, à la veue de toute l'Europe, de si grands et si considérables advantages pour la couronne de France, afin de l'obtenir, remettant entre les mains de Dieu, l'unique et véritable juge des actions, des desseins et des plus secrettes pensées des Roys, cette affaire pour laquelle S. M. Catholique ne cessera de faire des prières publiques dans toutes les terres de son obéissance. Et afin que ledit seigneur Prince et tous ceux qui sont unis à luy puissent, soubs son autorité royale, par la force de leurs justes et légitimes armes, parvenir aux fins proposées qui sont la conclusion d'une paix juste, honneste et durable entre les deux couronnes, empescher les desseins de tous ceux qui la traversent pour leurs propres interests et fins particulières, au préjudice de ceux du Roy tres chrestien, de ses Estats et de ses peuples, faire observer les declarations et arrests du parlement, establir la seureté du dit seigneur Prince, le remettre dans le rang, dignité et emplois qui sont deus à la grandeur de sa naissance et de ses mérites; semblablement le seigneur Prince de Conti, Madame la duchesse de Longueville, tous les princes, ducs, pairs, mareschaux, gouverneurs des provinces, grands seigneurs, personnes de qualité et villes unies dans toutes les dignitez, rangs, biens et privileges qui leur appartiennent; S. M. Catholique a généreusement et avec une libéralité toute royale accordé les secours ci-après mentionnés; et a esté convenu de part et d'autre ce qui en suit, à savoir : de la part et par le commandement de sa dite Majesté, par dom Hieronimo de la Torre, chevalier de l'ordre de Calatrava, de son conseil et son secrétaire d'Estat; et de la part de M^r le Prince par monsieur Lenet, conseiller ordinaire en tous les conseils du Roy tres chrestien, chargé du plein pouvoir dudit seigneur prince, et comme aussi de celui dudit seigneur prince de Conti, de madame la duchesse de Longueville, de M^r le duc de Nemours, de M^r le duc de la Rochefoucault, et encore celui de M^r le prince de Condé pour plusieurs personnes de grande qualité qui ne peuvent estre nommées quant à present, duquel plein pouvoir la teneur s'en suit :

Nous, Louis de Bourbon, Prince de Condé, prince du sang, avons donné pouvoir à Mr Lenet, conseiller ordinaire du Roy en tous ses conseils d'Estat et direction de ses finances, de faire toute sorte de traictés et associations avec S. M. Catholique, pour parvenir à la paix generale et procurer le repos de toute la Chrestienté, en arrester les conditions ainsi qu'il le jugera a propos, promettant les ratiffier et executer de point en point, comme aussi Nous, Armand de Bourbon, Prince de Conti, prince du sang, Anne de Bourbon, duchesse de Longueville princesse du sang, Charles Amédée de Savoye duc de Nemours, François duc de la Rochefoucaut, promettons d'entrer dans les mesmes conditions et les executter en la mesme maniere qui sera convenue par le dit sieur Lenet auquel nous donnons aussi tout pouvoir. Faict à Montrond ce 16 septembre 1651. Signé Louis de Bourbon, Armand de Bourbon, Anne de Bourbon, Ch. Am. de Savoye, François de la Rochefoucaut. Et a costé cest escrit : Nous donnons aussi le mesme pouvoir à monsieur Lenet de traicter pour plusieurs personnes de grande qualité qui seront nommées en temps et lieu. Signé, Louis de Bourbon.

Et en vertu d'iceluy plein pouvoir ledit sieur Hieronimo de la Torre et ledit sieur Lenet ont arresté et signé les articles suivans, qui seront ratifiés de part et d'autre selon les formes et teneur.

I

Premierement, que toutes les forces du dit seigneur Prince estant unies agiront sous la protection de S. M. Catholique par toutes voyes, sans jamais poser les armes qu'apres estre parvenu à la conclusion d'une paix juste, egale, honneste et durable, avec une reciproque convenance des deux couronnes, moyennant quoi S. M. demeurera entierement satisfaite.

II

Comme au reciproque S. M. Catholique s'oblige et promet en foy de Roy de ne faire jamais aucune paix generale ou particuliere, secrette ou publique, ni aucuns traictés de tresve, suspension d'armes et autres, sans ledit seigneur Prince et avec sa satisfaction juste, honneste et durable, seureté de lui et de toute sa maison, comme aussi de Mr le prince de Conti, de madame la duchesse de Longueville, de Mr le duc de Nemours, de Mr le duc de la Rochefoucaut, et de tous les autres princes, ducs, pairs, mareschaux de France, gouverneurs, grands seigneurs, officiers de parlement, villes, provinces unies avec S. Altesse, et particulièrement de Bourdeaux et de toute la province de Guienne.

III

Et pour donner moyen au dit seigneur Prince de soustenir glorieusement une si haute entreprise, S. M. Catholique lui a liberalement accordé les secours qui s'ensuivent, a sçavoir : pour la levée de toutes les trouppes qu'il a mises et qu'il mettra ci-apres sur pied, tant de cavallerie que d'infanterie, chevaux d'artillerie, de vivres, etc., la somme de cinq cens mil patagons valant cinquante huit sols chacun monnoye de France, qui seront payés dans la ville de Bourdeaux ou aux environs, au choix de S. Altesse, en trois payemens, dont le premier sera de 300,000 patagons et se fera le jour que le present traité sera par lui ratiffié ; sur lesquels sera deduit celle que le sieur baron de Vatteville pourra avoir payée jusques icy sur le premier traité [1] ; le second de 100,000 patagons, et se fera 30 jours apres la ratification dudit seigneur Prince, ès mêmes lieux ; et le troisième sera aussi de 100,000 patagons et se fera trente jours après le dit second payement : en telle sorte que toute la dite somme de cinq cent mil patagons sera entierement payée par sadite Majesté Catholique soixante jours apres la ratiffication et en la maniere susdite ; et neantmoins si son Altesse en desire quelque partie à Stenay ou Clermont, S. M. la lui fera tenir.

IV

Pour la subsistance desdites troupes, S. M. C. fournira audit seigneur Prince pendant chaque mois, à commencer du premier de novembre, la somme de 40,000 patagons de mesme valeur, dont le premier payement se fera ès mêmes lieux que dessus, quinze jours

---

1. Le traité fait par Silleri en Flandre, en juillet ou août 1651.

après que le dit seigneur Prince aura ratifié le présent traité ; et continueront les payemens de pareille somme de mois en mois et de la mesme quantité jusques à l'accomplissement de la paix générale.

V

Et pour les généraux, principaux officiers de cette armée, attirail de vivre et d'artillerie, S. M. C. fournira par chacun an, à commencer dudit jour premier novembre 1651, la quantité da six vingt mille patagons, en douze payemens égaux de dix mil patagons chacun, dont le premier commencera comme il est contenu au précédent article, et continuera de mois en mois jusques au temps porté par iceluy.

VI

S. M. C. fournira audit seigneur Prince certaine quantité de canons, armes, munitions et instrumens de guerre, au nombre et de la quantité dont lui ou ceux qui auront charge de lui conviendront avec le sieur baron de Vatteville, y compris celle qu'il pourra avoir donnée jusques à présent.

VII.

S. M. C. entretiendra dans la rivière de Bourdeaux ou aux environs une armée navale de trente vaisseaux de guerre, armés, munis, équipés en victuailles, chargés de gens de guerre et de marins pour combattre et servir sur lesdits vaisseaux ; et outre ce, ladite flotte portera quatre mille hommes de pied, qui mettront pied à terre pour toutes entreprises de guerre par les ordres dudit seigneur Prince, lorsque le port, dont ci-après sera parlé, sera fortifié et en deffence telle que cette infanterie y soit en seureté, comme il est porté par l'article douziesme, à condition que ledit seigneur Prince en ait besoin, et que, lorsqu'il sera en estat de s'en passer, S. M. C. les retirera, laissant seulement ceux qui seront nécessaires sur les vaisseaux, et seront tous lesdits soldats, vaisseaux et équipages entretenus et defrayés par S. M. C. pendant toute la guerre.

VIII

Il y aura sur lesdits vaisseaux un officier de la part du dit seigneur Prince pour exposer ses ordres à celui qui les commandera de la part de S. M. C., qui obéira auxdits ordres sans difficulté, et sera chargé particulièrement ladite armée navale d'entretenir la communication et le commerce avec toute la ponctualité possible.

IX

Et au cas que les ennemis opposent plus grand nombre de vaisseaux à ceux que S. M. C. accorde audit seigneur Prince et autres confédérés, S. M. C. s'oblige de fortifier sa dite armée de tous les vaisseaux qui seront en sa disposition et mesme d'en prendre au fret s'il est nécessaire.

X

Que tous les vaisseaux de guerre ou marchands qui seront en mer sous les saufs conduits et sous le pavillon dudit seigneur Prince, auxquels se conformeront ceux du seigneur prince de Conty et autres princes, ducs, pairs, mareschaux, gouverneurs, seigneurs, villes unies, seront receus comme amis dans tous les ports de l'obéissance du Roy catholique et traités aussi favorablement que les siens propres, et le mesme s'observera envers les vaisseaux de sadite Majesté dans les ports qui seront à la disposition dudit seigneur Prince et seigneurs confédérés.

XI

Le mesme est entendu par terre pour tous ceux qui auront des passe-ports du dit seigneur Prince et de ses lieutenans généraux, et seront les ordres nécessaires envoyés par tout de part et d'autre pour la seureté et exécution desdits articles.

XII

Que pour la seureté de ladite armée navale ledict seigneur Prince donnera un port qui soit capable de tenir en tout temps et d'hiverner lesdits vaisseaux, et qui puisse estre fortifié par S. M. C., en sorte que toute ladite infanterie y puisse demeurer en toute seureté, et afin qu'elle y puisse establir des magazins, tenir munitions, artillerie et autres choses nécessaires pour la subsistance, retraite et conservation, et mesme pour assister les trouppes voisines; lequel port ainsi fortifié sera gardé par S. M. C. jusques à la paix, auquel temps elle le remettra entre les mains dudit seigneur prince de Condé en l'estat qu'il se trouvera, retirant les armes et munitions; et pour juger si ledit port sera capable de ce que dessus, S. M. C. ou ceux ayant charge d'elle et ledict seigneur Prince en conviendront de bonne foy, le feront sonder et recognoistre par gens à ce cognoissant nommés en pareil nombre de part et d'autre.

XIII

Outre ce que dessus, S. M. C. donnera la somme de cinquante mil patagons en un seul payement au seigneur prince de Conty pour lui aider à soustenir les frais du voyage qu'il se dispose faire en Provence, et se fera ledit payement à Bourdeaux le premier jour de mars prochain 1652.

XIV

A esté pareillement accordé de part et d'autre que le traité de Stenay du 30 avril 1650 sera continué, et suivant icelui seront les

articles 4, 5, 6, 7, 8, 9, 10 et 12 ici copiés et insérés pour estre
exécuttés reciproquement par S. M. C. et ledit seigneur Prince ou
ceux qui commanderont de sa part les trouppes qu'il a aux environs
dudit Stenay, jusques à la paix générale, en la mesme manière qu'il
a esté accordé de la part de S. M. C. avec madame la duchesse de
Longueville et Mr de Turenne, sans y changer aucune chose que
leurs noms en celui dudit seigneur Prince et de celui qui commandera de sa part lesdites trouppes de Son Altesse

S'en suit la teneur desdits articles :

4. Plus S. M. C. donnera chaque mois quarante mil patagons pour l'entretenement et subsistance des troupes desjà levées ou qui se leveront pour madame de Longueville ou ledit sieur de Turenne, le mois de trente jours inclusivement et commençant ledit premier mois du jour que le traité aura esté
signé; comme aussi S. M. C. donnera de plus à ladite dame de Longueville et
audit sieur de Turenne la somme de soixante mille patagons par an, payable
à trois payements, de quatre en quatre mois, sçavoir : 20,000 à chaque premier mois des quatre qui commenceront dès le premier jour que le present
traité aura esté signé, et la dite somme sera pour employer en ses affaires
particulières et des personnes de condition de son parti et en d'autres frais
comme bon leur semblera.

5. S. M. C. joindra aussi aux trouppes levées ou qui se doivent lever de la
part de la dite dame de Longueville et du dit sieur de Turenne deux mil
hommes de pied et 3000 chevaux effectifs, armés avec les munitions nécessaires
tant pour les susdites trouppes que pour l'artillerie que S. M. C. entretiendra
dans la dite armée; toutes lesquelles trouppes jointes entreront en France se
servant de tous les moyens possibles soit pour la prise des villes et places, soit
pour faire des prisonniers du parti contraire, et en toute autre manière, pour
obliger le cardinal Mazarin à l'une et à l'autre des deux fins ci-dessus expli-
quées, et pour luy oster la facilité de se rendre plus grand, estant desjà la
puissance où il se trouve sans mesure, pernicieuse et dangereuse tant à la
France qu'aux autres parties de la Chrestienté.

6. Reciproquement ladite dame de Longueville et ledit seigneur de Turenne
mettront entre les mains de S. M. C., toutes les fois qu'ils en seront requis,
la ville de Stenay, excepté la citadelle, dans laquelle ville S. M. C. mettra la
garnison qu'il jugera à propos pour servir de retraite et passage à ses trouppes
en cas de nécessité, et pour la tenir en depost jusques à la liberté du seigneur
prince de Condé, et establissement de la paix, lequel cas estant il la remettra
au dit sieur Prince, retirant la garnison et les armes avec toutes les munitions
qui y auront esté mises de sa part.

7. Les places qu'on aura conquises en France sous la protection de S. M. C.
demeureront en sa disposition et sous sa garde jusques à la conclusion de la
paix entre les deux couronnes, avec cette distinction que S. M. C. mettra garnison dans les frontières, et que celles qui se prendront dans le royaume seront
gardées par les trouppes que ladite dame de Longueville et ledit sieur de
Turenne voudront faire entrer dans icelles, et de quelque manière que ce soit,
ce sera tousjours sous le nom et sous la protection de S. M. C.

8. La distribution des susdites sommes d'argent, excepté seulement celle
des soixante mil escus destinée pour les affaires particulières de la dite dame de

Longueville et dudit sieur de Turenne, seront acquittées conjointement ou separement par les officiers du compteur ou payeur general, qui seront establis et resideront aupres desdites personnes de la part de S. M. C.

9 Les quarante mil escus qui se doivent donner chaque mois se reduiront de moitié, les six mois de campagne expirés, après que le présent traité aura esté signé.

10. Les deux mil hommes de pied et lesdits 3000 chevaux que S. M. C. doit donner, seront conduits par un chef de sa part qui obéira aux ordres dudit sieur de Turenne. Lesdits 5000 hommes vivront en France en bonne discipline, et seront paiez de l'argent de S. M. C., et ladite dame de Longueville et sieur de Turenne seront obligés de leur fournir le pain de munition pendant qu'ils seront en France, sauf si lesdits 5000 campent ou font siége à huit lieues inclusivement des frontières et lieux voisins de ses Estats du Pays-Bas, auxquels cas S. M. C. leur donnera le pain de munition.

12. S. M. C. estant en possession de la ville de Stenay la pourvoira de tout ce qui sera necessaire pour entretenir la garnizon qui y sera mise de sa part, et aider par tous moyens qui se trouveront dans la ville à la subsistance des troupes qui seront dans le voisinage et pour la nécessité des entreprises de la campagne, si toutes fois S. M. C. ne trouve pas plus à propos d'establir un magazin de munitions de guerre et de bouche pour mesme effet dans la ville de Montmédi ou autre de ses Estats.

Tous lesquels 4, 5, 6, 7, 8, 9, 10 et 12 articles sus-escrits du traicté de Stenay seront continués et exécuttés, les autres demeurant de nul effet comme iceux ayant esté entièrement parfournis, et entendu qu'en tous lesdits articles les noms de Mme de Longueguerville et Mr de Turenne demeureront convertis en celui dudit seigneur prince de Condé ou de ceux qui de la part de Son Altesse commanderont en Champaigne et Bourgongne, et que les fins y seront semblables à celles du présent traicté, s'observant seulement que les mois commenceront à courir et se feront les payemens d'iceux de la mesme manière que ceux du présent traicté pour Bourdeaux, sinon au cas que les trouppes de Son Altesse eussent joint celles de S. M. C. plustost que le premier de novembre, auquel cas les payemens commenceront du jour de la jonction et continueront de termes en termes jusques à la paix generale.

XV

Est de plus accordé que si mondit sieur le Prince a besoin de quelque partie de l'argent que S. M. C. sera obligée de lui fournir à Stenay ou Clermont pour ses places de Bourgongne, S. M. C. les lui fera tenir en déduction dans la ville de Dole ou Besançon, où elles seront delivrées avec bonne et seure escorte à celui qui ira querir lesdites sommes de la part et avec ordre dudit seigneur Prince, en donnant pour lui quittance que Son Altesse approuve dès à présent comme dès lors, de mesme que si elles estoient de sa propre main ; la mesme chose est entendüe pour ceux qui recevront les sommes sus exprimées à Stenay et à Bourdeaux ou aux environs.

XVI

Pour l'entretenement et subsistance de toutes les places qui sont sous le commandement et au pouvoir dudit seigneur Prince et garnisons d'icelles, y compris celle de Damvilliers commandée par ledit seigneur prince de Conti, S. M. C. a accordé, outre les secours cy dessus, la quantité de six vingt mil patagons par chacun an pendant toute la guerre, qui commencera à courir du premier novembre, et ce en douze payemens égaux de dix mil patagons chacun, dont le premier commencera quinze jours après la ratification du présent traité, pour continuer de mois en mois jusques à la paix; et se feront lesdits payemens moitié à Stenay et moitié aux lieux dont mondit sieur le Prince conviendra avec celui qui a le plein pouvoir de S. M. C.

XVII

Outre toutes les sommes ci-dessus, S. M. C. donnera audit Seigneur Prince, pour les frais des courriers et autres despenses secretes, la somme de soixante mil escus par an en douze termes égaux de cinq mil patagons, qui seront payables de mois en mois en mesmes temps et lieux que les autres sommes cy dessus rapportées pour l'entretenement de l'armée, et à continuer jusques à la paix.

XVIII

Les trouppes de S. M. C. agiront entièrement de concert et de bonne foy avec celles dudit seigneur Prince, afin que les entreprises qui seront faites de part et d'autre puissent plus facilement obtenir les fins susdites.

XIX

Que toutes lesdites trouppes de S. M. C. obéiront audit seigneur Prince sans difficulté; et pour tous les autres princes qui ne sont pas princes du sang et mareschaux de France, qui sont ou seront unis, ils en useront avec les généraux de S. M. C. comme et en la mesme manière que Mr de Turenne en usoit l'an 1650 avec M^r le comte de Fuensaldagne.

XX

En cas que quelques-unes des places desdits seigneurs Princes ou autres unis viennent à estre assiégées par les trouppes ennemies, S. M. C. veut et entend, pour tesmoigner audit Seigneur Prince combien ses interests sont unis avec ceux de Son Altesse, que tous les généraux et les trouppes qu'ils commanderont fassent tous les efforts possibles pour les secourir et leur donner toute l'assistance qui dépendra d'eux.

XXI

S. M. C. donnera ordre au seigneur Archiduc en Flandre de faire venir à Ostende, Nieuport et aux environs, deux mil Wallons bien armés, équippés et munis pour, sur les ordres qui leur seront envoyés par ledit seigneur Prince ou ceux qui auront charge de lui, passer par mer ou par terre au lieu qui sera porté par ledit ordre, et leur fournir les vaisseaux, vivres, armes, munitions et escortes nécessaires.

XXII

Que dès à présent S. M. C. envoyera tous les ordres nécessaires pour l'exécution de tout ce que dessus en Flandre, en tous les autres lieux et à tous les officiers et chefs qu'il appartiendra, comme aussy pour recevoir les trouppes, que ledit seigneur Prince aura en Champaigne et Bourgongne, dans les terres de S. M. C., en cas que par quelque accident imprévu elles fussent contraintes de se retirer, auquel cas elles y seront receues comme amies et traictées comme celles de S. M. C.

XXIII

Semblablement S. M. C. envoyera ordre au sieur Archiduc, afin qu'il les envoye à ceux qui commandent dans sa comté de Bourgongne, d'assister ledit seigneur Prince, ses trouppes et toutes les places qu'il tient dans le duché de Bourgongne en tout ce qui leur sera possible.

XXIV

En cas que du costé de Flandre[1] on aye convenu de quelque chose touchant ce que dessus, il demeure réduit au present traicté, et les sommes qu'on y pourra avoir receues précomptées sur icelui.

XXV

S'il manque quelque chose à l'accomplissement du traicté fait entre S. M. C. et madame la Princesse et Mrs les ducs de Bouillon et de La Rochefoucault à Saint-Sébastien au mois de juin 1650, on l'adjustera avec le sieur baron de Vatteville comme il est raisonnable.

XXVI

Enfin on se rendra de part et d'autre tous les offices requis et de bonne foy avec asseurance de sincerité, tant pour les payemens qui seront parfournis (mesme dans la paix s'il restoit quelque chose à payer lorsqu'elle sera conclue) que pour tout le contenu au présent traicté, et pour appuyer et soustenir reciproquement les desseins des

---

1. Entre l'Archiduc et Silleri.

uns et des autres, qui tous n'auront qu'une mesme fin, procurant tous les avantages possibles de part et d'autre, ledit seigneur Prince, le seigneur prince de Conti, madame la duchesse de Longueville, M. le duc de Nemours, M. le duc de La Rochefoucault, et tous les princes, ducs, pairs, mareschaux, gouverneurs, grands seigneurs, officiers et villes unies, recongnoissant avec respect et gratitude les graces et secours qu'ils reçoivent de S. M. C. en contribuant si généreusement au repos de la Chrestienté, à la tranquillité des deux couronnes, dans lequel se trouve inclus le leur particulier, et S. M. C. continuera en leur faveur les effects de sa bonté royale et de son amitié, les gratiffiera en toutes les occasions qui se pourront présenter pour leur satisfaction et entière seureté, comme il se verra dans la suite du présent traicté.

XXVII

En exécution du présent traité, s'il survient quelque difficulté, S. M. C. consent qu'elle soit terminée de sa part par le sieur baron de Vatteville, en vertu de son plein pouvoir, promettant de ratiffier ce qui sera convenu pour ce regard entre lui et celui qui aura charge dudit seigneur Prince.

Fait à Madrid, le sixiesme novembre 1651.

Continuation du traicté du sixiesme novembre et articles adjoustés à icelui.

En continuant le traicté fait cejourd'hui à Madrid entre S. M. C. par M. Dom Hieronimo de la Torre, chevalier de l'ordre de Calatrava, du conseil de S. M. C., et son secrétaire d'Estat, et M. le prince de Condé, M. le prince de Conti, madame de Longueville, M. le duc de Nemours, M. le duc de La Rochefoucault et autres confédérés par M. Lenet, conseiller du Roi tres chrestien en tous ses conseils d'Estat et finances, en vertu de son plein pouvoir, est accordé de part et d'autre ce qui s'ensuit :

XXVIII

A sçavoir, que pour donner plus de moyen audit seigneur Prince de soustenir sa grande et louable entreprise, attendant que S. M. C. soit en estat de lui faire les avantages qu'il mérite, comme elle espere faire avec la grace de Dieu, elle lui accorde outre les secours d'hommes, de vaisseaux et d'argent contenus audit traicté pour subvenir aux frais extraordinaires et impréveus de la guerre, la somme de six vingt mil patagons par an, qui commenceront à courir le premier jour de novembre jusques à la paix générale, qui lui seront payés par S. M. C. au mesme lieu et au mesme temps que les sommes accordées pour la subsistance de ses troupes, et ce en douze payemens égaux de dix mil patagons chacun par mois dont le premier commencera comme est dit, et quinze jours après qu'il aura ratifié le présent traicté et continuera de mois en mois tant que la guerre durera.

XXIX

Comme aussi pour soulager d'autant plus ledit seigneur Prince en la grande despence qu'il est obligé de supporter, S. M. C. lui accorde, outre tout ce que dessus, pour plusieurs princes, ducs, pairs, seigneurs, gouverneurs, gentilshommes, officiers et personnes particulières, la somme de six vingts mil patagons par chacun an tout le temps de la guerre, qui lui seront payés en la mesme forme et aux mesmes termes que ceux contenus en l'article précédent, en douze payemens égaux, chacun de dix mil patagons, qui seront payés de mois en mois jusques à la paix et distribués en la manière convenüe avec ledit sieur Lenet, si ledit seigneur Prince ne juge plus à propos de la distribuer d'autre sorte, et est le mesme entendu du contenu au 17e article.

XXX

Toutes les sommes que S. M. C. donne par ce présent traicté montent, tant pour les levées que pour le voyage de monsieur le prince de Conti en Provence, à celle de cinq cens cinquante mil patagons ; et pour l'entretenement, reduisant toutes les sommes en payemens égaux, se monte à six vingts mil patagons par mois, outre l'assistance d'hommes, de vaisseaux et d'artillerie par elle entretenus particulièrement tant en la partie de Flandres qu'en celle de Guienne.

Fait à Madrid, le sixiesme novembre 1651.

Signé Hieromo de la Torre et Lenet.

Ce traité, appelé traité de Madrid, ayant été apporté par Lenet en Guyenne, fut ratifié par les divers intéressés, et M. de Saint-Agoulin reporta à Madrid cette ratification, dont voici la minute originale :

Nous, Louis de Bourbon, prince de Condé, prince du sang, pair et grand maistre de France, duc d'Anguien, Chasteauroux, Montmorency, Albret et Fronsac, gouverneur et lieutenant-général pour le Roy en ses provinces de Guyenne et Berry, après avoir veu les traictez faictz en nostre nom par monsieur Lenet, conseiller ordinaire du Roy en tous ses conseils d'estat, et direction de ses finances, en vertu du pouvoir que nous lui en avons donné à Montrond le 16 septembre dernier, avec M^r dom Hieronimo de la Torre, chevalier de l'ordre de Calatrava, du conseil de S. M. C. et son secrétaire d'estat, au nom et du commandement de sadite Majesté; lesdicts traictés conclus et arrestés à Madrid le 6e du présent mois, desquels a esté expédié deux originaux en espagnol et deux en françois, et tous signés desdicts sieurs de la Torre et Lenet, et un de chaque langue demeuré entre les mains de S. M. C. et autant pardevers nous; recognoissons les avoir ratifflés et approuvés en tous leurs poincts selon leur forme et teneur, promettant de les entretenir et exécuter en tout ce qui dependra de nous, sans jamais y contrevenir pour quelque cause et occasion que ce puisse estre; remerciant tres humblement S. M. C. des assistances qu'il lui plaist de nous accorder. Faict à Xainctes le 23 novembre 1651.

LOUIS DE BOURBON.

Comme aussi nous, Charles Amédée de Savoye, duc de Nemours, François duc de La Rochefoucault, ratifflons et approuvons lesdicts traictez et promettons d'executer le contenu en iceux sans jamais nous despartir des choses qui seront convenües par S. A. monsieur le Prince. Faict à Xainctes le 23 novembre 1651.

CH. AM. DE SAVOYE, DUC DE NEMOURS,
LE DUC DE LA ROCHEFOUCAULD.

Comme aussi nous, Armand de Bourbon, prince de Conty, prince du sang, pair de France, gouverneur et lieutenant general pour le Roy en Champagne et Brie, et nous, Anne de Bourbon, Duchesse de Longueville, princesse du sang, ratifions et approuvons lesdicts traictés et promettons d'executter le contenu en iceux sans jamais nous departir des choses qui seront convenues par S. A. monsieur le Prince. Faict à Bordeaux ce vingt-neuf^{me} novembre mil six cent cinquante et ung.

ARMAND DE BOURBON,
ANNE DE BOURBON.

Comme aussy nous de la Trimoille, prince de Tarante, ratifflons et approuvons lesdictz traictez, et promettons d'executer le contenu en iceux, sans jamais nous despartir des choses qui seront convenües par S. A. monsieur le Prince. Faict au camp de la Bergerie le 10e jour de decembre 1651.

HENRY CHARLES DE LA TREMOILLE.

NOTES DU CHAPITRE III

M. le marquis Amelot de Chaillou, descendant d'une famille de magistrats et de diplomates fort estimés au xvii⁰ siècle, et dont l'un, Jean-Jacques Amelot, a été membre de l'Académie française, possède et a bien voulu nous communiquer un manuscrit in-folio ayant pour titre : *Lettres de négociations de l'année* 1652. C'est, comme le titre l'indique, une collection de lettres de divers agents qui, de plusieurs points, de Rome de Venise, de Milan, de Cologne, de Prague, de Dantzic, de La Haye, de Barcelonne, et surtout de Paris, écrivent ce qui se passe sous leurs yeux et ce qu'ils apprennent, pendant l'année 1652, et l'adressent à une personne qui n'est pas nommée, et qui est vraisemblablement un des ancêtres du possesseur actuel de cette Gazette, soit Denis Amelot, mort conseiller d'État en 1655, soit plutôt son second fils Jacques Amelot, seigneur de Chaillou, qui était déjà conseiller au grand conseil en 1641, et mourut doyen des maîtres des requêtes en 1699. Les lettres de Paris semblent venir de trois sortes de correspondants, l'un qui paraît assez favorable à la Fronde, l'autre à Mazarin, et le troisième assez impartial ou indifférent. Nous tirons de ces lettres d'assez nombreux morceaux relatifs aux événements les plus remarquables de 1652 dont nous parlons dans le chapitre troisième.

I

AFFAIRE DE BLENEAU

De Paris, le 26ᵐᵉ mars 1652.

Les chambres assemblées, Son Altesse Royale y estant, le président de Nesmond fut chargé de porter au Roy les remontrances du Parlement pour l'esloignement du cardinal Mazarin, avec les sieurs

Musnier, Benoise, Bitault, Lotin et Charpentier, conseillers [1]. Pendant cette délibération, M. le comte de Fiesque fut introduit dans la Grande Chambre, où il dit à S. A. R. et à la compagnie que les habitans d'Orléans avoient promis de ne point recevoir le cardinal Mazarin, et qu'ensuite M. de Beaufort avoit esté reçu dans la ville. Dimanche, le dit sieur de Beaufort arriva ici qui confirma la mesme chose d'Orléans, adjoustant toutesfois qu'il estoit à propos que S. A. R. ou Mademoiselle s'y acheminassent affin que les habitans laissassent passer l'armée des Princes dans leur ville, et qu'ils luy baillassent retraite en cas de nécessité; et à cet effet Mademoiselle partit hier d'ici, où M. le prince de Tarente arriva aussi dimanche de la part de M. le Prince pour demander secours à S. A. R., laquelle, ayant tenu conseil pour ce subject, il fut arresté que l'on conserveroit toutes les trouppes pour s'opposer à celles de l'armée du Roy.

De Paris, le 29 mars 1652.

L'on escrit de Blois, du 20 mars, en ces mots : « La cour, voyant les affaires si contraires pour la ville d'Orléans, a résolu de demeurer quelque temps ici, jusques à un autre changement des affaires. Hier, Sa Majesté avec le cardinal Mazarin et autres grands de la cour, ensemble le duc de Bouillon et le mareschal de Turenne, furent à une lieue et demie de cette ville pour voir l'armée commandée par le mareschal d'Hocquincourt, laquelle s'estant rangée en bataille, le dit mareschal de Turenne fut desclaré général de l'armée; sur quoy il fut complimenté par tous les grands de la cour, et en aura aussi le brevet à son désir. Le rendez-vous général a esté différé pour quelques jours. Cependant toutes les troupes s'approchent de bien près. On a bonne opinion de ce mareschal, surtout qu'il attirera les Allemans de son costé desquels il est assez aimé. Le Roy est partout très bien venu; mais au regard du Cardinal, le peuple lui porte une haine immortelle; on lui fait bien de belles harangues partout, mais cela ne va pas de bon cœur. »

Le 23 de ce mois, M. le duc de Beaufort entra dans Orléans pour y seconder le comte de Fiesque, et à son entrée il reçut grande acclamation du peuple, qui s'est déclaré pour M. le duc d'Orléans; et ensuite ledit duc de Beaufort est venu en cette ville (Paris) trouver M. d'Orléans; ils tinrent conseil. Messieurs de Beaufort et de Chavigny estoient d'advis que S. A. R. allast en personne à Orléans afin d'encourager les peuples; mais le cardinal de Retz, ci devant appelé coadjuteur de Paris, représenta qu'il ne falloit pas que S. A. R. desemparast la ville de Paris, et qu'il falloit plustost envoyer Mademoiselle à Orléans avec quelques personnes de condi-

1. *Le Journal ou Histoire du temps présent*, contenant toutes les déclarations, etc., depuis le mois d'avril 1651 jusques en juin 1652, p. 237.

tion. Mademoiselle, estant dans la chambre du conseil, s'offrit de bonne grâce à S. A. R., l'asseura que si elle ne lui rendoit un service important, du moins elle lui seroit fidelle, ce qui toucha tellement le cœur de S. A. R. qu'elle en pleura de joye, et sur l'heure il fut résolu que Mademoiselle partiroit, laquelle partit le 25 pour Orléans accompagnée du duc de Rohan, du comte de Fiesque et d'autres personnes de condition.

Le duc de Beaufort fut appellé en duel lundi matin de la part du comte de Brancas. S. A. R. fit l'accommodement, et puis ce duc partit le jour mesme pour son armée.

L'on a advis de Guyenne que le comte d'Harcourt, ayant passé la rivière de Garonne, marchoit en bataille contre M. le Prince, de quoy ce prince ayant advis tint conseil de guerre. Les sieurs Marcin et Balthazar estoient d'advis que l'on presentast bataille au comte d'Harcourt; mais M. le Prince dit que ce comte avoit mille chevaux plus que lui, que les troupes du Roy estoient meilleures que les siennes, qu'il ne falloit point combattre, d'autant que s'il estoit battu son parti seroit ruiné, et qu'il valoit mieux se retirer à Agen, ce qui fut ainsi resolu. Or, pour faciliter la retraite, le Prince mit sur une éminence 500 chevaux, entre lesquels il y avoit 100 de ses gardes, afin d'arrester quelque temps la marche du comte ; lequel comte environna les dits 500 chevaux et les prit prisonniers de guerre, et renvoya ensuite les gardes du Prince ; mais ses gens les despouillèrent et desmontèrent. Il s'advança ensuite dans la haute Guyenne et demeure maistre de la campagne. Cette nouvelle fut raportée à la cour, d'où aussitost l'on a mandé à Paris que M^r le Prince estoit deffait et s'estoit retiré ; mais voilà pourtant le véritable.

Le Roy s'ennuye fort à Blois, où le duc de Bouillon s'est rendu, comme aussi M de Vendome. Le Cardinal a fait donner des brevets de ministres d'Estat au duc de Vendome, duc de Bouillon et marechal du Plessis Praslin, afin de les obliger d'advantage dans son parti.

L'on escrit d'Orléans, du 23 de ce mois, en ces mots : « L'armée de M. de Beaufort n'est qu'à une lieue d'ici, qui marche avec les troupes de M. de Nemours vers Jargeau et Gien, pour faire rencontre des troupes du Roy conduites par MM. de Paluau et de Vaubecourt, qui passent dans le Gatinois. Il est venu un maître des requestes de la part du Roy, nommé Legras, de qui l'on n'a pas fait grand estat, apportant une deffence à M^{rs} d'Orléans de s'assembler et les voulant obliger de recevoir le Roy avec toute sa suite, en cas qu'il voulût venir à Orléans, ce que les habitans ne veulent aucunement. L'on est disposé dans cette ville à soutenir un siége en cas que le mareschal (d'Hocquincourt) y voulust entrer de force. »

Le 29 arriva un courrier à S. A. R., qui l'asseura que le Roy avec la cour estoit parti de Blois le 27, pour coucher à Cléry à 4 lieues d'Orléans, espérant y entrer le lendemain, sur ce que le cardinal Mazarin par ses finesses avoit tant fait que ses émissaires avoient gagné la pluspart des bourgeois et se seroient saisis de la porte par laquelle Mademoiselle devoit entrer; où à son arrivée elle demanda l'entrée aux officiers d'icelle porte; ils s'excusèrent sur ce qu'ils n'avoient point les clefs, et à faute de celles-là lui offrirent une eschelle de corde pour monter par dessus les murailles, ce qu'elle accepta; et estant ainsi entrée, tous les bourgeois de ce quartier l'accompagnèrent jusques à son logis avec des cris de *Vive le Roi! Vive Son Altesse Royale! et point de Mazarin!* Cette nouvelle estant rapportée à la cour, il y fust resolu d'aller de Clery à Sully.

Du 2me avril 1652.

Hier sur les 10 heures du matin, S. A. R. reçut un courier qui lui apporta nouvelles que M. le Prince devoit arriver le soir à Paris, que M. de la Rochefoucault et autres estoient avec lui, qu'ils avoient pris leur chemin par le Perigord et par l'Auvergne; ce qui obligea S. A. R. d'aller l'après dînée jusques à 2 ou 3 lieues au devant de lui, accompagnée de plus de 150 hommes de cheval et d'un nombre prodigieux de carosses. Cette nouvelle s'estant répandue, tout le monde y alla en foule. S. A. R. voyant la nuit s'approcher s'en revint avec tous les autres carosses; elle envoya seulement au devant de lui un carosse et 100 cavaliers, lesquels s'estant avancés rencontrèrent un courier de M. le Prince, qui venoit dire à S. A. R. qu'ayant sceu qu'il y avoit contestation entre M. de Nemours et M. de Beaufort pour le commandement de l'armée, et qu'aujourd'huy elle devoit faire quelque attaque, il avoit jugé nécessaire de s'y rendre; lequel courier n'arriva que sur les 10 heures du soir, S. A. R. attendant toujours M. le Prince. Ce matin, Monsieur est affligé des placards par lesquels le peuple est adverti des travaux que M. le Prince avoit fait pour venir à leur secours contre le cardinal Mazarin, qu'il estoit temps de se délivrer de sa tyrannie, et d'avoir un autre gouverneur à Paris, celui qui y est estant tout à fait Mazarin, et que le peuple se trouvast à deux heures sur le Pont-neuf pour tesmoigner leurs sentiments de joye à M. le duc d'Orléans et à M. le Prince. Ce matin, l'hostel de ville s'est assemblé où l'on a résolu de prier S. A. R. que M. le Prince ne fist point de séjour à Paris, s'il y venoit, plus de vingt quatre heures, ce que S. A. R. a promis. M. de l'Hospital, en sortant sur les onze heures de l'hostel de ville, a esté couru par du peuple criant au Mazarin, ce qui l'a obligé à faire doubler le pas de ses chevaux. Sur les deux heures, jusqu'au soir, le Pont-neuf a esté rempli de monde, en sorte que l'on avoit peine à y passer. Le peuple s'est advisé de faire arrester tous les gens de cheval et tous les carosses, et de faire crier à tous ceux qui estoient dedans, tant hommes que femmes : *Vive le Roi et point de Mazarin!* L'ambassadeur de Venise, qui y a passé avec 6 chevaux, a crié comme les autres ; l'on demandoit le nom. Sur les cinq ou six heures un carosse de M. d'Elbeuf y a esté pillé et rompu, le cocher blessé, et quelques gens, à ce que l'on asseure, jettés dans la rivière, et d'autres mis en prison.

De Paris, le 5 avril 1652.

Les deux armées sont maintenant entre Jargeau et Gien, où elles pourront bien se battre ; elles ont présentement la rivière entre deux, mais l'on croit que le mareschal de Turenne, qui commande l'armée mazarine, veut passer sur le pont de Gien pour attaquer celle des Princes, qui est par effect la plus forte, montant à près de 10 à 12 mil hommes, tant de cavalerie que d'infanterie ; celle du mareschal de Turenne n'est que de 7,000 hommes.

M. le Prince est venu à Chatillon sur Loing, y coucha la nuict de Pasques, et le lendemain matin s'en alla trouver l'armée d'où il a escrit à M. le duc d'Orléans que, selon les affaires, il reviendroit à Paris. Les prevosts des marchands et eschevins, comme aussi le mareschal de L'Hospital, furent trouver M. le duc d'Orléans pour lui dire qu'ils n'avoient point estés advertis du voiage de M. le Prince. M. le duc d'Orléans dit qu'il n'estoit point nécsssaire aussi, vu qu'il y venoit par ses ordres et qu'il n'y seroit que 24 heures. Ledit sieur mareschal et le prevost des marchands s'assemblèrent ensuite dans l'hostel de ville et enregistrèrent la parole que M. d'Orléans avoit dite, de quoy S. A. R. se mit en colère contre eux et dit que ce n'estoit point à eux d'enregistrer ses paroles.

L'on attacha mardy matin quantité de placards aux carrefours des rues tendant à sédition, et exhortant le peuple de se trouver à 2 heures au pont Neuf, afin d'aller tesmoigner à S. A. R. combien ils sont obligés envers elle et envers M. le Prince de travailler pour le bien public. A ladite heure de deux heures se trouva grande foule de peuple au pont Neuf, gens ramassés, lesquels commirent de grandes insolences ; car ils arrestèrent quantité de carosses et entre autres celui de la comtesse de Rieux[1], dans lequel il y avoit la mareschale d'Ornano avec un escuier et une demoiselle, lesquels se retirèrent à une maison. Le carosse ensuite fut deschiré en mille pièces. Il y eut 4 cavaliers desmontés à cause qu'ils ne vouloient pas crier : Vive le Roy et point de Mazarin ; et ensuite cette canaille alla à l'hostel de Nevers, demeure de M. de Guenegaud, pour le piller;

---

1. Le comte de Rieux était un des fils du duc d'Elbeuf.

mais M. le duc d'Orléans y envoya ses gardes qui empeschèrent le désordre.

Le mareschal de L'Hospital a quitté son hostel, et en fait sortir ses meilleurs meubles, craignant d'estre volé par la populace.

Il est advis que le duc de Longueville fait de grandes levées, et qu'il en a les commissions du Roy, avec permission de prendre les deniers des recettes pour cet effect, de sorte qu'on ne peut encore rien dire de certain sur ses intentions. Mercredi dernier un courrier arriva à S. A. R. depesché de M. le Prince, qui lui donnoit advis qu'il avoit fait revue de son armée, laquelle il avoit trouvé fort leste et capable de faire de grands exploits, qu'il avoit envoyé mille chevaux conduits par le duc de Beaufort pour ranger à la raison les habitans de Montargis qui s'estoient emparés du chasteau où ils faisoient mine de se deffendre.

Ces jours passés arriva un courrier au palais d'Orléans pour donner advis à S. A. R. qu'il y avoit eu de la brouillerie entre les ducs de Beaufort et de Nemours. Celui-ci vouloit mener les troupes qui sont venues de Flandres avec lui à M. le Prince, ce qui n'ayant pas esté jugé à propos par le conseil de guerre qui se tint dans un fauxbourg d'Orléans en présence de Mademoiselle; ce dernier (Mr de Nemours) lui en fit des plaintes dans sa chambre, et comme il passoit par l'antichambre, rencontrant M. de Beaufort il lui dit qu'il trahissoit M. le Prince; à quoi le dernier ayant respondu par un desmenti, ils mirent la main à l'espée, ce qui fit sortir Mademoiselle qui les fit embrasser. M. de Beaufort, après avoir fait feu deux ou trois jours à Jargeau pour se saisir du pont et de la ville, que tenoient les troupes du Cardinal, ledit sieur de Beaufort a fait retirer ses gens qui estoient desjà maîtres de plus de la moitié du pont. En ce rencontre le baron de Sirot, mareschal de camp et un des plus vaillants et grands capitaines qui soient dans l'armée des Princes, fut blessé d'une balle de mousquet qui lui vint aboutir sur la lèvre supérieure et lui rompit deux dents, sans lui faire plus grand mal. Il s'est fait apporter à Orléans pour estre pansé de sa blessure qui n'est pas dangereuse.

Hier sur le soir, la populace s'esmut derechef, et il fallut que des bourgeois prissent les armes pour empescher que ces canailles ne pillassent l'hostel de Nevers où demeure le sieur du Plessis Guenegand, secrétaire d'Estat. Le mareschal d'Estampes son beau-frère y vint avec des exempts et gardes de S. A. R., et sur ce qu'un coquin demandoit à celui qui battoit le tambour pourquoi il le faisoit, un bourgeois lui couvrit la joue, et au mesme temps et à l'aide de ses voisins il le mena en prison.

Il y en a d'autres des canailles susdits qui ont commis tant d'insolences ces jours passés sur le pont Neuf, qu'on les a faits prisonniers, desquels il y en a trois qui sont condamnés d'y estre pendus.

Ce soir, quantité de bourgeois se doivent mettre en armes pour empescher les désordres.

Samedi et hier il fut encore pendu au bout du pont Neuf quelques-uns de ceux qui avoient pillé le carosse de madame de Rieux. Les bourgeois, pour empescher qu'il n'arrivast quelque désordre à l'exécution, ont pris les armes, du moins quelques compagnies pour garder les avenues du pont où dimanche il y en eut en garde toute la journée.

M. le Prince, au préjudice de la convention faite avec ceux de Montargis, a fait entrer son armée dans cette ville où les soldats ont presque tout pillé. Les bateaux qui se sont trouvés sur le canal n'en ont pas été exempts. Ensuitte il envoya saisir Chasteau-Regnard et sommer Montereau, où l'on dit qu'il a jeté quelque cavalerie. Il a aussi dessein, à ce que l'on dit, de se rendre maître de Joigny et de Sens, pour s'opposer au passage du Roy qui est toujours au delà de la rivière. Il se dit presentement que l'avant-garde de l'armée du Roy, qui estoit passée en deçà de Gien, composée de 2,000 hommes, commandée par le mareschal d'Hocquincourt, a esté entièrement deffaite par M. le Prince, et que ce mareschal y est demeuré et M. de Nemours blessé. Celui-ci s'est retiré à Chastillon, où madame de Nemours l'est allée trouver et a mené avec elle des chirurgiens. Demain le parlement se doit assembler sur le retour de M. de Nesmond et des autres députés du parlement vers la cour où ils ont fait leurs remontrances, bien receus du Roy et mal de la Reyne, qui interrompit le président de Nesmond et dit que ce n'estoit que des bagatelles. Plusieurs de ceux qui avoient suivi le conseil ont quitté à cause de la nécessité qui est à la cour si grande, qu'il y en a qui ne descouchent pas et qui ont peine à y avoir de quoy vivre, les gens de guerre ayant tout ruiné. Les trouppes qui estoient à Blois ont violé, à ce que l'on dit, dans la ville ou proche, des religieuses et ferré un prestre avec un fer à cheval. Celles de M. de Vaubecourt, proche de Montargis, ont violé des femmes dans des églises et pillé ce qui estoit dans ces lieux saints; toute la campagne est entièrement désolée.

M. de Chasteauneuf est ici, et M. le cardinal de Retz y est malade.

A Montargis, du 8 avril 1652.

Le samedi 6me du courant, sur les huit heures du soir, 200 chevaux, dragons et Allemands de l'armée du Roy, qui tenoient l'avant-garde de M. le mareschal d'Hocquincourt à Rogny, retournant d'un parti qu'ils avoient fait du costé de Chasteau-Regnard, et croyant cantonner autour de l'église de Rogny, n'eurent pas plus tost allumé leurs feus que M. de Beaufort, qui conduisoit l'avantgarde de M. le Prince, laquelle estoit deslogée de Chasteau-Regnard dès le vendredi précédent, vint fondre sur eux, les mena battant sans qu'ils se pussent recongnoistre depuis l'église dudit Rogny jusques aux environs de Berteau et Saint-Croges, et les contraignit de se sauver à la nage et à gué au travers de la rivière de Loing et ès environs de l'ecluse de Sainte-Barbe, où le sieur de la Cotterie avoit posé son corps de garde avancé et fait abattre le pont de Sainte-Barbe de la rivière du Loing, au-dessous dudit Rogny, et fait remplir pleinement le large de l'ecluse de Sainte-Barbe pour le rendre guéable. Ce corps de garde avancé du parti du Roy fut enlevé si promptement, qu'il n'eut pas le loisir de se reconnoistre, et fut poursuivi si vivement aussi bien que les 200 dragons susdits, le long des chasteaux de Coustard et la Bruslerie et grand chemin de Bleneau jusques à Saint-Croges d'un costé, et de Berteau de l'autre, que ceux du Roy n'eurent pas le loisir de regarder derrière eux. Ce combat dura jusques environ les onze heures de nuit tant le long du canal que du costé de Rogny et Chastillon. Du costé de Berteau, depuis Saint-Croges et Berteau jusques à Monteresson, il y avoit des feus de vingt pas en vingt pas dans les taillis, si grands que l'on voyoit comme en plein jour. A Chastillon, où estoit le quartier de M. le Prince, les feux estoient en si grand nombre qu'il sembloit que la ville fust embrasée. Le Roy et sa maison estoient à Gien, M. le mareschal de Turenne à Briare, ses troupes à Ouzouer, La Bussière, Dannemarie en Puisaye, Batillé, Breteau et Lavau; l'avant-garde de M. d'Hocquincourt à Rogny et à Bleneau, M. de Grandpré à Saint-Prive et Saint-Martin-des-Champs. L'on tient que M. le Prince enleva quatre quartiers de l'armée du Roy, mit 300 hommes sur la place et fit 400 prisonniers, mais qu'il fut arresté de passer plus avant par un fossé qui se trouvoit dans la colline de Berteau. Il est croyable que c'est la rigole de Saint-Prive, où ceux du Roy avoient braqué le canon qui fit grand deschet sur ceux de M. le Prince. M. de Maré, mareschal de camp, en eut une cuisse emportée. M. de Nemours fut blessé d'un coup de mousquet légèrement à la jointure de la cuisse; pour se faire panser, il s'est retiré à Chastillon d'où il a envoyé icy quérir des chirurgiens. M. de Beaufort a eu un cheval tué sous lui. M. le Prince fut 36 heures sous les armes et à cheval; son armée a pris beaucoup de bagages à celle du Roy. M. d'Hocquincourt seul y a perdu plus de 300,000 livres en vaisselle d'argent, pistolles et chevaux et autres équipages. Les armées ont fait trève pour quelques jours pour, de part et d'autre, ramasser leurs gens. L'armée de M. le Prince est à Chastillon et aux environs, celle du Roy à Gien et ès environs, dans laquelle, faute de pain, la nécessité les oblige à manger les chevaux. Le Roy est à Gien, où l'on ne croit pas qu'il puisse subsister davantage.

De Paris, le 10me avril 1652.

On nous avise que, par les ordres de M. le Prince, M. de Nemours ayant attaqué samedi au soir les quartiers du mareschal d'Hocquincourt, il y a eu combat opiniastre, à cause qu'il y estoit en personne et qu'au bruit des armes il avoit fait mettre en estat de resistance tous ceux qui estoient avec lui. Cela n'empescha pas que l'on n'enlevast un de ses quartiers, et qu'après avoir plié et s'estre mis en fuite tout son bagage ne fust pris, cinq pièces de canon et 600 prisonniers faits. Le duc de Nemours fut blessé en ceste action d'une mousquetade au flanc, et le baron de Maré, mareschal de camp de l'armée de S. A. R., blessé d'un coup de canon dont il est mort depuis. Toute l'armée du mareschal d'Hocquincourt y a esté généralement noyée, prise, bruslée et deffaicte. Il s'est sauvé, avec huict autres, dans le bois de Blesneau, où M. le Prince est allé le poursuivre.

De Paris, le 12 avril 1652.

Après que les généraux de l'armée eurent pris conseil devant le Roy et le Cardinal de passer la Loire pour aller à Montargis et Sens, l'on fist passer les troupes sur le pont de Gien le vendredy, et le samedy l'ennemi fit feinte de se retirer vers Montereau, et mesme le duc de Nemours avoit marché deux lieues; de quoi le Roy, qui estoit à Gien, ayant esté adverti, le Cardinal estoit d'advis de partir le dimanche de Gien pour suivre l'armée, laquelle estoit divisée en deux, dont la plus advancée estoit celle du mareschal d'Hocquincourt qui avoit amené le Cardinal de la frontière, et l'autre estoit commandée par le mareschal de Turenne. Le mareschal d'Hocquincourt avoit le samedy au soir un peu étendu ses quartiers, et avoit mis un corps de garde sur un pont d'une petite rivière qui séparoit ses quartiers d'avec ceux des Princes, et reposoit sous l'assurance de cette garde, espérant que si on le forçoit, elle se retireroit vers lui pour lui donner alarme et l'advertir du dessein des Princes : mais il en arriva tout autrement; car le duc de Nemours, avec 2,000 hommes alla pour attaquer ce pont, et voyant que la garde estoit advantageusement retranchée, il ne l'attaqua pas et laissa auprès des troupes commandées par le baron de Clinchamp, et ensuite suivit la petite rivière ou ruisseau qui n'estoit pas guéable, et rencontra des paysans qui lui montrèrent un lieu guéable où il passa la nuit du dimanche, et vint attaquer la garde dudit pont par derrière, qui fut aussi attaquée par l'autre costé par les troupes dudit baron de Clinchamp : ainsi elle fut surprise et deffaite promptement. M. le Prince y accourut, qui passa avec Clinchamp ledit pont pour soutenir le duc de Nemours, lequel, suivant les ordres de ce prince, surprit trois quartiers du mareschal d'Hocquincourt, qu'il tailla entièrement en pièces, et de là fut au quatrième quartier qui estoit le camp du mareschal d'Hocquincourt, qu'il chargea. Mais il y trouva grande résistance ; car les gardes de ce mareschal, dragons de Senecterre et régiment de Navaille, le repoussèrent ; mais le régiment de Wirtemberg et autres Allemands vinrent fondre si vertement sur ces dragons, qu'ils le deffirent ; puis M. de Nemours fut blessé d'un coup de pistolet entre cuir et chair à costé du ventre. Son cheval tomba sous lui. On le releva et ensuite on le porta à Montargis. M. de Beaufort, qui estoit à la teste des gens d'armes de Valois, prit sa place et chargea les gens d'armes d'Hocquincourt et eut un cheval tué sous lui. M. le Prince empescha le ralliement de toute la cavallerie d'Hocquincourt, et les mit en déroute, sans que la cavallerie et l'infanterie dudit mareschal d'Hocquincourt qui estoit de 2,500 chevaux et 2,000 hommes de pied, ait pu en aucune façon se rallier. Les fuyards prirent la fuite dans les bois et il y en eut beaucoup de noyés en un estang. Quelque centaine des bonnets verts, eschappés vers les d'Hocquincourt, se retirèrent dans une grange pour y deffendre leur vie ; ils y furent attaqués, et par un malheur extraordinaire, le feu se mist à la grange où il y en eut plusieurs de grillés. M. le Prince mit des gardes autour du bagage du sieur d'Hocquincourt, de Broglie, de Navaille et autres, pour empescher le pillage, et le lendemain, après avoir dissipé les troupes dudit sieur d'Hocquincourt et fait grande quantité de prisonniers, il donna les bagages au pillage. Il s'est trouvé entre autres 18 chevaux de main au mareschal d'Hocquincourt, plusieurs chariots, mulets et coffres où il y avoit dans l'un 2,000 pistoles, sa vaisselle d'argent, estimée à 7 à 8,000 escus, ses tentes d'armée, meubles, linge et habits, estimés à grand prix ; les bagages des autres officiers sont aussi grandement estimés, et l'on remarque que dans le combat l'on a tué quelque 800 hommes sur ce mareschal et fait près de 1,500 prisonniers, entre lesquels il y a 150 officiers. L'on est estonné de la grande fatigue et diligence de M. le Prince, qui, dans cette rencontre, a esté trente-six heures à cheval. Il mist ensuite toute son armée en bataille, pour aller attaquer l'armée du mareschal de Turenne ; mais il y avoit un marais entre lui et ce mareschal qui l'empescha d'attaquer ; ils se battirent à coups de canon. M. le Prince fit retirer son armée, à cause que le canon de ce mareschal lui desmonta une pièce de canon. Le comte de Maré, qui appartient à M. le duc d'Orléans, et 50 soldats y furent tués. Ce mareschal s'est advancé vers la Loire, où M. le Prince fait estat de l'aller attaquer d'un costé et M. de Beaufort d'un autre. Pendant ce combat l'alarme fut très grande à la cour, avec une si grande horreur qu'ils croyent estre tous perdus, et celui qui l'a escrit mande qu'on faisoit disner le Roy en diligence pour sortir de Gien et qu'on ne sçavoit où aller, qu'il estoit bien assuré que là où il iroit, il ne trouveroit point de pain, parce que le pays par delà de la rivière de Loire est entièrement ruiné. L'on croit que la cour s'en ira du costé de Bourges. L'on attend une ample relation de M. le Prince pour sçavoir tout le détail. Cependant M. le Prince a fait distribuer 40,000 escus en cette ville pour les capitaines des régiments de Condé et d'Anghien pour faire des recrues, et a fait un traité avec un colonel allemand qui lui doit amener 4,000 hommes des troupes de Brandebourg La ville d'Orléans a envoyé 20,000 rations de pain à l'armée de M. le Prince. Mademoiselle d'Orléans gagne fort les bonnes grâces du peuple et lui fait faire ce qu'elle veut.

Le parlement de Paris est fort mal satisfait de la cour, en ce que leurs députés n'ont pas esté bien reçus. La Reyne ne voulut pas qu'ils fissent lecture au Roy de la remonstrance par escrit, ce qui obligea le président de Nesmond de parler fort haut et toucha les principaux points de cette remonstrance. La Reyne l'interrompit. Ce président dit : « Madame, nous souhaitons parler à notre Roy : il est majeur. » Ce mot fascha fort la Reyne. Le premier président, garde des sceaux, dit : « — Nostre compagnie a manqué dans son devoir, ayant laissé entrer les Espagnols en France. » Le président de Nesmond lui repartit : « — Mais, monsieur, qui avez par tant de fois donné la parole royalle pour l'esloignement du Cardinal, nous n'en voyons point d'effect. » La Reyne les fit retirer et leur dit qu'elle envoyeroit la responce du Roy par escrit.

Le baron de Sirot, malade à Orléans de la blessure qu'il a reçue en forçant le pont de Gerjeau, voyant M. le prince de Condé arriver à l'armée de S. A. R., a eu un tel desplaisir de ne s'y pas trouver, qu'une émotion d'humeur l'a pris, et du cerveau est tombée sur la poitrine, dont il est mort. C'est un des premiers hommes de guerre qui fust au monde ; il avoit son corps tout plein de playes, ayant commmandé cinquante-cinq ans en quantité de siéges de villes qui ont toutes esté prises et y a tousjours esté blessé. Il a pareillement assisté à seize batailles rangées qui ont toutes esté gaignées et lui blessé, a fait le coup de pistolet avec trois Rois et les a tous trois blessés, sçavoir le Roi de Bohême, celui de Danemark et celui de Suède auquel il renversa son casque ; et, après ledit Roi de Suède, voyant de son sang sur une riche escharpe qu'il portoit, il la lui envoya en présent, lui mandant que c'estoit le premier qui avoit vu de son sang. Tellement que ledit sieur de Sirot est regretté généralement de tout le monde.

Hier au soir, M. le prince de Condé et M. le duc de Beaufort arrivèrent en cette ville. M. le duc d'Orléans alla au devant d'eux et les conduisit en son palais, avec grand applaudissement du peuple. En ce matin, le parlement s'estant assemblé, lesdits trois Princes y ont assisté, et les députés du parlement ont fait récit à la compagnie de leur députation en cour. Il a esté aussi fait lecture de la responce que le Roy avoit envoyée aussi par escrit au parlement où, entre autres, le Roy désire que le parlement envoye les informations qui ont esté ci-devant faites contre le Cardinal : le Roy l'ayant qualifié dans sadite responce de son très cher et bien-aimé cousin, toute la compagnie s'est mise à rire en lisant ces mots, et l'assemblée a esté remise pour demain.

LETTRE DU ROI AUX GOUVERNEURS DES PROVINCES.

Mon Cousin, les artifices que quelques malintentionnés ont employés ci-devant pour tenter la fidélité inviolable de ma bonne ville de Paris, et pour donner les impressions à leur advantage à mes amés sujets, me faisant juger qu'ils ne manqueront pas de prendre advantage de ce qui s'est passé depuis hier en ces quartiers entre mon armée et celle que commande à present le prince de Condé, pour descrier l'estat de mes affaires, j'ai esté aise de vous en mander la vérité par cette lettre, afin que vous en donniez part à tous mes bons serviteurs, subjets de ladite ville. Hier au soir mon cousin, le maréchal d'Hocquincourt, qui estoit logé à Blesneau, ayant eu advis que le prince de Condé, au lieu de continuer la marche qu'il avoit commencée, s'en venoit à Chastillon sur Loing, envoya aussitost ses ordres en tous les quartiers du corps qu'il commande pour faire assembler les troupes, et donner advis en mesme temps à mon cousin le mareschal de Turenne de faire assembler les siennes. Mais edit Prince estant arrivé au quartier des dragons avant qu'ils fussent deslogés il y en eust quelques-uns de pris; et néantmoins a perte ne fust pas grande, tant parce que la pluspart estoient dispersés en plusieurs chasteaux que parce qu'il y en avoit encore d'autres commandés ailleurs. Le prince de Condé s'estant advancé ensuite vers le quartier de mondit cousin le mareschal d'Hocquincourt, et n'y ayant plus trouvé personne, parce que ledit sieur mareschal estoit desjà au rendez-vous, marcha vers les autres quartiers et rencontra en sa marche quelques bagages et quelques troupes du corps dudit sieur mareschal d'Hocquincourt, que l'obscurité de la nuit sans lune avoit fait esgarer en venant au mesme rendez-vous. A la vérité, quelques soldats du régiment d'infanterie de Navailles ont esté pris et perdus en ce rencontre; mais toute la cavalerie qui y estoit aussi s'est sauvée. Et outre que celle dudit Prince, qui suivoit cette partie des troupes du corps dudit sieur mareschal d'Hocquincourt, y a esté en général fort maltraictée, le duc de Nemours y a esté grievement blessé, à ce qu'a rapporté un gentilhomme des siens appelé Siourat, lequel a esté fait prisonnier. Cependant mon cousin, le mareschal de Turenne, après avoir assemblé ses quartiers, a marché en bataille ce matin dès la pointe du jour, vers le quartier de mon cousin le mareschal-d'Hocquincourt, et ayant joint en passant la brigade du sieur de Navailles, a rencontré à moitié chemin ledit Prince avec toutes ses troupes, lequel, pour empescher qu'on n'allast à lui, a faict halte à un certain vallon marescageux proche d'un estang et d'un bois, à couvert duquel il a posté son infanterie. Ce qu'ayant vu, mondit cousin le mareschal de Turenne, et que la situation du lieu ne lui permettoit pas de passer pour aller charger ledit Prince, ni audit Prince pour venir à lui, il a faict quelques démarches en arrière pour attirer ledit Prince hors du défilé, tant par l'apparence de sa retraite que par la commodité qu'il lui laissoit de prendre un terrain suffisant pour ranger ses troupes en bataille après qu'il auroit passé le défilé. Cela obligea ledit Prince à faire passer aussitost huit escadrons à la teste desquels on asseure qu'estoit le sieur duc de Beaufort. Mais mon cousin le mareschal de Turenne les a chargés si vigoureusement, qu'ils ont esté contraints de repasser ledit defilé avec grande précipitation et désordre. Il a faict ensuite poster son canon sur une hauteur, d'où l'on a sceu par les prisonniers qu'il avoit tué plus de deux cens hommes tant soldats qu'officiers, et entre autres le baron de Maré. En ces entrefaites, mon cousin le mareschal d'Hocquincourt, ayant rassemblé toutes ses troupes, est arrivé au champ de bataille, et toute mon armée ainsi réunie a faict tout ce qui estoit possible pour attirer les ennemis au combat ; mais ils n'y ont jamais voulu entendre, et la situation du poste où ils estoient ne permettoit pas de les y pouvoir contraindre. La journée s'est passée de la sorte. Il y a eu plusieurs des ennemis qui ont esté pris, et entre autres le nommé La Barre-Civray, lieutenant des gardes du duc de Rohan, dont la compagnie a esté défaicte ; de façon que, laissant ce qui peut estre du bagage, il y a eu beaucoup plus de perte sans comparaison de la part des ennemis que de la mienne, en ce qui est des officiers et soldats. Sur la fin du jour, voyant qu'il n'y avoit point d'espérance de venir aux mains, mon armée s'est retirée en ses quartiers, comme les ennemis dans les leurs, aux résolutions, de mon costé, de ne rien oublier pour les combattre, et après un succès tel que je le dois attendre de la justice de mes armes, avancer mon retour tant désiré vers ma bonne ville de Paris. Cependant je prie Dieu qu'il vous ait, mon cousin, en sa sainte garde.

Escrit à Gien, le 10ᵐᵉ avril 1652.

II

COMBAT DE SAINT-ANTOINE

Paris, 1ᵉʳ juillet.

Le Roy partit vendredi de Melun et vint coucher au Rinsy et le samedi à Saint-Denis. Le dimanche une partie de son armée tira du costé de Pontoise, afin d'aller attaquer les trouppes de M. le Prince qui estoient dans Poissy; de quoi M. le Prince ayant eu advis fit rapprocher ses troupes de Saint-Cloud et des villages en deçà de la rivière. Le mareschal de Turenne fit dresser un pont de bateaux à Saint-Ouën pour y faire passer son armée et aller attaquer celle du Prince, ce que celui-ci empescha hier; et afin de n'estre point surpris cette nuit, il a fait descamper son armée, et l'a fait marcher par les environs des fauxbourgs Saint-Martin, Saint-Denis et Saint-Antoine, pour aller gagner Charenton. Quelques trouppes du Roy l'ont attaqué au fauxbourg Saint-Martin, où il y a eu quelque escarmouche, ce qui n'a pas empesché qu'il n'ait gagné le fauxbourg Saint-Antoine, où il a esté attaqué par le mareschal de Turenne, lequel le Prince a repoussé jusques à cinq fois. Il y a eu de part et d'autre beaucoup de gens de tués; le plus grand carnage s'est fait devant l'abbaye Saint-Antoine. M. de Nemours y a esté blessé d'un coup de pistolet au bras, M. de la Rochefoucauld au visage, Clinchamp blessé à mort. Plusieurs soldats se sont ici retirés estropiés; le Prince y fait rentrer son bagage qui estoit dans le fauxbourg de la ville. Comme il estoit avancé jusques à Rambouillet (la Folie-Rambouillet), il y a eu quelques chevaux de pris par les cavaliers de M. de Turenne. Il y avoit ce matin ordre aux portes de ne laisser entrer ni sortir personne, ce que l'on croit que le gouverneur et le prévost des marchands ont fait pour favoriser la cour. Le régiment de Valois, qui a esté le premier attaqué, s'estant voulu retirer dans la ville, la garde lui a fait résistance; il a esté obligé de faire ferme et il a beaucoup souffert. M. le Prince, outré de ce refus, est venu à la porte, où il a tué lui-mesme le commandant de la garde. Depuis, son armée a eu l'entrée libre, et aussitost, à la sollicitation de Mademoiselle d'Orléans, la ville a envoyé ordre aux portes de laisser entrer et sortir tous ceux qui auroient des armes. Ensuite 2,000 volontaires bourgeois sont allés au secours du Prince, pour lequel le bourgeois ne s'est guères mis en peine, quoique M. de Beaufort soit venu demander du secours. Présentement il est campé avec son armée tout du long du fauxbourg Saint-Antoine, et l'armée du Roy est dans la plaine entre Charonne et le fauxbourg Saint-Antoine. Depuis qu'elles sont campées, elles n'ont laissé que d'escarmoucher et tirer du canon l'une sur l'autre. Le bagage de l'armée du Prince, et quelque cavalerie qui estoit restée à Saint-Cloud, se loge présentement au fauxbourg Saint-Germain, ce qui donne sujet de croire que la nuit venue il fera passer son armée par Paris pour aller loger au fauxbourg Saint-Germain. Les boutiques et le palais sont fermés, les conseillers commencent à craindre le peuple et ne marchent plus qu'en habit court par les rues. Les plus sages se tiennent chez eux. Le Prince attend quelques trouppes que le comte de Pas, de la maison de Feuquières, amène de Liége. Il espère que le mareschal d'Hocquincourt, qui est mescontent de la cour, les pourra joindre et conduire. Il y a quelques gens qui sont partis pour aller à Péronne l'en empescher; mais ils pourront arriver trop tard. Le peuple murmure ici beaucoup et ne sçait à quoy se résoudre. Les vivres y enchérissent chaque jour, particulièrement le pain. Ce matin Leurs Majestés sont venues faire leurs dévotions à Nostre-Dame-des-Vertus, et ensuite elles sont allées sur une montagne voir le campement des deux armées. L'on ne sçait pas si elles sont retournées à Saint-Denis, ou si elles auront pris le chemin de Grosbois. Depuis que les députés du parlement sont partis, l'on les a laissés à Charenton et aux environs, jusques à hier qu'ils furent mandés pour aller à Saint-Denis où l'on leur donna audience, et ensuite l'on les a renvoyés à Argenteuil pour y attendre la responce du Roy que la plupart croyent qui se moque d'eux. Il a couru ce matin un bruit que le mareschal de Turenne estoit pris prisonnier, et présentement qu'il est seulement blessé au costé gauche, et qu'il a perdu le régiment de la marine qui a esté deffait par le Prince, qui a aussi perdu celui de Valois. Le Prince donne les mains à un accommodement. Il n'y a que le duc d'Orléans qui persiste à vouloir que le cardinal Mazarin se retire; ce qu'il dit sans se mettre en peine de sortir de sa chambre. Le peuple commence à crier contre lui. Il est arrivé aujourd'huy jusques à 400 blessés à l'Hostel-Dieu de l'armée du Prince.

De Paris, le 2me juillet 1652.

Les trouppes des Princes, qui estoient à Poissy, Surenne et Saint-Cloud, s'estant apperçues que l'armée du roi vouloit venir les attaquer par le moyen d'un pont de bateaux qu'on faisoit faire vis-à-vis d'Argenteuil, elles s'assemblèrent toutes à Saint-Cloud, en partirent hier à dessein de regagner Charenton pour se mettre en sûreté à la faveur du pont de Marne et du passage de Paris, où elles commencèrent d'arriver sur les huit heures du soir du costé de Saint-Honoré, croyant traverser la ville jusques hors la porte Saint-Antoine. Mais on ne leur voulut permettre, ains seulement de filer le long des murs par le chemin qui borde les fossés; à quoy ils ont employé toute la nuit jusques à 4 heures de ce matin qu'ayant voulu gagner Charenton, ils ont trouvé en teste une partie de l'armée du Roy qui les a contraincts de se refugier et retrancher dans le village de Piquepuce, tout ce qui s'est trouvé escorté ayant esté deffait et poursuivi jusques à la porte Saint-Antoine, dont on a refusé sur-le-champ l'entrée à M. de Beaufort qui estoit des premiers. Depuis, toute la journée s'est passée en escarmouches furieuses, pendant lesquelles on n'a cessé de charrier des morts et des blessés dans Paris du parti des Princes ; et sur le soir on a laissé entrer tout leur bagage qu'on a logé dans le Pré-aux-Clercs ; et pour leur canon il est braqué en pleine rue entre la porte Saint-Antoine et l'Abbaye, et celui du Roy à l'opposite hors le fauxbourg. M. de Nemours est blessé au bras, le duc de La Rochefoucauld a les deux yeux emportés, et Clinchamp, qui commandoit les trouppes de l'Archiduc que M. de Nemours avoit amenées, tué sur la place. Le Roy est à Saint-Denis depuis samedi.

De Paris, le 6 juillet 1652.

Dimanche dernier au soir le maréchal de Turenne fit faire un pont de batteaux sur la rivière de Seine, à Espinay près Saint-Denis, afin de passer avec son armée, fortifiée encore de toute l'armée de la Ferté-Seneterre, pour aller attaquer l'armée des princes du costé de Saint-Cloud ; de quoy les princes ayant advis firent feinte de se fortifier à Suresnes et Saint-Cloud et d'attendre l'armée de ce mareschal. Mais le lendemain lundi, se recognoissant trop foibles, ils firent passer la rivière à leur armée, et se rendirent à 8 heures du soir au fauxbourg Saint-Honoré, marchèrent toute la nuit jusques au fauxbourg Saint-Antoine, du côté de Picquepuce, et ne puerent aller à Charenton où ils avoient desseing, à cause que 2,000 chevaux du mareschal de Turenne leur coupèrent le chemin ; et mardi à 5 heures du matin, le mareschal de Turenne commença à passer au-dessus de Montfaucon, et destacha un parti de 400 chevaux qui furent au dessus de Montmartre, où il y avoit un corps de cavalerie des princes, qui se combattirent l'espace de demie-heure. La cavalerie des princes se retira dans le fauxbourg appelé la Nouvelle-France. Pendant ce combat, il s'en faisoit un autre du costé du fauxbourg Saint-Martin, où M. de Beaufort avec sa troupe fut contraint de plier et de se retirer à la porte de la ville et laissa des mousquetaires aux Récolets qui se défendirent longtemps. Il y eut en même temps un autre combat vis-à-vis la porte du Temple entre un corps de cavalerie du mareschal de Turenne et un autre des princes qui plia aussi. M. le Prince estoit dans le haut du fauxbourg Saint-Antoine ; il fit pointer son canon auprès de deux moulins au bout du fauxfourg et mit une partie de son infanterie aux barriquades qui estoient aux avenues des rues qui vont vers Charonne. L'armée du mareschal de Turenne estoit dans les champs qui sont entre le dit fauxbourg et Charonne ; et sur les 10 heures le Prince, avec des volontaires et partie de sa cavallerie, se mit dans un champ par delà le fauxbourg, où aussitôt la cavalerie du mareschal de Turenne s'avança et il y eut rude combat ; car l'infanterie du mareschal de Turenne donna en même temps. Le Prince fit aussi donner la sienne, et y eut de part et d'autre grand nombre de cavaliers tués et blessés. Le combat s'opiniastra, particulièrement à la rue qui aboutit aux étables, dans laquelle rue l'on avoit percé deux jardins où l'infanterie des princes fit grand feu et empescha les autres de passer outre. Il y avoit dans cette rue cinq compagnies des gardes avec le régiment de la Marine, soutenues par environ 300 chevaux légers et gendarmes commandés par Saint-Maigrin, et où le jeune Villequier, le marquis de Nantouillet et Manciny, neveu du cardinal, estoient volontaires. La rue s'estant trouvée estroite, pleine d'ornières et un grand fossé à l'entrée dans la rue Saint-Antoine fait par ceux du fauxbourg il y a quelque temps, les compagnies des gardes et la Marine n'avançant pas assez, Saint-Maigrin voulut les devancer avec sa cavalerie. Les soldats du Prince, qui estoient retranchés dans les maisons des coins de cette rue, depuis le premier estage jusques aux greniers, où ils avoient defait la couverture pour passer la teste et leurs armes, firent une rude descharge en laquelle Saint-Maigrin fut d'abord tué avec Nantouillet, et leurs corps laissés sur la place. Les chevaux légers se voyant pressés dans la rue, peu de facilité pour entrer dans celle de Saint-Antoine, où il y avoit des corps d'infanterie et escadrons de cavalerie qui estoient commandés pour les charger au passage, ces chevaux légers et gendarmes firent volte face et laissèrent là le corps de Saint-Maigrin avec les cinq compagnies de gardes et la Marine ; qui furent obligés de se retirer après avoir fait leur décharge et soustenu celle des gens des princes qui en tuèrent beaucoup. Le grand M..... et Villequier y firent merveille ; Manciny y reçut un coup de mousquet dans la cuisse, dont il est beaucoup blessé. L'armée du Roy se trouva un peu estonnée croyant enlever les trouppes du Prince sans beaucoup de résistance. Nantouillet, à ce que l'on dit, avoit fait dessein de tuer le Prince. Entre les blessés du costé des Princes se trouve le duc de Nemours blessé à la main, le duc de la Rochefoucauld blessé à la teste, baron de Clinchamp, comte de Boussu, blessé à mort, comte de Holac, comte de Kinsqui, Desfourneaux et Flamarins tués, et plusieurs autres ; du parti du Roy, le marquis de Saint-Maigrin a esté tué et Nantouillet. M. le Prince, voyant qu'il ne pouvoit pas se maintenir dans le fauxbourg, obligea M. le duc d'Orléans de lui faire donner passage par la ville. Le prevost des marchands s'y opposa fort ; mais il ne fut pas le maître. Ainsi l'arnée passa au travers de la ville, depuis le midi jusques sur les 7 heures du soir, l'espée à la main, et est allé camper le long de la rivière du costé du faubourg Saint-Victor. L'armée du mareschal de Turenne quitta le fauxbourg Saint-Antoine, et sur le minuit, par l'intrigue de Mademoiselle, il fut tiré sur les 4 ou 5 heures, 8 coups de canon de la Bastille sur l'armée du Roy.

Le Prince a gaigné, au combat de mardi, 13 drappeaux de l'armée du Roy, qui y a perdu les marquis de Saint-Maigrin, Nantouillet et trois capitaines des gardes tués[1], cinq prisonniers, huit cents morts, parmi lesquels on compte soixante hauts officiers, plusieurs personnes de condition blessées, mesme le neveu du cardinal, Manciny, légèrement au bas-ventre.

III

SCÈNE DE L'HOTEL DE VILLE

Le 4 juillet, comme mardi, les soldats des Princes avoient de la paille à leur chapeau pour se recognoistre d'avec ceux du Roy. Personne n'a marché en seureté dans Paris sans en porter ou au chapeau ou à la ceinture; mesme les moines en portoient attachée à leur froc, et ceux qui n'en ont porté ont couru risque de leur vie, et esté appelés et tenus Mazarins. L'assemblée de l'hostel de ville ayant commencé à 2 heures de relevée, S. A. R. et messieurs les Princes y sont arrivés sur les 4 à 5 heures, et comme un trompette estoit venu de la part du Roy un peu auparavant aporter commendement de surseoir cette assemblée de huitaine, leurs Altesses n'y ont demeuré qu'un demi-quart d'heure, ayant trouvé la pluspart de l'assemblée dans la résolution d'obéir à ce commendement. En sortant, le peuple criant : *Point de Mazarin!* et demandant leur union, ils auroient respondu qu'on ne faisoit que mazariner dans l'hostel de ville, et qu'ils estoient tous Mazarins. Sur ce, le peuple se mettant en colère de la remise de huitaine que le Roy demandoit, remise qui seroit capable de faire mourir cent mille âmes de faim, auroit résolu de tuer tous ceux de l'assemblée, et se mettant en devoir d'entrer à main armée dans l'hostel de ville, les archers qui le gardoient dedans auroient tiré quelques coups, tué et blessé plusieurs du peuple, qui, irrité plus qu'auparavant, autant qu'il en sortoit autant en tuoit, auroit fait décharge dans toutes les fenestres de l'hostel de ville, se seroit saisi de toutes les advenues et sorties,

---

1. Note du manuscrit : « Il n'y a point de capitaines des gardes tués; seulement Seys a été fait prisonnier. Il n'y a pas plus de cinq cents morts. La blessure de Manciny est dans la cuisse, où l'on n'a pas encore trouvé la balle. »

tandis que d'autres auroient couru aux fagots, coffrets et bûches, et mis le feu contre la principale porte. Ceux de dedans ayant mis une épée nue à une fenêtre et un mouchoir, la paix ou la guerre, on auroit commencé à tirer contre plus qu'auparavant. Puis, ayant jetté un papier par lequel ils demandoient l'union avec les Princes et point de Mazarin avec la seureté pour leurs personnes, on n'y auroit point eu esgard, au contraire, le feu auroit consommé la porte. Le curé de Saint-Jean ayant fait porter le Saint-Sacrement, dans l'espoir d'apaiser ce peuple, arriva vers la principale porte; mais ceux de dedans ayant recommencé à tirer, cela auroit esté cause que, sans respect au Saint-Sacrement, cette populace auroit continué ses attaques, pendant lesquelles MM. Ferrant fils, Hardier et Fayet[1], conseillers au parlement et capitaines de leurs quartiers, ont esté tués. Et, ce qui est plus remarquable, est que, quand ce peuple avoit tué quelque Mazarin, un crocheteur ou autre le mettoit sur ses espaules et alloit le monstrer dans les rues, et que M. de Beaufort étant accouru sur les 10 heures du soir pour faire esteindre le feu, en offrant de l'argent, tout ce peuple lui demanda le mareschal de l'Hospital et le prévost des marchands, et qu'ensuite il laisseroit sortir les 4 à 500 personnes qui estoient dedans. A la fin cette populace s'apaisa par l'entremise du duc de Beaufort, et la pluspart des gens qui estoient dans l'hostel se sauvèrent par une petite porte de cave.

AUTRE RELATION [2]

Le jeudi 4me juillet, l'assemblée estant convoquée à l'hostel de ville, plusieurs bourgeois et officiers y furent mandés. Un nommé Martin, avocat au parlement, comme tous les députés furent venus, commença à mettre de la paille à son chapeau, ce qui donna sujet à quelques uns de s'en formaliser, d'autres repliquèrent que chacun estoit libre. En mesme temps trois ou quatre cens canailles attirés dans la Grève, et qui beuvoient et offroient du vin à ceux qui alloient à l'assemblée, en leur disant qu'ils ne vouloient point de Mazarin, commencèrent aussi à mettre de la paille à leur chapeau, et aussitost il n'y eut plus de sûreté de marcher par les rues sans paille à son chapeau. Quelques uns furent même maltraités pour n'en avoir point. Depuis on l'a porté, au moins quelques uns, en forme de galands, et qui n'en a point est Mazarin. La plus part de ces canailles estoient gens atitrés, à ce que l'on croit, par les Princes. L'on y remarqua quelques uns de leurs domestiques, des laquais du duc de Beaufort et des mariniers. Le duc d'Orléans

---

1. Ces deux derniers nom écrits, puis effacés,
2. Voyez la relation très-détaillée de Conrart, *Mémoires*, p. 113 et suiv.

estant arrivé à l'assemblée sur les 5 heures avec le Prince et le
duc de Beaufort, ils en sortirent incontinent après tous trois, et
tesmoignèrent à 3 ou 400 canailles qui estoient assemblés au
milieu de la Grève qu'ils n'estoient pas satisfaits et que l'assemblée
vouloit prolonger pour donner moyen au Cardinal de faire ses affaires. Aussitost cette canaille dont quelques uns estoient armés
commencèrent à crier et à tirer dans l'hostel de ville par les fenestres, ce qui donna sujet à 60 archers qui estoient dedans de fermer les portes et de faire une descharge sur cette canaille dont
cinq ou six furent tués. Ce qui l'ayant irritée, elle recommença à
tirer et à mettre le feu à l'hostel de ville à toutes les portes. Aussitost les chaisnes furent tendues et barricades faites aux environs
de la Grève, et les bourgeois s'estant mis en armes empeschèrent
que quelques bons bourgeois, les uns par compagnies, les autres
en particulier, ne passassent pour aller secourir ceux qui se trou-
voient enfermés dans l'hostel de ville. Ils empeschèrent aussi que
d'autres canailles n'allassent augmenter le nombre de ceux qui
estoient à la Grève, lesquels continuant à mettre le feu à l'hostel
de ville et à tirer, cinq ou six cens députés qui estoient enfermés
dans l'hostel de ville, se voyant ainsi attaqués et pressés par le
feu dont la fumée les estouffoit sans secours, commencèrent à se
préparer à la mort et à se confesser. Ils jettèrent des billets à la canaille pour leur accorder ce qu'ils demandoient et mirent des linges
aux fenestres pour marque qu'ils vouloient leur satisfaire, ce qui
sembloit les irriter tirant à mesure qu'ils voyoient paroître quelqu'un. Le Président Charton se persuadant que le peuple auroit
quelque considération pour l'escouter, se voulut présenter avec un
linge à la fenestre dont cinq ou six coups de mousquet l'obligèrent
à se retirer bientost. Tout le monde plaignant ce désastre et la
perte d'un si grand nombre de personnes de condition qui estoient
enfermés, sans que l'on se mist beaucoup en devoir de les secourir,
le curé de St-Jean porta deux fois le St-Sacrement au milieu de la
Grève ; mais cette canaille manquant de respect continua, et voyant
les portes bruslées entra l'espée nue à la main sur les 8 à 9 heures
dans l'hostel de ville. Quelques uns furent tués par les archers qui
firent encore une descharge. Ils pillèrent d'abord la maison du
S[r] Le Maire, greffier de l'hostel de ville, et après montèrent où
estoient les députez dont quelques uns s'estoient voulu sauver aussitost qu'ils virent la canaille entrer dans l'hostel de ville. Cette
canaille tua d'abord à coups d'espées, pistollets, bayonnettes, et de
bastons que quelques-uns avoient pour toutes armes, le sieur de
Janvry. conseiller au parlement, fils de M. Ferrand de la grande
chambre, capitaine de son quartier, ainsi qu'un nommé Froissand[1],

---

1. Conrart, p. 140, le nomme Fressand.

marchand de fil de la place Maubert. Un nommé Ilion, ci-devant
eschevin, qui fut pris pour le prévost des marchands auquel il avoit
quelque ressemblance, fut massacré de coups de bayonnette;
M. Miron, maître des comptes, frappé, par une personne qu'il reconnut et qu'il n'a pas voulu nommer, d'un coup de pistolet dont
il mourut le lendemain. M. Legras, maître des requestes, ayant
composé de sa liberté avec un qu'il rencontra en se sauvant,
moyennant 12 pistoles qu'il avoit, il fut conduit par ce coquin
jusques au bas de l'escalier de l'hostel de ville où après avoir receu
son argent, il lui bailla quatre coups de poignard, et un autre qui
survint deux coups d'espée sur la teste, et ensuite le despouillèrent.
N'estant pas mort sur l'heure il fut porté par quelques spectateurs
chez un chirurgien de la Grève où il est mort deux jours après.
On alla au duc d'Orléans, à Mademoiselle, à M. le Prince, à
M. de Beaufort pour les prier de se transporter à l'hostel de ville
pour faire cesser ce désordre. Pas un n'y voulut aller[1]. Le premier y envoya un exempt qui en arrivant à la Grève fut tué.
M. de Beaufort y arriva sur les 9 heures, eut beaucoup de peine à
passer et tascha à appaiser cette canaille qui estoient apres à piller
et à fouiller les députés dont beaucoup se sauvèrent après avoir
esté frappés, blessés, pillés, et moyennant composition qu'ils faisoient les uns de 4, 6, 10, et les autres jusques à 12 et 200 pistoles. D'autres se sauvèrent avec le mareschal de l'Hospital par un
petit escalier qui est du costé du St-Esprit. Il y avoit de ces canailles assez hardies pour porter ceux qu'ils avoient blessés dans
leurs maisons, et qui alloient recevoir le prix dont ils avoient
convenu pour les délivrer de la mort. Le lendemain mesme il y en
eut qui furent querir le reste du payement que l'on leur avoit
promis en quelques endroits. S'estant retirés sur le minuit, tout
le lendemain vendredi fut calme, chacun déplora seulement ce désordre. Le samedi quelques conseillers furent au parlement. Le
mareschal de l'Hospital et le prévost des marchands donnèrent leur
démission. L'après dînée il fut fait une assemblée à l'hostel de
ville où les princes assistèrent seulement et quelques unes de leurs
créatures. M. de Bruxelles[2] y fut eslu prévost des marchands. Il
presta aussitost le serment entre les mains de M. le duc d'Orléans
où le Prince le mena. S. A. R. à cause de l'absence du mareschal
a pris le soin du gouvernement de la ville, où il fut aussi résolu
que les billets seront donnés pour la garde des portes à chaque
jour aux capitaines et qu'il seroit pourvu à la seureté de la ville et
et à la police. Le dimanche, M. de l'Hospital, conduit par M. de
Beaufort, sortit pour aller à sa maison de campagne, estant mal à

---

1. Voyez plus bas la lettre de Marigny, témoin oculaire.
2. Le président Broussel.

la cour, où S. Éminence estoit persuadée qu'il ne la servoit pas, à cause qu'il avoit dit qu'il falloit qu'elle se retirast. Le prévost des marchands se retira aussi pour aller à la cour. M. de Chasteauneuf, M. et Madame de Liancourt, et quelques présidens au mortier et conseillers sont aussi sortis; plusieurs personnes se disposent aussi à sortir. Hier le parlement s'assembla où les Princes se trouvèrent, le doyen de la grand'chambre présidant par l'absence de tous les présidens au mortier. Il y fut ordonné que tous les présidens et conseillers s'y trouveroient à peine d'interdiction, et que les deputés qui sont à la cour seroient mandés de revenir pour jeudi; aujourd'hui l'on leur doit donner audience à la cour, et l'on espère qu'ils reviendront demain. Les Princes parlent de faire loger leur armée dans la ville, pour ne la pas croire en seureté aux fauxbourgs, ce qui, selon le sens de plusieurs, va à se rendre bientost maîtres de tous les bourgeois afin de commencer à leur faire payer des taxes.

IV

LIEUTENANCE GÉNÉRALE DU DUC D'ORLÉANS. — DUEL DU DUC DE BEAUFORT ET DU DUC DE NEMOURS — AFFAIRE DU COMTE DE RIEUX.

De Paris, le 26 juillet 1652.

Le 20 du courant fut donné arrest, toutes les chambres assemblécs en présence de S. A. R., de M. le Prince, du duc de Beaufort, et autres ducs et pairs et officiers de la couronne, portant que le Roy est desclaré prisonnier entre les mains d'un estranger et ennemi de l'Estat, enjoint à tous les officiers de la couronne et capitaines des gardes qui sont proche de Sa Majesté, de la ramener en sa bonne ville de Paris, et à faute d'y obéir déclarés criminels de lezemajesté, et que comme tels leur procès sera fait et parfait, et que le Roy estant prisonnier, comme dit est, il a esté nécessaire de remedier à la seureté de l'Estat. La cour, après une mûre délibération, a déclaré et déclare M. le duc d'Orléans, oncle du Roi, lieutenant général du Royaume et de l'Estat tant et si longtemps que Sa Majesté sera entre les mains de l'ennemi de l'Estat, enjoint à tous les fermiers et receveurs généraux et autres d'aporter incessamment les deniers qu'ils doivent et devront par ci-après à la recette generale de Paris et non ailleurs, à peine de payer deux fois, pour ces deniers estre employés par S. A. R. à lever des troupes pour aller quérir le Roy et l'oster d'entre les mains de l'ennemi et le mettre en liberté; et que S. A. R. disposera aussi de toutes les charges, offices et bénéfices qui viendront à vaquer tant et si longuement que le Roy sera comme il est; que M. le Prince sera généralissime des armées de Sa Majesté sous M. le duc d'Orléans, et M. le duc de Beaufort son lieutenant général ; lequel arrest sera envoyé à tous les parlemens de France pour estre enregistré dans les registres de leurs greffes, enjoint à tous les maires et eschevins des villes de ce ressort de ne recognoistre autres ordres que ceux de S. A. R. Le présent arrest sera mis en bonne forme et authentique pour estre porté au Roy, pour lui estre communiqué. M le duc d'Orléans est supplié par la compagnie de le faire enregistrer au greffe de l'hostel de Paris, pour estre après ledit arrest lu, publié et affiché partout où besoin sera.

Le neveu du Cardinal, nommé Manciny, qu'on disoit n'estre pas mort, fut enterré la semaine dernière en l'église des Jésuites de Pontoise.

Le 21 du courant, M. le duc d'Orléans, M. le Prince, les ducs de Beaufort, de Nemours, et autres ducs et pairs disnèrent chez le Sr Tubeuf, président en la chambre des comptes, et de là allèrent chez M. le Chancelier de France ; et on n'en sçait pas encore au vray le sujet, sinon qu'on croit que c'est pour faire un grand sceau, et le donner à ce chancelier.

Messieurs les Princes ont trouvé un fonds de 400,000 escus. L'on parle de faire un conseil à Paris, que le président de Thou sera garde des sceaux et le président Viole secrétaire d'estat de la Lieutenance.

Mardi dernier on exécuta à mort les deux prisonniers convaincus d'estre du nombre de ceux qui furent les assassins à l'hostel de ville. L'on dit que par un testament secret ils ont confessé que ce jour là il y avoit trois factions, l'une pour les Princes, l'autre pour le Cardinal et la troisième pour le coadjuteur.

La cour est toujours à Pontoise assez mescontente pour ce qui s'est passé samedi au parlement, dans l'appréhension des suittes, si S. A. R. se sert du pouvoir qu'on lui a donné, et que les provinces le recognoissent pour lieutenant général du Roy et obéissent à ses ordres ; car ne pouvant aller en Normandie, ils se trouvent obligés de se retirer des environs de Paris dans quelque province ou ville qui les veuille recevoir. On parle de la Bourgogne, de la ville de Lyon, où ils parlent d'establir un nouveau parlement, de Nantes où le mareschal de la Meilraye leur asseure qu'ils seront les bien venus. On croit que si la cour s'esloigne de Paris elle aura peu de suite, à cause des incommodités qu'ont souffert ceux qui l'ont suivie depuis tantost un an ; et ce qui les fasche le plus est le refus que l'Archiduc a fait des offres qui lui ont esté faits de la part de la cour de restituer aux Espagnols les places sur eux prises pendant cette guerre, ne voulant point traiter avec le Cardinal, mais bien avec les Princes, notamment depuis que le Roy a esté déclaré n'estre en liberté par l'arrest de samedy auquel on a aujourd'huy adjousté l'injontion à tous les receveurs des provinces et autres d'envoyer ici incontinent les deniers qu'ils ont entre les mains et deffence de les porter en cour. On a aussi trouvé moyen pour faire le fonds des 50,000 escus pour la teste du Cardinal, qui sera mis entre les mains de 4 marchands ayant banque et correspondance en Italie, Allemagne, Angleterre et autre lieu, où celui qui fera le coup se pourra retirer. On a aussi ordonné au parlement que le surplus des meubles du Cardinal qui sont encore icy seront vendus.

M. le duc d'Orléans bailla hier les patentes à M. de Beaufort de gouverneur de Paris.

M. le duc d'Orléans et M. le Prince ont tant fait qu'ils ont porté M. le Chancelier à reprendre les sceaux. Il s'estoit excusé d'aller au parlement lorsqu'il y fut convié sur ce qu'il avoit promis au Roy en lui remettant les sceaux de ne faire aucune fonction de la charge de chancelier : jeudi il avoit encore refusé d'accepter les sceaux ; mais vendredi il se laissa gagner et les reprit, et samedi il assista à un conseil qui fut tenu chez M. le duc d'Orléans où il eut differend avec M. de Beaufort pour la préséance, ce qui fut ajusté. L'on dit que le président de Maisons reprendra aussi la surintendance et que le président Viole sera secrétaire d'estat de la Lieutenance générale. Le parlement a continué ses assemblées pour faire un fonds pour les 50,000 escus destinés pour l'exécution de leur arrest contre M. le Cardinal. Hier matin le Prince fit decamper son armée des jardins du fauxbourg St-Victor où elle a tout ruiné pour aller à Juvisy, sous le bruit d'aller assiéger Corbeil, mais en vérité pour aller ruiner le pays plus loin, ne pouvant plus rien trouver ici aux environs, où ils ont ruiné tous les grains et fourages, coupé, battu et vendu les bleds, quoiqu'ils ne fussent pas murs, impunément dans Paris, et à ceux qui en ont voulu aller acheter, ce que les Parisiens ont souffert et la ruine de leurs jardins et maisons d'un œil sec et sans se remuer, quoique la dite armée ne soit que d'environ mil hommes de pied et 1500 chevaux. L'on continue toujours fort mal à propos la garde aux portes, et personne ne sort sans passe-port. C'est S. A. R. qui les accorde. La qualité qu'elle prend c'est : Gaston, fils de France, oncle du Roy, duc d'Orléans et lieutenant général du Royaume.

Hier 29ᵐᵉ juillet il se tint une assemblée à l'hostel de ville qui dura jusques à huit heures du soir. Les Princes y estoient. Le duc de Beaufort fut fait gouverneur de Paris, et résolu qu'il seroit levé jusques à 800,000 livres pour mettre 14,000 hommes sur pied ; lesquelles seroient prises sur les maisons de Paris, savoir 150 livres sur les portes cochères, 25 pour les portes carrées et 5 sur les rondes ; que quatre bourgeois dans chaque quartier prendroient le soin de lever ces taxes, et que pour les 150,000 livres affectées pour l'execution de l'arrest donné contre le cardinal Mazarin, ils seroient présenlement pris sur les deniers qui estoient à l'hostel de ville. Il y a des gens icy assez malheureux pour se resjouir de toutes ces choses qui auront de fascheuses suittes. Les entrées doivent aussi estre remises aux portes et reçues par ceux qui en sont fermiers, par bail du conseil, pour en estre les deniers employés pour l'entretenement des gens de guerre.

Le conseil de M. le duc d'Orléans est composé des princes de Tarente et Guémené, de M. le Chancelier, des ducs de Beaufort, de Nemours, de Rohan et de la Rochefoucault, du comte de Rieux, du mareschal d'Estampes, des présidents de Nesmond, de Maisons, de Thou et de Viole, Aubry et Larcher, Dorieux et Lenoir.

De Paris, du 30 juillet.

Il a esté envoyé une lettre circulaire par le parlement de Paris à tous les autres du royaume contenant ces mots: Après avoir lasché par tant de remonstrances de vive voix et par escrit d'obtenir du Roy, nostre souverain seigneur, le calme si nécessaire au royaume par l'esloignement du Cardinal, nous avons bien recognu qu'il falloit avoir recours à d'autres remèdes, et que le dit Cardinal, tenant en sa puissance nostre Roy, l'empeschoit de nous accorder une prière que nous lui faisons au nom de tous ses peuples. C'est ce qui nous a fait resoudre à donner l'arrest que nous vous envoyons, par lequel vous verrez que nous avons essayé de pourvoir au salut de l'Estat et de la personne dudit Roy que le Cardinal détient; vous priant de seconder nos bons desseins et de nous croire, etc.

Le 27 juillet, le parlement s'assembla où Son Altesse Royale, M. le Prince et autres ducs et pairs de France estoient, et fut donné un arrest après avoir ouï les gens du Roy par la bouche de M. Bignon, advocat général, qui fit une harangue très éloquente en faveur de M. le duc d'Orléans, remonstrant qu'estant oncle du Roy, sa naissance lui donnoit pouvoir d'estre le lieutenant du Roy dans son royaume, pour la conservation de la couronne et de l'Estat, et bien d'autres tels discours; et après que messieurs les gens du Roy furent retirés, fut arresté que M. le duc d'Orléans seroit remercié de l'acceptation qu'il faisoit de la charge de lieutenant général du Roy dans le royaume et du zèle qu'il tesmoignait par là à la conservation de la monarchie et au bien de l'Estat, qu'il composeroit son conseil de telles personnes qui lui plairoit, et mesme en pourroit donner advis, si bon lui sembleroit, à M. le chancelier pour y venir prendre sa place et y tenir le rang que sa charge lui donne, le tout à la charge et condition qu'il ne s'y traiteroit rien qui ne fust à la conservation du Roy, de l'Estat et de la monarchie, et qu'il falloit toujours respecter et conserver l'image du Prince. Et à la levée du parlement, Son Altesse Royale, M. le Prince, et autres ducs et pairs de France, furent chez M. le chancelier lui faire entendre la teneur des arrests ci-dessus mentionnés et l'inviter de prendre sa place au conseil et exercer sa charge, ce que le dit chancelier différa pour aller visiter Son Altesse Royale en son palais, où il se transporta le mesme jour de relevée et accepta la dite charge; ensuite de quoi le dit chancelier a esté fait garde des sceaux de France, M. de Chavigny premier ministre d'Estat, M. le comte de Fiesque, fils de la gouvernante de Mademoiselle, second ministre d'Estat ; M. le president de Nesmond premier président, MM. de Viole et de Charton[1] secrétaires d Estat. Quelques-uns disent que le président Tubeuf est surintendant des finances, les autres que c'est le président de Maisons.

Il a esté donné un arrest en conseil d'en haut tenu à Pontoise samedi dernier, le Roy y estant, portant cassation de tout ce qui a esté fait au parlement de Paris, portant aussi interdiction du parlement de Paris, declarant que tous les arrets qu'ils rendront à l'advenir seront de nul effect.

Du 30ᵐᵉ.

Hier au soir M. de Nemours ayant querelle avec M. le duc de Beaufort, le fit appeler en duel et se furent battre dans la place du marché aux chevaux, derrière l'hostel de Vendosme. Ils estoient 3 contre 3 ; le comte de Brancas[2] servoit M. de Nemours, et le comte de Bury le duc de Beaufort ; et après un rude combat, le duc de Beaufort tua M. de Nemours. Il n'expira pas sur l'heure; on le mit dans son carrosse, et est fort regretté de tout le monde. Ce combat s'est passé comme le dit la Gazette de Renaudot, qui a seulement obmis qu'il y avoit une haine particulière entre M. de Nemours et M. de Beaufort, qui fit aisément naistre leur différend pour leur séance au conseil de Son Altesse Royale, laquelle et le Prince prétendoient les accommoder le mercredy. Pour cela, le Prince avoit la parole du duc de Nemours de ne se point battre ce jour-là, au préjudice de laquelle il fit l'appel et pressa le duc de Beaufort. Mᵐᵉ de Cavois[3] fit ce qu'elle put avec quelques gens qui la suivoient pour s'opposer à leurs desseins ; mais la porte de l'hostel de Vendosme s'estant trouvée fermée par hazard, elle ne put passer. Le coup que reçut le duc de Nemours se trouva de trois balles qui lui fendirent le cœur. Le duc de Beaufort s'en alla ensuite dans l'hostel de Vendosme, tout troublé, allant dans le jardin de costé et d'autre, sans savoir où il alloit. La nuit suivante, la duchesse de Nemours envoya M. de la Nauve et M. l'Empereur, trésorier de sa maison, à M. le Prince pour le prier de

---

1. Note du manuscrit : « Cecy à l'esgard du P. Charton n'est pas vray. »
2. Le marquis de Villars était de la maison de Brancas, et pouvait s'appeler ainsi.
3. Voyez plus bas le récit de Marigny.

venger la mort de son mari et lui faire excuse de ce qu'elle ne l'avoit pas vu lorsqu'il estoit allé pour la voir.

Du 31.

Sur le midi à Luxembourg, M. le prince de Tarente (qui n'est pas allé en Poitou comme le bruit en a couru) et le comte de Rieux ayant différend pour la préséance au conseil de Son Altesse Royale, l'on a eu crainte qu'il n'arrivât pareil accident que hier, ce que M. le Prince a voulu prévenir, et il les a exhortés à l'union. Au lieu de quoi, le dit comte a tancé le dit Prince sur l'appui qu'il faisoit de sa partie contre lui ; M. le Prince lui repliqua qu'il estoit obligé de protéger une personne qui l'avoit servi, et qu'il estoit son serviteur. Ce comte, perdant tout respect, levant la main contre le chapeau de M. le Prince, lui dit : Et moy, je ne suis pas le vostre ; auquel discours le Prince lui a donné un soufflet, et ce comte a rendu un coup de poing à l'espaule pour le repousser et avoir moyen de mettre l'espée à la main, ce que le Prince a empesché en mesme temps. Sur cela, Son Altesse Royale cria à ses gardes et leur ordonna de mener ce comte à la Bastille, ce qui fut fait sur-le-champ. Depuis M. le Prince sollicite tant qu'il peut la liberté de ce comte ; mais Son Altesse Royale lui a refusé tout net.

AUTRE RELATION.

Le 31 juillet, le prince de Tarente et le comte de Rieux estant sur le midi dans la gallerie du palais d'Orléans, eurent différend pour leur préséance au conseil de Son Altesse Royale ; de quoi celle-ci, qui estoit à l'autre bout de la gallerie, estant avertie avec M. le Prince, envoya ce dernier pour les mettre d'accord ; ce qu'ayant essayé, le comte de Rieux lui répliqua par deux fois qu'il prenoit plus tôt le parti du prince de Tarente que le sien ; à quoi le Prince ayant répondu que le prince de Tarente estoit son ami, le comte de Rieux dit, en levant la main assez proche de M. le Prince et se tournant : qu'il n'estoit pas le sien, ni du Prince non plus, parlant à lui, ni qu'il ne le seroit jamais : ce qui porta le Prince à lui donner un soufflet. Le comte de Rieux se retirant, lui allongea un coup de poing dont les glands du Prince furent rompus, et ayant fait trois pas en arrière il voulut mettre l'espée à la main. Ce que voyant le Prince, il s'en saisit et de son espée, et aussi tost Son Altesse Royale et ses gardes estant accourus, le comte de Rieux fut arrêté et mené prisonnier à la Bastille[1].

La cour n'est pas moins brouillée de son costé que nous sommes ici ; car au sujet que le Roy avoit faict le cocher dans Pontoise et

---

1. Il y a bien plus de détails dans le récit de Marigny.

le valet du Cardinal qui estoit dans le carosse conduit par le Roy, M. de Villeroy s'est plaint de cette action, et on lui a voulu faire pièce, ce qui auroit obligé plusieurs de ses amis de lui aller offrir service; et les autres, au contraire, se disposoient à un appel où 6 contre 6 se doivent battre. En quoi un chaquun trouve le Cardinal fort heureux de voir de part et d'autre ses ennemis se deffaire et mesme sans qu'il courre aucune risque.

On tient le duc de Bouillon à présent mort de maladie à Pontoise. Le sieur de Saintot, maistre des cérémonies, y est trespassé depuis peu. Mme de Nemours, inconsolable qu'elle est, fut conduite en carrosse aux filles de Sainte-Marie, où elle veut finir ses jours.

V

INTRIGUES DE TOUT GENRE ET AFFAIRES MILITAIRES. — TRAHISON DU DUC DE LORRAINE. — CONDUITE DE RETZ. — LE DUC D'ORLÉANS SE REND. — CONDÉ SE RETIRE.

De Paris, le 6 septembre 1852.

Du 3me. Ce jour, la cour, toutes les chambres assemblées, où estoient présens M. le duc d'Orléans, M. le prince de Condé, M. de Beaufort, ouïe la matière mise en délibération, la cour a ordonné que M. le duc d'Orléans sera prié d'escrire au Roy qu'il est prest et M. le Prince de mettre bas les armes présentement, en envoyant par le Roy les assurances nécessaires pour la marche des troupes qui sont sous leur nom et les passe-ports nécessaires pour les estrangers, et une amnistie générale en bonne forme à tous les parlements de France, qui remette et restablisse les choses en mesme estat qu'elles estoient auparavant les présents mouvements, que les compagnies souveraines seront invitées de faire pareille députation au Roy que le parlement, pour remercier Sa Majesté de l'esloignement du Cardinal, le prier de donner la paix et de venir dans sa bonne ville de Paris; que l'assemblée générale sera faite à l'hostel de ville de tous les corps tant séculiers qu'ecclésiastiques tendant à mesme fin, et que M. le duc d'Orléans et M. le Prince seront priés d'obtenir de la justice et bonté du Roy les passe-ports pour les dits députés des compagnies; qu'il en sera escrit à M. le président de Mesme qui est à présent à la Cour, qu'il sera prié de solliciter de la part de la compagnie les dits passe-ports.

Du 4e. Ce matin, MM. les princes sont allés à la chambre des comptes faire pareille déclaration que hier au parlement, où, après répétition de la lecture de la lettre de Sa Majesté à Son Altesse Royale, ils ont délibéré en leur présence et résolu de fermer leur chambre comme par une espèce d'interdiction volontaire pendant quinzaine, et cependant envoyer en cour leur procureur général après le passe-port obtenu. Il y a plusieurs particuliers qui ont frondé les Princes, ce qui a obligé M. le Prince de menacer en sortant un maistre des comptes pour trop d'irrévérences et de paroles effrontées par lui contre eux prononcées dans son opinion. Ensuitte sur les 11 heures, ils sont allés à la cour des aides où ils ont esté jusques à 2 heures après-midy, où ils ont pris la mesme résolution.

Du 6me. Ce matin, les chambres assemblées, l'on a ouvert le paquet du Roy venu de Pontoise il y a quelques jours, dans lequel s'est trouvée la desclaration du Roy touchant la translation du parlement d'icy à Pontoise, lequel, par arrest de la cour, estoit demeuré au greffe jusques à la sortie du Cardinal hors du royaume; ce qu'ayant appris estre fait, on a lu au long la ditte déclaration et renvoyé à demain la délibération. De relevée, MM. les Princes sont allés à la maison de ville pour assister à l'assemblée générale qui a esté indiquée ensuite de l'arrest de la cour de mardy dernier, en laquelle tout s'est passé avec l'applaudissement d'un chaquun : que l'on députeroit 2 eschevins et 4 conseillers de ville, et deux quarteniers, et 2 de chaque corps de marchands et communautés, et 2 bourgeois de chaque quartier pour aller en cour prier le Roy, conformément aux arrests du 22 aoust et 3 septembre, et adjousté que la Reyne seroit humblement suppliée de se rendre médiatrice et interposer sa prière auprès du Roy pour son retour et autres demandes à lui faire.

Hier au soir les coureurs de M. de Turenne, ou plustost les espions qu'il a dans le conseil des Princes, ayant sçu la résolution par eux prise de faire passer l'armée dessus le pont de bateaux vis-à-vis leur camp pour aller à Brie joindre le duc Charles et le duc de Wirtemberg, ce mareschal a fait marcher toute la nuit son armée et vint pour combattre celle des Princes avant leur jonction. M. le prince de Condé en ayant eu advis, partit à minuit à la teste de 2,000 chevaux pour aller à Ablon, où il a fait faire promptement un petit pont, par le moyen duquel il a ce matin joint l'armée de Lorraine et de Wirtemberg au-dessus de Villeneufve-Saint-George, dans le mesme poste où elle estoit lorsque le duc Charles fit son traité au moyen du Roy d'Angleterre, sur quoi le mareschal de Turenne s'est retiré à la Grange-Chevrit, et à 7 heures le reste de l'armée des Princes a pris le mesme chemin ; l'on ne croit pas que le mareschal de Turenne veuille rien hazarder si on ne le force.

Du 7me. Hier, à 4 heures du soir, M. le prince de Condé amena le duc de Lorraine au palais d'Orléans pour conférer avec Son Altesse Royale, et retournèrent le même soir à 7 ou 8 heures à leur armée.

De Paris, le 10me septembre 1652.

L'armée du Roy est tousjours campée devant Villeneufve-Saint-George, ayant derrière elle la ville de Melun pour retraite en cas de besoing.

Le reste des trouppes de M. le Prince qui estoient hors du faux-bourg Saint Victor, se sont rendues à Charenton par le pont de l'isle Notre-Dame et la Porte Saint-Anthoine, où M. le duc d'Orléans leur fit donner hier passage, parce que le jour précédent s'estant voulu acheminer audit Charenton pour passer un pont de batteaux qu'on avoit fait vis à vis. M. de Montbas, qui commande à Corbeil, les chargea si rudement qu'ils furent contraints de regaigner leur terrier et sauver leur artillerie dans les chantiers le long de la rivière, après avoir laissé une partie dudit bagage à la merci des poursuivans et une centaine de morts sur la place, la pluspart desquels estoient enfans de marchands qui s'estoient picqués d'aller fortifier cette escorte en faveur de M. le Prince.

Nonobstant tout cela, M. le cardinal de Retz nous fait espérer la paix, et le retour du Roy à Paris. Il partit hier matin de cette ville pour aller trouver Sa Majesté à ce dessein, accompagné de tous les curés des paroisses de Paris, et des députés des chapitres, abbayes, corps et communautés ecclésiastiques qui remplissoient vingt-cinq carrosses, dont l'on se promet un grand effect.

De Paris le 13 septembre 1652.

Du 7me. Le Prince n'a pu encore faire résoudre le duc Charles à donner combat; il dit avoir fait la commission du roi d'Espagne par la jonction des troupes de Wirtemberg à celles des Princes. Néantmoins il a escrit à la Reyne que s'il faut continuer la guerre, il sera plus tost de leur parti. S. A. R. a aussi escrit en cour pour savoir la dernière resolution de la Reyne, après la responce de laquelle, si elle n'est favorable, on croit qu'il y aura combat, dont le Prince a grande envie. L'on a tenu conseil en cour, dans lequel on a résolu de secourir Dunquerque.

Le duc de Beaufort ayant appris qu'on commençoit à lui faire son procès pour avoir tué M. de Nemours, comme vous avez sçu, au prétendu parlement de Pontoise, à la requeste du procureur général, pour l'intérest du Roy, car il n'y a point de partie, a baillé sa requeste au parlement, sur laquelle on a ordonné qu'elle vaudroit pour lettre scellée en chancellerie et dont on doit parler mardi en l'assemblée des chambres.

Les armées sont toujours en présence à trois lieues d'icy et en mesmes postes. On dit que le mareschal de Turenne ne sauroit sortir des siens sans hazarder beaucoup. Le Prince le serre de si près, qu'on dit qu'il ne sauroit sauver qu'en faisant un pont de batteaux sur la rivière à Villeneufve-Saint-George, où il est campé.

Du 8me. Le coadjuteur est parti ce matin avec grand cortège, et quoiqu'il ait promis de ramener ici le Roy et faire la paix, on n'en peut rien croire, n'en ayant pas le pouvoir.

L'on mande de la cour, qu'on a donné la charge du comte d'Harcourt de grand escuyer au prince Thomas.

Le bagage des Princes, escorté par Holac, a pris le chemin de Charenton pour aller joindre et rafraîchir M. le Prince. Celui-ci a fait dresser une batterie de vingt pièces de canon dans le dessein qu'il a tousjours de combattre le mareschal de Turenne, qui est tousjours enfermé et au mesme poste, où il n'a point encore de pont de batteaux et dont l'armée se trouvera affamée cette semaine, s'il ne descampe. Il attend encore 1,400 hommes que lui mène le comte de Palluau, qui couche à Corbeil ce soir, à deux lieues de son camp qui est tousjours à Villeneufve-Saint-George.

Le duc de Lorraine reçut mardy un gentilhomme du Roy pour lui offrir 150,000 escus, pourvu qu'il quitte les Princes. Il en communiqua avec M. le Prince, ensuite avec M. le duc d'Orléans, lesquels se trouvèrent hier dans une maison près du pont de Charenton, où fut arresté que M. le Prince donneroit au duc de Lorraine 100,000 escus, à prendre sur les assignations du Roy d'Espagne, et qu'il mettroit la ville de Clermont entre les mains de M. le duc d'Orléans pour la rendre après la paix au duc de Lorraine. Le traité de ceci fut hier signé par les deux princes; moyennant cela, le duc de Lorraine promet de bien servir.

Les armées sont toujours aux environs de celle du mareschal de Turenne, qui est advantageusement retranchée à Villeneuve-Saint-George, où il n'a pas toutes les abondances de vivres et de fourrages qu'il voudroit. Le vicomte de Montbas l'a joint avec 2,000 hommes, comme aussi le sieur de Palluau.

Messieurs les Princes ont pris un espion portant et rapportant lettres et responces de la cour et de Paris au camp du mareschal de Turenne : que le Coadjuteur estoit d'accord avec le duc de Lorraine, qu'il ne s'entreprendroit rien sur le camp dudit mareschal de trois jours après son arrivée en cour, et qu'il sera ici samedi.

Mercredi dernier arriva à l'hostel de Condé M. de Persan, venant de commander dans Montrond; il n'a ramené qu'environ quatre-vingts hommes avec lui, et le lendemain jeudi s'en alla trouver M. le Prince au camp, lequel lui fit de grandes caresses, lui disant qu'il avoit tenu quatre mois plus qu'il ne croioit, et qu'il se recongnoistroit de ses bons services.

L'on a fait courir le bruit d'une trefve avec les Princes; mais ce bruit est venu du cloistre par l'ordre laissé en partant par le Coadjuteur dans la créance qu'il a donnée d'en venir à bout, au lieu de quoi nous avons reçu lettres de la cour comme mardi dernier ils eurent audience du Roy, et comme ledit sieur Coadjuteur harangua Sa Majesté pour tout le clergé, après avoir tesmoigné les grandes grâces et obligations à eux faites par Sa Majesté, ayant mesme touché quelque mot en faveur du Cardinal, il commençoit de prier Sa Majesté, au nom d'eux tous, de vouloir donner la paix à ses peuples, et de venir dans Paris où il est tant aimé et souhaité. Sur quoi il fut interrompu, lui ayant esté dit qu'il n'estoit pas là pour cela, et qu'il ne se meslast de tant de commissions. Ce qui fait croire qu'ils reviendront bientost sans aucun fruit de leur députation.

On mande que l'on avoit fait trois nouveaux ministres en cour, MM. d'Elbœuf, d'Estrées et d'Anville, et que M. de Vandosme avoit refusé de l'estre avant son despart pour le secours de Dunquerque, qui est fort pressé.

L'on dit que le cardinal de Retz a reçu de la main du Roy son bonnet de cardinal.

De Paris, le 17me septembre 1652.

M. le duc d'Orléans fut hier montrer au parlement la responce que le Roy lui a faite où il dit qu'on lui avoit fait quelque proposition de paix qu'il avoit reçue avec joye, et qu'il avoit envoyé aussitost en cour M. de Joyeuse, par lequel M. de Lorraine avoit escrit à la Reyne et la prioit de faire la paix, ou qu'il s'engageroit avec ses troupes plus fortement avec les Princes; qu'il falloit voir quel seroit le succès de cet envoyé; sur quoy la compagnie pria S. A. R. de continuer cette négociation et qu'il fist son possible pour obtenir la paix; et fut résolu de ne s'assembler qu'à la huictaine, pour lors apprendre ce que le voyage dudit sieur de Joyeuse aura produit. Cependant les deux armées sont tousjours dans leurs mesmes postes retranchés.

Par lettres d'hier de la cour, on apprend que la responce faite à la harangue du cardinal de Retz contient en substance que le Roy ira à Saint-Germain pour s'approcher de Paris et contribuer tout ce qu'il se pourra pour procurer le repos aux peuples de sa bonne ville de Paris, pourvu qu'ils y contribuent de leur part. Il y en a une autre faite au procureur du Roy de la ville de Paris, par laquelle Sa Majesté veut bien accorder des passeports aux deux anciens eschevins, mais non pas aux deux nouveaux que le Roy ne veut recongnoistre, et ne les refusera aussi aux six corps des marchands, ni à tous ceux qui ne sont point rebelles à ses volontés.

On advise de Dieppe, du 13, que Dunquerque a capitulé, pour se rendre le 16, si dans ce temps il n'est secouru.

De Paris, le 20 septembre 1652.

Le 14me. Le cardinal de Retz retourna samedy au soir de la cour avec le bonnet rouge que le Roy lui a mis sur la teste, et le lendemain on publia en toutes les chaires de Paris que la paix se practiquoit et que le Roy s'approcheroit de Paris à Saint-Germain ou à Saint-Denis, ce que l'on a peine à croire.

L'on dit que la cour avoit dressé une déclaration de criminel de lèze-majesté contre S. A. R., et que l'assemblée parlementaire de Pontoise en avoit refusé la vérification. Il est vrai que l'on lui en a fait voir une copie, ce qui ne s'est fait que pour jetter une terreur panique dans son esprit par un conseil du cardinal de Retz, qui, congnoissant son fort et son faible, le veut disposer à recevoir toutes sortes d'impressions en faveur de la cour. Aussi depuis, dans ses passeports, qu'il ne refuse à personne, il ne prend pas la qualité de lieutenant général, à lui donnée par arrest du parlement; au contraire, lorsque ce sont des personnes du conseil, il met dans ces passeports que c'est pour aller au conseil de Sa Majesté à Compiègne.

Le 16me, S. A. R. est venu au parlement, où il a apporté la lettre que le Roy lui a escrite en response à la sienne reçue vendredy au soir. Ensuite, lecture faite de ladite responce qu'un chacun a jugée infamante à S. A. R., la matière mise en délibération il y eut quantité d'opinions; mais enfin S. A. R. dit que le sieur de Joyeuse estant parti hier pour aller en cour il trouvoit bon d'attendre sa responce, ce qui a esté ainsi conclu.

Mademoiselle est allée ce matin au camp. M. le Prince l'a traitée et lui a tout fait voir; et après, elle a demandé pareillement à voir celui de M. de Turenne, ce qui lui a d'abord esté accordé; mais comme elle se disposoit d'entrer, on remarqua qu'elle avoit près de 2,000 hommes à sa suite, et on lui a refusé d'entrer, ce qui l'a obligée à revenir fort tard dans cette ville.

M. le Prince a fait faire un fort pour battre le pont du mareschal de Turenne et deffendre la Seine. Ledit Prince fait faire quantité de bombes et grenades sans qu'on sache à quelle fin.

Les lettres receues hier de la cour portent que le comte d'Orval y a esté fait duc et pair, et que le Cardinal n'est pas encore sorti de Sedan, sur cette excuse qu'il n'a pu avoir passeport de l'électeur de Cologne, qui est allé à la diète de Ratisbonne; cependant il emploie tous les faiseurs d'armes et fait faire des levées de troupes des 800,000 livres qu'on lui a apportées.

M. le Prince, depuis hier midy, a envoyé six courriers au duc Charles, qui fait ici l'amoureux d'une suivante de Mme de Chastillon, chez laquelle il est perpétuellement; et il est de fait que les quatre derniers courriers d'aujourd'hui l'y ont tousjours trouvé. Il lui mandoit que, s'il vouloit aller au camp, il y avoit une belle occasion de faire parler d'eux; mais à tous ces envoyés le duc a tousjours fait la sourde oreille; aussi dit-on qu'il n'a donné aucune parole à M. le

prince de Condé de combattre, si ce n'est en cas que le marescha
de Turenne voulust se retirer, ou que ce fust les Princes qui y fussent
obligés. Ce duc, par les libéralités de Mme d'Orléans, a pris le deuil,
hors quoi il n'y auroit pas songé, tant il est avare.

Du 19. L'on confirme aujourd'hui la prise de Dunquerque, et on
ajoute la deffaite de l'armée navale composée de 9 vaisseaux, 15 cha-
loupes, plusieurs barques et 12 bruslots, à la seule réserve du vaisseau nommé le Berger et un bruslot qui a rapporté cette nouvelle;
et de plus que les Anglois se préparent pour aller assiéger Calais, à
moins, disent-ils, qu'on ne leur rende les trois milords Germain,
Digby et Montaign, qui ont esté condamnés à mort par leur parlement. D'autre costé les Espagnols envoyent le prince de Ligne au
Prince avec 3,000 hommes et 4,000 chevaux, à dessein d'entretenir
toujours icy nos forces dans le cœur de la France et nos divisions,
pendant que l'Archiduc avec le reste de ses troupes va assiéger la
Bassée. C'est ainsi que nous perdons en un ou deux ans ce qui nous
a cousté tant d'années, tant d'hommes et tant de millions; à quoi
j'ajousterai que l'on dit que la Reyne ayant receu la nouvelle de
cette perte, elle s'en réjouit en disant : « Bon, bon, voilà deux mille
hommes qui nous viendront. »

De Paris, le 24 septembre 1652.

Le Roy devoit partir hier de Compiègne, pour estre après-demain
à Saint-Germain et de là venir ici où toutes choses se disposent,
Dieu merci, à l'obéissance ; en sorte que cette après-disnée, M. de
Beaufort et M. de Broussel se sont démis de leurs prétendues charges,
dans l'hostel de ville, entre les mains de M. le duc d'Orléans, qui
en avertira demain Sa Majesté.

Ce matin il s'est fait une assemblée, dans le palais Royal, de
grand nombre de personnes de toutes qualités et par ordre du Roy,
affin d'arriver à restablir toutes choses et désabuser le peuple des
mauvaises impressions qu'on lui donne du retour de Sa Majesté;
contre laquelle assemblée les partisans de M. le Prince ont voulu
faire du bruit, mais chacun se confirme au bien. Cette action de
M. de Beaufort et de M. de Broussel produira tout le reste.

De Paris, le 1er octobre 1652.

Nous avons eu cy devant quelque espérance de paix ; mais nous
n'en avons plus maintenant. M. de Joyeuse est revenu de la cour
qui en estoit le négociateur et n'en a rapporté aucune bonne nouvelle. Les eschevins de cette ville et les députés des six corps des
marchands sont aussi revenus de la cour, auxquels on n'a point fait
de bonnes responces pour le retour du Roy à Paris. Ainsi nous

sommes dans une perpétuelle appréhension de la continuation de la guerre.

Il y a quatre jours que M. le Prince est malade d'un grand rhume. Il est au lict et a esté saigné cinq fois. Il a receu il y a trois jours nouvelle de Bourdeaux que madame sa femme est accouchée d'un garçon à sept mois qui se porte assez bien.

Le duc de Lorraine s'en alla hier d'icy en son camp. Il est maistre de ses troupes, car il ne les avoit engagées au Roy d'Espagne que jusques aujourd'hui premier octobre. Nous verrons de quel costé il se rangera; les princes se promettent qu'il sera pour eux et la cour espère qu'il se retirera.

De Paris, le 4me octobre 1652.

Nous n'avons jamais eu tant d'espérance de la paix qu'à présent, selon les apparences humaines, parce qu'à la cour on nous promet une déclaration d'amnistie en bonne forme, si Mgr le duc d'Orléans ne demande que cela. Or comme hier il fit sa déclaration au Parlement qu'il ne demandoit autre chose, et qu'il l'a envoyée au Roy escrite et signée de sa main, il faut espérer qu'ensuite on accordera à la cour la dite déclaration, et que sans s'arrester à la formalité on l'envoyera pour estre registrée au Parlement de Paris, qui est une chose essentielle pour l'effet et seureté de la dite amnistie; pendant quoy on tient que M. le Prince ajustera son accommodement avec la cour, qui est bien avancé, et ensuitte on se promet que pour comble de nostre bonheur le Roy reviendra à Paris où desjà il s'approche, et dit on qu'il sera lundy à St-Germain. Ce qu'il desire pour le restablissement de son autorité estre fait avant son retour, sera executé aussi tost que l'amnistie sera registrée, laquelle le corps de ville va encore tout de nouveau demander au Roy et lui faire de nouvelles instances pour son retour en ceste ville, comme aussi les corps des métiers. Il faut attendre qu'il se laissera fléchir à toutes ces soumissions.

De Paris, le 5 octobre 1652.

La nuit du 27 au 28, l'on arresta des colporteurs, lesquels affichoient par les carrefours certaines ordonnances de Sa Majesté par lesquelles l'on deschargeoit les bourgeois de Paris seulement des recherches que l'on pourroit faire contre eux de ce qui estoit arrivé à l'hostel de ville le 4 juillet et au palais le 25 juin précédent, et par icelles les modifications apportées par le parlement de Pontoise sont levées. Cela donna lieu à M. le duc d'Orléans de venir le 28 au palais en la chambre des vacations pour se plaindre de telles entreprises, en sçavoir les autheurs, ensemble pour informer contre ceux qui faisoient des complots pour exciter sédition dans la ville. Le dit seigneur duc d'Orléans dit aussi qu'il avoit esté averti que la mesme nuit quelques factieux avoient délibéré d'attaquer quelques-uns des voisins des princes, s'ils eussent été en estat d'executer leur dessein.

Le 29 l'on publia une lettre du Roy escrite à M. de Paris par laquelle le Roy lui enjoignoit de publier l'amnistie vérifiée à Pontoise, et l'ordonnance où se voyent les modifications portées par l'arrest de vérification.

L'on publia aussi le mesme jour que l'on avoit arresté un courrier allant trouver le Cardinal de la part de l'abbé Fouquet, lequel estoit chargé de deux lettres. Par la première le dit sieur abbé lui mandoit d'avoir vu S. A. R.; qu'il y avoit lieu d'espérer de faire condescendre sa dite A. R. à des conditions advantageuses pour le dit Cardinal, et que M. de Chavigny estoit fort porté pour la paix et faisoit espérer que M. le Prince se relascheroit de ce qu'il demande pour Marchin et du Doignon; qu'au surplus l'affaire du Palais-Royal avoit desja eu un bon succès et qu'il se promettoit que la dite assemblée réussiroit, qu'il entretiendroit M. le Coadjuteur, lequel promettoit de vouloir joindre son parti au sien. L'autre lettre, à ce que l'on dit, estoit des sieurs de Rohan et Chavigny et de la duchesse d'Aiguillon au cardinal Mazarin, par laquelle ils lui mandoient qu'il falloit faire une trêve, parce que pendant le dit temps l'on desgageroit le mareschal de Turenne et l'on desgraderoit les troupes de M. le Prince, parce qu'il n'avoit point d'argent pour les faire subsister. L'on adjoustoit à cela que les dits susnommés estoient les chefs de l'assemblée du palais Cardinal.

Le 30me, le Parlement s'assembla et donna arrest d'absolution pour M. de Beaufort et ses seconds. L'on y lut deux lettres : la première de la Reyne à S. A. R. par laquelle elle lui mandoit qu'elle vouloit vivre en union avec lui, mais lorsqu'il auroit obéi aux volontés du Roy ; la seconde du Chancelier au Sr Talon, qui porte que l'on ne lui peut accorder des passeports que le parlement n'aye obéi.

Le mesme jour l'eschevin Le Vieux et le procureur du Roy et de la ville retournèrent de la cour, laquelle tesmoigne assez qu'elle ne veut point la paix par la responce qu'elle a faite, car les dits sieurs ayant dit qu'ils portoient la démission de M. de Bruxelles, ou leur a dit qu'il falloit restablir M. Le Febvre ; ils ont répliqué que son temps estoit fini, qu'il falloit que le Roy fist procéder à une nouvelle élection et qu'on l'esliroit : l'on a fait responce qu'il y avoit des eschevins suspects ; sur quoi il fut dit qu'ils se desmettroient, qu'ils l'avoient desjà accordé ; la cour dit alors qu'il falloit restablir M. de L'Hospital. Les susdits répondirent que M. de Beaufort y consentoit et demandèrent la Bastille. L'on répliqua que le Roy l'avoit confiée à celui qui la possédoit. Bref, l'on a dit qu'il falloit que le Parlement obéît.

Du 2 octobre. Par le retour des députés des six corps des marchands de cette ville d'auprès du Roy, nous avons appris que le dessein de la cour n'est pas encore de retourner ici ni de donner la paix, comme l'on avoit espéré jusques à présent; et quoique tous les artisans se disposent d'envoyer supplier le Roy de revenir en sa bonne ville de Paris, on ne peut croire qu'il y revienne tant que la cour se flattera des intelligences qu'elle entretient parmi ceux de son parti, gagnés par argent ou promesses pour y semer de la division et faire armer le père contre ses enfans.

Le duc de Guise est arrivé hier, et aussitost est allé rendre visite au prince de Condé son libérateur, qui a esté saigné 6 fois pour un rhumatisme qu'il avoit gaigné, ayant couché trois nuits sur un pont de batteaux sans qu'on sceut au camp où il estoit. Le dit duc de Guise a esté visité de S. A. de Lorraine venu exprès du camp où il a laissé M. de Beaufort, lequel sur l'advis que le mareschal de Turenne devoit descamper, y estoit retourné, auparavant mesme d'avoir emercié ses juges qui l'ont absous, au lieu qu'à Pontoise il a esté condamné par deffault et contumace, suivant la rigueur de l'ordonnance contre les duellistes.

Le duc de Joyeuse a apporté de la cour des articles de paix à S. A. R. ; mais d'autres assurent que la cour veut avoir les demandes des Princes par escrit signées d'eux pour les faire voir au peuple et tascher de semer de la division ; à quoi faire on n'oublie rien.

Du 3me. Ce matin S. A. R. est revenue au Parlement accompagnée du duc de Guise ; les advis ont passé suivant la proposition de S. A. R. : qu'il renvoyera ce jourd'hui en cour pour obtenir une amnistie générale et ample comme elle doit estre, comme au temps de celle de Loudun en 1616. Pendant l'assemblée, une troupe de mariniers, gens de rivière et autres canailles ont fait du bruit ; et comme quelques-uns d'entre eux ont parlé trop librement, on en a arresté deux prisonniers qui interrogés ont confessé qu'une femme nommée la Guérin, veuve d'un avocat, une diablesse, leur avoit donné à chaquun 34 sols pour aller faire du bruit au Palais et demander le Roy, la paix et point de Princes. On a aussitôt decreté contre elle, et on a sceu qu'elle est de la cabale du Coadjuteur et qu'elle est retournée depuis peu de la cour.

De Paris, le 11 octobre 1652.

Du 5. La nuit du 4 au 5, l'armée du mareschal de Turenne descampa à la sourdine, et pour couvrir leur descampement ils tirèrent force coups de mousquet, criant aux armes. Enfin, sur les trois heures, les troupes des Princes ont escarmouché jusques au jour avecque quatre escadrons de cavallerie dudit mareschal. Ladite armée estoit filée par Maugeron droit au milieu de la forêt de Senart, à la barbe des Lorrains qui n'ont pas branlé, quoique leur estant fort aisé d'empescher le descampement. On ne peut exprimer la colère de M. le Prince, que le duc Charles n'a osé voir et qu'on dit se vouloir retirer à tout risque.

Ce matin, dans l'assemblée du parlement, on a parlé des assemblées nocturnes qui se font en cette ville, en plusieurs endroits, au préjudice des deffences, et comme ceux qui en sont les autheurs ont dit avoir reçu ordre du Roy pour les faire, quelques-uns des conseillers ont dit que le Roy, advouant l'action des séditieux arrestés au dernier jour, qui ont demandé le Roy, la paix, il n'y avoit lieu de passer outre à leur procès, et là-dessus on a renvoyé l'assemblée à lundy.

Nonobstant toutes les deffences du parlement, les artisans et gens de toute sorte de mestiers, mesme les colonels, ne laissent pas de s'assembler pour députer vers le Roy, quoique S. A. R. leur refuse des passeports et les renvoye à l'hostel de ville pour y aller communiquer leur dessein.

Du 6. L'on ne doute plus que la retraite du mareschal de Turenne n'aye esté favorisée du duc Charles, qui tasche de s'en excuser. Il a desjà de la cour la route qu'il doit tenir pour sortir de France, qui lui a esté baillée par l'abbé Fouquet.

L'on a dit l'accommodement du Prince avec la cour fait par l'entremise de Mme de Chastillon et de M. de Chavigny, qui y trouvent aussi leur compte, ce qu'on ne peut croire, mais bien celui du duc d'Angoulesme par la démission de son gouvernement de Provence pour celui d'Auvergne et recompense en argent.

L'on a tenu grand conseil aujourd'hui dont la résolution est de faire marcher en diligence devers Pontoise, où l'on a advis que le mareschal de Turenne va par Lagny; l'on a commencé desjà à defiler.

Il court un bruit que l'armée des Princes a fait une contre-marche et qu'elle tasche à prendre un passage sur l'Oise pour faire passer de la cavalerie du costé de Normandie, afin d'investir Pontoise, où il est certain qu'il y a eu grande esmotion sur le sujet du passage des troupes, car nous avons vu lettres de Mantes, par lesquelles on escrivoit que le 8 à minuit il arriva un ordre pour envoyer des troupes à Pontoise, et que l'on avoit destaché la moitié de la garnison pour y aller.

M. le Prince convalescent se doit rendre à l'armée demain ou après-demain. Les uns disent qu'il va se saisir de quatre places qui sont sur l'Oise, pour hiverner, d'autres qu'il se retirera en Flandre et qu'il lèvera cet hiver des troupes en Allemagne et y négotiera avec l'Empereur, d'autres que sa paix est faite, et que tout ce qui se commet autour de Paris n'est que pour mater les peuples de cette ville, afin qu'ils ne disent mot lorsque l'on restablira la maltôte. Quoi qu'il en soit, le temps nous découvrira de grandes choses.

Du 11 octobre. M. de Chavigny est mort ce matin à quatre heures. Il a agonisé depuis hier midi. Il n'a été que cinq jours malade. Les affaires du temps sont cause de sa mort. Mme sa femme est grosse de sept mois du dix-neuvième enfant. Il n'avait que quarante-quatre ans.

De Paris, le 18 octobre 1652.

Du 11me. On dit que S. A. R. et toute sa famille doit aller à Blois, quoique Madame n'aye plus que cinq semaines de temps pour accoucher.

M. le Prince ayant sceu que, par les intrigues du Roy d'Angleterre, S. A. R. avoit signé une suspension d'armes pour dix jours, et ayant rencontré ce Roy chez Mme de Chastillon, il l'a traicté de traitre et indigne de la qualité et titre de Roy, et si ce Roy eut reparti, le Prince seroit allé plus avant et passé des paroles aux mains.

Les troupes des Princes ont ordre de se retirer vers la rivière d'Oise, après les plaintes qu'on a icy faites des désordres qu'elles ont commis à quatre lieues à la ronde, sans respect de qui que ce soit.

Ce soir le sieur de Chavigny a esté enterré. Le premier président Molé a profité, par sa mort, de la charge de trésorier de l'Ordre, de 15,000 livres de revenu; son fils Champlastreux, du gouvernement de Vincennes, et sa fille la religieuse, de l'abbaye de Saint-Antoine, dont la tante dudit sieur Chavigny estoit pourvue en mourant.

Il y en a qui croyent que le départ du Prince causera de la division, S. A. R. voulant la paix et le Prince la guerre; et on n'estime pas peu icy la conduite de S. A. R. d'avoir empesché que le Prince n'aye défait le mareschal de Turenne, parce que la force seroit demeurée ensuite aux estrangers, dont la plupart de l'armée des Princes est composée.

Du 13me. Ce matin, le prince de Condé et le duc Charles sont partis de cette ville pour l'armée, et toute leur suite et autres troupes qui y pouvoient estre, pour aller coucher à Dammartin. On dit que le premier va vers l'Archiduc et que leur dessein est de faire hiverner leurs troupes dans la Picardie et Champagne, et que le Prince doit traiter d'un mariage qui pourra bien causer la paix.

Ce matin, dans l'assemblée du Parlement, S. A. R. a asseuré la compagnie de la sortie du Prince et retraite des troupes, et d'avoir escrit au duc d'Anville pour le sujet de l'amnistie. Le duc de Beaufort y a fait desclaration de n'avoir accepté que par l'ordre de S. A. R. le gouvernement de cette ville pendant l'absence du mareschal de l'Hospital, dont il se desmettoit volontiers.

Aujourd'hui matin, l'ouverture a esté faite en parlement d'un paquet de la cour adressé à S. A. R, qui porte que l'on ne doit point attendre d'autre amnistie que celle envoyée au parlement de Paris transféré à Pontoise, jusqu'à ce qu'un chacun se soit mis dans son devoir; et pourtant ladite Altesse Royale a dit que l'on lui fait espérer pour samedy une ample satisfaction, ce qui fait croire son accommodement fait.

Le mareschal de Turenne a passé la rivière de Marne à Trilleport et est à présent, avec son armée, ez environs de Senlis, et celle des Princes vers la Ferté-Milon, tirant à Fimes et allant, dit-on, au devant du prince de Ligne, qu'on dit estre aux environs du Ham avec 5,000 hommes. Le duc de Lorraine se retire vers Liége, pour y prendre ses quartiers d'hiver et y faire payer les contributions de l'année passée. Il doit pourtant laisser 3,000 hommes de ses troupes au prince de Condé.

L'on mande de la cour que le Roy, venant en cette ville, doit loger à l'Arsenal, et qu'on récompensera le gouverneur de la Bastille de 30,000 escus pour disposer de ce gouvernement.

La charge de trésorier de l'Ordre, dont estoit pourvu M. de Chavigny, est fort briguée en cour. Le premier président, Guénegaud, Servien et Tellier, tout cela y aspire; il y a apparence qu'elle sera baillée à celui qui en offrira le plus et qui sera favorisé du Cardinal.

L'on dit que le gouvernement d'Antibes a esté donné au chevalier Molé, fils du premier président; les autres asseurent que c'est au duc de Mercœur.

Il court un bruit que Mademoiselle a eu ordre de se retirer dans sa principauté de Dombes.

Mardy dernier, les capitaines et colonels de cette ville et fauxbourgs ont, à la fin, obtenu des passeports de S. A. R., pour aller en cour supplier Sa Majesté de revenir dans sa bonne ville de Paris et donner la paix à son peuple. Ils se réunirent au Cours-la-Reyne au nombre de 300 et vinrent ainsi coucher à Ruel.

Hier au soir, le Roy arriva à Saint-Germain. Les députés qui sont à Ruel ont reçu ordre de s'y rendre pour avoir audience de Sa Majesté.

De Paris, le 22 octobre 1652.

Enfin, le Roy arriva hier au soir en cette ville. Il a tenu ce matin un lit de justice au Louvre, où la réunion du parlement est faite et la publication de la déclaration d'amnistie, et aussi d'une déclaration portant cassation de tout ce que le parlement a faict depuis sa majorité concernant les affaires publiques. Mais ce qui a traversé cette joye est l'ordre que M. le duc d'Orléans a eu de se retirer à Limours, et Mademoiselle au Bois-le-Vicomte, ce qu'ils ont esté forcés d'exécuter ce matin, et si dès hier Son Altesse Royale ne l'eust promis par escrit, il y eût esté contraint par la force. M. le duc de Beaufort, M. de la Rochefoucauld, Mme de Montbazon, le marquis de la

Boulaye; du parlement, MM. les présidents Viole et de Thou; des conseillers, MM. de Brusselles, Portail, Bitault, de Croissy, Machault, Genou, le Poindre[1] et Lallemant, ont eu ordre de sortir de Paris incessamment, et on croit qu'ils ont tous obéi ce jourd'hui. Le Roy a fait deffense aussi au parlement de ne plus s'assembler pour les affaires d'Estat que par son ordre. Tout cela a diminué beaucoup cette grande resjouissance de la venue du Roy.

Mme la duchesse d'Orléans est accouchée d'un fils.

De Paris, le 25 octobre 1652.

Ce matin quelques-uns des députés sont partis avec les colonels et revinrent hier fort tard. Ils ont fait relation de leur voyage; que mardi dernier estant partis tous ensemble pour Ruel, la nuit du mercredi ils eurent advis de la part du Roy qu'ayant appris leur arrivée il se rendroit au premier jour à Saint-Germain, ce qui fut cause qu'une grande partie s'en revinrent coucher à Paris. Le jeudi le Roy arriva à Saint-Germain, et leur fit sçavoir que vendredi matin il leur donneroit audience et ensuite à disner. Ils partirent de Ruel au nombre de 5 escadrons; ils furent conduits au parcq et vinrent passer au vieux chasteau où le Roy estoit sur le balcon; il les voulut voir passer ensuitte les uns après les autres et monter dans la salle où le Roy estoit en estat de les entendre, la Reyne d'un costé et le duc d'Anjou de l'autre; M. le chancelier et le garde des sceaux, les maréchaux de Villeroy et de l'Hospital, avec les secrétaires d'Estat présens. M. de Sève, doyen des colonels, fit son discours fort excellent après avoir salué le Roy à genoux. Lequel les remercia en ces mots : « Messieurs, je me souviendrai toute ma vie du service que vous m'avez rendu à cette occasion : je vous prie aussi de vous asseurer toujours de mon affection. Quoyque les affaires que m'ont suscitées ceux qui se sont révoltés contre moi me peuvent obliger de faire d'autres voyages, néantmoins, puisque vous m'en tesmoignez le désir, j'ai résolu d'aller à Paris; au plus tost je feray sçavoir aux prevosts des marchands et eschevins ce qui sera nécessaire pour cela. » Après cette response, Sa Majesté les voulut voir tous passer devant lui, et donna à baiser sa main à plusieurs de ceux qui s'en approchoient, disant et tesmoignant ce dessein; pendant quoy la Reyne en railla plusieurs. Un quidam à qui elle demanda où estoit son escharpe rouge, lui respondit qu'il estoit François; et la Reyne repartit : Et moi Espagnole, et partant j'aime bien ceste couleur. A un autre elle demandoit l'escharpe jaune, qui est celle de Lorraine. Elle dit au président Charton fort à propos en le picquant : Si, Monsieur, que c'estoit un grand feu que celui

---

[1]. Ce nom n'est point ailleurs.

de la Grève, qui a illuminé beaucoup de personnes. Le garde des sceaux lui montra le lieutenant-colonel de Champlatreux qui est prestre ; elle répondit : Je le cognois bien, il est chanoine de la Sainte-Chapelle, et ainsy railla plusieurs autres. De là ils furent dans une grande salle, où il y avoit 250 couverts, et n'y en avoit quasi que pour la moitié ; le reste ne laissa de disner de costé. Sa Majesté leur ayant donné ses trompettes pour les resjouir. Après quoy ils furent remercier le Roy et eurent asseurance de Sa Majesté d'estre à Paris mardi prochain. Cependant par lettres d'hier au soir de Pontoise, on mande en ces mots : « Les présidents et procureurs généraux sont partis ce jourd'huy pour aller faire leur cour ; depuis sont revenus, et ont rapporté que les prevosts des marchands, eschevins et gouverneur vont demain à Paris pour revenir lundi au devant du Roy. Ils ont rapporté la translation du parlement de Pontoise au Louvre, où sera lue l'amnistie, si bien que nous serons lundi à Paris, Dieu aidant. » Par où l'on voit, d'après les derniers termes précis de cette lettre escrite par un homme du mestier, que la cour a des très manifestes desseins contre le véritable corps du parlement.

A neuf heures le parlement s'est assemblé. MM. les ducs d'Orléans, de Guise, de Beaufort, de Rohan, et mareschal d'Estampes y estoient. Son Altesse Royale prenant la parole a dit, suivant sa lettre envoyée au duc d'Anville pour l'amnistie et passeports, qu'il en avoit eu telle satisfaction qu'il ne sçavoit que juger des desseins de la cour, qu'il craignoit la venue du Roy non pour lui mais pour la compagnie, ne sçachant de quelle façon cette venue se devoit faire, que pour lui il ne se séparera jamais de la compagnie, et ne sera point content qu'elle ne la soit aussi. M. le président de Nesmond l'a remercié au nom de la compagnie, et prié de vouloir continuer, et mesme d'escrire encore en cour, et que par le jour il en auroit peut-être responce ; et ainsi l'on n'a point donné d'autre arrest.

M. d'Aligre est allé prier Son Altesse Royale de vouloir se retirer pour quelques jours à Limours avec Mademoiselle, et d'obliger M. de Beaufort d'en faire de mesme ; laquelle lui a dit qu'il n'en feroit rien et ne bougeroit de Paris, M. de Beaufort ajoutant que si elle sortoit et qu'on le voulust obliger d'en faire de mesme, il se cantonneroit plus tost dans son quartier. Son Altesse Royale lui a dit : Non, non, mon neveu, je ne veux pas que vous ni qui que ce soit sorte.

Du dimanche le 20me. Ce matin M. de Saintot a apporté une lettre de cachet au président de Nesmond, datée de Saint-Germain du 19, par laquelle le Roy lui donne advis que désirant tenir son lict de justice dans son chasteau du Louvre, il aye à s'y trouver mardi, à 7 heures du matin, en robe rouge, pour délibérer suivant sa volonté de choses qui seront proposées, qui est la substance de la teneur de ladite lettre. Le dit sieur de Saintot est allé ensuite au palais faire prendre des mesures pour faire des siéges au Louvre, semblables à ceux du parquet de la Grand'Chambre.

Ceux qui disent que la paix est faite disent aussi que nous en avons la plus grande obligation aux mareschaux de Turenne et Villeroy, ce dernier ayant agi puissamment, et le premier ayant fait voir qu'il ne pouvait avec si peu de monde couvrir la cour d'un costé et de l'autre se deffendre, et qu'il est de nécessité absolue que la cour se réfugie pour un temps à Paris, et après qu'il ne resteroit qu'à attaquer ou se deffendre, en quoy il espéroit de reussir; sinon, qu'il plust à la Reyne de donner le commandement à qui bon lui sembleroit.

Les soldats du mareschal de Turenne ont fait de grands desgats à Chantilly, maison de M. le Prince, et surtout on a coupé la gorge à un pélican et à un autre très rare oiseau, qui ne se trouvent point en aucune autre maison de France.

De lundy 21. Ce matin, les chambres assemblées, MM. le duc d'Orléans, de Beaufort, et le mareschal d'Estampes y estant, le président de Nesmond a fait relation comme quoi il a reçu des lettres de cachet; lesquelles ayant esté leues, M. le duc d'Orléans a dit qu'il n'avoit eu aucun advis de tout ceci; sur quoi il y eut plusieurs voix différentes. L'on devoit aller demain au Louvre, conformément à l'ordre desdites lettres et suivant leurs conclusions. On a ordonné de s'assembler demain au parlement avant sept heures, en robes rouges, pour en délibérer.

Messieurs de la ville, avec leur gouverneur, s'estant portés à la porte de la Conférence, suivant la lettre de cachet d'hier du Roy, pour le haranguer, Sa Majesté n'y est arrivée qu'entre six et sept heures. Elle estoit à cheval, avec les mêmes ornemens que ceux de la majorité, ayant ses officiers bien vestus et superbement montés à l'entour de lui. Le carrosse de la Reyne suivoit, dans lequel estoit le duc d'Anjou, la princesse de Carignan et autres, les gardes suisses et françoises en haie. S. M. alla ainsi au Louvre en ordre. S. A. R. a fait dire au Roy, par le duc d'Anville, qu'il ne pouvoit paroistre devant lui que demain, après l'enregistrement de l'amnistie.

Du 22me. Tous les conseillers qui ont reçu lettre de cachet du Roy, comme sus dit est se réunirent au Palais, et de là allèrent au Louvre, où avoit esté transporté le lict de justice et les siéges exposés dans une grande salle. Sa Majesté ayant dit que son garde des sceaux diroit à la cour ses volontés, et celui-ci ayant harangué le parlement, y furent faites quatre déclarations : la 1re, la réunion des deux parlemens; la 2me, l'amnistie générale : la 3me, deffences au Parlement de se mesler des affaires d'Estat et du maniement des finances; la 4me les noms de ceux qui n'avoient point reçu des lettres de cachet; de plus S. A. R., les ducs de Beaufort, de Rohan et de la Rochefoucauld, Fontrailles et Mademoiselle, ont eu ordre de se retirer.

Du 23me. Le duc d'Anville partit pour Limours accompagné de trente chevaux, et disoit on qu'il alloit déclarer à S. A. R., de la part du Roy, qu'il eust à venir en cour pour prendre sa place dans le conseil; d'autres tiennent que S. A. R. avoit ordre de se retirer dans son gouvernement de Languedoc, ce qui n'a pas beaucoup d'apparence. On assure que S. A. R. a fait responce qu'elle vouloit sçavoir la cause pour laquelle on l'avoit chassé de sa maison; mais le sujet du voyage du duc d'Anville est pour lui faire signer l'acte par lequel il renonce à tous les traités qu'il a faits sans permission du Roy. Le mesme jour, le mareschal de Turenne reçoit ordre de partir le lendemain pour son armée, laquelle se grossit tous les jours par des recrues et est vers Senlis et à la vallée de Montmorency. L'armée de M. le Prince est ez environs de Soissons et vers Compiègne; le Cardinal est à Sedan, la cour à Paris, où l'on tient qu'elle doit passer l'hiver. Il y a corps de garde par tous les environs du Louvre, aux portes de la Conférence et Saint-Honoré, à la Bastille et dans l'Arsenal.

Le Roy demande trois millions aux Parisiens. Beaucoup de personnes de qualité et autres sortent de Paris; les uns s'en vont vers l'armée de M. le Prince, et les autres se retirent d'autre part.

De Paris, le 29me octobre 1652.

L'accommodement de M. le duc d'Orléans est fait et a esté négotié par M. le duc d'Anville et M. le Tellier, qui revinrent hier de Limours avec ceste asseurance. On n'en sçait encore autre particularité, sinon que S. A. R. se retire à Blois par le chemin de Chartres, et qu'il a baillé tous les ordres dépendants de lui pour faire revenir dans l'armée du Roy toutes les troupes qui sont sous son nom, et on dit desjà que depuis que le Roy est à Paris la plupart des François qui estoient avec M. le Prince l'ont quitté, et le duc Charles aussi, à la réserve de 2,000 hommes qu'il lui a laissés, de sorte qu'il est à présent en mauvaise fortune. Mademoiselle n'est pas de l'avis de son père, estant allée de Bois-le-Vicomte où elle estoit pour empescher, s'il lui estoit possible, que ses troupes ne reviennent dans l'armée du Roy.

VI

LETTRES DE MARIGNY, DE L'ABBÉ ET DU PRÉSIDENT VIOLE

SCÈNE DE L'HOTEL DE VILLE. *Manuscrits de Lenet*, tome VII, fol. 35 et suiv.

MARIGNY A LENET.

A Paris, le 7 de juillet 1652.

J'ai vu par votre lettre du 1ᵉʳ de ce mois que 49 (Mᵐᵉ de Longueville) est une dangereuse créature. Si 49 (Mᵐᵉ de Longueville) m'écrit une bonne lettre, assurez-vous que je ferai une bonne réponse. Nous sommes plus que jamais dans le temps du proverbe : à bon chat bon rat, et de l'autre encore qui dit : s'il te fait fais-lui. Je ne m'étonne pas pourtant de la fierté de 49 (Mᵐᵉ de Longueville), car sa réputation est si éclatante que cela lui donne une vanité extraordinaire.

Je ne vous écrivis jeudi dernier qu'un fort petit billet, car Son Altesse m'ayant commandé de travailler incessamment à la relation de son combat, il fallut obéir[1], et vous ne le trouverez pas mauvais, s'il vous plaît, puisque ce n'a pas été pour vous offenser[2] que M. le Prince me fit ce commandement et que je l'exécutai tout aussitôt. Vous verrez, par le récit véritable de ce qui se passa, que Mars ou Condé n'est qu'une même chose. Sa conduite et sa valeur ont tellement étonné la cour, qu'elle ne peut encore sortir de l'admiration dans laquelle elle est, et je n'ai rien à adjouter à la Relation que ce que Boyer, des gardes, qui est prisonnier, m'a dit, que sitost qu'on voyoit venir M. le Prince les soldats effrayés ne vouloient plus combattre.

Cette action a bien gagné des cœurs à Son Altesse. Mais ce qui se passa jeudi dernier dans la grande assemblée de l'hostel de ville, qui se faisoit pour chercher les moyens de pourvoir à la sûreté de la ville et du parlement, est si étrange que les ennemis de M. le Prince font tout ce qu'ils peuvent pour s'en servir afin de le décrier très injustement dans le public. Son Altesse Royale et M. le Prince étoient attendus à cette assemblée de ville. Son Altesse Royale, qui quatre jours auparavant et la veille même avoit donné

---

1. Preuve indubitable que la relation du combat de Saint-Antoine attribuée à Marigny (Voyez plus haut, chap. III, p. 158) est bien réellement de lui, et Lenet le dit positivement dans un billet du 15 juillet adressé à Madrid à M. de Saint-Agoulin. *Ibid.*, fol. 65.

2. Lenet avait fait sur des récits incomplets une première relation qu'il remplaça ensuite par celle de Marigny.

parole d'y aller, en ayant été divertie par le cardinal de Retz et ses
émissaires, fut tellement pressée par Mademoiselle et par tous
ceux du parti de M. le Prince et par M. de Beaufort, qu'enfin elle
se laissa vaincre. Les bourgeois de temps en temps venoient au
palais d'Orléans pour l'en solliciter, et parce que le jour du combat
ceux du parti des princes avoient pris de la paille à leur chapeau,
le bourgeois qui vouloit témoigner son zèle avoit pris de la paille
aussi, et forçoit tout le monde d'en prendre, à peine d'être déclaré
Mazarin et en mesme temps assommé. Les moines et les chanoines
n'en étoient pas exempts ; il falloit que les capucins en missent au
bout du capuchon, et tous les autres cloistriers au coqueluchon.
Enfin la procession de la Ligue n'étoit rien en comparaison, et votre
Ormée n'est que fleurette auprès de ce que nous vîmes. Mon cher
Monsieur, la paille n'est plus paille, c'est fleur d'antimazarin. Leurs
Altesses allèrent à l'hôtel de ville ; on leur donne dans les rues et
à toute leur suite de la paille ; ils entrent, et lorsqu'ils eurent pris
leurs places, M. le duc d'Orléans dit à l'assemblée qu'il venoit pour
remercier la ville du passage qu'elle avoit donné à ses trouppes,
qu'il esperoit qu'en pareille occasion elle feroit la même chose, que
le Mazarin étoit la cause de tous les desordres ; qu'il n'avoit point
de plus forte passion que son expulsion, et que la ville de son
côté devoit y contribuer de toutes ses forces. M. le Prince dit qu'il
n'avoit rien à adjouter à ce que venoit de dire S. A. Royale, sinon
qu'il exposeroit toujours comme il venoit de faire et son sang et sa
vie pour la conservation de la ville et pour l'expulsion du Cardinal.
Le mareschal de l'Hôpital remercia leurs Altesses, et le prevôt des
marchands dit que sans doute au retour des deputés du parlement
on auroit de bonnes nouvelles pour la paix. Monsieur se leva sans
vouloir attendre la deliberation. Devant qu'il entrât on avoit déjà
vu les conclusions du procureur du Roy, qu'on avoit fait corriger
parce qu'elles ne parloient point contre le Mazarin. Comme les
princes sortoient, le peuple leur demanda s'ils étoient contens et
si l'union de la ville étoit faite. On leur repondit qu'on alloit deli-
berer, et le bruit s'estant glissé que le prevôt des marchands
demandoit encore un délai de quatre ou cinq jours, nous n'étions
pas à vingt pas[1] dans la rue de la Mortellerie que l'on tira un
coup de l'hôtel de ville, auquel le peuple qui étoit dans la Grève
répondit. Comme leurs Altesses furent arrivées au Luxembourg, on
leur vint dire que l'hôtel de ville étoit assiégé, que l'on mettoit le
feu aux portes et que le peuple vouloit égorger toute l'assemblée.
Il se faisoit tard ; M. le Prince y vouloit aller disant à S. A. Royale

---

1. Marigny était donc sur les lieux ; aussi sa relation est bien autrement sûre
que celle de Conrart, qui n'y était pas et répète les bruits répandus par les
Mazarins.

qu'il ne vouloit point laisser périr ses amis qui étoient dedans[1].
M. le duc d'Orléans et Mademoiselle s'y opposèrent, apprehendant
que dans la sedition quelque coquin ne fist un mauvais coup. M. de
Bellunes, M. de Lamont, M. le Boults[2] et quantité d'autres personnes fort sages le prièrent de n'y point aller, mais d'envoyer
quelque ordre. Mademoiselle y alla, mais elle eut toutes les peines
imaginables devant que de pouvoir arriver au bout du pont Notre-
Dame. Cependant les assiégés qui avoient peur du feu tachoient de
s'echapper, les uns en donnant de l'argent, les autres en se degui-
sant. Dans ce tumulte furent tués entre autres M. Miron, maître des
comptes, fort bon frondeur, M. Janvri Conés[3], autre frondeur, tous
deux fort affectionnés au parti, M. Legras, maître des requêtes,
blessé et depuis mort de ses blessures, un eschevin, quantité de
bons bourgeois ; le prevôt des marchands eut quelques coups, mais
il se sauva travesti. M. de Beaufort vint ; il fut jusques après minuit
à faire retirer la populace qui se faisoit donner de l'argent par ceux
qui sortoient de l'hôtel de ville. Le lendemain le peuple vint demander aux Princes M. de Beaufort pour gouverneur et M. de
Broussel pour prevôt des marchands. Celui-ci ayant été mandé par
S. A. Royale, fit quelque refus ; mais enfin hier, l'hôtel de ville
étant assemblé, et M. le Prince étant allé prendre dans son carrosse
M. de Broussel et les échevins qui ne voulurent pas venir autrement, le Sr de Broussel fut élu et accompagné ensuite au palais
d'Orléans où il prêta le serment à S. A. Royale. Cette émeute fait
faire d'étranges discours à ceux mêmes qui étoient allés à l'assemblée bien intentionnés, et qui disent qu'on les avoit abandonnés, et je
ne sais s'il sera bien facile de faire assembler le parlement pour
entendre la réponse des députés qui, comme on croit, doivent arriver ici demain. Les ennemis des Princes les accusent de la sédition,
mais tandis que les uns sèment ces écrits, les autres recommencent
à dire que 36 (M. le Prince) a de nouveau député en cour. Présentement une femme de qualité me vient de dire que la personne qui
gouvernoit autrefois 47 (Nemours) et qui gouverne maintenant 36
(M. le Prince)[4], en a dit quelque chose : si cela est, grand bien lui
fasse ; il faut être bien incorrigible. 64 (Paris) est tout à fait pour
36 (M. le Prince) et dit tout haut qu'il faut que les Mazarins sortent de chez 35 (S. A. Royale) ; mais, à vous dire vrai, j'ai grand'-
peur que 35 (S. A. Royale) ne se lasse ; car il est certain que le

1. Réponse à l'assertion du nouvelliste Mazarin, plus haut, p. 421.
2. Cela contredit absolument ce que dit Conrart, *Mémoires*, p. 136.
3. *Sic.* Ce nom ne se trouve nulle autre part. Ne serait-ce pas, avec l'ad-
dition de *Conés* dont nous ne nous rendons pas compte, *Janvri*, conseiller au
parlement, fils du président Ferrand, qui fut tué en effet dans cette circonstance ? Voyez plus haut, p. 420.
4. Mme de Châtillon, que Marigny n'a pas osé nommer, étant de sa coterie.

jour du combat, lorsque la femme de 47 (Nemours) le vint trouver pour le prier de sortir, il dit qu'on vouloit toujours l'engager dans les extrémités, qu'il sçavoit bien que 36 (M. le Prince) et 47 (Nemours) et d'autres avoient voulu traiter sans lui, mais qu'il sçauroit bien prendre parti, et il fallut des machines pour le tirer. Le bon succès le rassura, mais jugez de là ! Les troupes du Roy sont à Chaillot et à Boulongne, et le Cours est un païs de frontière. Roze a passé ce matin par le faubourg Saint-Antoine pour aller à Charenton. Cette nuit, dans notre Marais, on a eu une fausse alarme, car le bruit a couru que les ennemis étoient à la porte du Temple, et l'on avoit commencé de se barricader ; mais il s'est trouvé que la frayeur étoit mal fondée. Nous sommes serrés de près, et nous attendons le secours de l'Archiduc ; mais je ne sçais s'il ne sera point comme *il soccorso di Pisa, o come la carta che s'aspetta e non vien mai*. Cependant Salène, capitaine de Condé, qui arriva de Flandres, lorsque l'on alloit attaquer la dernière barricade du fauxbourg Saint-Antoine, m'a assuré que le 28 du passé il l'avoit laissé entre Cambray et Valenciennes dans un lieu appelé *Hape*, attendant le reste des troupes qui estoient devant Donkerques que l'on a levé pour venir secourir S. A., et qu'il y a dix mille hommes de pied et huit mille chevaux. On dit aujourd'hui qu'ils sont déjà à Saint-Simon. Si cela est, nous aurons devant qu'il soit peu à nos portes 30 ou 40 mille hommes de part et d'autre. Cela ne sera-t-il pas honneste à voir ?

Si vous êtes en peine de ceux qui informent 49 (Mme de Longueville) de ce que vous escrivez, sachez que 100 (Viole) le peut faire, et pour les autres instructions vous connaissez les résidens de 49.

Les présidens au mortier qui croient que la fête de l'hôtel de ville ne s'est faite que pour eux, et qu'ils courroient risque de leur vie s'ils demeuroient, se sauvèrent travestis. Les présidens de Novion et le Cogneux sont sortis. M. de Beaufort a escorté le mareschal de l'Hospital jusques hors les portes, de peur de scandale. Ceux qui se sentent un peu malades du Mazarin, tirent païs ; enfin les suspects pour la pluspart n'attendent pas qu'on les chasse...

DUEL DU DUC DE NEMOURS ET DU DUC DE BEAUFORT, ET DÉMÊLÉ DU COMTE DE RIEUX ET DE M. LE PRINCE.

MARIGNY A LENET. *Manuscrits de Lenet*, tom. VII, fol. 156 et suiv.

Le 12 juillet 1652, à 10 heures du soir.

Dans un temps où il sembloit que nos affaires ne faisoient que prospérer et que l'on voyoit tout Paris bien gai, la mauvaise fortune est venue troubler toute notre joye, et la mort de Monsieur de

Nemours, qui fut tué hier en duel par M. de Beaufort, a donné la dernière affliction à cette cour. Ce prince est généralement regretté de tout le monde comme un des plus braves et des plus accomplis que l'on ait jamais vus ; mais il est généralement blâmé d'avoir poussé à bout M. de Beaufort. Une nouvelle de cette importance mérite bien que vous en sachiez toutes les circonstances et je ne sais si on vous les mandera aussi exactement que je vais faire.

Vous avez sceu par mes dernières lettres que depuis la déclaration de M. le Chancelier pour ce parti, on avoit formé ici beaucoup de contestations mal fondées pour les rangs, et que les princes qui disputoient la préséance à M. le Chancelier n'étoient pas d'accord entre eux. M. de Nemours prétendoit passer devant M. de Beaufort et M. de Rieux[1], M. de Beaufort devant ces deux-ci, et M. de Rieux croyoit qu'on faisoit injure à la maison de Lorraine de lui contester le pas. M. de Nemours qui ne pouvoit cacher l'aigreur que la contestation de M. de Beaufort lui causoit, s'emportoit contre lui estrangement, et il parloit en des termes les plus extravagans du monde. M. le Prince avoit tâché de fléchir M. de Beaufort, et ce que je puis vous dire est tout à fait particulier. S. Altesse voyant que les raisons qu'elle alléguoit ne pouvoient le persuader, crut le toucher par l'intérêt du parti en lui disant que si M. de Nemours ne jouissoit en cette rencontre des avantages qu'il croioit lui estre dus, il pourroit sortir de Paris et se raccommoder avec le Mazarin. M. de Beaufort lui dit que ce parti-ci ne seroit pas plus foible quand il l'abandonneroit, ni celui du Cardinal plus fort quand il s'y jetteroit. Cette opiniatreté n'estoit pas seulement fondée sur la prétention du rang, mais sur le souvenir que M. de Beaufort conservoit du mauvais traitement qu'il avoit reçu de M. de Nemours à Orléans[2], dont il fut très indignement traité et appelé cent fois poltron, infâme et homme sans honneur. Quoique cette querelle eust été accommodée par Mademoiselle, néantmoins *amicitia reconciliata piaga mal saldata*. L'un avoit toujours conservé quelque reste de mespris, et l'autre quelque ressentiment. Enfin cette occasion dernière ayant réchauffé M. de Nemours, bien qu'il eût donné sa parole à M. le Prince de n'en faire point parler à M. de Beaufort, il le fit appeler par le marquis de Villars, qui d'abord lui fit bien des remontrances sur l'importance d'une telle action qui n'avoit point eu d'exemple ; mais ce fut vainement. La partie fut liée ; mais parce que M. de Beaufort avoit quelques gens auprès de lui lorsque Villars lui fit appel, et qu'il lui eût esté impossible de s'en défaire, il les engagea dans le combat, de sorte qu'ils furent cinq contre cinq. Le rendez-vous fut vers la place près des Petits-Pères, proche

1. Un des fils du duc d'Elbeuf.
2. Voyez le récit de Mademoiselle.

du marché aux chevaux. M. de Nemours, à cause de la blessure qu'il avoit reçue à la porte Saint-Antoine, voulut se battre à coups de pistolets, à pied; il en fit porter sur le lieu et des espées, et M. de Beaufort les prit de sa main. M. de Nemours avoit de son costé Villars, Dusesche, Campan et La Chaise; M. de Beaufort avoit du sien le comte de Buri, Héricourt, Brillet et de Ris. M. de Nemours tira son pistolet le premier et brûla les cheveux de M. de Beaufort qui, tirant presque en même temps, lui donna tout au travers du corps. Ce coup ne l'empêcha pas de reprendre l'espée. Mais comme il voulut s'advancer il tomba sur le visage; M. de Beaufort courut pour séparer les seconds. Campan avoit donné un coup d'espée au comte de Buri, Dusesche avoit blessé de Ris, Brillet avoit désarmé et blessé La Chaise, de sorte qu'il arriva presque en même temps que M. de Beaufort à Villars qui avoit donné deux coups d'espée à Héricourt qui nonobstant étoit venu aux prises. Brillet dit que puisqu'il avoit fait ce maudit appel, il falloit le tuer. M. de Beaufort, après l'avoir mal traité de paroles, dit qu'il méritoit bien qu'on ne lui fist pas de quartier. Villars répondit qu'il n'estoit pas malaisé à trois d'en tuer un, mais qu'il se défendroit bien des uns après les autres. M. de Beaufort se contenta de lui faire rendre l'espée et aux autres seconds. Cependant M. le Prince ayant été adverti que ces messieurs estoient sortis pour se battre, sortit des Thuilleries toujours courant; il monta en carrosse; son cocher estoit si ivre qu'il lui pensa faire rompre le col; il jette son cocher hors du siège; il fait monter un valet à sa place; il fait toucher à toute bride, mais il n'arriva sur le champ que comme l'affaire estoit achevée. Nous sortions de chez M. le comte de Bethunes, MM. de Belesbat, de Croissi et moi, et pour aller chez Renard nous avions commandé au cocher de passer pardevant le logis du Mazarin pour voir si l'on vendoit ses meubles. Comme nous fûmes près de la petite place qui respond à la rue qui va aux Petits-Pères, j'apperçus M. le Prince, qui s'appuioit sur un gentilhomme comme une personne affoiblie et hors d'elle. Je jettai la portiere à bas pour courir après lui : d'abord il me cria : Le pauvre M. de Nemours est mort; il vient d'estre tué en duel par M. de Beaufort. Et puis il se jeta dans notre carrosse. En même temps celui de M. de Nemours passa, et à ce spectacle il pria qu'on l'emmenât. Comme nous estions près de la rue de St-Honoré, le carrosse de S. A. arriva, et les comtes de Fiesque et de Fontrailles, le marquis de Rochefort et Chavagnac qui avoient eu ordre de Monsieur de courir après ces Messieurs. S. Altesse monta dans son carrosse, et nous le suivîmes afin de voir quels seroient les sentimens du peuple. Je vous puis assurer qu'ils estoient favorables pour M. de Beaufort. On apporta le corps du mort à l'hôtel de Condé, et ce furent des cris épouvantables que jettèrent ses officiers et ceux de M. le Prince. Mme de Nemours apprit cette mauvaise nouvelle d'abord par les cris de ses gens ; elle tomba esvanouie. Mademoiselle et M. le Prince l'allèrent visiter, et sans mentir S. Altesse estoit touchée tout autant qu'elle put jamais l'estre. Le corps n'a pas esté montré en parade. Demain on fera des services et peut-estre même qu'ils seront sans cérémonies.

Aujourd'hui il est arrivé au palais d'Orléans une autre chose qui ne vous surprendra pas moins. M. de Rieux avoit eu quelques paroles avec M. de Tarente sur ces maudites préséances. M. le Prince avoit pris la parole de M. Tarente, M. de Rohan celle de M. de Rieux : ils ne devoient point se parler devant l'accommodement que S. A. R. devoit faire. Cependant le comte de Rieux, poussé par quelque humeur brutale, a voulu parler à M. de Tarente. M. de Tarente qui est fort sage n'a fait que regarder M. le Prince, et comme S. A. R. les a voulu faire embrasser, le comte de Rieux s'est détourné. M. le Prince lui a dit qu'il manquoit de respect à Monsieur : il a répliqué que personne ne lui apprendroit le respect qu'il devoit à S. A. R. M. le Prince lui a reparti qu'il s'emportoit. Il a répondu qu'il voioit bien que M. le Prince portoit plus les intérets de M. de Tarente que les siens. M. le Prince lui a dit que cela estoit vrai. Alors il lui a parlé fort insolemment et dit en faisant un geste de la main fort injurieux qu'il ne seroit jamais son serviteur. M. le Prince ne pouvant souffrir l'impertinence du principion, lui a donné un soufflet à tour de bras ; le cadet lorrain a voulu riposter, mais il n'a frappé qu'à l'épaule de S. Altesse, et en même temps il a voulu mettre l'espée à la main pour tuer M. le Prince, qui n'avoit point d'espée. M. le Prince s'est jetté sur lui, lui a saisi la garde de son espée, et ajouté au soufflet quelques coups de poings et de pieds. M. Viole, qui s'est treuvé assez près, a fait quelques impositions, à ce que l'on dit. On a retiré le comte de Rieux, et M. de Rohan l'a fait entrer sur la terrasse. Cependant M. le Prince de Tarente demandoit une espée, et il a voulu prendre celle de M. de Migennes, qui estoit dans la galerie, mais il n'a pu s'en saisir. Mais M. le Prince la lui a tirée fort adroitement et a couru en même temps du côté de la terrasse. M. de Rohan s'est mis devant la porte après l'avoir tirée. S. A. Royale qui s'estoit retirée au commencement du démeslé, est accourue, a envoyé arrester le comte de Rieux, qui a rendu son espée à M. de Rohan, et l'a envoyé à la Bastille. M. le Chancelier, qui estoit au palais d'Orléans, a dit qu'il ne falloit pas beaucoup de temps pour faire le procès au comte de Rieux, que pour avoir voulu tirer l'épée chez S. A. Royale contre un Prince du sang royal il méritoit d'avoir la tête coupée. Cependant M. le Prince, dont la générosité n'a point de bornes, traite cette affaire comme l'emportement d'un brutal, et a sollicité ce soir sa liberté auprès de M. le duc d'Orléans qui ne l'a pas voulu accorder. Ceci paroit d'une conséquence si dangereuse à Marigny qu'il a dit, il n'y a pas trois jours à M. le Prince que véritablement il ne voudroit pas solliciter la mort de qui que ce fut, mais qu'il seroit d'avis de laisser condamner le comte de Rieux et puis de lui faire grâce. Bien en a pris à ce Lorrain qu'il ait été mené vitement à la Bastille devant que le peuple ait été adverti, car il eût esté déchiré. Pradine, lieutenant des gardes de Monseigneur, qui l'a conduit, dit qu'au retour le bourgeois disoit qu'il falloit le mettre en pièces. En sortant du Luxembourg le comte a dit aux gens qui estoient à la porte qu'on l'avoit voulu assassiner, qu'on le menoit en prison parce qu'il avoit visité M. de Beaufort, et que ce dernier seroit bientôt emprisonné si les bourgeois n'y prenoient garde. Il n'est pas nécessaire de vous faire des commentaires sur ce discours : vous comprenez assez la malice.

Quand j'avois commencé à mettre la main à la plume, il n'estoit que dix heures, mais depuis Son Altesse est arrivée ; elle m'a commandé de souper avec elle ; il en est deux après minuit, voyez si vous ne m'êtes pas bien obligé de vous faire une si longue lettre. Faites en part à Mme la Princesse et aux personnes que vous sçavez. Vous êtes trop de mes amis pour ne pas vous dire encore ce que l'on a fait au Palais ce matin. Dans la dernière assemblée de l'hôtel de ville on arrêta de prendre sur les maisons la dernière taxe de Corbie qui montera à huict cent mille livres pour la subsistance et pour les recrues des troupes. Le parlement, sans s'arrester au premier arrêt qu'il a déjà donné pour lever la taxe sur les boues, pour parfaire les 50 mille escus pour la tête du Mazarin, a ordonné que cette somme seroit prise sur les premiers deniers qui seroient levés en conséquence de la taxe dont on est convenu dans l'hôtel de ville. On est fort échauffé contre le vilain. Il fait une compagnie de hallebardiers pour l'accompagner. Cependant il y a des gens qui sont résolus d'en délivrer le monde : Dieu les bénisse !

Je suis fâché de finir ma lettre par une nouvelle qui ne vous affligera pas moins que celle qui est au commencement : M. de Bouillon est à l'extrémité. Langlade, son secrétaire, sort de céans il y a deux heures, qui a dit à Son Altesse ce que je vous mande. Il est venu quérir le médecin Desfougerests ; il appréhende de ne pas trouver en vie son maître lorsqu'il arrivera à Pontoise. Le mareschal de Turenne est venu à la cour pour le voir ; il n'a pas eu grand chemin à faire, car ses troupes sont près d'ici ; aussi sont bien celles de Fuensaldagne, qui, avec celles du duc de Lorraine, montent à 24 mille hommes effectifs. Cette armée-là n'est pas loin de la Ferté-Milon. Celle des Princes est retournée à Saint-Cloud. Le Mazarin, pour empêcher la jonction du duc de Lorraine et pour obtenir pour lui de traiter avec la cour, a offert à l'Archiduc Arras et La Bassée. Je n'en puis plus de sommeil. Bonsoir, mon cher patron, aimez-moi toujours et mandez-moi des nouvelles de vos cours et faites bien la mienne, etc.

MARIGNY AU MÊME, *ibid.*, t. VIII, fol. 24.

Paris, le 4 d'août 1652

..... Je vous mandai jeudi dernier tout le détail du combat de M. de Nemours et de M. de Beaufort, et, sans m'intéresser ni pour les vivans ni pour les morts, je vous mandai la vérité. S'il y a quelque chose à dire encore, c'est que Brillet, après avoir blessé La Chaise, avoit été porté par terre, et lorsque M. de Beaufort vint désarmer La Chaise, il étoit dessus Brillet. Beaucoup de gens qui sont jaloux de la réputation et de la bonne fortune de M. de Beaufort, diront qu'il pouvoit donner la vie à M. de Nemours, puisqu'il ne tira que le second; mais, outre qu'il tira tout aussitôt qu'il eust essuyé le coup de M. de Nemours, il ne pouvoit hasarder cette générosité sans estre désarmé; car les seconds de M. de Nemours, après avoir blessé leurs hommes, les quittoient pour venir à lui sans qu'ils eussent achevé leurs combats particuliers : il n'y a rien de si certain, ils en demeurent d'accord. M. de Beaufort fut légèrement blessé au petit doigt de la main droite en parant un coup d'espée que lui porta M. de Nemours depuis qu'il eut reçu le coup de pistolet ; je le vis hier à l'hôtel de Vendôme, où il commence à recevoir des visites. S'il eût esté tué, je ne doute point de la perte du parti dans Paris : le peuple eût cru très assurément que la chose se seroit faite de concert avec la cour, comme le bruit court parmi la populace que M. de Nemours avoit traité avec le Mazarin[1]. M. de Beaufort a été deux ou trois jours inconsolable ; il vomissoit tout ce qu'il prenoit ; mais depuis qu'il a su que M. de Nemours le déchiroit dans toutes les compagnies et qu'il le menaçoit même des derniers outrages, il est tout a fait consolé d'avoir fait ce qu'il dit qu'il eût été contraint de faire une autre fois. Villars se retire chez lui peu satisfait de M. le Prince ; il se plaint de ce que Son Altesse le blâme partout d'avoir fait cet appel, et dit tout haut que feu M. de Nemours, l'engageant à le faire, lui avoit dit que la veille M. le Prince s'étoit lui-même offert d'appeler M. de Beaufort[2]. Il est à craindre que si M. de Beaufort vient à sçavoir cela, il ne retombe dans les premières froideurs qu'il avoit eues pour Son Altesse, de laquelle il se plaignoit durant toutes ces malheureuses négociations ; et il est vrai que, lorsque Gaucour[3] fut envoyé la première fois, il n'y avoit eu que quatre personnes du parti à qui on l'avoit communiqué : sçavoir, M. le Prince, M. de Nemours, M. de

---

1. Voyez plus haut la note de la p. 165.
2. Bruit contraire à toute vraisemblance, Condé s'étant efforcé constamment de raccommoder les deux beaux-frères.
3. Un des gentilshommes de M. le Prince.

la Rochefoucauld et Mme de Chastillon; et lorsque cette négociation fut découverte, M. de Beaufort s'en plaignit, et peu s'en fallut qu'il ne se raccommodât avec le cardinal de Retz, et ç'auroit esté un très grand malheur pour M. le Prince, car il ne faut point se flatter; il est le maître de Paris, et, comme je vous ai déjà mandé, dans l'assemblée de l'hôtel de ville on lui faisoit plus de complimens qu'à Leurs Altesses. M. de Nemours négocia avec Mme de Montbazon la réunion de M. de Beaufort et de M. le Prince; le jour du combat de Saint-Antoine, il se raccommoda lui-même avec son beau-frère, et du depuis cette malheureuse préséance a causé le combat dans lequel il a esté tué.

Je trouve le procédé de M. le Prince avec le comte de Rieux très dangereux pour les suites qu'il peut avoir; car ce cadet Lorrain est emporté, et il ne craint pas de dire que si M. le Prince ne se bat contre lui quand il sera en liberté, il l'assassinera; ces impertinens propos mériteroient une correction. Le comte de Brancas m'a dit qu'il avoit sçu que Mme de Guise, parlant à Mme d'Orléans de cette affaire, avoit dit que toute la maison de Lorraine estoit intéressée dans l'injure qu'avoit reçue le comte de Rieux, et qu'il falloit que tous ceux qui en sont périssent les uns après les autres pour en tirer la satisfaction. Je vous cite mon autheur en cette rencontre, car Mme de Guise est fort sage. On croit ici que cette querelle pourra servir de prétexte à M. de Guise pour oublier l'obligation qu'il a à Son Altesse de sa liberté. Vous pourrez voir quels seront ses sentimens, si tant est qu'à la fin vous le voyez, après tant de paroles qu'on vous a données.

On avoit commencé à régler le conseil, et M. le Prince, pour appaiser tous les différends, avoit proposé d'entrer sans aucun rang ni pour les uns ni pour les autres. Voyez à quoy les guerres civiles réduisent les princes du sang, et s'ils ne sont pas bien misérables d'estre obligés de se mesurer avec des gens qui sont infiniment au-dessous d'eux. Je ne pense pas que l'on fasse des ministres, au moins n'en parle-t-on pas encore; et ceux de la robe qui entrent dans le conseil n'y entrent que comme députés de leurs compagnies ou comme ayant esté choisis de ces corps-là par Son Altesse Royale, afin d'accréditer davantage dans le public les résolutions que l'on y prendra. Ainsi il y a deux présidens de la cour des comptes, deux de la cour des aides, et outre les deux présidens au mortier, les présidens Viole et de Thou y ont été appelés. J'ai peur que l'affaire du comte de Rieux n'en attire quelque mauvaise au président Viole; car il est certain qu'il frappa le prince Lorrain et qu'il crioit dans la galerie : Un baston, un baston pour M. le Prince. Le Lorrain l'entendit comme tous les autres, et il ne lui promet pas de foibles reconnoissances.

Je ne manquerai pas de parler à M. de La Rochefoucauld de ce que vous m'écrivez et je vous en rendrai compte. Je ne voi pas que les levées des taxes que l'on a résolues se fassent trop diligemment; et je souhaiterois que MM. les Princes pressassent un peu plus qu'ils ne font. Cependant Fuensaldagne avance, et j'ai vu cette après-dinée le baron de Clinchamp qui est encore au lit de la blessure qu'il reçut à la porte Saint-Antoine : il m'a dit que par les lettres qu'il avoit reçues ce matin, on lui mandoit que les troupes seroient ce soir au pont Sainte-Maxence, près de Senlis. Fuensaldagne auroit fait une plus grande diligence, mais il a eu à combattre l'esprit du duc de Lorraine, toujours porté à écouter toutes les négociations, et pour le faire marcher il fut contraint de faire mettre ses troupes en bataille et de menacer le duc de Lorraine de tailler les siennes, si il ne les faisoit marcher. Cette bizarrerie du duc de Lorraine est fâcheuse, et soit qu'elle soit sans intelligence avec les Espagnols, soit qu'elle paroisse de concert, il me semble qu'elle est à appréhender. Cependant ces messieurs avancent, et il est à croire qu'ils viendront ouvrir les passages de Lagni, de Corbeil, et qu'après avoir joint les troupes des Princes ils se retireront. Clinchamp dit qu'on nous donnera six mille hommes à choisir des meilleures troupes du monde. Cependant si on ne refait nos troupes promptement et tandis que Fuensaldagne sera à nos portes, il est certain que ce secours sera comme inutile, puisqu'il sera à moitié dissipé devant que notre petite armée soit en état de marcher, et si nos recrues étoient faites, et que les officiers pour se remettre en équipage eussent tous quelque argent, et qu'avec les six mille hommes qui nous viennent nous en cussions encore six mille autres bien effectifs, et que M. le Prince se résolut de quitter Paris et ses pompes et de se mettre à la tête de l'armée, son Altesse seroit en état de donner la loi aux Mazarins. M. de Bouillon n'est pas encore mort, mais il ne vaut guère mieux : il a le brevet de surintendant. M. de Turenne n'est pas bien avec le cardinal. On a cru qu'il quitteroit le commandement de l'armée, et que le mareschal d'Aumont, qui estoit venu à la cour, le prendroit ; mais ce dernier est retourné dans son gouvernement. On dit que le sujet du mécontentement de M. de Turenne est qu'on lui a refusé la charge du marquis de Saint-Maigrin[1]. Il n'a pas sujet de se plaindre, si c'est pour la donner au père du défunt, comme le bruit en est...

1. Tué au combat de Saint-Antoine. Il commandait les chevau-légers de la Reine, emploi de guerre et de cour fort recherché et qui fut donné à Mancini, neveu de Mazarin, lequel ne le garda pas longtemps, et mourut bientôt des blessures reçues au combat où périt Saint-Mégrin.

L'ABBÉ VIOLE A LENET. *Manuscrits de Lenet*, t. VII, fol. 153.

Paris, 31 juillet 1652.

..... Je voudrois bien oublier le mardi qui ne fut remarquable que par le duel entre MM. de Nemours et de Beaufort avec des seconds qui se battoient à l'espée, pendant que ces deux seigneurs se battoient à pied à coups de pistolets, à cause de la blessure du pauvre M. de Nemours, qui n'avoit que la main gauche de libre. Mais parce qu'on ne sauroit trop pleurer cette perte, il est bon que vous sachiez le détail de l'affaire.

Vous vous souvenez bien que je vous mandois par ma dernière qu'il y avoit quelque contestation pour la prés'ance. Cela raffraichit à M. de Nemours l'aversion qu'il avoit conçue contre son beau-frère. Il lui fit faire l'appel par M. de Villars, et comme M. de Beaufort étoit à l'hôtel de Montbazon, Mme de Montbazon vit qu'il y avoit quelque chose : elle en avertit le comte de Bury pour y donner ordre. Ce que voyant M. de Beaufort, il dit à ceux qui estoient avec lui qu'il falloit qu'ils fussent de la partie. L'on alla advertir M. de Nemours qu'il y avoit du monde avec M. de Beaufort au nombre de cinq dont il ne se pouvoit défaire. Il prit quatre de ses domestiques avec M. de Villars, et sans que personne les arrestât, ils furent tous au marché aux chevaux, et passant devant Mme de Cavoye ils lui firent complimens, et lui dirent qu'elle en auroit le plaisir. M. de Nemours tira son coup de pistolet qui brûla les cheveux de M. de Beaufort; puis il mit la main à l'espée. M. de Beaufort lui dit : Ah! mon frère, que voulez-vous faire? M. de Nemours lui repartit qu'il en falloit mourir, et portant son coup d'espée il blessa M. de Beaufort au doigt, ce qui fit que déchargeant son pistolet il porta au dessus de la mamelle gauche, dont il fut tué roide. Des seconds il y a Héricourt et le comte de Bury blessés à mort. L'on porta le corps à l'hôtel de Condé. M. le Prince en est au désespoir et si fort qu'il fallut le soustenir. M. de Beaufort s'arrache les cheveux et ne veut voir personne. Mme de Nemours demande justice et présente requeste au parlement contre son frère. Mais Monsieur doibt accomoder cette affaire. Voilà la chose comme elle s'est passée. Vous en aurez sans doute de la douleur.....

L'ABBÉ VIOLE A LENET, t. VIII, fol. 40.

.... Sur l'affaire de M. de Nemours, il y a quelque chose encore à vous en dire, c'est que tout le monde encore qu'affligé lui donne le tort, ayant pressé M. de Beaufort, qui déjà estoit sensiblement offensé des discours injurieux que M. de Nemours faisoit continuellement de lui. Il ne s'est point montré du depuis, et deux des gentilshommes qui le servoient sont morts. Le comte de Bury n'est pas hors de danger; avec tout le fort que l'on lui donne, c'est un grand dommage, et il a été fort regretté à la cour.....

LE PRÉSIDENT VIOLE A LENET, t. VIII, fol. 30.

Paris, 4 aoust 1652.

Tous les accidens de cette semaine me mettent tellement hors de moi que je n'ai pas presque la faculté d'escrire. La mort du pauvre M. de Nemours, pour lequel j'avois toute la tendresse imaginable, m'a accablé de douleur, et le demeslé de Son Altesse[1], auquel je me suis engagé, m'y étant rencontré, ne me laisse pas sans chagrin ni sans inquiétude. C'est un coup qui saignera peut-être longtemps. On vient d'apporter la nouvelle de la mort de M. de Bouillon, et à tout moment il arrive tant de choses fâcheuses qu'il est impossible d'être en repos.....

L'ABBÉ VIOLE A LENET, *ibid.*, fol. 51.

Paris, ce 7 aoust 1652.

..... Sur le soir se fit l'entrevue de M. le Prince et de M. de Beaufort, qui ne s'étoit point montré depuis la mort de M. de Nemours, qui saigne encore pour bien des gens. M. le Prince a cru, pour des raisons que vous pouvez bien imaginer, qu'il falloit faire bonne mine, et il a obligé tous ses amis d'aller voir ce meurtrier du plus aimable prince du monde. Ce fut au palais d'Orléans où ils se virent, et depuis il a continué d'y aller. Mme de Nemours, qui est toujours dans une extrême douleur, aux Filles de Sainte-Marie où Mademoiselle et M. le Prince l'ont vue, se résout de suivre le corps de son mari à Aix où l'on le portera, après son service qui se fera à Saint-André où son corps est en dépost, et de là elle s'enfermera pour le reste de ses jours aux Filles de Sainte-Marie de ce même lieu. On ne dit point ce que fera M. de Rheims[2], qui a demeuré au collége des Jésuites depuis la mort de son frère....

1. Avec le comte de Rieux.
2. Le Père cadet du duc de Nemours, d'abord archevêque de Reims, après la mort de son frère quitta l'Église, prit le rang et le titre de duc de Nemours, et épousa Mlle de Longueville. Mort sans laisser d'enfant, emportant avec lui la maison de Savoie-Nemours.

NOTES DU CHAPITRE IV

VIE INÉDITE DE MATHIEU MOLÉ

Voici la vie de Mathieu Molé dont nous avons parlé. Elle est écrite de la propre main de Claude Le Pelletier, et fait partie d'autres notices sur plusieurs magistrats, Du Vair, Le Tellier, Bignon, etc. BIBLIOTHÈQUE IMPÉRIALE, *Supplément français*, N° 2431, PIÈCES DIVERSES, HISTOIRE ET LITTÉRATURE. Cette petite biographie est intitulée : *Mémoire sur la vie et les actions de monsieur Molé, garde des sceaux de France.*

La vénération que j'ai toujours eue pour la mémoire de M. Molé, qui a été procureur général, premier président et garde des sceaux, m'engage à ne pas laisser perdre par ma mort les choses singulières que j'ai sçues de ce grand homme. Il avoit honoré feu mon père de son amitié, et il m'a souffert l'approcher lorsque j'étois encore fort jeune dans quelques occasions que M. Le Tellier me donna pour lui parler de sa part.

M. Molé naquit en 1584, M. son père étant alors président au mortier. Il fut pourvu premièrement d'une charge de conseiller au Parlement, à l'âge de vingt-deux ans, puis de président aux requêtes du palais. Lors de la mort de M. son père, la charge de président au mortier fut donnée à M. Bellièvre, qui étoit procureur général et fils du grand chancelier Bellièvre, et M. Molé fut pourvu de la charge de procureur général qu'il a exercée pendant vingt-huit ans. Cette charge montra M. Molé tout entier au public. Il n'étoit pas riche, mais sa charité regardoit le besoin de ceux à qui il donnoit plus que l'état de son bien. Il avoit une douceur et une affabilité en un haut point. Sa maison étoit ouverte à toute heure comme les temples. Dans le temps que les vacations lui permettoient de passer à la campagne, il s'occupoit à terminer les procès des paysans de tous les villages voisins, et souvent il mettoit la main à la bourse pour faciliter les accommodemens. L'innocence de ses mœurs, son intégrité, sa fermeté constante, et son zèle toujours ardent pour le bien public lui donnèrent une grande réputation.

Feu M. Dupuy aîné m'a dit que pendant la prison du garde des sceaux de Marillac et de son frère le maréchal, auxquels la cour donna des commissaires pour les juger, leur famille présenta une requête au Parlement pour demander qu'ils y fussent jugés comme officiers de la couronne, sur laquelle on mit un *soit montré*, et M. le procureur général y mit ses conclusions portant que, la partie ouïe au parquet, il feroit ce que de raison; dont le cardinal de Richelieu fut très affecté. Cependant il dit au Roi que le procureur général ayant grande réputation, il falloit le ménager, et pour cela attendre les vacations du Parlement pendant lesquelles le ministère cesseroit dans le palais, et que lors on lui feroit donner un ordre du Roi de se retirer dans sa maison de Champlastreux et de n'en pas sortir. A la Saint-Martin, le cardinal de Richelieu conseilla au Roi de faire venir le procureur général à Saint-Germain, ce qui fut exécuté; et quand le procureur général arriva à la cour, M. le prince de Condé et les principaux officiers du Roi se trouvèrent à sa descente de carrosse pour l'accompagner chez le Roi, lequel lui dit qu'il avoit été fort mal satisfait des conclusions qu'il avoit prises dans l'affaire de MM. de Marillac. A quoi ce magistrat répondit humblement qu'il n'avoit rien fait en cela que suivre le style de ses prédécesseurs en pareilles occasions; ce qui fâcha le Roi, et il lui dit de mauvaises paroles, sur lesquelles il se jeta aux pieds de Sa Majesté, en disant qu'il étoit bien malheureux d'avoir fâché un si bon maître. Sur quoi le Roi se retira en colère, sans lui dire qu'il pouvoit retourner aux fonctions de sa charge. M. Molé se retira accompagné du prince de Condé et de la même escorte. Il revint à Champlastreux sans se donner aucun mouvement pour procurer son retour; mais le cardinal de Richelieu engagea le Roi de le faire revenir au Louvre, où Sa Majesté lui dit qu'en considération de ses autres services elle lui pardonnoit et le renvoyoit à la fonction de sa charge.

M. le maréchal d'Effiat ayant été fait surintendant des finances, M. Molé ne crut pas lui devoir une visite en qualité de procureur général. Le surintendant s'en fâcha, et ne lui paya ni ses appointements ni ses pensions pendant cinq ans. M. Molé ne s'en plaignit pas et ne fit aucune sollicitation. M. d'Effiat fit ériger Chilly en marquisat et eut besoin de conclusions pour l'enregistrement de ses lettres. Il consulta M. Le Tellier, lors procureur du Roi au Châtelet, qui m'a appris les circonstances de ce fait, et qui conseilla à M. d'Effiat de faire présenter sa requête au parquet sans façon, disant que le procureur général étoit capable d'en bien user. Et en effet, le surintendant, dînant chez M. Martin (?), où étoit aussi M. Le Tellier, son procureur lui rapporta, pendant qu'on étoit à table, les conclusions favorables que M. Molé avoit signées sur-le-champ, en disant que puisqu'il servoit le Roi son maître, il vouloit l'expédier promptement. Sur quoi M. d'Effiat s'écria tout haut que le procureur général étoit un galant homme et que lui étoit un grand misérable. A l'issue du dîner, il alla faire son remercîment, y menant avec lui M. Le Tellier;

et dès le soir même il envoya payer tout ce qui étoit dû au procureur général pour les cinq années précédentes.

L'intégrité de M. Molé, sa fermeté si constante, et son zèle si ardent pour le bien public résolurent Louis le Juste de lui donner la charge de premier président au parlement de Paris, en confiant son autorité souveraine en des mains si pures et si vigoureuses. Le feu Roi, de glorieuse mémoire, avoit laissé le royaume aussi paisible au dedans que glorieux au dehors. Les batailles de Rocroy, Norlingue et Fribourg, et tant de villes importantes prises sur les ennemis promettoient qu'enfin une guerre si heureuse produiroit une paix constante et honorable; mais il se répandit un air empoisonné de faction dans Paris qui causa la journée célèbre des Barricades. Ce fut là où parut la fermeté du président. Ce vénérable vieillard passa au travers des corps de garde et des barricades formées par la sédition avec la même sérénité de visage que s'il eût passé dans la salle du palais. Les regards de ses yeux et le caractère de la magistrature imprimé sur son front par le doigt de Dieu, protecteur de la royauté qu'il défendoit, étonnèrent les mutins. Il passa à la tête du parlement chez le Roi pour conjurer la tempête qui se calma. Étant revenu chez lui, une populace encore furieuse se présenta à la porte de sa maison qu'il fit ouvrir, et il se présenta aux séditieux avec une assurance dont ils ne purent soutenir la majesté. Il n'eut qu'à se montrer pour couvrir les mutins de honte et les renvoyer chez eux avec respect pour cet homme intrépide. Lorsqu'il demanda sa robe pour s'aller présenter à cette populace mutinée, l'abbé de Chanvallon, qui a été depuis archevêque de Paris, s'étant trouvé auprès de lui, voulut lui représenter qu'il s'exposoit trop, mais il lui répondit : « Jeune homme, apprenez qu'il y a toujours bien loin de la poitrine d'un homme de bien au poignard d'un séditieux. » Et le jour des Barricades, lorsqu'il traversa les rues pour aller au Palais-Royal, un homme plus furieux que les autres s'étant présenté pour l'insulter, il l'arrêta par sa fermeté ; et quand au retour l'on lui dit qu'un bourgeois avoit nommé cet homme, il dit ne vouloir pas savoir son nom, mais qu'il le plaignoit d'avoir un assez mauvais voisin pour le vouloir déceler. Et un jour ses gens s'étant saisis d'un homme qui s'étoit introduit dans la maison avec un poignard pour le tuer, il défendit qu'on se saisît de lui ni qu'on lui fît aucun mal, le renvoyant en sûreté, pour reconnaître, dit-il, la miséricorde de Dieu qui l'avait préservé.

M. le chancelier Le Tellier m'a dit que lorsque le Roi choisit M. Molé pour le faire premier président, le cardinal de Richelieu exigea de lui un écrit par lequel il promettoit de ne point assembler les chambres du Parlement sans un ordre exprès du Roi, et que ce papier s'étant trouvé parmi ceux du cardinal de Richelieu, lui, M. Le Tellier, avoit été chargé par la Reine régente de porter cet écrit à M. le premier président Molé pour lui en demander l'exécution. Sur quoi ce magistrat lui répondit qu'il étoit trop vrai qu'il avoit signé cet écrit, et qu'il voudroit que Dieu l'eût retiré du monde auparavant, mais qu'il chargeoit M. Le Tellier de dire à la Reine que les temps étoient bien changés, et que si à présent l'on lui crachoit au visage pendant qu'il seroit à sa place de premier président, la Reine n'étoit pas en état de lui pouvoir fournir un mouchoir pour s'essuyer; ce que M. Le Tellier rapporta exactement comme il lui avoit été dit.

Pendant que les Princes et les Frondeurs étoient maîtres de Paris, le Roi ayant été obligé d'en sortir, l'on fit venir un matin, pendant une assemblée des chambres du parlement, plusieurs soldats du régiment de Valois, lesquels, joints à d'autres mutins, entrèrent dans la salle du palais, et vinrent à la porte de la grand'chambre en criant qu'on leur livrât les Mazarins. Sur quoi, les huissiers épouvantés entrèrent pour en donner avis au premier président. Henri de Mesmes étoit lors second président. La frayeur le saisit, et il proposa de sortir par les derrières de la grand'chambre pour se retirer dans la maison de M. le premier président[1]. Mais lui, avec son intrépidité ordinaire, se leva en disant au président de Mesmes que la cour n'avoit point accoutumé de s'enfuir. Et quand Henri de Mesmes se fut retiré, M. Molé ordonna aux huissiers de marcher en frappant sur leurs portefeuilles, à l'ordinaire; mais en même temps il saisit par le bras M. le duc de Beaufort qui assistoit à la délibération; et l'ayant empoigné en sorte qu'il ne pouvoit lui échapper, il le fit marcher à côté de lui en déclarant qu'il répondroit au Roi de ce qui arriveroit; et faisant marcher les huissiers devant lui, il passa toute la salle du palais et la galerie des marchands pour entrer chez lui par la porte ordinaire, où il congédia M. de Beaufort et rentra chez lui en toute sûreté. Peu de jours après on envoya à sa porte pendant qu'il dînoit les mêmes soldats du régiment de Valois avec d'autres séditieux qui frappèrent à la porte avec un grand bruit, menaçant de le poignarder, et ils avoient effectivement des poignards à la main. L'on vint avertir le premier président, lequel se leva de table, et ayant ordonné qu'on leur ouvrît la grande porte, il descendit son degré et vint se présenter à cette troupe séditieuse en leur demandant ce qu'ils vouloient de lui. Son visage respectable et son intrépidité arrêta toute la chaleur de ces gens-là; et comme ils ne lui dirent rien, après être demeuré quelque temps en leur présence, il leur dit: Allez-vous-en, vous avez chacun gagné votre teston[2]; et il remonta dans sa chambre.

1. L'hôtel de la présidence est devenu depuis celui de la préfecture de police.
2. Petite pièce de monnaie.

M. Le Tellier m'a dit que lorsqu'on ôta les sceaux à M. Molé pour les donner à M. de Châteauneuf, avant la majorité[1], il eut ordre d'aller dire, de la part du Roi et de la Reine, à M. Molé, alors encore premier président, qu'on lui accordoit la nomination au cardinalat; sur quoi il répondit à M. Le Tellier qu'il seroit mort avant que le courrier fût arrivé et de retour de Rome, et que ce ne seroit qu'un titre pour son tombeau. Et s'étant tenu ferme à le refuser, M. Le Tellier lui dit qu'il avoit ordre de lui offrir une cinquième charge de secrétaire d'État que l'on créeroit exprès pour M. de Champlastreux, son fils; mais il s'écria qu'il ne vouloit point faire tort aux quatre secrétaires d'État qui servoient bien le Roi son maître, et que si on en ordonnoit un cinquième ils seroient bientôt comme les six vingts secrétaires des finances, en ajoutant qu'il savoit bien que le Roi ne lui ôtoit pas les sceaux à cause de la mauvaise satisfaction de ses services, mais que c'étoient ces méchants (en désignant les Frondeurs) qui forçoient Leurs Majestés, lesquelles enfin rendirent les sceaux à M. Molé aussitôt après la majorité.

Quand il tomba malade, il se disposa à la mort avec une fermeté chrestienne. Il fit venir Cramoisy, un des directeurs de l'Hôtel-Dieu, auquel il fit remettre une petite cassette avec la clef, dans laquelle il lui dit qu'il y avoit six mille pistoles, et un mémoire de l'emploi qu'il vouloit qu'on en fît pour les pauvres, déclarant qu'il n'avoit point fait de testament, et que rien ne chargeoit Cramoisy. Après sa mort, il n'y eut aucune église dans Paris où l'on n'y dît un service volontaire pour le salut de l'âme de M. le garde des sceaux Molé, et cela se communiqua dans toutes les provinces même les plus éloignées où les peuples firent dire des messes à son intention, ce qui a rendu sa mémoire précieuse à tous les gens de bien; et l'on n'a sçu qu'après sa mort que pendant ses dernières années aucun de ses valets ne l'avoit vu se lever ni se coucher, et qu'il fesoit de grandes austérités, lesquelles il cachoit avec soin. Il avoit perdu de bonne heure madame sa femme, fille du président de Nicolaï, laquelle lui laissa une nombreuse famille. Après sa mort, M. Godeau, évêque de Vence, prononça son oraison funèbre dans l'église de Saint-Antoine-les-Champs en présence de plusieurs archevêques et évêques, et j'ai tiré de cette pièce ce que j'ai cru pouvoir servir à mon sujet[2]. M. Molé se prépara à mourir comme Moïse par le commandement du Seigneur. Il n'occupa pas son esprit à des affaires domestiques,

---

1. Voyez le premier chapitre, p. 64 et 65.
2. *Oraison funèbre de Messire Mathieu Molé, chevalier, garde des sceaux de France, prononcée en l'église de Saint-Antoine-des-Champs, le 10 de février de l'année 1656*, etc., in-4° de 26 pages. Voyez aussi *Œuvres chrestiennes et morales en prose de Messire Antoine Godeau, évesque de Vence*, 2 vol. in-12, 1658, t. 1ᵉʳ, p. 362-386.

et il ne voulut point faire de testament, selon ce qu'il avoit dit à un de ses vertueux amis : qu'à l'égard de ses biens, qui étoient médiocres, la coutume en feroit la distribution, et qu'il avoit toujours cru que les charités faites à la mort étoient plutôt une marque d'avarice qu'un effet de piété. Lorsqu'il reçut les sacremens, il répondit à toutes les prières, et après avoir élevé les yeux au ciel, il les referma et rendit son âme à Dieu, laissant dans le public une réputation sans envie et une vénération pour sa mémoire qui est sans exemple. C'est ainsi que finissent ceux qui ont préféré l'innocence aux cabales, la modestie au luxe, et la solide probité à la **prudence du siècle**

NOTES DU CHAPITRE V

PLAN DE RÉPUBLIQUE CALVINISTE A BORDEAUX

Nous avons vu, par les divers articles de l'*Union de l'Ormée* que nous avons cités, que cette *Union* avait une assez forte couleur calviniste et républicaine. Voici maintenant un plan avoué de république, conçu dans l'esprit qui régnait alors à Genève et en Angleterre. Le style en est si incorrect et si barbare qu'il est impossible d'y méconnaître l'œuvre d'un étranger; nous avons même été forcé de le corriger presque partout pour le rendre un peu intelligible, et encore il ne l'est pas toujours. Cette pièce fut remise au prince de Conti pour servir de manifeste aux insurrections qu'il s'agissait d'exciter et de seconder dans les diverses provinces du midi de la France où il y avait beaucoup de protestants. Il est certain que pour la Guienne et Bordeaux c'était une excellente préparation à l'annexion de ce pays à la république protestante d'Angleterre. On y retrouve le symbole des covenantaires avec le mot même de *covenant*, l'éloge des lois et des coutumes anglaises, la plupart des folies calvinistes et républicaines qui s'agitaient au delà de la Manche, le suffrage universel, le droit d'élire à vingt et un ans, l'assemblée unique, le parlement annuel, l'égalité absolue, le service militaire non obligatoire, la doctrine du contrat comme le seul fondement légitime de la société, les déclamations d'usage contre les rois, les cours et l'Église, l'invocation de l'Église primitive, l'inflexible observation du dimanche, en un mot tout le régime moral et religieux de Calvin et de Knox. Tel est le bel idéal que l'Angleterre, en 1653, proposait à la France de Henri IV, de Richelieu et de Mazarin !

Nous avons trouvé ce curieux document à la BIBLIOTHÈQUE

IMPÉRIALE, *Supplément français*, n° 3001, *Portefeuille du prince de Condé*. On y lit cette note de la main de Lenet : « *Mémoires donnés à Son Altesse de Conti par les sieurs Saxebri et Arrondel, que je n'approuve pas. Angleterre.* » Saxebry ou Saxebery et Arondel étaient deux agents anglais qui allaient dans le midi de la France, soufflant le feu de l'insurrection, poussant à la révolte les malheureux protestants, en leur promettant des merveilles, si l'on voulait livrer la ville de Bordeaux à l'Angleterre. *Manuscrits de Lenet*, t. XV, fol. 102. Lenet à Barrière, 5 octobre 1653 : «.....Vous avez bien sçu que M. de Saxebery (*sic*) a été longtemps à Bordeaux et à la Rochelle, que lui et le sieur Arrondelle (*sic*) ont fort négotié, aussi bien que dans le haut pays, pour favoriser le dessein de ceux qui voudroient imiter l'Angleterre dans sa nouvelle façon de gouverner. En ce temps-là on nous disoit que toutes les négociations que Son Altesse vous faisoit faire à Londres ne réussiroient jamais, mais que si la ville de Bordeaux se vouloit joindre et appeler les Anglois, ils donneroient un secours à la Guyenne, et que cette province pourroit se maintenir, conserver ses priviléges, et même acquérir la liberté.... »

Voici le mémoire anglais destiné à assurer ce démembrement de la France au nom de la république et du calvinisme.

LES PRINCIPES, FONDEMENT ET GOUVERNEMENT D'UNE RÉPUBLIQUE [1].

1. Que la supreme authorité de France, et les territoires qui en dépendent, par laquelle nous voulons estre gouvernés, sera et résidera doresnavant en une assemblée représentative du peuple, consistant en un certain nombre de personnes, au choix desquelles, selon le droit naturel, tous les hommes de l'âge de vingt et un ans ou plus haut, n'estant serviteurs ou vivant d'aumosne, ou n'ayant pas volontairement contribué contre nous, auront voix et seront capables d'eslire ceux qui feront la représentative.

[1]. Pour donner une idée parfaitement exacte du style dont cette pièce est écrite, nous transcrivons le premier article tel qu'il est dans l'original : « Que la supremme authorité, de France, et les territoires incorporés à icelles, par lesquelles nous voulons estre gouvernées, seront et resideront cy apres en une representative du peuple, consistant en nombre de personnes, au choix desquelles, selon le droit naturel, tous les hommes de l'age de vingt et un an... etc. »

2. Que la moitié dudict nombre de personnes que nous avons choisies, et non moins, seront pris et estimés pour un nombre complet, pour faire le tout de la représentative, et la majure partie des voix présentes seront comme la représentative mesme.

3. Et afin que tous officiers publics soient contraincts de rendre compte, et qu'il n'y aye des factions pour maintenir l'interest corrompu, nul officier de troupes ou garnison, ni trésorier ou receveur de l'argent du public, ne seront admis, après trois ans de la publication d'icelle, pour estre membres d'une représentative ; et, si on fait choix d'un advocat, il n'en fera la fonction durant le temps qu'il sera de la représentative, afin que toute personne soit en subjection aussi bien qu'en authorité.

4. Et pour empescher le nombre de dangers et inconvéniens qui viennent par la longue continuation des mesmes personnes en authorité, nous accordons qu'aussitost que le Seigneur nous aura donné un establissement et nous aura delivré de nos ennemis, ce présent parlement finira sur un tel jour préfix, et après n'aura nul pouvoir ni authorité, et l'on fera élection d'une nouvelle representation, selon le veritable interest d'un peuple libre, afin que l'autre parlement puisse estre en pouvoir et authorité comme une légitime et veritable representative, et ce, le jour après la dissolution du premier.

5. Nous stipulons davantage : si le présent parlement omet d'ordonner telles élections et séances d'un nouveau parlement, ou qu'il soit autrement empesché de le faire, en tel cas, nous ferons la mesme chose qu'avons faict dans la première élection, comme appert dans le premier article de cet accord ; estant très injuste et desraisonnable que nous soyons empeschés de frequentes et successives representatives, ou que cette supreme authorité tombe es mains de ceux qui ont manifesté n'estre affectés à nostre liberté, ains faict leur possible de nous tenir en esclavage.

6. Et pour la conservation de la supreme authorité en tout temps et entièrement és mains de telles personnes qui seront choisies, nous consentons et declarons que la representative en suitte et les futures demeureront en leur plein et entier pouvoir pour un an, et que le peuple choisira un parlement une fois tous les ans, afin que tous les membres d'iceux pourront estre en une capacité de prendre la place de l'autre parlement, sur un tel jour, et toujours ainsi, s'il plaist à Dieu. Pour la mesme raison, les representatives qui suivront continueront journellement en leurs places durant quatre mois du moins, et après cela auront liberté d'ajourner de deux en deux mois, comme ils verront estre necessaire, mais ne demeureront qu'un an, à peine de trahison de tous ceux qui contreviendront, et durant le temps d'ajournement ils erigeront un conseil d'Estat, ou comité, de ceux de leur corps, leur donnant telles in-

structions qui ne contreviendront point à cest accord et le feront publier.

POUVOIRS DU PEUPLE DONNÉS AU PARLEMENT.

Afin que personne doresnavant ne puisse estre ignorant ou en double concernant la supreme authorité des affaires, nous accordons et declarons que le pouvoir des representatives s'etendra sans le consentement ou concurrence d'autre personne que ce soit :

1. Premièrement à la conservation de paix et commerce avec toutes nations et Estats estrangers ;
2. A la preservation et sécurité de nos vies, libertés et facultés, contre tous les ennemis d'icelles ;
3. Pour le levement de l'argent et generalement à toutes choses qui evidemment concerneront ces fins, ou à l'eslargissement de nostre liberté, empeschement de tous nos griefs, et à la prospérité de ceste république.

CHOSES RÉSERVÉES PAR LE PEUPLE HORS DE LA COGNOISSANCE DES PARLEMENS.

Pour la sureté d'icelle, et pour empescher la prevalence de l'interest particulier, à quoi plusieurs en authorité sont enclins au detriment de nostre paix et liberté, ce considéré, nous accordons et déclarons :

1. Que nous ne nous fions, ni ne donnons pouvoir à nostre parlement de continuer en force ou de faire des loix, sermens ou convenans, par quoi ils peuvent contraindre, par amendes ou autrement, aucunes personnes à quelque chose qui concernera la foy, religion ou service de Dieu, ou de restreindre aucune personne dans la profession de sa foy et dans l'exercice de sa religion selon sa conscience. Il n'y a rien en effet qui cause plus de divisions et mal de cœur en tous ages, que la persecution et molestation des consciences concernant la religion.
2. Nous ne lui donnons pas pouvoir de presser ou contraindre aucune personne de servir en guerre, par mer ou par terre ; car la conscience d'un chacun doibt estre satisfaicte où il hazarde sa vie ou peut oster celle d'un autre.
3. Nous ne lui donnons pas pouvoir de donner jugement contre aucune personne ou ses biens, où il n'y a pas eu de loix formelles auparavant, ni de donner pouvoir à une autre cour de ce faire ; parce que où il n'y a pas de loix il n'y a pas de transgression ; aussi nous ne lui donnons pas pouvoir de se mêler de l'exécution de quelle loi que ce soit.
4. Qu'il ne sera pas dans le pouvoir d'aucun parlement de punir

ou de faire punir aucune personne qui refuse de respondre à aucune question criminelle contre soy-mesme.

5. Qu'il ne sera pas dans le pouvoir d'un parlement de continuer ou faire aucune loi pour empescher personne de traffiquer en quel pays estranger que ce soit, ou ceste nation peut traffiquer.

6. Qu'il ne sera pas en le pouvoir d'un parlement de faire des loix, par lesquelles aucun des biens ou partie d'iceux sera exempt de payer ses debtes, ni d'emprisonner aucun personne pour debtes, s'il n'a cinquante livres, n'estant pas un fait de chrestien en soi, ni advantage au créancier, mais un reproche et préjudice à la république.

7. Qu'il ne sera pas au pouvoir d'un parlement de faire ou continuer aucune loi pour oster la vie à aucune personne, si ce n'est pour meurtre ou quelque entreprise de détruire la société humaine, ou de détruire par violence cest accord; mais ils feront tout leur possible de proportionner les punitions aux offenses, afin que les vies et biens des hommes ne soient ostés pour des choses trivialles, comme a esté fait par ci-devant, et auront un très spécial soing et esgard de préserver toute sorte de peuple de vice, de misère et pauvreté; ni mesme ne sera permis de confisquer le bien d'aucune personne, si ce n'est pour trahison seulement; et en toute autre sorte d'offence recompense sera faite à la personne offensée selon le mal par la personne coupable, soit en ses biens ou vie.

8. Qu'il ne sera pas au pouvoir d'un parlement de faire aucune loi pour empescher qu'une personne, de quelle qualité que ce soit, ne soit jugée soit pour sa vie ou ses biens, au rapport de douze hommes de probité, contre qui le prévenu ne pourra trouver juste raison d'accusation.

UN MANIFESTE DECLARANT LE SENTIMENT DU PEUPLE ET HABITANS DE...

Voyant l'authorité pervertie de ses fins naturelles et de la sûreté et contentement du peuple, c'est pourquoi ils se sont mis en une posture pour deffendre leurs droicts et celui de leur nation contre tous tyrans et oppresseurs.

L'amour et le desir que nous avons eu pour la paix nous a faict, par plusieurs années, supporter avec patience la ruine de nos biens et l'espanchement de nostre sang et celui de nos frères, sans chercher autre moyen pour remède que par requeste aux puissances qui nous gouvernent, et prières à Dieu pour nostre délivrance, espérant que le Seigneur mettroit dans le cœur de quelques-uns parmi eux de considérer les misères que cette nation en général souffre, manque d'un bon gouvernement bien establi parmi nous. Nostre condition est celle de pauvres brebis dans la forest et comme les petits poissons dans la mer. Les bestes de proye s'augmentent, et non contentes de prendre nos toisons, elles ne peuvent estre satisfaictes qu'elles n'ayent devoré le tout. Cecy nous a fait considérer serieusement nostre condition et nostre relation à Dieu et à l'homme; et, après examen fait, nous trouvons que pas homme n'est né esclave ni commandé de Dieu d'estre tel, puisqu'il ne nous a pas refusé le privilége que la nature a donné aux bestes brutes de se preserver soi-mesme; mais il est impossible, la fontaine estant empoisonnée, que les ruisseaux soient sains. Les vices de l'ivrongnerie, sermens et paillardise sont les petits peschés de la cour. Par les actions et comportemens des serviteurs nous pouvons comprendre les desseings des maistres. Ne sçavons-nous pas que les Roys ne gardent leurs promesses que jusques à ce qu'ils trouvent opportunité et force pour les rompre? ces bestes de proie doibvent-elles estre assistées, nourries et chéries par les amis de justice et liberté? sommes-nous encore ignorans quel monstre les produict, et insensibles aux misères qu'ils nous imposent? y a-t-il aujourd'huy aucun qui règne dans l'Europe qui ne soit venu par conqueste, exerçant ses commandemens sur tous comme un tyran, et son pouvoir sur les pauvres comme le lion sur l'aigneau, et la baleine sur les petits poissons? Il est vrai que Dieu a créé tous; aussi a-t-il créé le diable, mais non pas pour lui obéir, ains pour lui resister et opposer. Mais il pourroit estre objecté que nous sommes sous le pouvoir et authorité d'un Roy, aux prédécesseurs de qui nos pères se sont soubmis, en sorte que nous sommes obligés en conscience de lui obéir. Nous respondons qu'il n'y a que deux voyes par où les Roys viennent à régner sur un peuple en ce temps ci, par consentement ou par conqueste. Si par consentement, il faut donc qu'il y ait un accord fait avec nos prédécesseurs par lequel il se verra qu'il a rompu le convenant; car il ne peut estre imaginé avec raison que nos pères estoient si foibles et personnes si peu raisonnables de donner de si grands revenus et priviléges à aucun homme qu'à condition de leur faire des services. Si on dit que l'authorité des roys repose sur ces fondemens, nous trouverons qu'ils ont rompu l'accord, et préjudicié nos priviléges; qui plus est, ils disposent journellement des vies et biens de nos frères à leur volonté, à cause de quoi nous sommes francs et libres du contract fait avec eux. Mais cela ne sera pas ainsi : nos pères ne nous peuvent pas obliger, car s'il leur estoit loisible de choisir quel gouvernement il leur plaisoit, il nous l'est aussi, estant aussi francs et libres que nos pères. Ou bien la royauté vient de la conqueste, et c'est ainsi que les peuples sont devenus esclaves : estant ainsi, il ne peut pas estre pesché dans les conquis de vouloir regaigner ce que le conquereur leur a osté et qu'ils ont perdu.

Par ainsi, nous voyons que la cause de toute nostre misère est d'avoir laissé le gouvernement s'esgarer hors de son propre et droit channal.

C'est pourquoy nous vous prions de considérer si ce n'est une chose triste et lamentable que les gouvernemens, que le grand Dieu du ciel et de la terre a ordonnés pour le soulagement des oppressés, de l'orphelin et de la vefve, pour la punition des malfaicteurs, pour l'aplaudissement et la bénédiction de ceux qui font bien, sont tellement pervertis que ceux qui doibvent gouverner pour le peuple soient devenus ses oppresseurs? Gouvernement est donné à l'homme non pour l'amour des gouvernants et pour les faire vivre en toute sorte de volupté et plaisir, mais pour l'amour du peuple, pour prévenir quelque danger qui puisse arriver, cela estant la veritable fin de gouvernement et subjection.

Et si n'estoit pour cette fin, gouvernement en soi seroit un fardeau parce qu'il restreint un homme de sa liberté naturelle; neantmoins, nous savons que sans le gouvernement le fort destruiroit le foible, le sage le fol, le riche le pauvre, et que les pareils recevroient pareils torts.

Mais gouvernement est ordonné de prévenir ceux hors d'authorité de faire tort l'un à l'autre, et pour ceux en authorité de faire tort à eux-mêmes ou à nous, et pour cela ils ont nos moyens pour disposer d'une partie d'iceux, si besoing le requiert, afin de preserver le restant.

De plus, celui qui est non-seulement l'auteur, mais le gouverneur de l'univers, créateur de toutes choses en icelui, et particulièrement de l'homme comme la plus glorieuse pièce et comme la teste du tout, nous a faict un peuple raisonnable, et nous a donné sa parole pour nostre guide, laquelle nous dict que tous hommes en leur premier estre sont semblables et seront de mesme en la fin. Le païsan est aussi libre qu'un prince, estant venu au monde ny avec un sabot au pied ny selle au dos, non plus que l'enfant d'un Roy avec une couronne d'or sur la teste. Ainsi, chacun par naissance est esgalement libre, et estant ainsi il a pouvoir de choisir le gouvernement par lequel il veut estre gouverné, car on ne peut pas obliger un homme que par ses deputés ou par son consentement, et on ne doibt conferer telles charges à un homme pour sa naissance mais pour son mérite, vertu estant le principal diademe.

A present, voyant que la liberté à quoy nous sommes tous nés est veritablement due à tous hommes, et que pour la gaigner Dieu en tous ages a assisté par sa presence tous ceux qui l'ont cherchée, c'est pourquoy la cause que nous entreprenons à présent estant la mesme pour laquelle nous portons nos vies et nos mains, il ne nous faudra pas d'autre apologie. La seule chose qui se pourra trouver estrange en nos actions est la façon d'agir pour procurer nos indubitables droicts. Ici nous prions qu'on considère que tous moyens ordinaires et quelques extraordinaires ont esté desjà tentés, et après plusieurs siècles de patience n'ont produict aucun fruict, comme il appert qu'on n'a fait autre usage de nos submissions que pour nous abuser et toute la nation :

1. Premierement nous trouvons que tout le tresor qui est amassé est employé contre nous ;

2. Nous trouvons que les armées parmi nous sont entretenues de nostre pain et de celui de nos enfans, tous les chefs, depuis le plus haut degré jusques au plus bas, ne faisant autre usage de leur pouvoir que pour eslever leurs fortunes sur nos ruines ;

3. Nous trouvons plusieurs emprisonnés, blessés et tués par des gens de néant qui n'ont qu'une espée à leur costé ;

4. Nous trouvons que les taxes s'augmentent sans nombre et sans esperance de fin, qu'ainsi personne ne sçait ce qu'il a ny ce qu'il aura ;

5. Nous trouvons que les pauvres sont tout à fait négligés et les plus oppressés, et plusieurs milliers à l'aumosne et prets à perir de faim ;

6. Nous trouvons le nom de Dieu blasphemé, son pouvoir méprisé, le jour de repos prophané ;

7. Nous trouvons que les plus hommes de bien sont jettés hors du conseil et commandement, et que pour s'estre trouvés fidelles, n'abuser pas de leurs consciences ny trahir leur patrie, ils sont bannis de leurs maisons et plusieurs d'iceux ruinés dans leurs biens ;

8. Nous trouvons que nos héroiques princes ont esté emprisonnés, leurs conseils méprisés, leurs biens sequestrés, leurs personnes et familles désignées pour estre ruinées[1] ;

9. Nous trouvons des estrangers préferés aux plus grandes charges de confiance et d'authorité et les natifs rejetés ;

10. Nous trouvons tous ou la pluspart des edicts ou ordonnances faictes en faveur du pauvre peuple depuis peu abolies, et de grandes taxes et fardeaux insupportables de nouveau imposés ;

11. Nous trouvons que les armées s'augmentent, et nos compagnies pleines de soldats mercenaires qui ne sont pas appelés par nous ;

12. Nous trouvons par là que le peu qui nous reste et que nous avons eu bien de la peine à conserver, est desja presque dévoré, et qu'une inevitable misere par famine doibt apparemment estre nostre sort si Dieu soudainement ne nous délivre de ces oppresseurs ;

13. Nous trouvons que toutes les promesses et ordonnances du Roy et de son conseil sont de nulle validité, estant violées par tous les gouverneurs et officiers ;

---

1. C'est le seul endroit, avec le suivant, n° 9, où se trouvent quelques-uns des griefs ordinaires de la Fronde et un souvenir des Princes.

14. Nous trouvons que tous gouverneurs et commandans, à la campagne et dans les garnisons, commandent aussi absolument que des monarques, nous taxent quand et comme il leur plaist;

15. Nous trouvons le pesché venu en un tel degré que nos femmes sont ravies, nos filles desflourées, nos jeunes hommes tués, nos villes et habitations et tout le païs presque semblable à un désert;

16. Nous trouvons le commerce de la nation, qui debvoit estre advancé et augmenté, si generalement ruiné que nous ne pouvons longtemps subsister si non par quelque prompt secours;

17. Nous trouvons que tous les offices de justice et charges de l'interest public de cette nation sont acceptés par les favoris mercenaires de la cour; c'est pourquoy nos biens et libertés sont tousjours à la discretion et volonté de ces monopoleurs;

18. Nous trouvons que les gens d'Esglise sont beaucoup dégénérés de la primitive pureté, mettant des millions en leurs poches, quoy qu'une grande partie d'iceux aye esté destinée pour les pauvres;

19. Nous trouvons que les revenus publiqs, s'ils estoient bien et fidellement employés, desfrayeroient toute la despence de cette nation, sans qu'on mette aucune taxe sur le peuple, la pluspart estant donnés aux favoris et despensés pour le maintien de la pompe et du luxe de la cour pendant que le pauvre païsan est obligé de payer plus que le revenu de tout son bien;

Considerant nostre deplorable estat et celui de tout le peuple en general, et l'apparent danger d'une plus grande effusion de nostre sang, et considerant que non seulement nous avons tenté toutes voyes et moyens de procurer la fin de nos longues oppressions, comme aussi considerant que nostre esclavage sous ce pouvoir arbitraire vient du manquement d'un juste et esgal gouvernement, qui s'il estoit estably nous donneroit prompt soulagement de tous nos communs fardeaux; nous ne pouvons penser à un remède plus probable que de nous mettre et inviter tous ceux de nostre nation de se mettre avec nous en une posture de deffence, par laquelle nous pouvons estre garantis de tout danger et n'estre empeschés dans nos bonnes intentions par l'opposition de ceux qui ont projeté nostre esclavage et celui de nostre nation. Nous avons donc ainsi arrêté les principes sur lesquels nous pouvons nous accorder entre nous et establir une paix ferme et assurée:

1. Premierement que nul homme doresnavant ne soit accusé ou jugé de vie ou biens que par telles lois qui seront faites par un parlement ou representative du peuple.

2. Que nul homme ne soit obligé à se deffendre en justice sur les accusations ou dires de qui que ce soit, que l'accusateur ne soit présent et les tesmoins confrontés face à face et devant des juges gens de bien et de probité.

3. Que tous soient punis selon les offenses et suivant les véritables

interests d'un juste et sainct gouvernement, que rien ne soit estimé trahison si ce n'est ce qui tend manifestement à maintenir la tirannie et renverser la liberté.

4. Que personne ne soit contraint par amendes ou autrement concernant matiere de foy, religion ou les ordonnances de Dieu, ni restreint de la profession de sa foy ou exercice de sa religion, selon sa conscience.

5. Que ceux de la Religion, estant natifs de ceste nation et fidelles à son interest, soient ci-après esgalement receus en toutes charges et gouvernement.

6. Qu'il y aye des lieux et places publiques, en toutes cités, villes et bourgs et villages, où il se trouvera gens de la Religion, pour prescher la parole de Dieu et faire profession de ses sainctes ordonnances.

7. Qu'il soit accordé entre les deux partis que tous ceux qui tascheront de nous diviser seront punis; car pourquoy nous qui sommes frères nous dévorerons nous les uns les autres comme les canibales?

8. Que toutes parties cessent de prescher la controverse, et preschent la parole de Dieu, Christ estant le reconciliateur de son Eglise.

9. Que les jours de dimanche ne soient plus prophanés comme ils sont et ont esté depuis plusieurs siècles, mais que tous les magistrats soient obligés de les faire ponctuellement observer, à peine d'estre mis hors de leurs charges et jugés incapables d'en plus exercer.

10. Comme les énormes peschés de l'ivrongnerie, blaspheme, paillardise, pour lesquels peschés Dieu a ruiné plusieurs nations, n'abondent pas seulement mais surabondent parmi nous, voilà pourquoi la main de Dieu est sur nous et n'en sera retirée qu'elle ne nous ait destruits, ou que nous ayons destruict ces peschés; il faut encore qu'ils soient doresnavant punis chez ceux où ils seront trouvés, aussi bien en un prince qu'en un païsan, et ce selon les lois d'Angleterre faictes contre tels cas, affin que la main de Dieu qui est sur nous se retire, et que nous puissions regarder sa face joyeuse dans le calme de paix, tandis que nous ne ressentons à présent que ses coups.

11. Que nulle personne, de quelle qualité ou condition qu'elle soit, demeurant en aucune cité, ville ou province en France, en office, charge ou gouvernement, excepté telles personnes qui, par serment de deux hommes de probité, fairont voir qu'elles n'ont pas cent livres tournois, ne soient exemptes de payer leur portion esgale de toutes taxes, selon leur dequoi, soit réel ou personnel, comme leurs voisins de villes, bourgs, et campagnes.

12. Que nulle personne que ce soit ne mette aucune taxe sur le peuple, ès villes, bourgs ou campagnes, ou ne force de bailler ar-

gent ou meubles, sous aucun pretexte d'ordres de quelle personne que ce soit, ou de son propre pouvoir, sans l'ordre et commandement de la majeure partie de ceux qui sont en authorité dans la mesme province, sous peine d'estre procédé contre elle comme contre un larron.

13. Que tous privileges donnés par les usurpateurs des droicts du peuple à aucune place ou personne soient entierement ostés.

14. Que tous officiers publiqs soient choisis annuellement par le peuple du lieu où ils doibvent exercer les charges.

15. Que personne ne soit forcé de servir en guerre ny par mer ny par terre.

16. Que tels ordres soient pris et telles provisions faictes pour les pauvres qu'il n'y aye pas des mandiants, et que principalement ceux qui ne peuvent travailler ne couchent et ne meurent dans les rues comme ils ont fait cy devant.

17. Que le païsan puisse avoir sa cause ouïe, et justice faicte contre le seigneur, aussi bien que le seigneur contre lui, et que les amis de l'adversaire du pauvre n'empeschent la prompte determination et le juste jugement donné en la cause du pauvre, quand ce seroit un prince, car Dieu n'a point de respect des personnes.

18. Que tous proces entre toutes personnes soient deffinitivement terminés en un temps fixe, et ce au rapport de douze hommes de probité ou un tel nombre que sera estimé a propos, estant choisis avecque liberté des paroisses ou bailliages où les parties demeureront.

19. Que les commerces à toutes les personnes de la nation soient esgalement libres, tant dans le païs qu'ailleurs.

20. Que toute obedience ou titres serviles, donnés aux seigneurs des villes et campagnes, le grand support de la tyrannie, soient tout à fait ostés.

21. Que le commerce géneral avec l'Angleterre soit instamment demandé.

Ces choses estant nostres et composant les indubitables droicts de nostre nation, manqué d'un pareil establissement, les miseres ont esté grandes sur nous depuis bien des années, et puisqu'il ne nous est pas laissé d'autre voye que de prendre nos espées dans nos mains pour garder ce que nous avons, et regaigner ce que nous avons perdu, nous formons cette entreprise sans nous promettre d'autre assistance que celle des peuples.

Neantmoins nous, ayant intention de ne faire tort à personne ni chercher advantages secrets pour nous mesmes, et la cause pourquoy nous comparoistrons estant si claire et juste, nous reposons nostre confiance au grand Dieu pour nous proteger de la malice et rage de tous hommes ambitieux, et qui cherchent leur propre interest, affectant grandeurs et tyrannie, et qui ont projeté l'esclavage du peuple, et une perpétuité de leur regne et de tous leurs mercenaires vassaux, qu'ils ont ou loueront pour nous destruire, et tenir le joug d'esclavage sur le col du peuple; nous par ces présentes promettons et nous engageons envers tous ceux de nostre nation que, en quelque temps que l'establissement de paix et de liberté icy proposé, sera effectué, nous retournerons à nos habitations et vocations, en participant seulement et esgalement de nostre part de liberté et paix avec ceux de cette nation.

NOTES DU CHAPITRE VI

APOLOGIE DU PRINCE DE CONTI PAR LUI-MÊME

Lorsqu'à la fin de l'année 1653 on connut en France la conduite du prince de Conti, il n'y eut qu'un cri contre sa lâcheté ou sa perfidie. Il sentit donc le besoin de se justifier, et composa ou fit composer en son nom par Sarasin un exposé de tout ce qu'il avait fait depuis l'insurrection du Berri jusqu'à la fin de celle de Guienne. Cet exposé a son prix à plus d'un égard : il résume fidèlement tous les événements auxquels le prince a pris part, et il en indique plusieurs qui n'étaient pas connus. Le point le plus important et le plus nouveau est l'accusation formelle que le prince de Conti élève contre Lenet et Marsin, d'avoir détourné à leur profit des sommes considérables, et d'avoir fait renvoyer le baron de Vateville, le commandant des troupes espagnoles de terre et de mer, parce qu'ils n'avaient pu le corrompre et en faire leur complice. Il est bien à remarquer qu'il ne se trouve pas ici la moindre plainte contre Mme de Longueville. Mais ce qui aujourd'hui n'échappe à personne, c'est l'effronté mensonge dont le prince couvre sa trahison en disant qu'il ne traita avec la cour qu'à la dernière extrémité, en cédant à l'unanime sollicitation des habitants de Bordeaux, tandis que depuis les Mémoires de l'abbé de Cosnac nous savons qu'il s'entendait bien auparavant avec le duc de Candale.

BIBLIOTHÈQUE IMPÉRIALE, *Portefeuille du prince de Condé*. A la marge, en avant du mémoire justificatif, on lit ce mot : *M. de Sarrasin*; ce qui semble indiquer que Sarasin est l'auteur de ce mémoire.

MÉMOIRES POUR SERVIR AUX AFFAIRES DE GUYENNE, ET QUI FONT VOIR LES RAISONS POURQUOY MONSEIGNEUR LE PRINCE DE CONTY A ABANDONNÉ LE PARTI DE SON FRÈRE.

M. le Prince, partant de Berry pour la Guyenne, y laissa M. le prince de Conty et M. de Nemours, qui avoit fait dessein de brouiller en Auvergne.

Le prince de Conty va à Montrond, distribue des commissions pour lever des troupes, s'assure de la noblesse du pays et de quelques villes, prend l'argent des tailles, fait vendre le sel des greniers, employe les deniers à ces levées et à munir Montrond, en envoye en Auvergne pour surprendre quelques places et lever des troupes.

Le prince de Conty revient à Bourges, y fait prendre les armes aux bourgeois, reçoit les compagnies de gendarmes et chevaux-légers d'ordonnance de M. le Prince, de M. le duc d'Anguien et les siennes qui venoient de Stenay, les remonte et les rafraîchit. Bourges estoit lors sans bled, sans poudre, canon ni boulets, et le peuple fort effrayé.

La cour part de Fontainebleau, s'avance vers le Berry; la sédition est preste de se former dans Bourges contre le prince de Conty sur la nouvelle que le Roy y venoit.

Le prince de Conty fait arrester le maire de la ville, et le fait conduire prisonnier dans la grosse tour; il monte à cheval, il va dans les rues, il distribue de l'argent au peuple, raffermit son parti, et fait par là balancer le Roy de venir en Berry.

La cour, pressée sous main par les eschevins de Bourges et avertie que la ville n'estoit pas en estat de se deffendre, passe la Loire et s'avance en Berry. Bougy[1], d'autre costé, passe la même rivière à la Charité avec des troupes à dessein de se mettre entre Bourges et Montrond et d'enfermer le prince de Conty, Mme de Longueville et M. de Nemours dans Bourges.

Le prince de Conty donne ordre à toutes ses troupes de se rendre à Montrond, sort de Bourges avec Mme de Longueville et M. de Nemours, tire le maire de la tour et l'emmène pour servir de représailles, et marchant la nuit en peu d'heures se rend à Montrond.

En huit jours, il amasse mille chevaux et deux mille hommes de pied; il depesche en Provence, où il avoit ses desseins, le président Galifet et l'abbé de Sillery pour y soulever les peuples et assurer un passage sur le Rhône. Il envoye deux gentilshommes pour tenter les passages d'Auvergne, et resout de s'acheminer par là, laissant M. de Nemours pour commander en Berry et en Auvergne.

---

[1]. Lieutenant-général au service du Roi, qui fit partie de l'armée du comte d'Harcourt en Guyenne.

Cependant M. le Prince l'appelle en Guyenne pour s'y fortifier des troupes qu'il avoit levées, et de crainte qu'il ne s'engageast, estant trop foible, à soutenir ses affaires en un poste si avancé. Le prince de Conty a peine de s'y resoudre. Enfin, M. de Palluau, après avoir pris quelques lieux pour incommoder Montrond, se presente aux portes, plus fort de cavalerie et d'infanterie que le prince de Conty, qui, avec M. de Nemours, s'avance pour donner le temps aux siens de monter à cheval et de garnir les postes d'infanterie. Tout le jour se passe en escarmouches. Les troupes du Roy se postent à Charenton, petite ville à demi lieue de Montrond. La nuit et le lendemain on la tint sous les armes. Le soir, le prince de Conty, ayant laissé dans Montrond Persan, lieutenant de Roy du Berry, avec 300 chevaux et 2,000 hommes de pied, et des munitions pour plus d'un an, envoye le soir donner une grande allarme à Charenton; et cependant se leve de Montrond avec sept cents chevaux, et accompagné de Mme de Longueville et de M. de Nemours, dont les desseins sur l'Auvergne n'avoient pas réussi, passe le Cher à Montrond, la Creuse à Argentan, la Gartempe au-dessus de Magnas et la Vienne à Lille en Jourdain, faisant 84 lieues de marche sans se reposer que deux heures de quinze en quinze heures. En passant à Belat, petite ville de la Marche de Lymosin, des habitants tirèrent quelques mousquetades au travers du carrosse de Mme de Longueville, où elle estoit à l'arrière garde. Le prince de Conty fait mettre pied à terre aux gendarmes et chevaux-légers qui l'accompagnoient, et, se mettant à la teste avec M. de Nemours, se résolut d'emporter Belat. Les habitans demandèrent pardon et menèrent à la potence ceux qui avoient tiré; le prince de Conty les fait délivrer. Ayant mis ainsi un si grand pays et trois rivières entre lui et M. de Palluau qui l'avoit suivi, et s'estant joint aux levées qui se faisoient en Angoumois, il rafraîchit ses troupes dans des quartiers autour d'Angoulême et s'avance vers Bordeaux. M. le Prince vint au devant de lui à Libourne où ayant conféré ils se rendent à Bordeaux ensemble.

Vers la mi-novembre, M. le Prince part de Bordeaux pour aller à l'armée, et laisse le commandement de la ville et de la province à M. le prince de Conty.

Le lendemain de Noël, le prince de Conty part et va à Agen, seconde ville de la province, et d'une extrême considération pour la Haute-Guyenne. En y allant, il assure les villes de la Garonne. Il fait les conseils à Agen, et restablit le parti affoibli dans la province par les exactions de l'intendant Guyonnet; il donne M. de Chouppes, lieutenant général, à M. de Bellegarde, qui commandoit les troupes en Haute-Guyenne, et les envoye ravitailler Lauzette, pressée par le marquis de Saint-Luc, et revient ensuite à Bordeaux.

M. le Prince s'estant retiré à Saint-Andreas et de là à Bourg, où le comte d'Harcourt l'avoit suivi, M. le prince de Conty va l'y trouver, et reconnoit avec lui et le colonel Balthazar, eux trois seuls, l'armée du Roy à portée de pistolet : ils resolurent ensuite que M. le Prince demeureroit pour empescher le passage de la Dordogne au comte d'Harcourt, et que le prince de Conty iroit en Haute-Guyenne, où le Roy avoit pris Moissac, Auvillar et Caudecoste, ce dernier lieu à deux lieues d'Agen.

Le prince de Conty arrive à Agen, en part aussitost pour l'armée, assiége Caudecoste et l'emporte en sept heures, s'expose lui-même à tous les perils, et pendant tout ce temps passant toutes les nuits en bataille, de crainte que le marquis de Saint-Luc, plus fort que lui, ne lui tombast sur les bras. Après cette prise, forcé par la saison, il met ses troupes fatiguées en quartier d'hiver et se retire à Agen.

Le mercredy des cendres, il a avis de M. de Chouppes, qui commandoit à Estaffort, le plus advancé de ses quartiers, que M. de Saint-Luc marchoit à lui; il part d'Agen, rassemble ses quartiers et se vient poster à Estaffort avec l'armée. Saint-Luc vient jusque sous les murs en bataille, estant beaucoup plus fort. Le prince de Conty se contente d'escarmoucher à Estaffort; se trouvant assis sur une rivière, il met son infanterie dans la ville et la rivière entre la cavalerie et les ennemis qu'il va reconnoistre et qui se campent à une lieue de lui.

Les ayant reconnus, il depesche à mesme temps à M. le Prince, qui estoit à Libourne, et lui demande seulement quatre cens chevaux des vieilles troupes, promettant avec cela qu'il battroit Saint-Luc, qui pour l'aisance de ses troupes s'esloigne de deux lieues d'Estaffort, et, ayant passé le pont de Gimbrede, se campe à Miradoux.

M. le Prince amène lui-même les quatre cens chevaux. En arrivant à Estaffort, il marche droit aux troupes du Roy et leur enlève deux quartiers. Le prince de Conty le suit avec le reste des troupes. Tout le jour se passe en escarmouches. Le soir, les troupes du Roy se voulant retirer, les deux Princes les chargent, defont les régimens de Champaigne, de Lorraine, de Saint-Luc et toute la cavalerie, renfermant le reste dans Estaffort. Partout les deux Princes chargent les premiers l'espée à la main, suivis de peu de gens. Le cheval du prince de Condé tombant d'une blessure, le prince de Conty se met au devant de lui pour lui donner son cheval, le couvre, et lui donne temps de se relever avec le sien. Il n'y avoit que six personnes avec les Princes qui devant les troupes chargèrent et rompirent toujours tous les corps les premiers.

Le prince de Conty laisse son frère au siége de Miradoux et retourne à Bordeaux, où les affaires l'appeloient. Marchin joignit M. le Prince avec toute l'armée.

Le siége de Miradoux ayant eu un malheureux succès, le comte d'Harcourt en suite s'estant jetté entre les quartiers de M. le Prince, l'oblige à se retirer à Agen. Le prince de Conty s'y rend en haste. Le prince de Condé y veut mettre garnison. La ville se révolte et se barricade. Les Princes se trouvent seuls au milieu de ces barricades; on leur porte la pique et le pistolet contre l'estomac; ils payent de fierté et de résolution, font abattre les barricades, demander pardon aux magistrats, et apaisent le désordre. Mais les troupes n'entrent pas et demeurent aux environs.

M. le Prince part pour venir commander l'armée vers Paris. Le prince de Conty demeure à Agen. Les consuls traitent avec le comte d'Harcourt. Le prince de Conty estant seul, est contraint d'en sortir. Il vient au Port-Sainte-Marie, où les troupes du Roy le suivent et escarmouchent tout le jour. Il passe à Aiguillon qui lui refuse les portes, il vient à Clairac qui ne veut le recevoir que lui troisième, et estant entré on songe à l'arrester; il se sauve par une porte particulière et vient à Marmande qui ne veut pas le recevoir. Enfin, il est poussé jusques à Cadillac et Langon où il se fortifie, et ayant laissé les troupes à Marchin il se rend à Bordeaux pour l'assurer.

Il le trouve divisé en factions et le parlement, lassé du parti, tentant de reprendre son authorité. Le prince de Conty délibère de l'abaisser peu à peu et d'eslever et fortifier l'Ormée. Cependant le comte d'Harcourt, attiré par quelques-uns du parlement, se présente aux portes de Bordeaux. Le prince de Conty sort contre lui à la faveur du canon. Le comte se retire.

L'Ormée, qui estoit une assemblée de peuple en un quartier de Bordeaux appellé l'Ormée, près Sainte-Eulalie, s'establit par les quartiers de la ville, pour prendre garde aux suspects; elle s'assemble dans les couvents et se fortifioit sous l'authorité du prince de Conty, qui y tenoit la main pour former un corps qui pût s'opposer au parlement.

Le prince de Conty fomente encore les divisions du parlement en grande et petite Fronde. La grande s'appuie de l'Ormée et la petite du quartier du Chapeau-Rouge, qui est une rue ainsi nommée à Bordeaux. La grande Fronde estoit un nombre de conseillers et la petite de mesme.

En ce temps on commença de chasser les suspects pour s'assurer de la ville, et l'Ormée, sous l'authorité du prince de Conty, establit une chambre d'expulsion.

Le parlement donne un arrest où il deffend ces assemblées. Les ormistes l'arrachent à l'huissier et en empeschent la publication, ils assiégent mesme le palais. Le prince de Conty y va, apaise la petite bourgeoisie, la fait retirer et chasse ensuite quelques conseillers de la petite Fronde.

Cependant les conseillers de cette petite Fronde, maltraités par l'Ormée, souslevent le Chapeau-Rouge; il veut prendre les armes; l'Ormée veut s'armer aussi; M. le Prince de Conty calme les choses, allant par la ville avec Mme de Longueville, Mme la Princesse et le duc d'Anguien. Il rappelle mesme les conseillers, qui promettent de bien servir et deffend les assemblées.

Cependant les troupes estant souslevées au delà de la Dordogne contre Marchin qui les maltraitoit, le prince de Conty va à l'armée, l'y restablit et l'y ramène, passe à Peyrigueux et prend quelques chasteaux en Peyrigord.

Le Chapeau-Rouge et la petite Fronde se voulant servir de son absence pour attérer (?) l'Ormée et se rendre maistres de la ville, se mettent avec quelques jurats à la teste de ce peuple armé, attaquent l'Ormée, tuent quelques bourgeois. Les Princesses se mettent au milieu; Mme la Princesse a un homme tué auprès de sa chaise; elles apaisent le désordre et députent au prince de Conty.

L'Ormée se réveille, s'assemble, se saisit de l'hostel de ville, en tire du canon, marche au Chapeau-Rouge. Les bourgeois du Chapeau-Rouge se barricadent, se deffendent. On se bat tout le long du jour. L'Ormée pousse les autres et brûle leurs maisons. Les Princesses, avec ce qui restoit de personnes de conseil et de main, se jettent au milieu du combat. On y porte le Saint-Sacrement. Le Chapeau-Rouge cède; on en chasse les chefs et tout s'appaise; l'Ormée domine.

Le prince de Conty revient, establit plus fortement l'Ormée, s'en déclare chef, chasse les suspects, fait changer d'estat et de forme à la ville.

Le comte d'Harcourt, ayant attaqué Villeneufve d'Agenois que Theobon défendoit pendant le siége qui fut long, le prince de Conty restablit son armée, il fait aussi les jurats à Bordeaux, les tirant du corps de l'Ormée et choisissant les plus affectionnés au parti. Le prince de Conty tombe malade et en péril; cependant les choses demeurent calmes, et vont du bransle et du mouvement que le Prince y avoit donné. Mme la Princesse accouche du duc de Bourbon, et l'Ormée, sous le commandement de Marchin, prend Casteljaloux, le Mas d'Agenois, Monsegur et Sarlat.

On met l'armée dans les quartiers, forte de six mille hommes. Le prince de Conty se porte mieux; il prétend, ayant fortifié son armée de quatre mille Irlandois qu'il attend d'Espagne, de douze cents cavaliers avec des selles, des pistolets et des bottes, que M. le Prince lui devoit envoyer, de quitter Bordeaux et la Guyenne, la laisser en repos, et, la rivière assurée par l'armée navale d'Espagne plus forte que celle du Roy, de porter la guerre en Poictou. Cependant des espérances si bien fondées tombent et le parti se ruine par les causes que voici :

Après que M. le Prince fut parti pour Paris, il laissa deux hommes à M. le prince de Conty pour agir sous lui : Marchin pour commander l'armée, et Lesnet pour avoir soin des affaires et des finances. Celui-ci, esprit léger et d'imagination fort vaste et déréglée, ayant besoin de fortune et la voulant faire, après s'être ajusté avec Marchin, va trouver le baron de Batteville, qui commandoit dans Bourg, baillé pour ostage aux Espagnols par M. le Prince, et qui commandoit aussi l'armée navale qui estoit dans la rivière de Garonne. Il lui propose d'agir de concert et de faire ensemble leurs affaires. Batteville, qui connoissoit Lesnet et ne l'estimoit pas, n'y voulut point consentir ; Lesnet fait dessein de le pousser, et, sans en rien communiquer au prince de Conty, escrit au prince de Condé que Batteville ne donnoit point d'argent, et qu'il estoit gaigné du cardinal Mazarin, qu'il faisoit périr ses affaires[1]. M. le Prince le croit, escrit à dom Louis de Haro pour le retirer de Guyenne. Cependant Lesnet, pour se mieux cacher, escrit mille complimens à Batteville. Dom Louis de Haro envoye les lettres de M. le Prince à Batteville, et Batteville lui envoye celles de Lesnet. M. le Prince, cependant, presse qu'on le rappelle ; et ainsi dom Louis, quoiqu'il vît la fourbe et la mauvaise intention de Lesnet, retire Batteville pour satisfaire à M. le Prince. Mais, afin de le faire avec honneur, on feint qu'il faut mener l'armée navale à Saint-Sébastien pour la radouber. M. le prince de Conty s'y veut opposer ; M. le Prince prévaut ; Batteville part, laisse la rivière ouverte et sans deffence, et un Ozorioo, mauvais officier, dans Bourg ; dom Louis, ayant dessein d'y restablir Batteville, n'y envoye personne.

Les conspirations cependant commencent dans Bordeaux. Massiot, conseiller au parlement, est pris et accusé ; le prince de Conty le mène prisonnier à l'hostel de ville pour le sauver de la fureur de l'Ormée, d'où il le délivre quelques jours après et le fait sortir de la ville.

1. Cette accusation contre Lenet et contre Marsin est grave : elle est déjà dans l'abbé de Cosnac, et pourrait bien être une invention de l'abbé et de la petite cour du jeune prince pour décrier les fidèles serviteurs de Condé. Cependant nous ne nous portons pas le défenseur de la scrupuleuse délicatesse de Marsin et de Lenet ; mais nous repoussons entièrement la justification du baron de Vateville : il est certain que c'est son inaction, involontaire ou calculée, comme chef de la flotte espagnole, qui a découragé du Dognon et a préparé le succès de Vendôme dans la Gironde. Vateville s'est conduit en Guienne comme Fuensaldague en Flandre. Nous ne disons point qu'il interceptait et s'appropriait l'argent envoyé par son gouvernement, nous croyons bien plutôt qu'il suivait les ordres de Madrid ; et ce que dit ici le prince de Conti nous surprend d'autant plus, que lui-même, le 9 décembre 1652, adressait contre les lenteurs et la mauvaise volonté de Vateville un mémoire long et développé que Lenet nous a conservé. Ce mémoire, rédigé peut-être par Lenet, a été fait sous l'autorité du prince de Conti, à la suite d'un conseil qu'il avait lui-même assemblé et qu'il présidait. Voyez Lenet, p. 588.

Dans ce temps-là, la cour envoye le père Bertaut, religieux cordelier, à Bordeaux, pour former des partis qui pussent détruire l'Ormée et ceux du prince de Conty. Le prince de Conty en est adverty de Paris ; il fait arrester le père Bertaut ; le père Bertaut se sauve à Blaye par finesse. On chasse les suspects, entre autres le curé de Saint-Pierre, qui avoit presché la paix et esmu son quartier. Le prince de Conty fait prendre les armes à la ville et la purge de ceux qui lui estoient suspects.

M. de Vendosme voyant la rivière ouverte et l'armée navale espagnole à Saint-Sébastien, y entre et ne l'auroit pu faire si Batteville y fût demeuré et qu'il eût radoubé les vaisseaux à Bourg, comme c'estoit le dessein. Bourg est bloqué ; le prince de Conty envoye en Espagne pour avoir secours ; Batteville, qu'on avoit laissé à Saint-Sébastien, retarde le radoubement de la flotte, estant bien aise que Bordeaux fût pris, Lesnet et Marchin l'en ayant chassé.

Le vingt-sixième, le baptesme du duc de Bourbon se célèbre avec toutes les magnificences possibles.

Le père Ithier, religieux cordelier, qui estoit d'intelligence avec le père Bertaut, qui faisoit les voyages de la cour dans ce mois-là, forme son parti ; il se découvre à Villars, qui étoit un des chefs de l'Ormée. Villars, sur le point d'exécuter l'affaire et ayant peur d'estre découvert, se découvre et toute la cabale au prince de Conty qui, pour en avoir preuve, lui ordonne d'y joindre cinq ou six des chefs de l'Ormée ; il le fait ; le père Ithier leur bailla l'argent ; ils le portent au prince de Conty qui le leur rend[1] et fait arrester le père Ithier, le 22 mars 1653. La ville se mit en armes ce jour-là ; on sçavoit que le père Bertaut estoit dans Bordeaux. On le cherche partout, mais on ne le peut trouver, et il y demeure jusques au 24, qu'il en sortit en plein midi, au travers des gardes sans estre connu. Ce jour là mesme, le père Ithier fut condamné ; le prince de Conty lui sauve la vie. Il fait amende honorable le 26, et est mis en prison perpétuelle. Les Cordeliers veulent soulever le peuple avec le Saint-Sacrement, qu'ils portent en procession. Le prince de Conty y accourt, fait prendre le Saint-Sacrement par un des aumosniers, et, faisant passer la Garonne aux Cordeliers, les chasse hors de la ville et met garnison dans leur couvent. Cette intrigue soulevoit l'Ormée contre le prince de Conty si elle eût réussi.

Cependant Lesnet et Marchin ne payoient point les troupes, et ne se contentent pas de faire fabriquer de mauvaise monnoye de l'argent d'Espagne et gagner sur cette fabrique des sommes immenses, mais, retenant l'argent et ne payant point les troupes, les meilleures se révoltent dans Monsegur et dans Sarlat. Le reste des quartiers, sé-

---

1. Le P. Berthod ne dit point du tout que le prince et Lenet aient rendu cet argent.

paré et placé contre l'advis des bons officiers qui vouloient que toute l'armée hivernast ensemble, est battu et affoibli. L'Ormée, et ce qui estoit du parti du prince de Conti, se soulève contre eux. Le prince de Conty lui (à son frère Condé) mande qu'il haste ces gens. M. le Prince, au lieu de satisfaire le prince de Conty, maintient Marchin et Lesnet, leur ordonne d'agir comme ils jugeront à propos, se deffie du prince de Conty et veut lui oster toute l'authorité.

La demoiselle de Lure conspire, elle est prise[1]; estant femme on la sauve; elle estoit accusée par un de l'Ormée qui l'avoit trahie et qui est aussi prisonnier. Le prince de Conty lui donne aussi la vie.

M. de Candale, commandant les armées à la place du comte d'Harcourt, s'avance à un quart de lieue de Bordeaux, espérant que les conspirations lui en ouvriroient les portes. D'autre part, M. de Vendosme, fortifié de plusieurs vaisseaux, bruslots et petits bastimens, s'avance entre le Bec-d'Ambès et Bordeaux, et fait un fort à Vallier, à trois lieues de la ville.

Le prince de Conty envoye Chouppes[2] en Espagne. Il y négotie le restablissement de Batteville, qui estoit le seul moyen de sauver Bordeaux. Lesnet et Marchin non-seulement s'y opposent, mais font donner le commandement de l'armée navale qui devoit secourir Bordeaux au marquis de Sainte-Croix; et pour exclure mesme Batteville de revenir à Bourg ou d'avoir aucun commandement dans l'armée de terre, Marchin obtient des provisions du roy d'Espagne de capitaine général. Batteville, indigné, retarde l'armement naval et fait passer à Bordeaux, par La Teste de Buch, des Irlandois sans argent, afin qu'ils se révoltassent n'estant point payés, et que, tenant lieu d'autres troupes, Marchin et Lesnet ayant perdu l'armée pendant le quartier d'hiver, ils affoiblissent tout d'un coup le parti. Le prince de Conty continue d'escrire au prince de Condé, qui maintient Lesnet et Marchin. On calomnie auprès du prince de Conty Sarrazin et l'abbé de Cosnac[3]. Chouppes est aussi mal avec le prince de Condé, parce qu'il estoit mal avec Marchin[4]. Chevalier, envoyé par les conseillers restés de la petite Fronde qui estoient d'intelligence avec Theobon, lequel, après avoir défendu Villeneufve et reçu cent amitiés du prince de Condé, quitte le parti pour une injustice de Marchin; Chevalier, dis-je, est pris, chargé de lettres et de passeports. Il est condamné et pendu.

Cependant la cour, advertie du mauvais traittement que M. le

---

1. Voyez les Mémoires du P. Berthod.
2. Il ne dit pas que Chouppes était gagné par Cosnac, et qu'il tourna sa commission contre les intérêts de Condé. Voyez plus haut, ch. VI, p. 305-306.
3. On voit par les Mémoires de Cosnac si c'était sans raison.
4. Et parce qu'il trahissait.

Prince faisoit à M. le prince de Conty, dans le temps qu'il le servoit si bien et que sa seule personne lui maintenoit Bordeaux, le fait sollíciter. Le prince de Conty respond qu'il remettra la Guyenne aussi florissante et au mesme estat que lorsque M. le Prince y estoit venu, et qu'alors la lui rendant, il prendra le parti qu'il jugera à propos et auquel le mauvais traittement de son frère l'obligeoit, ou que s'il faut perir il ira jusqu'à l'extrémité auparavant que de faire un accommodement, quoiqu'il sceut bien que lorsque M. le Prince avoit pensé s'accommoder à Saint-Denis[1] avec M. le Cardinal, il l'avoit de sorte abandonné qu'il avoit donné un escrit par lequel il promettoit à la cour qu'on ne tiendroit pas à M. le prince de Conty les paroles qu'on lui donnoit pour le gouvernement de Provence qu'il prétendoit, et que depuis il avoit dit qu'il ne vouloit pas qu'on fît mention quelconque de M. le prince de Conty, enfin qu'il maintenoit contre lui et contre ses affaires propres des gens qu'il devoit lui sacrifier dès la première plainte et qui avoient seuls perdu les armées, la province et la ville, c'estoient Lesnet et Marchin.

L'Ormée continue à vouloir perdre Lesnet et Marchin. Le prince de Conty les protége par honneur, et continue à mander l'estat des choses à M. le Prince, qui s'en mocque.

Le 25 juin, la conjuration de Chastain et Filliot (sic) est découverte. Le premier s'enfuit, le second est pris et appliqué à la question, mais le prince de Conty lui sauve la vie. Il est pris à minuit; le lendemain il devoit, avec ceux de sa faction, se saisir d'une porte et M. de Candale entrer dans la ville. En effet, à l'heure nommée, cinq heures du matin, le prince de Conty en estant sorti, l'armée du duc de Candale lui tombe sur les bras. Il se retire pourtant, combattant en ordre, et le duc de Candale, voyant l'entreprise manquée, se retire[2].

L'armée navale d'Espagne s'approchant lentement, le duc de Candale prend La Teste de Buch, qui estoit le seul lieu par où la communication restoit en Espagne; on met des Irlandois à Lormont, qui est un poste avancé à une lieue de Bordeaux, vers l'armée du duc de Vendosme. On a advis qu'ils traittent avec lui. Le prince de Conty ordonne à Marchin de les charger; il le néglige; ils rendent Lormont au duc de Vendosme, qui prend ensuite Bourg.

Dans cette extrémité, l'armée estant ruinée faute de payement, Bordeaux estant assiégé par mer et par terre, le secours ne venant

---

[1]. Nous ignorons ce détail, dont il n'y a pas de trace certaine; mais nous avons vu qu'en 1652, dans les négociations de Condé avec la cour, Condé persista à demander pour son frère le gouvernement de Provence. Voy. chap. III, page 149.

[2]. Dom Devienne, d'après les manuscrits de Filhot, raconte l'affaire différemment.

point, les corps députent au prince de Conty pour le prier de faire la paix. Il s'élève quelque sédition des marchands vers le quartier de la Bourse et pont Saint-Jean. Le prince de Conty y va, veut charger les séditieux ; Marchin et Lesnet l'empeschent, et, n'esteignant pas le commencement, donnent lieu à toute la ville de se révolter ; elle le fait, et prend pour signe le ruban blanc ; elle abat l'Ormée, et demande si ouvertement la paix qu'on est obligé de traiter.

L'armée navale d'Espagne paroist. Le prince de Conty lui envoye ordre de combattre et secourir ou périr : elle refuse.

Marchin et Lesnet, chargés de la haine publique et de la perte de Bordeaux, veulent par une calomnie s'en garantir et font courre le bruit que le prince de Conty a traité avec la cour, proposent mesme de faire assassiner Sarrazin et Cosnac comme ayant paru à ce traité [1].

Le prince de Conty tient un conseil où il propose de prendre ce qui restoit de cavalerie et M. le duc d'Anguen, de passer en Espagne ou périr, et d'envoyer devant Balthasar à Tartas, sur le chemin ; Marchin et Lesnet s'y opposent, aussi bien que les Princesses [2] ; enfin, le prince de Conty traite [3] séparément avec M. de Candale pour le seul salut de sa maison. Et, n'ayant voulu que des passeports pour Mme la Princesse, Marchin et Lesnet pour aller trouver M. le Prince, pour Mme de Longueville pour aller à Montreuil-le-Bellay en Poictou, et pour lui pour se retirer en une de ses maisons, tous signent le traité et sortent de Bordeaux le 2 d'aoust.

Le prince de Conty va à Cadillac, où il est huit jours ; de là il part et va à la comté de Pesenas en Languedoc, qui lui appartient. La cour lui donne ordre d'aller à Chasteauroux en Berry, et, depuis, un autre ordre d'aller à Bourgueil ; enfin il envoie Sarrazin à la cour, qui lui apporte la permission de demeurer à Pesenas.

Le sieur d'Anglade, secrétaire de M. le Cardinal, va trouver le prince de Conty ; il le renvoie à la cour avec Sarrazin, d'où ils renvoyent un ordre au prince de Conty de venir trouver Leurs Majestés [4].

1. On sait maintenant si Marsin et Lenet avaient tort.
2. Il était trop tard.
3. Il avait traité bien auparavant. Voyez les Mémoires de Cosnac.
4. Pas un mot sur les avantages promis au prince de Conti aux dépens de Condé, et sur la mission donnée à Sarasin pour demander en mariage une nièce de Mazarin.

TABLE DES MATIÈRES

Pages.

Avertissement de l'éditeur. 1
Avant-propos. v

CHAPITRE PREMIER.
Renouvellement de la guerre civile. 1651.

Puissance de Condé, de Mme de Longueville et de la Fronde dans les premiers mois de 1651. — Faute première et irréparable : Rupture du projet de mariage entre le prince de Conti et Mlle de Chevreuse. Profond ressentiment de Mme de Chevreuse. La Fronde se sépare de Condé et se rapproche en secret de la cour. — Caractère et desseins de Retz. — Politique de la reine et de Mazarin. — Projet d'assassiner ou d'emprisonner de nouveau Condé. — Irritation de Condé. Il se retire à Saint-Maur. — Conduite incertaine de La Rochefoucauld. — Conduite passionnée de Mme de Longueville. — Aversion de Condé pour la guerre civile. Ses irrésolutions et en même temps ses préparatifs. — Influence de Mme de Longueville sur sa dernière détermination. . 1

CHAPITRE DEUXIÈME.
Condé en Guienne. 22 septembre 1651 — fin de mars 1652.

Condé laisse en Berri sa femme, son fils, sa sœur, le prince de Conti et le duc de Nemours. — Coquetteries de Mme de Longueville avec le duc de Nemours. — Condé en Guienne. Brillants débuts de la campagne. Succès bientôt mêlés de revers. Siége de Miradoux. — La situation générale des affaires changée par le retour de Mazarin. Renaissance de la Fronde. Réconciliation des Frondeurs et de Condé. — Mauvaises nouvelles de Paris et de l'armée. — Avis judicieux et hardi de Mme de Longueville. — Condé quitte la Guienne et s'en va déguisé rejoindre l'armée de la Fronde sur les bords de la Loire. 92

CHAPITRE TROISIÈME.
La Fronde à Paris en 1652.

Condé part de Bordeaux pour aller prendre le commandement de l'armée de la Fronde. — Combat de Bleneau. — Condé et Turenne défendus contre Napoléon. — Condé quitte l'armée. La Fronde à Paris. Intérieur du parti. Intrigues politiques et galantes. Mme de Châtillon. Honteuse conspiration contre Mme de Longueville. — Négociations inutiles. Trahison du duc d'Orléans et de Retz. Trahison du duc de Lorraine. — Combat du faubourg Saint-Antoine. Noble conduite de Mademoiselle. — Excès de la Fronde à Paris dans l'été de 1652. Affaire du 4 juillet à l'Hôtel de Ville. Duel de Nemours et de Beaufort. Condé s'enfonce dans l'alliance espagnole et dans la guerre. — Mesures violentes du Parlement. Misère du peuple. Amnistie du 26 août, rejetée par Condé. Rentrée de Louis XIV à Paris le 21 octobre. . . . 119

CHAPITRE QUATRIÈME.

TRIOMPHE DE MAZARIN, LE 3 FÉVRIER 1653.

Mazarin revient à Paris : sa réception au Louvre le 3 février 1653. Presque tous ses anciens ennemis devenus ses partisans, la Palatine, Mme de Chevreuse, les Vendôme, les Bouillon, etc. — Appréciation de la conduite de l'aristocratie dans la Fronde ; si la Fronde est une anticipation de la révolution française ou une imitation de la révolution d'Angleterre. Soumission de l'aristocratie, et à quelles conditions. — Le parlement. Vice radical de sa constitution : le mélange de la justice et de la politique. Ses griefs contre Mazarin, ses actes pendant la Fronde. — Nicolas Fouquet et Mathieu Molé. — Déclaration royale du 22 octobre 1652. Mazarin soumet à la fois le parlement et le satisfait. — Soumission empressée de la bourgeoisie, rétablissement du crédit, grandes fêtes dans Paris, triomphe solide et définitif de la royauté et de Mazarin. 172

CHAPITRE CINQUIÈME.

LA FRONDE A BORDEAUX. 1652 ET 1653.

Gouvernement du prince de Conti en Guienne après le départ de Condé. Composition de son conseil : lui, Mme la princesse, Mme de Longueville, le président Viole, Lenet, Marsin. — Marsin et les affaires militaires. — Affaires civiles. La petite et la grande Fronde. Naissance et progrès de L'Ormée. — Son organisation. Ses principaux chefs, Villars et Duretête. — La Fronde déjà sous la protection de l'Espagne recherche celle de l'Angleterre. Agitation calviniste et républicaine à Bordeaux. Conduite de Condé. Retour sur celle des Rohan à la Rochelle en 1627 et 1628. — Cromwell et Mazarin. 214

CHAPITRE SIXIÈME.

FIN DE LA FRONDE A BORDEAUX, LE 3 AOUT 1653.

Querelles domestiques et séparation politique du prince de Conti et de Mme de Longueville. Intérieur du prince de Conti : Sarasin, Marigny, Chémeraut, Guilleragues, l'abbé de Cosnac ; on jette le jeune prince dans le déréglement ; on le pousse à abandonner Condé, à tromper Mme de Longueville, à traiter en secret avec Mazarin. — Lutte suprême de la royauté et de la Fronde à Bordeaux. Résistance des magistrats : Massiot. Déchaînement du parti royaliste contre Mme de Longueville. — Résistance du clergé : le père Berthod et le père Ithier. Noble conduite de Mme de Longueville. — Résistance de la bourgeoisie : Chevalier et Jacques Filhot. — Déroute générale de la Fronde en Berri, en Bourgogne, en Languedoc, sur la frontière de Flandre. La Guienne reprise. Capitulation de Bourg et de Libourne. Blocus de Bordeaux. — Sage politique de Mazarin. Il laisse sortir de Bordeaux les chefs du parti des princes. Triomphe de la royauté. Fin de la Fronde. 295

APPENDICE

NOTES DU CHAPITRE PREMIER.

		Pages.
I.	Traité général des princes avec les Frondeurs en janvier 1651. .	369
II.	Traités particuliers..	378
III.	Traité de Mazarin et des Frondeurs en août 1651.	382

NOTES DU CHAPITRE DEUXIÈME.

Traité de Condé avec l'Espagne. 387

NOTES DU CHAPITRE TROISIÈME.

Correspondances inédites de l'année 1652. 401

NOTES DU CHAPITRE QUATRIÈME.

Vie inédite de Mathieu Molé, par Claude Le Pelletier. 459

NOTES DU CHAPITRE CINQUIÈME.

Plan de république calviniste à Bordeaux. 465

NOTES DU CHAPITRE SIXIÈME.

Apologie du prince de Conti par lui-même. 472

SAINT-QUENTIN, — IMPRIMERIE JULES MOUREAU.

www.ingramcontent.com/pod-product-compliance
Lightning Source LLC
Chambersburg PA
CBHW050557230426
43670CB00009B/1159